폭력 없는
행복학교
만들기

신종호 · 윤 영 · 김명섭 공저

학지사

다양한 사람이 모여 사는 우리의 삶에서 갈등은 반드시 생길 수밖에 없다. 이러한 갈등을 해결하는 과정에서 우리는 폭력을 행사하는 사람이 되기도 하고, 당하는 사람이 되기도 한다. 오랜 시간 동안 폭력과 비폭력의 결과를 경험해 오면서, 오늘날에는 비폭력의 가치에 동의하는 사람들이 늘고 있다. 폭력적인 방법으로 성사된 것보다 비폭력적인 방법으로 이루어 낸 일이 그 지속성과 효과 면에서 더욱 월등함을 알게 된 것이다. 단기적 효과와 빠른 목적 달성만을 고려한 폭력적 문제 해결이 우리 사회와 삶에 끼친 악영향들을 우리는 이제 너무 잘 알고 있다. 건강한 공동체와 사회를 위해서 장기적 효과와 모든 구성원의 존중을 고려해야 함을 우리는 깨달았다.

사람 사는 세상에서 갈등과 폭력은 쉽게 경험할 수 있는 일이라지만, 성인기 이전 시기의 폭력에 대한 경험은 조금 더 특별하고 민감하게 다루어져야 한다. 아동 · 청소년기는 한 인간으로서 발달과 성장의 초석을 닦는 시기이다. 이 시기의 심리적 · 신체적 트라우마는 건강한 발달과 성장에 큰 악영향을 미칠 수 있으므로 폭력에 대한 경험을 최소화하는 것이 중요하다. 비폭력의 힘을 아는 사람은 갈등 해결 과정에서 섣불리 폭력적인 방법을 택하지 못한다. 즉, 비폭력적인 문제 해결에 대한 많은 경험이 갈등을 관용적인 자세로 해결하게 하는 것이다. 따라서 어린 나이에서부터 가정, 학교, 사회에서는 아이들이 당면하는 갈등 상황을 비폭력적으로 해결해 나갈 수 있도록 지원하는 교육이 반드시 필요하다.

학교는 작은 사회라고도 한다. 다양한 아이가 모여 있는 공간에서 갈등은 당연히 존재한다. 갈등은 나쁘고 피해야 하는 것이 아니다. 갈등은 비폭력적 해결 과정을 통해 구성원이 성장하고 공동체가 발전할 수 있는 좋은 기회이다. 물론 범죄 수준의 폭력에는 그 책임을 묻는 엄격한 처벌이 필요하다. 하지만 아동·청소년의 폭력에는 반드시 교육적 개입이 동반되어야한다. 이들은 아직 발전할 수 있고, 변화가 가능하며, 이 시기는 평생의 삶의 모습을 바꿀 수 있을 만한 결정적 시기이기 때문이다.

이 책을 통해 많은 예비교사 및 교사가 폭력에 대한 민감성이 왜 이 시기에 꼭 필요한지를 알고, 아이들에게 행복하고 평화로운 학교가 되기 위해서 교사로서 무엇을 지원해야 하는지 생각해 보기 바란다. 학교폭력 처리에 대한 매뉴얼과 관련법을 숙지하는 것도 중요하지만, 더 근본적으로 폭력을 예방하기 위해서 어떠한 학교 및 학급 운영을 해야 할지 고민하는 교사가 되기를 간절히 바란다.

이 책이 출판되기까지 자료 수집과 정리를 도와준 서울대학교 교육학과 교육심리전공생들에게 감사하다는 말을 전한다. 이들의 숨은 도움이 없었다면 풍부한 사례를 수집하고 이를 통해 현장과 유기적으로 연계된 책을 만들기는 어려웠을 것이다. 또한 책의 출판을 도와준 학지사 김진환 사장님과 꼼꼼하게 책의 편집을 맡아 준 편집부 직원들에게도 감사한 마음을 전하고 싶다.

서로를 존중하는 학교 공동체 회복을 위한 마음으로 이 책을 씁니다.

2018년 7월
저자 일동

교재 둘러보기

학교폭력은 피해학생과 가해학생 모두에게 지적·정신적으로 큰 피해를 끼치는 행위로, 청소년 시기에 발달되어야 할 신체적·사회적 성장에 치명적인 영향을 미친다. 학교폭력이 사회적으로 이슈화되기 시작한 1990년대 이래 정부에서 '학교폭력 근절 종합대책(2012)'을 마련하는 등 최근까지 학교폭력의 감소를 위하여 각계에서 여러 가지 노력을 하고 있다. 하지만 학교폭력은 폭력의 잔인화, 폭력 경험의 저연령화, 정서적 폭력 증가 등의 새로운 경향을 보이며 쉽사리 수그러들지 않고 있는 실정이다.

이처럼 해결하기 어려운 학교폭력 문제는 대개 초기 대응이 잘못될 경우 큰 문제로 확대될 수 있어, 교육부(2012)는 학교폭력 근절 예방 대책으로 교육대학교와 사범대학 등 교원양성기관에서 학생들이 교직 소양 과목으로 학교폭력 관련 강좌를 필수적으로 이수하도록 하고 있다. 이러한 교육은 학교폭력에 대한 이론적 이해, 학교폭력의 사례 분석 및 이해, 위기 개입 기법 학습, 학생지도 방향 모색을 도모하여 예비교사의 학교폭력 위기 개입 역량을 함양시켜 궁극적으로 행복한 학교 문화를 구현하는 것을 목표로 한다.

학교폭력 문제 해결을 위해 문제의 원인을 분석하는 데는 다양한 이론이 있다. 지위-지배성을 추구하는 과정에서 학교폭력이 발생한다고 생각하는 지위-지배성 추구 이론, 폭력행동의 원인을 사회적 정보 처리 과정의 결함에서 찾는 사회적 정보 처리 이론, 가해자는 가해자들과 어울림으로써 비행행동에 일상적으로 노출되고 폭력행동의 발생 기회가 증가하여 학교폭력 문제를 일으킨다고 보는 동종애 이론, 지능이 낮고 사회적 상호작용을 조정하는 능력이 부족하여 폭력을 행사하게 된다고 보는 사회적 기술 결함 이론 등이 있다. 이와 같은 이론들은 학교폭력 양상의 한 부분만을 설명하는 이론으로, 실제 다양한 원인이 복합적으로 작용하여 발생하는 학교폭력 문제를 전체적으로 설명하는 데는 한계가 있다. 따라서 이 책의 논의는 복합적인 요인에 의해 발생하는 학교폭력 문제에 대한 총체적인 이해와 해결 방법을 제공하는 생태학적 이론을 기반으로 한다. 학교 환경을 하나의 유기적인 다중 계층 구조 체계로 인식하여 개인적 성향, 대인관계뿐 아니라 조직과 사회의 구조적인 원인도 집단 괴롭힘에 영향을 줄 수 있는 변인으로 보고 학교폭력 문제를 다각적인 관점에서 살펴보고자 한다.

이 책은 예비교사가 학교폭력 문제의 다양한 사례를 접하고 그 사례를 해결하는 과정에서 필요한 중재 개입 절차, 학생 및 학부모의 심리, 관련 법 및 정책, 관련 연구 및 이론 등에 대해 알 수 있도록 하였다. 또 미디어 및 읽기 자료를 풍부하게 제시하여 이러한 학습 과정에서 예비교사가 학교폭력에 대한 올바른 교사관을 확립하고 사회적 이슈가 되고 있는 학교폭력 문제에 관해 동료들과 토론할 수 있도록 하며, 예비교사의 정의적 영역 발달을 위해 다양한 활동을 구성하였다.

각 단원의 구성을 다음과 같이 소개한다.

WEEK 1 학교폭력의 실제 알기

이 단원에서는, 첫째, 우리나라 학교폭력의 실태를 파악하고, 둘째, 학교폭력 문제의 심각성을 알고 학교폭력에 대한 민감성이 필요함을 아는 것을 학습 목표로 하며, 다음과 같은 자료를 활용한다.

- 미디어 및 읽기 자료
  - 교육부의 학교폭력 실태 전수조사 보고서

- 자살 학생의 유서
- 학교폭력 발생률 및 아동 삶의 만족도에 관한 OECD 보고서

수업 도입부에서는 학교폭력의 심각성에 대한 자료들을 보고 자신이 생각 또는 경험한 학교폭력과의 차이, 학교폭력이 전반적으로 감소하는 추세에서 학생들이 더 괴로워하는 이유, 학교폭력의 심각성을 부추기는 가장 큰 요인에 대해 생각해 보도록 한다. 수업의 종결부에서는 학교폭력의 실태 및 특징과 관련하여 살펴본 내용을 간략하게 퀴즈로 확인해 보고, 사회적으로 주목을 받고 있는 관련 이슈로 다음의 주제에 대해 생각하고 토론해 보도록 한다.

● 사회적 이슈: 우리나라 학생들의 낮은 '교우관계 만족도'를 높이기 위해 개선되어야 할 점은 무엇일까?

WEEK 2 학교폭력에 대한 이해

이 단원에서는, 첫째, 학교폭력의 정의 및 개념을 알고, 둘째, 학교폭력과 관련된 요인 및 원인을 알고 학교폭력이 학생들에게 미칠 영향을 생각해 보는 것을 학습 목표로 하며, 다음과 같은 자료를 활용한다.

● 미디어 및 읽기 자료
  - 교육부의 학교폭력 실태 전수조사 보고서
  - 학교폭력에 대한 교사, 학생, 부모의 인식 차이에 대한 연구
  - 「학교폭력 예방 및 대책에 관한 법률」
  - 학교폭력 관련 요인에 대한 연구

수업 도입부에서는 간단한 실제 학교폭력 사례들을 보고, 그것들이 학교

폭력에 속하는지 그렇지 않은지를 판단해 본다. 수업의 종결부에서는 실제 학교폭력 사례 두 가지 중 하나를 택하여 학교폭력의 개념과 다양한 관점을 고려하여 학교폭력 여부를 판단해 보고, 그 이유와 그 판단이 사례 속 학생들에게 향후 어떠한 영향을 미치게 될지 생각해 본다. 그리고 사회적으로 주목을 받고 있는 관련 이슈로 다음의 주제에 대해 생각하고 토론해 보도록 한다.

● 사회적 이슈: 청소년 시기에 흔히 겪을 수 있는 또래 간의 사소한 다툼과 학교폭력의 차이점은 무엇일까?

WEEK 3 학교폭력의 유형 1

이 단원에서는, 첫째, 학교폭력의 유형을 알고, 둘째, 유형별 특징을 아는 것을 학습 목표로 하며, 다음과 같은 자료를 활용한다.

● 미디어 및 읽기 자료
 − 신종 학교폭력의 등장과 자살에 대한 영상
 − 교육부의 학교폭력 실태 전수조사 보고서
 − 학교폭력 유형별 발생 원인에 대한 연구
 − 학교폭력 유형별 실제 사례

수업 도입부에서는 학교폭력의 다양한 유형과 심각성에 대한 자료들을 보고, 학교폭력의 심각성과 유형 간 관련성에 대해 생각해 본다. 수업의 종결부에서는 학교폭력이 피해자에게 심리적으로 미치는 영향, 학교폭력을 발생시키는 학급 풍토 요소에 대해 유형별로 생각해 본다. 그리고 사회적으로 주목을 받고 있는 관련 이슈로 다음의 주제에 대해 생각하고 토론해 보도록 한다.

● 사회적 이슈: 범죄 수준의 학교폭력 문제를 교육적인 차원에서 해결할 수 있을까?

WEEK 4 학교폭력의 유형 2

이 단원에서는, 첫째, 학교폭력의 유형을 알고, 둘째, 유형별 특징을 아는 것을 학습 목표로 하며, 다음과 같은 자료를 활용한다.

● 미디어 및 읽기 자료
 – 학교폭력의 최근 경향에 대한 보고서
 – 학교폭력에 대한 학교 문화 분석 보고서
 – 학교폭력에서 방관자의 문제점에 대한 영상

수업 도입부에서는 학교폭력의 가해 연령이 어려지고 그 수법이 교묘해지는 이유와 학교폭력 목격 시 다수의 학생이 일반적으로 보이는 행동에 대해 생각해 본다. 또한 학교폭력 목격학생들이 적극적으로 피해자를 방어하지 못하는 이유에 대해 생각해 본다. 수업의 종결부에서는 각 학교폭력 유형의 사례에서 가·피해학생 외에 이를 지켜보는 학생들의 어떤 행동들이 그 학교폭력을 심화할지, 이들로 하여금 피해자 편에서 가해자를 저지하고 폭력을 막도록 할 방법에는 무엇이 있을지 생각해 본다. 그리고 최근 사회적으로 주목을 받고 있는 관련 이슈로 다음의 주제에 대해 생각하고 토론해 보도록 한다.

● 사회적 이슈: 학교폭력 해결에 심부름 업체를 이용하는 방법이 유용할까? 이러한 방법의 학교폭력 해결은 어떠한 결과를 초래할까?

WEEK 5   학교폭력과 법

이 단원에서는, 첫째, 「학교폭력 예방 및 대책에 관한 법률」의 내용과 의미를 알고, 둘째, 학교폭력 사안의 처리 절차를 아는 것을 학습 목표로 하며, 다음과 같은 자료를 활용한다.

● 미디어 및 읽기 자료
  – '학교폭력 법, 무엇까지 명시하고 있나?' 영상
  – 학교폭력대책자치위원회의 허와 실에 대한 사례
  – 학교폭력 대응 요령 매뉴얼
  – 「학교폭력 예방 및 대책에 관한 법률」 및 시행령
  – 학교폭력 사안 처리의 실제 사례
  – 학교폭력대책자치위원회의 문제점에 대한 실제 사례

수업 도입부에서는 학교폭력 해결 과정에 관여하는 자치위원회와 법의 현재 모습에 대한 실제 사례를 바탕으로 학교폭력 해결 과정에 대한 문제점을 생각해 보고 적절한 학교폭력 대처 과정에 대해 생각해 본다. 수업의 종결부에서는 실제 학교 교칙의 자치위원회 관련 조항을 바탕으로 잘못된 부분을 수정해 보고, 학생들의 회복을 위해 보완되었으면 하는 부분을 생각해 본다. 그리고 사회적으로 주목을 받고 있는 관련 이슈로 다음의 주제에 대해 생각하고 토론해 보도록 한다.

● 사회적 이슈: 학생부에 학교폭력 관련 내용을 기재하지 않는다는 방침에 대한 자신의 생각을 말해 보자.

WEEK 6　학교폭력 상담

　이 단원에서는, 첫째, 학교폭력 상담의 개념·의미·유형을 알고, 둘째, 학교폭력 유형별 상담 시 상담 방법 및 내담자의 심리에 대해 아는 것을 학습 목표로 하며, 다음과 같은 자료를 활용한다.

● 미디어 및 읽기 자료
- 청소년 전화 1388에 대한 영상
- 117 학교폭력 신고상담센터의 역할에 대한 보고서
- 학교폭력 상담의 실제 사례
- 분노 조절 유형 테스트
- 학교폭력 상담 매뉴얼
- '사회 문제의 뿌리가 학교폭력인가?' 영상

　수업 도입부에서는 실제 교내 학교폭력 상담 사례를 읽고 피해학생들이 교사나 상담기관에 피해 사실을 말하기 어려운 이유에 대해 생각해 본다. 수업의 종결부에서는 구체적인 사례에 맞게 적절한 학교폭력 상담 계획을 세우고 상담 일지를 작성하면서 추가로 필요한 정보를 보완한다. 또한 상담자가 지켜야 할 10계명을 만들어 보고 사회적으로 주목을 받고 있는 관련 이슈로 다음의 주제에 대해 생각하고 토론해 보도록 한다.

● 사회적 이슈: 가해자에게 내려지는 강력 처분이 상담을 통한 교육적 처분에 비해 좋은 점과 부족한 점이 무엇인지 생각해 보자.

WEEK 7 학교폭력에 대한 교사의 가치관

이 단원에서는, 첫째, 학교폭력에 대한 교사 가치관의 분류를 생각해 보고, 둘째, 실제 사례를 통해 교사의 가치관이 문제 개입 및 해결에 중요한 역할을 함을 아는 것을 학습 목표로 하며, 다음과 같은 자료를 활용한다.

- 미디어 및 읽기 자료
  - '선생님이 해야 할 일이란?' 영상
  - '학교폭력 가해 후 죄책감 없는 아이들'이라는 뉴스 보도
  - 아이들의 변화 가능성에 대한 실제 사례
  - 교사의 인간관에 대한 이론
  - 교실평화프로젝트 매뉴얼
  - '학교폭력 대책 강화로 교사들이 학생지도 업무 기피' 영상

수업 도입부에서는 학생들이 원하는 학교는 어떠한 모습인지, 이를 위해 교사는 어떠한 태도가 필요할지 생각해 본다. 수업의 종결부에서는 실제 학교폭력 사례를 바탕으로 사례 속 학생을 상담할 때 어떤 태도를 지녀야 할지, 아이들이 교사에게서 듣기 싫어하는 말과 듣고 싶어 하는 말은 무엇일지 생각해 본다. 그리고 사회적으로 주목을 받고 있는 관련 이슈로 다음의 주제에 대해 생각하고 토론해 보도록 한다.

- 사회적 이슈: 학교폭력 문제에 대한 교사의 책임은 어디까지가 적당할까?

WEEK 8 외국의 학교폭력 현황

이 단원에서는, 첫째, 외국의 학교폭력 현황에 대해 알고, 둘째, 우리나

라 학교 현장에 도움이 될 만한 정책이나 프로그램 등을 생각하는 것을 학습 목표로 하며, 다음과 같은 자료를 활용한다.

- 미디어 및 읽기 자료
  - '외국의 이색적인 학교폭력 예방교육' 영상
  - 독일 · 핀란드의 학교폭력 예방교육에 대한 영상

수업 도입부에서는 외국과 우리나라의 학교폭력 및 예방교육의 상황을 비교해 보고, 우리나라의 학교폭력 대책 및 교육의 부족한 점과 충분한 점을 생각해 본다. 수업의 종결부에서는 제시된 가상의 인물들이 겪을 수 있는 학교폭력 문제에 대해 생각해 보고 이에 대한 대처 방안을 마련해 본다. 그리고 사회적으로 주목을 받고 있는 관련 이슈로 다음의 주제에 대해 생각하고 토론해 보도록 한다.

- 사회적 이슈: 학교폭력의 근본적 원인은 부모 및 가정에 있는 것일까?

WEEK 9 학교폭력 예방 홍보물 제작

이 단원에서는, 첫째, 학교폭력 예방물의 기능과 의미를 이해하고, 둘째, 학교폭력 예방물을 구성하고 제작하는 것을 학습 목표로 하며, 다음과 같은 자료를 활용한다.

- 미디어 및 읽기 자료
  - 학교폭력 예방 홍보물 공모전 수상작 영상
  - 다양한 유형의 학교폭력 예방 홍보물 영상
  - UCC 제작 방법 소개
  - '청소년 경찰학교 체험을 통한 학교폭력 예방교육' 영상

수업 도입부에서는 학교폭력의 현 상태를 고려해 보았을 때 학교폭력 예방 홍보물을 만드는 것이 어떠한 교육적 의미가 있는지에 대해 생각해 본다. 수업의 종결부에서는 제시된 단계별 활동과 요소를 고려하여 학교폭력 예방 홍보물 제작을 위한 스토리보드 및 시놉시스를 구성해 본다. 그리고 사회적으로 주목을 받고 있는 관련 이슈로 다음의 주제에 대해 생각하고 토론해 보도록 한다.

● 사회적 이슈: 병영 체험 활동이 학교폭력 예방에 미치는 득과 실은 무엇일까?

WEEK 10   학교폭력 예방 프로그램

이 단원에서는, 첫째, 학교폭력 예방 프로그램의 역할과 의미를 이해하고, 둘째, 학교폭력 예방 프로그램을 구성할 수 있는 것을 학습 목표로 하며, 다음과 같은 자료를 활용한다.

● 미디어 및 읽기 자료
 – '독일의 학교폭력 예방교육' 영상
 – '학교폭력 예방교육에 대한 학생들의 생각' 영상
 – 학교폭력 예방교육의 학교당 평균 시간 및 효과성에 대한 보고서
 – 학교폭력 예방교육과 관련한 지침 및 법령
 – 학교폭력 예방 프로그램에서 다루어야 할 인성 요소 및 프로그램 사례
 – 우리나라 학교폭력 예방 프로그램
 – '또래조정 프로그램 홍보 동영상'

수업 도입부에서는 제시된 학교폭력 예방교육 사례를 바탕으로 학교폭

력 예방교육의 개선점 및 보완점에 대해 생각해 본다. 수업의 종결부에서
는 학급 내 폭력을 감소시킬 수 있는 학급 규칙을 구성해 보고, 학교폭력 예
방과 관련한 시각 자료를 제작해 본다. 그리고 사회적으로 주목을 받고 있
는 관련 이슈로 다음의 주제에 대해 생각하고 토론해 보도록 한다.

● 사회적 이슈: 효과적인 학교폭력 예방을 위해 또래상담제가 어떻게 이
　루어져야 할까?

WEEK 11　학교폭력 없는 행복한 학교 만들기

이 단원에서는, 첫째, 학교 차원에서 학교폭력 유발 요인을 살펴보고, 둘
째, 학교폭력 예방을 위한 학교 문화 개선 방안에 대해 파악하는 것을 학습
목표로 하며, 다음과 같은 자료를 활용한다.

● 미디어 및 읽기 자료
　– '또래상담으로 학교폭력 해결' 영상
　– '학교 숲, 학교폭력 예방 효과' 영상
　– 학교 분위기 변화를 통한 학교폭력 감소 사례
　– 학교폭력을 유발하는 학교 문화의 사례
　– 폭력 없는 학교 문화를 위한 프로그램 소개
　– 우리나라 아동 · 청소년의 행복 지수에 대한 OECD 보고서
　– 행복교과서 소개 및 활용 사례
　– 서울형 학생 행복 지수 테스트
　– '휴대전화 통제 이렇게 엄격한가요?' 영상

수업 도입부에서는 학교폭력을 유발하는 학교 요인에는 어떤 것이 있는
지 생각해 본다. 수업의 종결부에서는 행복교과서의 구성을 살펴보고, 긍

정적인 관점을 열 수 있는 방법을 생각해 본다. 그리고 사회적으로 주목을 받고 있는 관련 이슈로 다음의 주제에 대해 생각하고 토론해 보도록 한다.

● 사회적 이슈: 교내 휴대전화 사용 금지가 학교폭력 감소에 효과적일까?

WEEK 12 인성교육을 통한 학교폭력 예방하기

이 단원에서는, 첫째, 학교폭력을 예방하는 데서 인성교육을 고려하는 것이 왜 중요한지를 확인하고, 둘째, 가정, 학교, 지역사회의 연계를 통해 인성교육 방법을 파악하는 것을 학습 목표로 하며, 다음과 같은 자료를 활용한다.

● 미디어 및 읽기 자료
  - '인성교육 강화로 폭력 해결' 영상
  - 교사와 부모가 함께하는 인성교육에 대한 뉴스 기사
  - 학교급별 인성교육 실태에 대한 교육부 보고서
  - 학교에서의 학생 인성 발달에 대한 올바른 접근법 및 지침
  - 가정 · 학교 · 지역사회 연계를 통한 인성교육 사례
  - '인성교육 법제화' 영상

수업 도입부에서는 국내 인성교육 현황에 대해 살펴보고 현재 학교에서 진행 중인 인성교육 프로그램의 한계에 대해 생각해 본다. 수업의 종결부에서는 인성교육 과정에서 학교와 부모가 갈등하는 사례를 살펴보고 바람직한 해결 방법에 대해 생각해 본다. 그리고 사회적으로 주목을 받고 있는 관련 이슈로 다음의 주제에 대해 생각하고 토론해 보도록 한다.

- 사회적 이슈: 청소년 인성 함양에 인성교육 의무화가 대안이 될 수 있을까?

WEEK 13 사회적 문제로서의 학교폭력

이 단원에서는, 첫째, 다양한 사례에서 나타나는 사회적 문제의 원인과 구조를 파악하고, 둘째, 거시적인 관점에서 학교폭력의 해결 방안에 대해 생각해 보는 것을 학습 목표로 하며, 다음과 같은 자료를 활용한다.

- 미디어 및 읽기 자료
  - '루시퍼 효과' 영상
  - 여러 가지 사회 문제의 실제 사례 영상
  - 관용 증진 프로그램 소개

수업 도입부에서는 인간의 본성이 선한지 악한지의 문제가 아닌 인간이 놓인 상황, 시스템이 인간의 본성과 행동을 결정할 수 있다는 관점을 살펴보면서 인간의 본성에 대한 물음을 제기해 본다. 수업의 종결부에서는 학교폭력 문제에서 또래 내에 존재하는 다양한 권력 구조에는 어떤 것이 있는지, 또 차이를 인정하고 존중하지 않는 문화가 학교폭력과 어떤 관련이 있는지에 대해 알아본 후, 각 문제를 해결하기 위한 방법에 대해 함께 살펴본다. 그리고 사회적으로 주목을 받고 있는 관련 이슈로 다음의 주제에 대해 생각하고 토론해 보도록 한다.

- 사회적 이슈: 학교폭력 방관자도 처벌받는 것이 옳은가?

WEEK 14　대중매체와 학교폭력

이 단원에서는, 첫째, 대중매체가 학교폭력에 어떤 영향을 끼치는지 살펴보고, 둘째, 대중매체를 선용하는 방안에 대해 생각해 보는 것을 학습 목표로 하며, 다음과 같은 자료를 활용한다.

● 미디어 및 읽기 자료
- '잔인한 게임, 난폭해진 아이들' 뉴스 영상
- '보보 인형 실험' 영상
- 폭력적인 미디어와 청소년 폭력성의 관련성에 대한 뉴스 보도
- 청소년의 대중매체 이용 실태에 대한 통계청 및 여성가족부의 보고서
- '대중매체를 활용한 학교폭력 예방교육' 영상
- 교과교육에서 대중매체를 활용한 학교폭력 예방교육 사례

수업 도입부에서는 폭력적 대중매체와 아동·청소년 폭력성 간의 관련을 다룬 신문 기사, 실험 연구 등을 살펴보고, 폭력적 대중매체가 어떤 과정을 거쳐 아동·청소년의 폭력성을 높이는지 알아본다. 수업의 종결부에서는 대중매체의 양면성에 대해서 알아봄으로써, 대중매체를 그저 피하기만 하기보다는 이를 잘 선용하려는 노력이 왜 필요한지 생각해 보는 기회를 가진다. 이런 관점을 바탕으로 대중매체를 활용한 교육의 구체적인 사례를 살펴보고, 실제 '학교폭력 예방 홍보물'을 만들어 발표하는 활동을 한다.

Week ①

학교폭력의 실제 알기

학습목표

1. 우리나라의 학교폭력 실태를 파악한다.
2. 학교폭력 문제의 심각성을 알고 학교폭력에 대한 민감성이 필요함을 안다.

1. 학교폭력의 심각성 생각해 보기

2017년 교육부의 1차 학교폭력 실태 전수조사에서 학교폭력의 피해 응답률은 지난 조사와 동일한 것으로 나타났다. 조사 참여 학생 중 학교폭력 피해를 당한 적이 있다고 응답한 학생은 3만 7천여 명, 피해 응답률은 0.9%였다.

▲ [그림 1-1] 학교폭력을 신고하지 않은 이유

학교폭력 피해 응답률은 낮아지고 있지만 한층 교묘하고 음성화된 방식의 새로운 학교폭력 유형이 증가하고 있는 것이 문제다. 즉, 물리적 폭력이 줄어든 대신 언어폭력이나 사이버 폭력의 비중은 오히려 늘었다. 이와 같은 유형의 폭력은 정서적 피해를 주지만 뚜렷한 외상을 남기지 않아 피해자 본인은 물론 피해자의 친구, 부모, 교사들도 신체적 폭력이나 금품 갈취 등과 같이 심각한 문제로 받아들이지 않고, 가해자는 가해 이유가 장난인 경우가 많아 해당 폭력에 대한 개입 및 해결에 어려움을 겪는 사례가 많다.

 생각해 보기

학교폭력의 심각성에 관한 다음의 자료를 보고 질문에 답해 보자.

학교폭력으로 자살한 학생의 유서

2011년 대구의 D중학교에서 A군이 또래 친구들의 학교폭력에 시달리다 자살하였다. 다음은 A군의 유서 일부다. A군은 금품 갈취, 신체 폭행, 협박, 심부름, 언어폭력 등 다양한 유형의 학교폭력에 동시에 노출되었고, 지속적인 학교폭력이었음에도 교사, 부모가 모두 알아채지 못했다. 가해자들은 공식적인 언론 인터뷰에서 "큰 충격을 받았고 무섭다."라고 답했지만 '쌤이 물으면 어쩌지?' '그냥 인정하지 머 ㅋㅋ' '감방 가게?' '감방 안 간다~ ㅋㅋ' 등과 같은 가해자들의 문자 내용이 공개되면서 그들의 파렴치하고 뻔뻔한 태도가 다시 논란이 되었다. 그리고 조사를 받으면서 자신들은 약간의 괴롭힘 외에는 아무런 행위를 하지 않았는데 A군이 죽어 버려서 이해할 수 없다는 식의 태도를 보이고 거짓 진술을 일삼는 등 사건을 은폐·축소함은 물론 사건의 심각성을 전혀 인지하지 못하는 것으로 알려졌다.

3월 중순에 ○○○라는 애가 같이 게임을 키우자고 했는데 협박을 하더라고요. 그래서 제가 그때부터 매일 컴퓨터를 많이 하게 된 거예요. 그리고 그 게임에 쓴다고 제 통장의 돈까지 가져갔고, 매일 돈을 달라고 했어요. 그래서 제 등수는 떨어지고, 2학기 때쯤 제가 일하면서 돈을 벌었어요. (그 친구들이) 계속 돈을 달라고 해서 엄마한테 매일 돈을 달라고 했어요. 날이 갈수록 더 심해지고, 담배도 피우게 하고, 오만 심부름과 숙제를 시키고, 게다가 매일 우리 집에 와서 때리고 나중에는 ○○○이라는 애하고 같이 저를 괴롭혔어요. 키우라는 양은 더 늘고, 때리는 양도 늘고, 수업 시간에는 공부하지 말고 시험 문제 다

찍고 돈 벌라 하고 물로 고문하고 모욕을 하고 단소로 때리고 우리 가
족을 욕하고 공부 못 하도록 문제집을 다 가져가고 학교에서도 몰래
때리고 온갖 심부름과 숙제를 시키는 등 그런 짓을 했어요. 12월에 들
어서 자살하려고 몇 번이나 결심을 했는데 그때마다 엄마, 아빠가 생
각나서 저를 막았어요.

…(중략)…

봉쇄한 다음 무차별적으로 저를 구타했어요. 또 제 몸에 칼등을 새기
려고 했을 때 실패하자 제 오른쪽 팔에 불을 붙이려고 했어요. 그리고
할머니 칠순 잔치 사진을 보고 우리 가족들을 욕했어요. 저는 참아 보
려 했는데 그럴 수가 없었어요. 걔들이 나가고 난 뒤, 저는 제 자신이
비통했어요.

…(후략)…

1. 자신이 생각 또는 경험한 학교폭력과 어떠한 차이가 있는가?
2. 학교폭력은 전반적으로 감소하는 추세인데, 학생들은 왜 더 괴로워하고
   있을까?
3. 학교폭력의 심각성을 부추기는 가장 큰 요인은 무엇일까?

학교폭력이라고 하면 흔히 신체적인 폭행이나 금품 갈취, 셔틀과 같은 심부
름 등을 생각하기 마련이다. 이러한 유형의 폭력은 교사나 부모 등의 주변 사
람들에게 비교적 눈에 띄기 쉬운 폭력으로, 상황이 더 심각해지기 전 폭력 사
안에 중재 및 개입이 가능하고 학교폭력에 대한 사회적 관심이 높아지면서

감소하는 추세를 보이고 있다. 하지만 증가하고 있는 정서적 폭력, 즉 집단 따돌림, 사이버 폭력, 언어폭력 등은 알아차리기도 어렵고, 피해를 받은 당사자 역시 이를 심각한 학교폭력으로 인지하지 않아 문제를 더욱 키우고 심화하고 있다. 이는 학교폭력 문제에 대한 사회 전반적인 낮은 민감성 때문인데, 학교폭력 문제를 예방하고 해결하기 위해서는 우선적으로 학교 및 사회의 풍토가 학교폭력에 대해 민감한 방향으로 변화될 필요가 있다.

▲ [그림 1-2] 아동 · 청소년(10~24세) 자살률

　　OECD(2009)의 조사 결과에 따르면, OECD 31개 국가의 청소년(10~24세) 평균 10명 중 1명꼴로 괴롭힘을 당하는 것으로 조사되었는데, 우리나라의 학교폭력 발생률은 OECD 전체 37개국 중 10위(약 60%)인 것으로 나타났다. 이를 통해 우리나라는 다른 OECD 국가보다 학교폭력 발생률이 6배 정도 높은 것을 알 수 있다. 더욱 심각한 문제는 우리나라는 괴롭힘을 당하는 학생의 자살률이 상대적으로 높은 것으로 나타났다는 점이다. OECD 국가 청소년의 평균 자살률은 2000년 7.7명에서 2010년 6.5명으로 감소했지만, 같은 기간 우리나라는 6.4명에서 9.4명으로 47% 증가하였다고 보고되었다. 우리나라는 10년 만에 18위에서 5위까지 순위가 상승하였고, 칠레(53%)에 이어 청소년의 평균 자살 증가율이 두 번째로 높은 국가가 되었다.

　　또한 2014년 발표에 따르면, 2013년 기준 9~17세 청소년의 3.6%가 최근 1년간 자살을 심각하게 고민했다고 응답했다. 이와 관련하여 한국건강증진재단에서는 청소년의 자살은 성인과 원인이 달라 해법도 다르며, 우울증이 관여된 경우가 적고 외부 환경에 의한 스트레스나 억울함에 대한 반응인 경우가 많아 충동적이라고 분석하였다. 따라서 청소년 자살을 막으려면 그들의 심정을 헤아려 주고 같이 걱정해 주는 노력이 중요하다고 하

였다. 한편, 우리나라 아동들의 삶 만족 지수가 OECD 전체 국가 중 최하위
인 것으로 나타났다. 그리고 이런 낮은 삶의 만족도가 학교폭력에 의한 것
이라는 응답이 두 번째로 많았다.

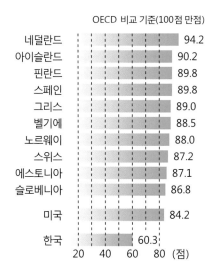

▲ [그림 1-3] OECD 주요국 아동의 삶의 만족도

출처: 보건복지부, 경제협력개발기구(OECD).

2. 학교폭력의 실태 및 특징

1) 학교폭력의 실태

교육부(2017)의 학교폭력 실태 전수조사에 따르면, 최근 학교폭력의 실
태에는 다음과 같은 특징이 있음을 알 수 있다.

(1) 초등학교 때부터 폭력 경험

2013년 전국 학교폭력 실태 조사의 결과 발표 자료에 따르면, 재학 기간에 학교폭력 경험이 있다고 응답한 학생 중 학교폭력 피해를 처음 당한 시기는 '초등학교 6학년'이 16.5%로 가장 높게 나타났다. 초등학교 저학년(1~3학년) 때 학교폭력 피해를 당한 학생은 31.4%이고 초등학교 고학년(4~6학년) 때 피해를 경험한 학생은 43.7%로, 초등학교 시기에 피해를 당한 경우가 전체의 75.1%로 나타났다. 이는 2012년의 78.3%에 이어 여전히 높은 비율로, 학교폭력 피해학생의 저연령화가 지속적으로 나타나고 있다.

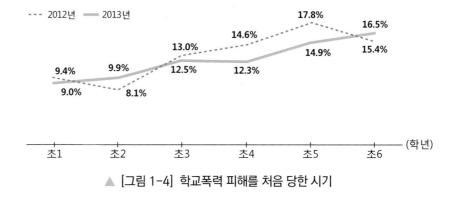

▲ [그림 1-4] 학교폭력 피해를 처음 당한 시기

학교폭력을 처음 경험한 시기에 대한 물음에 초등학교 때부터라고 응답한 비율이 53.6%, 처음 가해한 시기에 대한 물음에 초등학교 때부터라고 응답한 비율이 58%인 것으로 나타났다. 최초 피해 경험이 저학년(1~3학년) 때였다는 학생은 17.6%, 고학년(4~6학년) 때였다는 학생은 36%였고, 최초 가해 경험이 저학년 때였다는 학생은 14.9%, 고학년 때였다는 학생은 43.1%인 것으로 나타나 대부분의 학교폭력 가·피해학생들은 초등학교 고학년 때부터 학교폭력에 노출되는 것을 알 수 있다. 또한 폭력을 경험한 학생 중 절반 정도가 오랜 기간 폭력에 노출되고 있음을 알 수 있다.

(2) 학교폭력에 대한 낮은 민감성

교육부(2017)의 학교폭력 실태 전수조사에 따르면, 학교폭력 가해 원인 2위는 '장난'인 것으로 나타났다. 그리고 이를 목격하고 방관하는 방관자의 비율이 여전히 높은 것(20.3%)으로 나타났다.

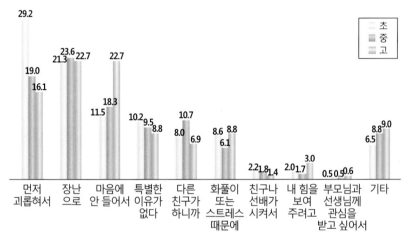

▲ [그림 1-5] 학교폭력 가해 이유

출처: 교육부, 한국교육개발원(2017).

피해 응답자의 78.8%가 피해 사실을 가족, 학교, 친구나 선배, 117 상담센터에 알렸다. 이는 2013년 2차 조사 결과 대비 2.7% 증가한 것이다. 피해를 알린 상대는 가족(45.4%) > 학교(16.4%) > 친구, 선배(11.0%) > 117 상담센터(2.3%) 순으로, 2013년 2차 조사 결과 대비 가족의 비중은 14% 증가하였고 학교의 비중은 7.3% 감소하였다. 피해 사실을 알리지 않은 이유는 '별일 아니라고 생각해서' '해결이 안 될 것 같아서' 등의 순으로 나타났다.

(3) 교실에서 가장 많이 발생

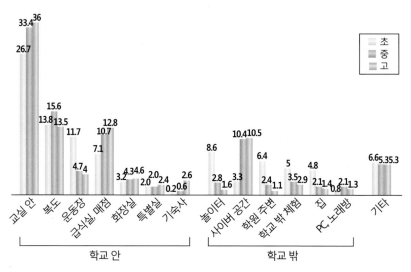

▲ [그림 1-6] 학교폭력을 주로 당하는 장소

출처: 교육부, 한국교육개발원(2017).

　　교육부(2017)의 학교폭력 실태 전수조사에 따르면, 학교폭력을 주로 당하는 장소가 어디인가에 대한 질문에 학교 안이라는 응답이 67.1%, 학교 밖이라는 응답이 26.7%로 대부분의 학교폭력이 학교 안에서 일어나는 것을 알 수 있다. 더 구체적으로 학교 내 어느 장소에서 학교폭력이 일어나는지에 대한 물음에는 '교실(28.9%)' '복도(14.1%)' 등 학생 생활 공간에서 주로 발생한다고 응답하였다. 학교폭력이 발생하는 학교 밖 공간으로는 중·고등학생의 경우 '사이버 공간(10%)'이 1위를 차지하였다. 하지만 요즘 모든 학생이 스마트폰을 소지하고 있음을 감안한다면 '인터넷/스마트폰'이라는 가상 공간이 과연 학교 밖 공간에 속하는지 깊이 생각해 볼 필요가 있다.

(4) 사이버 괴롭힘의 증가

　　교육부(2017)의 보고에 따르면, 중·고등학생의 경우 전체 괴롭힘의 10%

가 사이버 공간에서 일어났다. 이처럼 사이버 괴롭힘이 증가하고 있지만 대부분의 학생이 피해 사실을 부모나 교사에게 알리지 않고 있는데, 이러한 무대응의 이유로 절반 이상(64.4%)이 '신고해 봤자 별 소용이 없을 것 같아서'라고 대답하였다. 그리고 '안티카페'를 개설한 학생 중 초등학생이 50%로 가장 많은 것으로 밝혀졌다. 이들은 카페 개설 동기에 대한 질문에 '특정 학생의 외모나 행동이 미워서(40%)' '싸워서(31%)' '편 가르기(15%)' 등이 이유라고 응답하였다. 괴롭힘의 수위에 비해 그 이유가 너무 가벼워 학생들의 도덕성이나 공감 능력에 대한 교육이 시급하다는 사회의 목소리가 커지고 있는 실정이다.

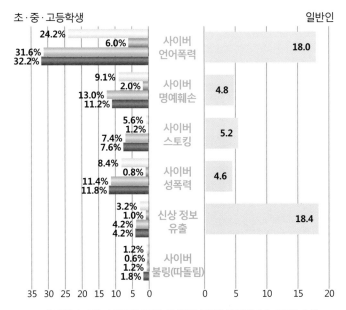

▲ [그림 1-7] 사이버 폭력 유형별 피해 경험(복수 응답, %)

출처: 방송통신위원회, 한국인터넷진흥원(2013).

또한 사이버 폭력 유형별 피해 경험을 살펴보면 초 · 중 · 고등학생 모두 사이버 언어폭력(24.2%)이 가장 많았고, 사이버 명예훼손(9.1%)과 사이버 성폭력(8.4%) 역시 많은 것으로 나타났다. 이와 같은 사이버 폭력은 물리적 학교폭력과 달리 은밀하게 이루어지고 파급력이 큰 것이 특징이므로 전문적 상담 및 치료 프로그램의 필요성이 커지고 있다.

(5) 지속되는 높은 자살률

청소년들이 하루 1명꼴로 스스로 목숨을 끊고 있다. 2016년 질병관리본부가 실시한 '청소년 건강 행태 온라인 조사'에 따르면, 자살을 시도한 적이 있는 학생은 남학생 2%, 여학생 2.7%로 나타났다. 통계청의 2017 청소년 통계에서도 청소년 사망 원인 1위는 자살로, 인구 10만 명당 2014년 7.4명, 2015년 7.2명의 청소년이 자살로 생을 마감하는 등 여전히 문제가 심각하다.

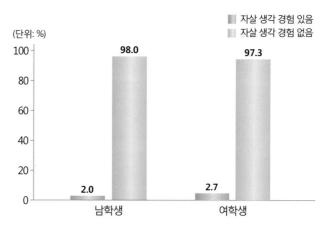

▲ [그림 1-8] 청소년 성별 자살 시도 경험 여부

출처: 질병관리본부(2016).

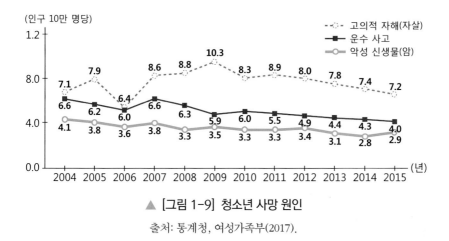

▲ [그림 1-9] 청소년 사망 원인

출처: 통계청, 여성가족부(2017).

또한 보건복지부, 중앙자살예방센터, 한국자살예방협회가 펴낸 '자살예
방백서 2017' 통계에 따르면, 자신이 행복하다고 응답한 청소년의 6.3%가
자살 생각을 경험한 반면, 자신이 불행하다고 응답한 청소년의 46.9%가 자
살 생각을 해 본 것으로 나타났다. 청소년이 자살을 선택하는 데는 복합적
인 요인이 함께 작용하겠지만, 학교폭력과 같은 불행한 사건의 경험이 자
살률에 영향을 끼칠 가능성 또한 배제할 수 없다. 실제 청소년을 대상으로
실시한 연구에 따르면, 자살 생각에 미치는 여러 요인 중 하나가 학교폭력
경험인 것으로 나타났다(홍명숙, 2017).

(6) 요청해 봤자 도움이 안 된다고 생각

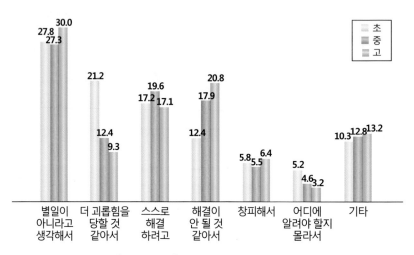

▲ [그림 1-10] 학교폭력 피해 미신고 이유

출처: 교육부, 한국교육개발원(2017).

　학교폭력 피해 시 도움을 '요청 안 한다'는 응답이 20%가 넘는 것으로 나타났다. 도움을 요청하지 않은 이유에 대해서는 '별일이 아니라고 생각해서(28.0%)' '더 괴롭힘을 당할 것 같아서(18.2%)' '스스로 해결하려고(17.5%)'라고 응답하였다. 학생들이 폭력 피해 사실을 안전하게 신고할 방법을 강구하는 것이 시급하다. 이와 관련하여 청소년폭력예방재단의 2016년 전국 학교폭력 실태 조사 연구에 따르면, 학교폭력 목격 시 어떻게 행동했는가에 대한 항목에 '모른 척함(29.2%)'이라는 응답이 가장 많았고, 왜 모른 척했는가에 대해 '관심이 없어서(23.2%)'라는 응답이 많았다. 이와 같은 결과는 '나만 아니면 된다'는 식의 태도로 학생들이 학교폭력을 방관하고 있음을 보여 주는 것이다. 이러한 학교 및 사회 분위기 속에서 피해학생이 도움을 요청하지 못한 것은 어쩌면 당연한 결과일 수도 있다.

(7) 성폭력 점차 증가

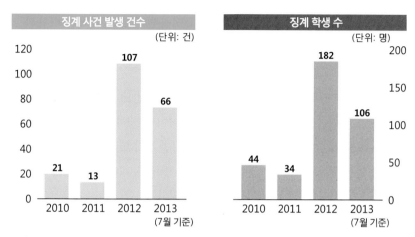

▲ [그림 1-11] 2013년 초 · 중 · 고등학교 내 학생 성 관련 사건 발생 및 징계 현황

출처: 중앙일보(2013. 11. 26.).

　서울시교육청이 공개한 '2010~2013년 초 · 중 · 고등학교 내 학생 성 관련 사건 발생 및 징계 현황'에서 학생 간 징계 사건 발생 건수는 2010년 21건, 2011년 13건, 2012년 107건, 2013년 7월 기준 66건으로 나타났다. 징계 학생 수 역시 2010년 44명에서 2011년 34명, 2012년 182명, 2013년 106명 등 큰 폭으로 증가하였다.

　법무부 교정본부 통계자료(2016)에 따르면, 소년원 수형자의 죄명별 인원이 절도의 경우 매년 점점 감소하는 반면, 성범죄(강간)는 2010년 32명, 2011년 33명, 2012년 54명으로 급격히 증가하였다. 성범죄로 인한 징계는 '전학'이 가장 많다가 2012년 이후 '특별교육'이 가장 많은 것으로 나타났다. 이 밖의 처벌로 '서면사과' '학교봉사' '출석정지'도 있었다. 정부의 강력 방침에도 증가하는 청소년의 성범죄를 어떻게 다루어야 할지 생각해 볼 필요가 있다.

2) 학교폭력의 특징

지금까지 살펴본 학교폭력의 실태를 고려하면, 학교폭력에는 다음과 같은 특징이 있다.

- 학생들의 인터넷 및 스마트폰 사용 시간과 빈도 등이 증가하면서 사이버 괴롭힘으로 불리는 신종 학교폭력이 급증하고 있다.
- 청소년의 신체 발육이 왕성해지면서 사춘기가 빨라지고, 인터넷과 게임 등을 통해 폭력적인 문화를 접하는 연령도 계속 낮아짐에 따라 학교폭력의 저연령화 현상이 심화되고 있다.
- 학교폭력은 단순한 탈선의 차원을 넘어 폭행·협박·사기·상해·살인·강간 등 폭력의 흉포화 현상이 나타나고 있다.
- 가해학생들의 학교폭력에 대한 인식이 무뎌지고 일상화되어 폭력으로 인식하지 못하는 등 폭력에 대한 둔감화 경향을 보이고 있다.
- 최근 들어 학교폭력은 가해학생들이 끈질기게 피해학생을 괴롭히고 소외시킴으로써, 결국에는 자살에 이르도록 만드는 등 잔인화 경향을 보이고 있다.
- 학교폭력을 당한 피해학생들은 자신보다 어리거나 약한 다른 학생에게 폭력의 가해자로 변하는 등 학교폭력의 피해자가 종종 가해자로 바뀌는 현상을 보이고 있다.
- 최근에는 고소득 전문직 부모를 둔 학생이 학교폭력의 가·피해자인 경우가 증가하고 있다.
- 폭력 행위가 비행학생에 의해서만 일어나는 것이 아니라 보통의 모든 학생에게서 쉽게 발견되는 등 학교폭력의 일상화 경향을 보이고 있다.
- 학생들이 인터넷에 떠도는 음란물 등 유해 환경에 노출되면서 성 문제에 거리낌이 없어지고 있는 양상이다.

3. 활동하기

지금까지 학교폭력의 심각성, 실태, 특징 등에 대해 살펴보았다. 앞의 내용을 다시 떠올리며 다음의 질문에 답해 보자.

- 학교폭력 유형 중 '27%(1위)'를 차지하는 것은 무엇인가?
- 우리나라가 'OECD 국가 중 1위'를 차지한 항목은 무엇인가?
- '동전 게임, 그네 게임, 기절 게임, 수술 게임, 컴퍼스 놀이'는 학교폭력인가?

 사회적 이슈

다음은 학교폭력과 관련하여 사회적으로 주목을 받고 있는 이슈다. 이에 대해 동료와 토론한 뒤 의견을 정리해 보자.

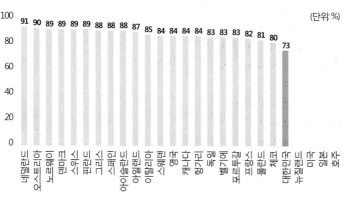

▲ [그림 1-12] 삶의 만족에 따른 청소년 행복도의 국가 비교

출처: 한국방정환재단, 연세대학교 사회발전연구소, 2016.

우리나라 청소년의 행복지수는 OECD 국가 중 최하위권에 속하는 것으로 밝혀졌다(염유식, 김경미, 이승원, 2016). 이와 관련하여 우리나라 학생들의 삶의 만족도가 '성적에 대한 스트레스'와 관련이 있을 것이라는 사회의 일반적 해석이 만연하지만, 실제로 학생들을 대상으로 삶의 만족도를 조사한 결과 '교우관계의 만족도'가 가장 낮은 것으로 나타났다.

청소년의 '교우관계 만족도'를 높이기 위해 개선되어야 할 것은 무엇일까?

[참고 자료] 자살 학생 유서 전문

3월 중순에 ○○○라는 애가 같이 게임을 키우자고 했는데 협박을 하더라고요. 그래서 제가 그때부터 매일 컴퓨터를 많이 하게 된 거예요. 그리고 그 게임에 쓴다고 제 통장의 돈까지 가져갔고, 매일 돈을 달라고 했어요. 그래서 제 등수는 떨어지고, 2학기 때쯤 제가 일하면서 돈을 벌었어요. (그 친구들이) 계속 돈을 달라고 해서 엄마한테 매일 돈을 달라고 했어요. 날이 갈수록 더 심해지고 담배도 피우게 하고 오만 심부름과 숙제를 시키고, 게다가 매일 우리 집에 와서 때리고 나중에는 ○○○이라는 애하고 같이 저를 괴롭혔어요.

키우라는 양은 더 늘고, 때리는 양도 늘고, 수업 시간에는 공부하지 말고 시험 문제 다 찍고 돈 벌라 하고 물로 고문하고 모욕을 하고 단소로 때리고 우리 가족을 욕하고 공부 못 하도록 문제집을 다 가져가고 학교에서도 몰래 때리고 온갖 심부름과 숙제를 시키는 등 그런 짓을 했어요. 12월에 들어서 자살하자고 몇 번이나 결심을 했는데 그때마다 엄마, 아빠가 생각나서 저를 막았어요. 그런데 날이 갈수록 심해지자 저도 정말 미치겠어요. 또 몰래 옷을 사라고 해서 자기가 가져가고 매일 나는 그 녀석들 때문에 엄마한테 돈 달라 하고 화내고 매일 게임하고 공부 안 하고 말도 안 듣고 뭘 사 달라는 등 계속 불효만 했어요. 전 너무 무서웠고 한편으로는 엄마에게 너무 죄송했어요. 하지만 내가 사는 유일한 이유는 우리 가족이었기에 쉽게 죽지는 못했어요. 시간이 지날수록 제 몸은 성치 않아서 매일 피곤했고 상처도 잘 낫지 않고 병도 잘 낫지 않았어요. 또 요즘 들어 엄마한테 전화해서 언제 오냐는 전화를 했을 거예요. 그 녀석들이 저한테 시켜서 엄마가 언제 오냐고 물은 다음 오시기 전에 나갔어요.

저, 진짜 죄송해요. 물론 이 방법이 가장 불효이기도 하지만 제가 이대로 계속 살아 있으면 오히려 살면서 더 불효를 끼칠 것 같아요. 남한테 말하려고 했지만 협박을 했어요. 자세한 이야기는 내일쯤에 ○○○이나 ○○○이란 애들이 자세하게 설명해 줄 거예요.

나가지 못하게 문을 봉쇄한 다음 무차별적으로 저를 구타했어요. 또 제 몸에 칼등을 새기려고 했을 때 실패하자 제 오른쪽 팔에 불을 붙이려고 했어요. 그리고 할머니 칠순 잔치 사진을 보고 우리 가족들을 욕했어요. 저는 참아 보려 했는데 그럴 수가 없었어요. 걔들이 나가고 난 뒤, 저는 제 자신이 비통했어요. 사실 알고 보면 매일 화내시지만 마음씨 착한 우리 아빠, 나에게 베푸는 건 아낌없는 우리 엄마, 나에게 잘 대해 주는 우리 형을 둔 저는 정말 운이 좋은 거예요.

제가 일찍 철들지만 않았어도 저는 아마 여기 없었을 거예요. 매일 장난기 심하고 철이 안 든 척했지만, 속으로는 무엇보다 우리 가족을 사랑했어요. 아마 제가 하는 일은 엄청 큰 불효인지도 몰라요. 집에 먹을 게 없어졌거나 게임을 너무 많이 한다고 혼내실 때, 부모님을 원망하기보단 그 녀석들에게 당하고 살며 효도도 한 번도 안 한 제가 너무 얄밉고 원망스러웠어요. 제 이야기는 다 끝이 났네요. 그리고 마지막 부탁인데 그 녀석들은 저희 집 도어 키 번호를 알고 있어요. 우리 집 도어 키 번호 좀 바꿔 주세요. 저는 먼저 가서 100년이든 1,000년이든 저희 가족을 기다릴게요. 12월 19일 전 엄마한테 무지하게 혼났어요. 저로서는 억울했지만 엄마를 원망하지는 않았어요.

그리고 그 녀석들은 그날 짜증 난다며 제 영어 자습서를 찢고 3학년 때 수업받지 말라고 ○○○은 한문, ○○○는 수학 책을 가져갔어요. 그리고 그날 제 라디오 선을 뽑아 제 목에 묶고 끌고 다니면서 떨어진 부스러기를 주워 먹으라 하였고 5시 20분쯤부터는 아까 한 이야기와 똑같아요. 저는 정말 엄마한테 죄송해서 자살도 하지 않았어요. 어제(12월 19일) 혼날 때의 엄마의 모습은 절 혼내고 계셨지만 속으로는 저를 걱정하시더라고요. 저는 그냥 부모님한테나 선생님, 경찰 등에게 도움을 구하려 했지만 걔들의 보복이 너무 두려웠어요. 대부분의 학교친구들은 저에게 잘 대해 줬어요. 예를 들면, ○○○, ○○○, ○○○, ○○○, ○○○, ○○○ 등 솔직히 거의 모두가 저에게 잘해 줬다고 해도 과언은 아니에요. 저는 매일매일 가족들 몰래 제 몸의 수많은 멍들을 보면서 한탄했어요.

항상 저를 아껴 주시고 가끔 저에게 용돈도 주시는 아빠, 고맙습니다.

매일 제가 불효를 했지만 웃으면서 넘어가 주시고, 저를 너무나 잘 생각해 주시는 엄마, 사랑합니다. 항상 그 녀석들이 먹을 걸 다 먹어도 나를 용서해 주고, 나에게 잘해 주던 우리 형, 고마워.

그리고 항상 나에게 잘 대해 주던 내 친구들, 고마워.

또 학교에서 잘하는 게 없던 저를 잘 격려해 주시는 선생님들, 감사합니다.

* 저희 집 도어 키 번호를 바꿔 주세요. 걔들이 알고 있어서 또 문 열고 저희 집에 들어올지도 몰라요.
모두들 안녕히 계세요.

아빠, 매일 공부 안 하고 화만 내는 제가 걱정되셨죠? 죄송해요.

엄마, 친구 데려온답시고 먹을 걸 먹게 해 준 제가 바보스러웠죠? 죄송해요.

형, 매일 내가 얄밉게 굴고 짜증 나게 했지? 미안해.

하지만 내가 그런 이유는 제가 그러고 싶어서 그런 게 아니란 걸 앞에서 밝혔으니 전 이제 여한이 없어요. 저는 원래 제가 진실을 말해서 우리 가족들과 행복하게 사는 게 꿈이었지만 제가 진실을 말해서 억울함과 우리 가족 간의 오해와 다툼이 없어진 대신 제 인생, 아니, 제 모든 것들을 포기했네요. 더 이상 가족들을 못 본다는 생각에 슬프지만 저는 오히려 그간의 오해가 다 풀려서 후련하기도 해요. 우리 가족들, 제가 이제 없어도 앞으로 제 걱정 없이 잘 살아가기를 빌게요.

저의 가족들이 행복하다면 저도 분명 행복할 거예요. 걱정하거나 슬퍼하지 마세요. 언젠가 우리는 한곳에서 다시 만날 거예요. 아마도 저는 좋은 곳은 못 갈 거 같지만 우리 가족들은 꼭 좋은 곳에 갔으면 좋겠네요.

매일 남몰래 울고 제가 한 짓도 아닌데 억울하게 꾸중을 듣고 매일 맞던 시절을 끝내는 대신 가족들을 볼 수가 없다는 생각에 벌써부터 눈물이 앞을 가리네요. 그리고 제가 없다고 해서 슬퍼하시거나 저처럼 죽지 마세요. 저의 가족들이 슬프다면 저도 분명히 슬플 거예요. 부디 제가 없어도 행복하길 빌게요.

-우리 가족을 너무나 사랑하는 막내 ○○○ 올림-

P.S 부모님께 한 번도 진지하게 사랑한다는 말 못 전했지만 지금 전할게요.

엄마, 아빠 사랑해요!!!!

학교폭력에 대한 이해

학습 목표

1. 학교폭력의 정의 및 개념을 안다.
2. 학교폭력과 관련된 요인 및 원인을 알고 학교폭력이 학생들에게 미칠 영향을 생각해 본다.

 지난 주 사회적 이슈

학교폭력과 관련해 생각해 볼 만한 사회적 이슈는 다음과 같다. 다음의 질문에 대해 동료의 의견을 들어 보고 나의 생각을 정리해 보자.

청소년의 '교우관계 만족도'를 높이기 위해 개선되어야 할 것은 무엇일까?

■ 학교폭력 피해자에서 가해자가 된 여중생

지난 12일 충남 천안에서 SNS에서 만난 동갑내기 여중생을 폭행하고 동영상까지 촬영해 유포한 열네 살 A양 등 2명이 경찰에 긴급체포됐다가 풀려났다. 검찰은 가해자들을 체포한 곳이 거주지였고, 증거가 확보돼 긴급체포 필요성이 인정되지 않는다고 밝혔다. 이번에 유포된 폭행 동영상은 가해자들이 다른 휴대전화에 보관하고 있던 것으로 경찰 조사에서 확인됐다. 경찰은, 가해자들이 폭행 사실을 인정하고 있지만, 구체적인 내용에서는 차이를 보인다고 설명했다. 각기 다른 학교에 다니던 가해자들은 출석일수 미달로 유예 처분이

내려져 학교에는 다니지 않고 있었다. 특히 가해자 중 한 명은 지난해 11월 선배 3명에게 폭행을 당했던 학교폭력 피해자였던 것으로 밝혀졌다.

출처: https://www.youtube.com/watch?v=Ebfk-9Hfy7g

1. 학교폭력의 개념 생각해 보기

1) 학생, 부모, 교사 관점에서의 학교폭력 정의

학교폭력은 어떠한 관점에서 바라보느냐에 따라 그 정의가 달라진다. 경찰은 가해자를 일진, 양아치, 노는 애로 지목하며 학교폭력은 대부분 이러한 대상들이 저지르는 행위로 보고, 대표적인 학교폭력 유형으로 남학생의 경우 신체 폭력이나 금품 갈취를, 여학생의 경우 언어폭력이나 집단 따돌림을 꼽았다. 또한 교사는 학교폭력 문제에 대한 개입을 꺼리고, 부모는 일반적으로 학교폭력이 내 자녀에게는 일어나지 않을 일이라 생각하고 있었다.

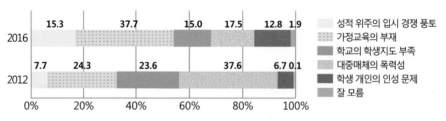

▲ [그림 2-1] 성인이 바라보는 학교폭력의 원인(2012, 2016)

출처: 임소현, 김흥주, 한은정, 황은희(2016).

또한 2016년 한국교육개발원이 성인 남녀 2,000명을 대상으로 실시한 교육여론조사 결과에 따르면, 우리나라 성인들은 학교폭력의 원인으로 가정교육의 부재(37.7%), 대중매체의 폭력성(17.5%), 성적 위주의 입시 경쟁

풍토(15.3%), 학교의 학생지도 부족(15.0%), 학생 개인의 인성 문제(12.8%)를 꼽았다. 이는 2012년 같은 기관에서 실시한 조사 결과와는 다소 상이하다. 당시에는 학교폭력의 주요 원인을 대중매체의 폭력성(37.6%)이라 생각하고 있었고, 이어서 가정교육의 부재(24.3%), 학생의 학생지도 부족(23.6%), 성적 위주의 입시 경쟁 풍토(7.7%), 학생 개인의 인성 문제(6.7%)가 그 뒤를 이었다. 이상의 자료들에서 알 수 있듯이 학교폭력을 바라보는 관점의 차이는 분명히 존재하고 이러한 관점 차이가 문제 상황을 해결하는 데 걸림돌이 될 수 있다는 것을 고려하면, 학교폭력에 대한 사회 전반의 공통된 인식이 필요하다고 할 수 있다.

2) 누구나 가해자 또는 피해자가 될 수 있는 학교폭력 문제

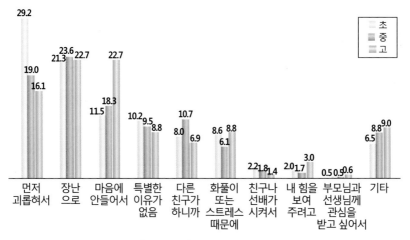

▲ [그림 2-2] 학교폭력 가해 이유

출처: 교육부, 한국교육개발원(2017).

학교폭력은 장난이라는 이름하에 학교에서 일상적으로 벌어질 수 있는 문제다. 학교폭력은 대부분 폭력 대상에 대해 어떤 특별한 분노나 원한도 없으면서 단지 '장난'으로 또는 '이유 없이' 저지르는 경향이 있는 것으로 나타났다. 따라서 누구나 가해자 또는 피해자가 될 수 있고, 문제가 발생했을 때 가해학생과 그 부모는 문제를 객관적으로 바라보고 잘못을 인정하여 문제 해결에 적극적으로 참여할 필요가 있다. 이를 위해 학교폭력의 정의와 개념을 올바로 아는 것이 중요한데, 신체적인 폭력만이 폭력이 아니라 언어적 폭력, 정서적인 괴롭힘도 학교폭력에 속함을 아는 등 학교폭력의 개념과 범주를 정확하게 아는 것이 학교폭력을 예방하고 대처하는 데 첫걸음이 될 것이다. 그리고 가해행동과 같은 문제행동은 그 원인이 학생의 개인적인 요인뿐 아니라 학교 및 가정환경 요인 등의 상호작용에 의한 것이기 때문에 교사는 내 학급의 학생이, 부모는 내 자녀가 언제든지 가해자 또는 피해자가 될 수 있다는 가능성을 염두에 두고 생활지도를 해야 한다.

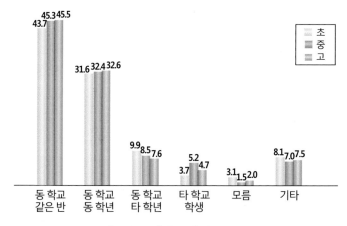

▲ [그림 2-3] 학교폭력 가해 대상

출처: 교육부, 한국교육개발원(2017).

교육부(2017)의 보고에 따르면, 학교폭력 가해 경험이 있다고 응답한 학생은 1만 3천여 명(0.3%)으로 2016년 조사 결과 0.4% 대비 0.1% 감소한 것으로 나타났다. 학교폭력 가해자 유형을 보면 '같은 학교, 같은 학년'에게 학교폭력을 당하는 비중(44.2%)이 가장 크게 나타나고 있다.

이는 학교폭력의 가해자가 다른 특별한 세계에 존재하는 것이 아니라 피해자가 하루의 대부분을 생활하는 교실 안에서 언제든지 가해자를 만날 수 있다는 의미다. 즉, 새로운 인물보다는 피해자가 평소에 알고 있는 친구가 학교폭력의 가해자일 가능성이 높으며, 이는 학교폭력으로 인한 피해자의 심리적 상처를 더 크게 하는 요인이라 할 수 있다. 따라서 학교폭력 예방을 위한 지도도 기존의 친구관계가 건강하게 유지되도록 하는 데 초점을 맞추는 한편, 학급 내의 이상기류 등에 대한 교사의 세심한 관찰과 주의가 요구된다.

 생각해 보기

앞서 학교폭력의 정의 및 범주에 대한 정확한 이해의 필요성을 살펴보았다. 다음의 상황이 학교폭력에 속할지 ○/×로 답해 보자.

1. 중학교 3학년 동인이는 학급 내에서 친구들에게 구타를 당했다.
2. 중학교 2학년 영이는 친구가 장난삼아 한 말에 상처받아 한동안 친구를 사귀기 어려웠다.
3. 고등학교 1학년 명섭이는 하굣길에 학교 선배에게서 돈을 가져오라는 협박을 받았다.
4. 중학교 1학년 수진이는 학원에서 동네 고등학생 언니에게 돈을 빼앗겼다.
5. 고등학교 2학년 대환이는 주말에 공원에서 다른 학교 일진에게 MP3를 빼앗겼다.

실제 학교 현장에서는 학생뿐 아니라 교사까지 무엇이 학교폭력인지, 또 어디까지가 학교폭력인지 모르는 경우가 종종 있다. 이는 학교폭력에 대한 민감성과 직결되는 부분으로, 문제 상황이 학교폭력인지 아닌지 판단하는 능력은 폭력을 가하는 학생에게는 자신이 잘못된 행동을 하고 있다는 죄책감을, 폭력을 당하는 학생에게는 부당한 대우를 받고 있다는 경각심을, 이를 지켜보는 학생들에게는 문제를 올바로 해결하는 데 도움이 되어야겠다는 정의감을 일깨울 수 있다. 학교폭력에 대한 정의 및 범주는 「학교폭력 예방 및 대책에 관한 법률」에서 "학교 내·외에서 학생을 대상으로 발생한 상해, 폭행, 감금, 협박, 약취/유인, 명예훼손/모욕, 공갈, 강요/강제적인 심부름, 성폭력,

따돌림, 정보통신망을 이용한 음란/폭력 정보 등에 의하여 신체적 · 정신적 또는 재산상의 피해를 수반하는 행위"라고 정의하고 있다.

이를 중심으로 앞의 다섯 가지 상황을 판단해 본다면, 가해자는 친구, 학교 선배, 동네 언니, 타 학교 일진 등으로 정리할 수 있는데, 가해자가 누구이든지 '학생을 대상으로' 폭력을 행사한다면 학교폭력이 될 수 있다. 또 피해 장소는 학급 내, 하굣길, 학원, 공원 등으로 정리되는데, 법률에서는 '학교 내 · 외'에서 발생한 모든 폭력을 학교폭력이라 정의하고 있다. 그리고 폭력 내용은 구타, 언어폭력, 협박, 금품 갈취 등인데, 이 모두 법률에서 정의하는 학교폭력의 범주에 속하므로 앞의 다섯 가지 상황 모두 학교폭력에 해당한다고 할 수 있다.

2. 학교폭력의 정의 및 관련 요인

1) 학교폭력의 정의

(1) 법률적 정의

학교 내 · 외에서 학생을 대상으로 발생한 상해, 폭행, 감금, 협박, 약취/유인, 명예훼손/모욕, 공갈, 강요/강제적인 심부름, 성폭력, 따돌림, 정보통신망을 이용한 음란/폭력 정보 등에 의하여 신체적 · 정신적 또는 재산상의 피해를 수반하는 행위(「학교폭력 예방 및 대책에 관한 법률」 제2조 제1항)

기존의 법률적 정의에서는 '학생 간에 발생한' 폭력만을 대상으로 하며 외부 조직에 의한 괴롭힘이나 폭력을 다룰 수 있는 법적 효력은 제한적으로 발생하는 한계가 있었다. 또한 최근 진화하고 있는 학교폭력 유형의 변화를 법이 포함하지 못하여 신종 학교폭력 유형은 법적 보호를 받는 데 어려움이 있으므로 앞에서 인용한 바와 같이 법을 개정하게 되었다.

또한 2012년 2월 27일 국회 교육과학기술위원장의 명의로 「학교폭력 예방 및 대책에 관한 법률」의 일부 개정안이 제안되었다. 이 개정안에 실제 학교에서의 문제, 사회적 변화, 문제의 양상 등을 반영하여 개정이 실시되었다. 학생 간으로 한정 짓기에는 학생의 신분이 아닌 이들에게 학생들이 폭력을 당하는 경우가 많은 현상을 반영하여 '학생 간에 발생한'이라는 규정을 '학생을 대상으로 발생한'으로 변경하였다. 또 사이버 괴롭힘이 새로운 학교폭력 유형으로 주목받으면서 '따돌림'을 '따돌림, 사이버 따돌림'으로 규정하며 다음과 같이 같은 조 제1호의 3을 신설하였다.

> 1의 3. '사이버 따돌림'이란 인터넷, 휴대전화 등 정보통신기기를 이용하여 학생들이 특정 학생들을 대상으로 지속적·반복적으로 심리적 공격을 가하거나, 특정 학생과 관련된 개인 정보 또는 허위 사실을 유포하여 상대방이 고통을 느끼도록 하는 일체의 행위를 말한다.

 생각해 보기

「학교폭력 예방 및 대책에 관한 법률」 제2조 제1항에 대한 다음의 질문에 답해 보자.

1. '폭행, 협박, 공갈, 성폭력' 중 학교폭력에 해당하지 않는 것은 무엇인가?
2. 단순 구타, 폭행 등 가시적으로 증거가 남는 경우만 학교폭력인가?
3. "저 녀석은 찌질하니깐 맞아도 싸." 이는 학교폭력의 가해 원인 중 무엇에 해당하는가?

「학교폭력 예방 및 대책에 관한 법률」 제2조 제1항에 따르면, 학교폭력을 "학교 내·외에서 학생을 대상으로 발생한 상해, 폭행, 감금, 협박, 약취/유인, 명예훼손/모욕, 공갈, 강요/강제적인 심부름, 성폭력, 따돌림, 정보통신망을 이용한 음란/폭력 정보 등에 의하여 신체/정신 또는 재산상의 피해를 수반하는 행위"로 정의하고 있다. 따라서 첫 번째 문제에서 제시하는 유형의 폭력은 모두 학교폭력에 해당한다. 또 정도가 매우 심각한 물리적 폭력뿐만 아니라 실질적으로 더 심각한 폭력을 고려한다면 언어 및 정서적 폭력 또한 학교폭력으로 간주해야 하므로 두 번째 문제 역시 학교폭력에 해당한다. 그리고 세 번째 문제는 피해학생들과 차이점이 있는 것에 대해 거부감을 느끼는 경우로, 가해학생은 피해학생에 대해 '왜 저 녀석은 저렇게 잘난 척해.'라든가 '저 녀석은 너무 나대고 뺀질거려.' 등의 생각을 가지고 있다.

(2) 심리학적 정의

Bullying is a form of aggressive behavior in which someone intentionally and repeatedly causes another person injury or discomfort. Bullying can take the form of physical contact, words or more subtle actions(APA, 2004).

미국심리학회(APA)는 괴롭힘을 타인에게 해를 가하기 위한 의도적이고 반복적인 공격행동으로 정의하고 있다. 이에 따르면 타인에게 해를 가하려는 의도의 유무, 공격행동이 일회적이냐 반복적이냐가 괴롭힘에 해당하는지를 가리는 것이 중요한 문제다. 미국심리학회에서는 쉽게 눈에 띄는 물리적 공격 외에도 욕설, 무시와 같은 언어적 공격, 관계적 공격과 같은 미묘한 형태의 공격까지도 괴롭힘의 유형에 포함시켰다. 즉, 미국심리학회의 정의에 따르면, 타인을 놀리거나 별명을 부르는 것, 따돌림, 성적 학대, 인종, 장애, 성적 지향에 대한 비하 등도 그 의도가 타인에게 해를 가하기 위한 것이고 반복적으로 발생할 경우 괴롭힘에 포함된다.

2) 학교폭력의 원인

학교폭력의 원인을 분석하는 다양한 관점의 이론들이 있다. 여기에서는 대표적으로 지위-지배성 추구 이론, 사회적 정보 처리 이론, 동종애 이론, 사회적 기술 결함 이론, 생태학적 이론을 살펴보기로 한다.

(1) 생태학적 이론

생태학적 이론은 복합적인 요인에 의해 발생하는 학교폭력 문제에 대한 총체적인 이해와 해결 방법을 제공한다. 이 이론에서는 [그림 2-4]와 같이 학교폭력을 고립되어 일어나지 않는, 개인과 그의 가족, 또래집단, 학교, 지역사회 및 사회적 규범 간의 복잡한 상호작용의 결과로 바라본다. 이와 같은 생태 시스템 이론은 학교 환경을 '하나의 다중 계층 구조 체계'로 인식하며, 개인적 성향 및 대인관계뿐 아니라 조직과 사회의 구조적인 원인도 집단 괴롭힘에 영향을 줄 수 있는 변인으로 포함한다. 구체적으로 생태학적 이론은, ① 대상자, ② 미시체계, ③ 중간체계, ④ 외체계, ⑤ 거시체계의 다섯 가지 계층 요소를 포함한다.

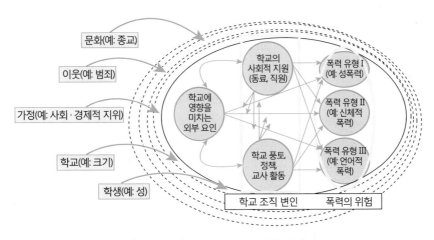

▲ [그림 2-4] 학교폭력의 생태학적 관점

(2) 지위-지배성 추구 이론

청소년기는 또래에서 높은 지위를 얻는 것이 매우 중요한 시기로, 때로 규칙을 준수하는 것보다 높은 지위를 얻는 것을 더 중요시하기도 한다. 지위-지배성 추구 이론에서는 이와 같은 지위-지배성을 추구하는 과정에서 학교폭력이 발생한다고 생각한다. 공격성이 높은 학생은 집단 내에서 인기가 높은 경향이 있다. 즉, 학교폭력 행동을 함으로써 집단 내에서 자신의 지위를 높이고, 더 큰 지배력을 행사할 수 있는 것이다. 실제 학교폭력이 목격자나 동조자가 있는 맥락에서 자주 발생한다는 사실도 이 이론을 지지하는 것으로 볼 수 있다.

(3) 사회적 정보 처리 이론

사회적 정보 처리 이론은 폭력행동의 원인을 사회적 정보 처리 과정의 결함에서 찾는다. 일반적으로 공격성이 높은 아동은 상대방이 자신에게 해를 끼쳤을 때 그 사람의 의도를 적대적인 것으로 받아들이는 경향이 있다. 그 결과, 이들은 타인의 적대적 의도에 대해 폭력으로 대응하게 된다. 따라서 학교폭력 가해학생이 상대방의 기분 및 의도를 정확하게 파악하도록 돕는 것이 중요하다. 그러나 모든 학교폭력 가해학생이 상대의 의도를 잘못 파악하는 것은 아니다. 때로 자신의 우월함을 타인에게 보여 주기 위해 학교폭력을 저지르는 학생의 경우, 상대적으로 정확히 상대의 의도를 파악하기도 한다.

(4) 동종애 이론

동종애 이론은 가해자는 가해자들과 어울림으로써 비행행동에 일상적으로 노출되고 폭력행동의 발생 기회가 증가하여 학교폭력 문제를 일으킨다고 본다. 학교폭력과 같은 문제행동에서는 문제행동을 주로 하는 또래와의 접촉이 그 어떤 변인보다 설명력이 높은 요인으로 나타났다. 따라서 학교폭력은 자신이 속한 친밀한 집단에서 학습되는 방식으로, 가해자가 학교폭력에 대한 가치, 태도, 동기 등을 학습하는 대상이 바로 그 집단 내 폭력적인 또래라 할 수 있다. 또한 또래집단의 소속감이 개인의 집단 따돌림과 폭력에 영향을 미치는데, 인종이나 성별 등 유사한 특성을 지닌 또래집단에 속하게 되면 흡연이나 공격성, 학업성취와 같이 개인의 다양한 측면에 영향을 주고받는 것으로 나타났다.

(5) 사회적 기술 결함 이론

사회적 기술 결함 이론에서는 다른 사람을 괴롭히는 등 폭력을 행사하는 가해자를 지능이 낮고 사회적 상호작용을 조정하는 능력이 부족한 사람으로 보고, 사회적 문제를 해결하는 다른 방법을 알지 못해 공격성에 의존하다 보니 폭력을 행사하게 된다고 본다. 폭력적인 집단은 일반 집단에 비해 더 많은 심리적 문제를 경험하지만, 스트레스 대처 능력이나 문제 해결 능력은 일반 집단에 비해 훨씬 부족하다.

3) 학교폭력에 대한 관점: 사회 통념적 관점

다음은 학교폭력에 대한 사회 통념적 관점이다.

- 성장기에 자신의 힘을 과시하고 다투면서 정이 드는 성장통은 누구나 경험하는 것으로 아주 심각한 것만 아니라면 괜찮다고 생각하는 관점이다.
- 학교폭력은 특정 집단에서만 발생하고 일반 학생들에게는 일어나지 않는 일이라고 여기며 학교폭력을 학생 간의 세력 다툼으로 보는 관점이다.
- 학교폭력을 새로운 또래집단에 들어가기 위한 신고식으로 인식하는 관점이다.
- 피해자가 '당할 만한 짓을 했다'고 인식하거나 폭력을 당할 만한 특징이 있다고 생각하는 등 학교폭력 피해자가 원인 제공을 하였기 때문이라고 보는 관점이다.

4) 학교폭력에 관련된 요인

(1) 개인 관련 요인

전두엽의 실행 기능에 결함이 있는 등의 뇌 기능 이상은 과잉행동 경향과 주의력 결핍을 유발하여 폭력행동을 일으킨다고 보고된다. 또한 정신적 장애, 특히 품행장애, 반항성 장애, 주의력 결핍 및 과잉행동장애, 반사회적 성격장애, 히스테리성ㆍ편집성ㆍ의존적 성격장애를 가진 개인일수록 더욱 폭력행동을 보인다고 알려져 있고, 청소년의 폭력행동은 우울 및 자존감과는 강한 관련이 있었지만 불안과는 연관성이 적다고 밝혀졌다. 그리고 학교폭력 가해자는 상대적으로 우세한 힘을 가지고 공격적이며 덜 동정적인 성향을 보이고 자아존중감, 감정 및 욕구 표현 능력, 인간관계 능력, 문제 해결 능력, 스트레스 대처 능력, 충동 조절 능력, 타인에 대한 공감ㆍ이해 능력이 부족한 것으로 나타났으며, 자신의 학교에 대한 자부심이 없고 지역사회에서 소외되어 있는 특징이 있음이 밝혀졌다.

(2) 가정 관련 요인

부적절한 가정환경은 청소년의 학교폭력을 유발하는 중요한 요인으로 밝혀져 있는데, 가정이 빈곤하거나 범죄 위험이 있는 이웃과 인접해 있는 경우 청소년의 폭력행동을 유발하는 것으로 알려져 있다. 또한 부모의 실업, 부모의 자녀에 대한 애정 결여, 부정적이거나 비일관적인 양육 태도, 자녀와의 애착 결여 역시 청소년의 폭력행동을 증진시키는 요인이다. 이 밖에도 가정 내 일인당 소유 공간, 가정 내 교육을 위한 교구 및 재료의 부족 등도 청소년의 폭력행동과 정적 관계가 있는 것으로 보고되고 있다. 또한 가해학생들은 가족 구성원이 서로 친밀하지 못하다고 생각할 뿐만 아니라 상호 유대감이 낮다고 인식하며, 실제로 가족 구성원이 서로의 문제와 요구에 관심을 가지지 않는 것으로 나타났다. 이와 관련하여 부모와 자녀가 함께 있는 시간이 상대적으로 많을수록 자녀의 문제행동이 감소한다는 연구 결과가 있다.

(3) 학교 및 친구 관련 요인

학교에서 폭력행동을 하는 이유 중 하나는 학교생활 중 경험하는 스트레스에 대한 정서중심적 대처 반응의 한 형태인 것으로 알려져 있다. 학교생활에 대한 스트레스가 높고 교사와 갈등이 있거나 교사에게 불만이 많은 경우 비행친구와 잘 어울려 다니며, 협동심이 부족하고 학교에 대한 안전의식이 부족한 경우 폭력적인 행동을 하는 경향이 있는 것으로 밝혀졌다. 그리고 학업 상황에서의 실패가 스트레스를 유발하고 학교생활의 가치를 낮춰 결국 학교에서의 폭력적 행동을 유발한다고 보고되고 있다.

(4) 사회 · 문화 관련 요인

이는 성별, 인종, 사회계층, 종교적 성향, 신체적 · 심리적 장애 등에 의해 나타나는 차이에 대한 문화적인 견해로 학교폭력을 설명하는 관점이다. 최근에는 폭력행동과 폭력적인 미디어에의 노출 간 상관관계 연구가 활발한데, 폭력 프로그램에 많이 노출되고 폭력적인 지역사회 환경을 가지며 교육 환경이 지나치게 경쟁 위주이고 여가 활동 기회 및 시설이 부족한 청소년일수록 폭력행동을 보이는 경향이 있다고 밝혀졌다. 또한 폭력적인 미디어는 학생들로 하여금 폭력적인 행동을 모방하거나 폭력적 사고 양식을 가지게 하여 폭력행동을 정당하다고 생각하게 하는 문제가 있다. 가장 두드러지게 나타나는 차이는 성별 차이로, 여학생보다는 남학생이 훨씬 공격적 · 폭력적 행동을 할 가능성이 높고, 여학생보다 남학생이 학교폭력의 피해 · 가해 비율이 2배 이상 높은 것으로 보고되고 있다.

5) 학교폭력이 학생들에게 미치는 영향

(1) 피해학생에게 미치는 영향

학교폭력의 피해학생은 만성적 등교 거부, 학업 성적 저하, 중도 탈락, 우울 등을 경험하고, 자살 가능성 증가, 사회심리적 발달 저하, 대인관계의 어려움 등의 경향을 보인다. 이로 말미암아 학교 적응에 어려움을 보이기도 하는데, 특히 교사와의 관계, 학교 수업, 학교 규칙 등에서 문제를 보이는 것으로 나타났다. 또한 여러 가지 정신과적 장애를 보이는데, 급성 스트레스 장애, 외상 후 스트레스 장애(PTSD), 적응장애, 우울증, 불안장애, 대인기피증, 악몽, 신체적 고통 등을 호소한다. 그리고 성장하여 성인이 되어서 폭력행동을 보이는 것으로 확인되었다. 피해학생들은 처음에는 불안해하거나 초조해하다가 시간이 흐르면서 반사회성이 길러지고 공격적 성향으로 변한다든지, 무기력한 상태로 변하는 경우가 있다. 게다가 가해학생을 닮은 교사나 또래의 모습, 말투, 행동 등에 대해 실제로 위협적인 상황이 아니더라도 자신에게 좋지 못한 일이 계속 일어날 것이라는 인지적 평가를 하게 되고, 이러한 인지적 평가를 통해 불안이 증폭되며, 학교에 적응하지 못하거나 정신건강이 급속히 나빠지기도 한다. 실제로 피해학생들이 폭력자를 연상하게 하는 대상이나 목소리, 옷차림 등을 접하면 공포심을 느낀다고 보고하는 연구 결과도 있다.

(2) 가해학생에게 미치는 영향

학교폭력의 가해자는 학교생활 전반에서 부적응적인 양상을 나타내고 있는데, 그 대표적인 예로 학교 중퇴 가능성이 매우 높은 것을 들 수 있다. 또한 학교폭력 가해학생의 70%가 커서 범죄를 저지르는 것으로 밝혀진 바와 같이, 대다수의 학교폭력 가해자는 성인이 되어서도 폭력과 범죄를 저지를 확률이 높은 것으로 알려져 있다. 이들은 사회적 평가가 낮은 저임금 직업에 종사하게 될 가능성이 높고, 배우자를 학대하는 경우가 많으며, 실제로 약 25%가 범법자가 되는 것으로 알려졌다. 게다가 더욱 놀라운 사실은, 학교폭력 가해자는 부모가 되었을 때 자녀에게 심한 체벌을 가하는 경향을 보이고, 이 체벌은 다시 자녀의 학교폭력 가해를 유발하여 이런 학교폭력 가해자의 특징과 자질이 적어도 삼대나 전승된다는 것이다. 이로 인해 자녀들은 폭력에 대해 민감성이 저하되고 무감각해져, 자신도 폭력을 휘두르는 것에 대해 비판적으로 사고할 수 없게 된다. 그리고 이들은 학년이 올라갈수록 학업성취도 저하가 심화되어, 이에 대한 결과로 성인이 되었을 때 사회 부적응, 실업, 범죄, 가정폭력, 자살까지 이어질 가능성이 높다고 보고된다.

(3) 목격학생에게 미치는 영향

학교폭력을 목격한 학생도 피해학생과 마찬가지로 심각한 정신적 고통을 받는 것으로 확인되었다. 괴롭힘을 지켜본 학생이 받는 심리적인 충격은 천재지변 또는 생명의 위협을 받을 정도의 경험을 한 충격과 비슷한 것으로 나타났기 때문이다. 실제로 폭력을 목격한 학생들은 전반적인 학교 적응 수준이 낮은 것으로 나타났는데, 교사와의 관계, 친구관계, 학교 수업, 학교 규칙 등에서 낮은 적응 수준을 보였고, 우울증, 경조증, 내향성, 강박증, 히스테리 등 정신건강에도 큰 문제를 보이는 것으로 나타났다. 또한 폭력 상황에서 괴롭힘 상황에 개입을 해야 한다고 생각하지만, 실제로는 아무 행동도 하지 않는 인지적 불일치를 경험하는 것이 목격학생의 정신적 건강을 해친다는 보고가 있다.

3. 활동하기

지금까지 학교폭력의 개념과 다양한 관점을 살펴보았다. 이를 고려하여 다음의 질문에 답해 보자.

1. 다음 사례는 학교폭력에 해당하는가?
2. 왜 학교폭력에 해당한다고 혹은 해당하지 않는다고 생각하는가?
3. 학교폭력 사례에 나타난 가해자, 피해자에게 향후 어떠한 영향이 미치겠는가?

[사례 1]

미영이는 중학교에 입학하면서 재미있는 학교생활을 기대하고 있었다. 미영이가 다니게 된 학교는 집에서 가까운 남녀공학이다. 3월 입학한 첫날 미영이는 철민이와 짝이 되었고, 중학교에 입학해서 처음 만난 짝과 잘 지내고 싶다고 생각했다. 지내다 보니 이야기도 잘 통하고 착한 것 같아 철민이가 더 마음에 들었고, 쉬는 시간에 이야기도 많이 하면서 서로 스스럼없는 친구 사이가 되었다고 생각했다. 그런데 어느 날 밤부터 철민이가 이상한 문자를 보내기 시작했다. "미영아, 남자 화장실에 가서 뽀뽀하자."라는 문자를 처음 받았을 때, 미영이는 상당히 혼란스럽고 화가 났다. 다음 날 철민이에게 문자에 대해 물어보자 철민이는 "친구 사이에 뭐 어떠냐."며, "장난인데 과민 반응을 한다."라고 오히려 놀리는 것이었다. 미영이는 이해가 잘 가지 않았지만 장난이라고 말하는 철민이에게 더 할 말이 없어 그냥 넘어가기로 하였다. 그런데 그 후로도 밤마다 철민이는 미영이에게 야동에 나오는 소리, 단어를 말해 달라고 계속 문자를 보냈다. 미영이는 계속 이런 문자를 보내는 철민이를 이해할 수가 없고, 창피해서 다른 친구들에게 속 시원히 말할 용기도 나지 않았다. 하지 말라고 말할 때마다 장난이고 별것 아닌데 왜 그러느냐는 철민이의 태도에 무기력해졌고 점점 학교에 가기 싫어졌다.

[사례 2]

다빈이와 희수, 태영이는 중학교 1학년 때 같은 반이 되어 친해졌다. 셋 다 사는 곳도 가깝고 게임도 좋아하고, 특히 장난치는 것을 무척 좋아하여 금방 친해질 수 있었다. 어느 날 다빈이가 희수와 태영이에게 한 동영상을 보여 줬다. '초딩 낚시'라고 초등학생들을 대상으로 짓궂은 장난을 하는 장면이었다. 자신들도 어렸을 때 형들에게 놀림을 받은 경험도 있고 재미있어 보여서 그대로 따라 하기로 했다. 셋은 방과 후 근처 초등학교 운동장에 가서 놀고 있는 초등학생들에게 자신들을 넘어 보라고 시켰다. 허리를 굽히고 자신의 발목을 잡은 채 뛰어넘어 보라고 했다. 첫 번째와 두 번째 초등학생은 그대로 넘게 하고, 세 번째 초등학생이 뛰어넘으려고 할 때 태영이가 갑자기 주저앉았다. 손을 짚을 곳이 없어진 초등학생은 그대로 앞으로 고꾸라지고 말았다. 초등학생은 울기 시작했고 다빈, 희수, 태영이는 그대로 도망쳤다. 넘어진 초등학생이 걱정이 되긴 했지만 크게 다치지 않은 것으로 보였고, 이 장난이 무척 재미있었기 때문에 대수롭지 않게 넘어가기로 했다. 셋은 내일 다른 초등학교에 가서 또 이런 장난을 칠 예정이다.

 사회적 이슈

다음은 학교폭력과 관련하여 사회적으로 주목을 받고 있는 이슈다. 이에 대해 동료와 토론을 한 뒤 의견을 정리해 보자.

학교폭력으로 징계를 받았던 가해학생들이 장난이나 우정을 표현했을 뿐인데 처벌이 과하다며 학교장을 상대로 소송을 냈지만 잇달아 패소하였다. 해당 가해학생의 부모는 '친한 친구 사이에 흔히 있는 장난'이라고 주장했으나 받아들여지지 않았다. 이와 같이 실제로 학교에서는 친한 친구들 사이에 흔히 겪을 수 있는 작은 다툼이 종종 크게 문제화되어 학교폭력 문제로 불거지는 경우가 있다. 그리고 학생들 사이에서 학교폭력에 대한 신고 정신이 생기기 시작하면서, 조그만 다툼에도 또래와 화해하고 감정을 다스려 문제 해결을 위해 충분히 시간을 갖지 않고 감정이 상한 즉시 교사나 경찰에 신고를 해 버리는

경우가 많아지는 추세다. 실제로 학교 현장에서 이러한 신고를 받는다면 과연 어떻게 대처하는 것이 교육적으로 올바른 일인지 생각해 볼 필요가 있다.

청소년 시기에 흔히 겪을 수 있는 또래 간 사소한 다툼과 학교폭력의 차이점은 무엇일까?

Week ③

학교폭력의 유형 1

학습 목표

1. 학교폭력의 유형을 안다.
2. 학교폭력의 유형별 특징을 안다.

 지난 주 사회적 이슈

학교폭력과 관련해 생각해 볼 만한 사회적 이슈는 다음과 같다. 다음의 질문에 대해 동료의 의견을 들어 보고 나의 생각을 정리해 보자.

청소년 시기에 흔히 겪을 수 있는 또래 간 사소한 다툼과 학교폭력의 차이점은 무엇일까?

■ 신종 학교폭력의 등장과 자살　

학교폭력이 휴대전화 메신저나 SNS상에서도 일어나고 있다. 지난 2013년 8월, 서울 송파구의 한 여고생이 집단 따돌림에 스스로 목숨을 끊은 사건이 있었다. 피해 여고생이 자살하기 전 마지막으로 본 건 학교 친구 16명이 휴대전화 메신저로 보낸 욕설과 협박 문자. 이른바 카카오톡 왕따, '카따'다. 스마트폰, SNS와 결합된 학교폭력은 점차 다양해지고 있다. '왕따 카페'와 '문자 테러'를 비롯해 피해학생이 값비싼 데이터 무제한 요금제에 가입해 가해학생을 따라다니며 와이파이 존을 만들어 주는 '와이파이 셔틀'도 등장했다. 서울지방경찰청에 따르면 신체 폭행과 같이 기존의 학교폭력으로 검거된 학생 수는 올해 500여 명으로 지난해보다 절반 가까이 줄어든 반면, 스마트폰과 SNS를 이용해 집단 따돌림을 한 학생 수는 1년 새 7배 넘게 늘어났다. 하지만 아직 신종 학교폭력에 대한 사회적 인식이 부족한 실정이다. 교육청의 실태 조사와 예방책 마련이 시급해 보인다.

출처: http://www.youtube.com/watch?v=JUNZo9IItL4

1. 학교폭력의 다양한 유형 생각해 보기

1) 학교폭력의 다양한 유형과 피해학생의 자살률 증가

학교폭력의 괴로움을 견디지 못해 자살하는 학생이 늘고 있다. 단순한 일회성 폭력이 아닌 지속적이고 상습적인 폭력으로 피해학생은 신체적으로뿐 아니라 정신적으로도 큰 고통을 받고 있는 것이다. 대구 수성구의 한 아파트에서 상습적인 친구들의 괴롭힘에 고통받던 권 군이 투신자살하는 사건이 발생하였다. 권 군은 친구들이 상습적으로 돈을 빼앗고 때리고 욕하며 라디오 전선으로 목을 감은 뒤 물고문을 하고 땅에 떨어뜨린 과자를 주워 먹게 하는 등 여러 유형의 폭력을 동시에 당하고 있었음을 유서로 남겼다. 이러한 폭력 행위가 학교가 아닌 주로 부모가 집에 없는 낮 시간에 피해자의 집에서 일어났다는 점이 더욱 충격적이다.

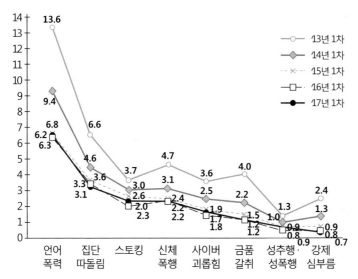

▲ [그림 3-1] 학교폭력 피해 유형별 응답 현황(학생 천 명당 피해 유형별 응답 건수)

출처: 교육부, 한국교육개발원(2017).

　이처럼 청소년들에게 가장 안전해야 할 학교가 자신을 괴롭히는 또래와 하루 종일 마주해야 하는 가장 두려운 곳으로 변하고 있다. 그리고 실제 자살 피해학생의 유서나 학교폭력 상담 내용 등을 살펴보면 따돌림, 언어폭력, 금품 갈취, 성폭력, 신체 폭행 등 학교폭력의 실상은 어른들의 상상 이상으로 그 수준이 심각하다. 담뱃불로 지지고 면도날로 살을 베고 구덩이에 묻어 폭행하며 가출한 여학생을 성폭행하는 등, 폭력의 수준이 실상 범죄에 가까운 실정이다. 또한 겉으로는 보이지 않으면서 정신적 폐해를 가져오는 언어폭력이나 사이버 폭력은 피해학생의 자살률을 높이는 더욱 심각한 유형의 폭력인데, 실제로 서울 송파구에서 여고생 강 모 양이 스마트폰 대화 창에서 16명이 자신을 두고 욕을 하는 일명 '떼카(떼를 지어 공격하는 카카오톡)'를 지속적으로 당해 오다 결국 자살을 택한 사건이 있었다. 학교폭력 피해 유형에 대한 교육부의 조사 결과, 학생들은 언어폭력(6.3%), 집단 따돌림(3.1%), 스토킹(2.3%) 순으로 많이 경험했다고 응답하였다. 이와 같은 범죄 수준의 학교폭력에 지속적이고 장기적으로 노출된 청소년들은 학교폭력에서 헤어 나오는 방법을 찾지 못해 자살이라는 극단적인 선택을 하는 비율이 증가하고 있다.

 생각해 보기

앞서 학교폭력의 다양한 유형과 그 심각성을 살펴보았다. 다음의 질문에 답해 보자.

1. 학교폭력의 어떤 모습을 볼 수 있는가?
2. 학교폭력의 여러 유형 중 더 심각하거나 덜 심각한 유형이 있는가?
3. 왜 그것이 더 또는 덜 심각한 유형이라 생각하는가?

학교폭력에는 신체적 폭력, 감금, 금품 갈취, 협박 등 외적으로 눈에 띄는 유형이 있는 반면, 언어적 폭력, 집단 따돌림, 사이버 폭력 등 큰 관심을 가지지 않으면 피해 사실을 알 수 없는 유형도 있다. 그런데 최근에는 눈에 띄는 유형의 학교폭력보다는 눈에 띄지 않는 정서적 폭력이 더욱 많이 발생하고 그 수법도 교묘해지고 있다. 부모나 교사가 피해학생의 피해 사실을 알아채기 쉬운 유형의 학교폭력, 예를 들어 맞아서 피가 난다거나 다리가 부러진다거나, 옷이 찢어져 있는 등의 학교폭력은 눈에 띄기 때문에 훨씬 피해 사실을 파악하기가 쉽고 심각한 피해를 당하고 있다고 보기 쉽다. 하지만 부모와 교사가 알아채기 어려운 유형의 학교폭력, 예를 들어 또래로부터 따돌림을 당한다거나 지속적으로 모욕적인 욕설을 듣는다거나, 스마트폰을 이용하여 하루 종일 괴롭힘을 당하는 등의 학교폭력은 끈질기고 비가시적인 속성으로 정신을 피폐하게 하여 자살과 같은 더욱 극단적인 결과를 초래한다. 어떠한 유형의 학교폭력이 더 심각하거나 덜 심각하다고 말할 수는 없다. 학교폭력 유형별로 피해 양상이 다르고 그 피해 내용이 다르므로 그것을 알고 적당한 대처를 하는 것이 중요하다.

2. 학교폭력의 분류 및 유형별 현황

1) 학교폭력의 분류

(1) Rigby(1996)의 분류

학교폭력 연구 초반의 분류로, 현재의 분류와 유사한 것도 있지만 최근의 사회 변화를 반영하지 못한 부분도 있다. 때리기, 발로 차기 등의 '신체적 유형'과 언어적 학대, 별명 부르기, 위협적인 몸짓, 몰래 따라다니는 행동, 악의적인 전화 걸기, 반복적으로 다른 사람의 물건 감추기, 단체 활동에서 따돌리기, 악의적인 소문 퍼뜨리기 등의 '심리적 유형'으로 구분하였다.

(2) '집단 따돌림 및 괴롭힘'을 연구하는 학자들의 분류

'집단 따돌림 및 괴롭힘'을 연구하는 학자들은 학교폭력을 다음과 같이 분류하는 데 의견을 모으고 있다. 학교폭력 유형별로 그 피해 내용이 구체적으로 포함되어 있는 것이 특징이다. '신체적 폭력'으로 주먹질하기, 발로 차기, 침 뱉기, 지우개 던지기, 연필이나 볼펜으로 찌르기, 무릎 꿇게 하기, 돌아가면서 때리기, 옷에 낙서하기, 옷 찢기, 피해학생의 물건이나 신체를 툭툭 건드리거나 치고 지나가기, '언어적 폭력'으로 욕하기, 싫어하는 별명을 부르거나 말로 놀리기, 빈정거리기, 면박이나 핀잔주기, 휴대전화로 욕이나 비난의 문자 보내기, 메신저에 들어오게 해 놓고 무시하거나 욕설하기, '간접적 폭력'으로 나쁜 소문내기, 눈 흘기기, 째려보기, 빙 둘러서 다니기, 위협적인 몸짓 하기, 도시락 같이 안 먹기, 같이 놀지 않기, 물건 감추기, 전혀 말을 걸지 않거나 상대하지 않기, 사사건건 시비를 걸고 약 올리기, 물어봐도 대답하지 않고 쳐다보지도 않기, 과잉친절로 불안하게 하기 등으로 구분하고 있다.

(3) 「학교폭력 예방 및 대책에 관한 법률」에서의 분류

「학교폭력 예방 및 대책에 관한 법률」에서는 총 15개의 학교폭력 유형을 정의하고 있다. 상해, 폭행, 감금, 협박, 약취, 유인, 명예훼손, 모욕, 공갈, 강요, 강제적인 심부름, 성폭력, 따돌림, 재물 손괴, 정보통신망을 이용한 음란·폭력 정보 등의 유형으로 분류하며 유형별로 어떠한 행위를 뜻하는지 명시해 놓았다. 그중 최근 추가된 '정보통신망을 이용한 음란·폭력 정보'의 내용을 살펴보면, '특정인에 대하여 모욕적인 언사나 욕설, 허위 글이나 사생활에 관한 사실을 인터넷 게시판에 올리거나 인터넷상 또는 휴대전화를 통해 성적 수치심을 주는 음란한 대화를 강요하거나 위협이 되는문자나 동영상을 보내어 정신적 피해를 주는 일체의 행위'라 밝히고 있다.

앞에서의 분류를 종합하여 학교폭력의 유형을 '신체 폭행' '금품 갈취' '언어폭력' '집단 따돌림' '성폭력' '사이버 폭력' '폭력 서클'로 정리할 수 있다. 이러한 유형의 학교폭력은 실제로 발생 시 몇 가지 유형이 동시에 수반되는 경우가 많고 정서적 피폐함을 가져오는 유형의 폭력도 그 피해가 크므로, 학교폭력을 예방하고 대응하는 데서 신체적 폭력에만 관심을 가져서는 안 된다.

 생각해 보기

1. '눈 흘기기, 도시락 같이 안 먹기, 물건 감추기'는 학교폭력에 해당하는가?
2. '○○파 이름으로 몰려다니면서 위화감 조성하기'는 학교폭력에 해당하는가?
3. 학교폭력은 한 번에 한 가지 유형만 나타날까?

1번의 눈 흘기기, 도시락 같이 안 먹기, 물건 감추기는 앞서 확인한 '집단 따돌림'을 연구하는 학자들이 분류한 학교폭력 유형 중 간접적 폭력에 속하는 폭력이다. 따라서 모두 학교폭력에 해당한다고 할 수 있다. 또 2번의 ○○파

이름으로 몰려다니면서 위화감 조성하기는 Rigby(1996)의 학교폭력 분류 중 심리적 유형으로 언어적 학대, 별명 부르기, 위협적인 몸짓, 몰래 따라다니는 행동, 악의적인 전화 걸기, 반복적으로 다른 사람의 물건 감추기, 단체 활동에서 따돌리기, 악의적인 소문 퍼뜨리기 등이 이 유형에 속한다. 그리고 실제 학교폭력은 한 번에 한 가지 유형만 발생하는 경우는 매우 드물고 여러 유형의 학교폭력이 한 가지 사건에 포함되어 있는 경우가 대부분이다. 따라서 3번의 답은 "그렇지 않다."다.

2) 학교폭력의 유형별 현황

교육부(2017)의 학교폭력 실태 전수조사 결과, 초등학생은 스토킹의 비중이 상대적으로 높고, 중학생은 사이버 괴롭힘 비중이 상대적으로 높은 것으로 나타났다.

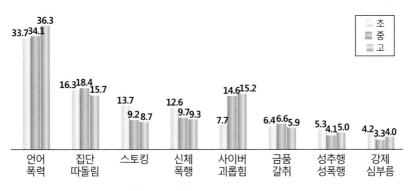

▲ [그림 3-2] 학교폭력 유형별 현황

출처: 교육부, 한국교육개발원(2017).

[그림 3-2]에서 알 수 있듯이 '언어폭력'이 가장 많은 비율을 차지하는 것으로 나타났다. 다음으로 '집단 따돌림' '스토킹' '신체 특징' 순으로 나타났다. 정서적 피폐함이 커 최근 주목을 받고 있는 '사이버 괴롭힘'도 비교적 높게 나타남을 확인할 수 있다.

3. 학교폭력의 유형별 특성: 신체적 폭력, 금품 갈취, 언어적 폭력

1) 신체적 폭력

(1) 신체적 폭력의 정의

신체적 폭력이란 신체적으로 해를 가하거나 재산상의 손실을 가져오는 행동으로 다음과 같은 행동을 포함한다. 주먹이나 흉기를 이용하여 때리기, 고의적으로 건드리거나 치는 등 시비 걸기, 밀고 찌르기, 발로 차거나 발 걸기, 머리 톡톡 치기, 침 뱉기 등이다.

(2) 신체적 폭력의 원인

경북에서 청소년들이 알몸인 여중생을 때리고 성추행하는 장면을 휴대전화로 동영상을 찍어 유포한 사건이 있었다. 조사 결과, 여학생 4명과 남학생 2명이 동급생 A양을 대상으로 이러한 폭력을 저지른 뒤 친구들에게 이 동영상을 유포한 것으로 드러났다. 범죄에 가까운 폭력 수준에 사회는 경악했는데, 이러한 신체적 폭력의 원인은 다음과 같이 정리할 수 있다.

첫째, 청소년기 아이들의 반항적 특성이다. 청소년은 이 시기에 분비되기 시작하는 성호르몬에 의해 공격적인 성향을 띠게 된다. 실제로 2차 성징이 늦은 여학생을 대상으로 치료를 목적으로 성호르몬을 투여한 결과, 공격적인 성향이 높아졌다는 연구 결과가 있다. 사리 분별이 미숙한 성장기 청소년이 외부 환경에서 스트레스를 받으면 이러한 공격적인 성향이 현실화되어 폭력적인 행동을 보이게 된다고 본다. 그런데 오늘날 청소년을 둘러싼 환경은 점점 아이들이 폭력적이 될 수밖에 없도록 몰아가고 있다. 공부에 대한 중압감을 피할 도리가 없게 하는 무한 경쟁 체제가 그렇고, 폭력을 미화하고 전파하는 텔레비전이며 영화, 인터넷 같은 매체들이 그러하다. 가정과 학교가 훈육의 명분 아래 쉽게 드는 매도 아이들에게 폭력을 가르치는 또 다른 요인이 되고 있다. 폭력에 관용적인 어른들의 태도가 아이들로 하여금 별다른 거부감 없이 폭력에 의존하거나 폭력을 용인하도록 하는 것이다.

둘째, 자기중심성이 강해지는 특성이다. 청소년기에는 자기중심성이 강해져 문제의 원인을 자신이 아닌 외부로 돌리는 경향이 있다. 그리고 다른 사람의 감정 파악에 미숙하고 감정 표현에 서툴러 또래 친구와 잦은 마찰을 보이기도 하는데, 이것이 신체적 폭력으로 이어지는 원인이라고 보는 것이다. 한 학생은 친구들을 때리는 이유가 무엇이냐는 질문에, "그냥 수업 듣고 있으면 화나고 짜증 나요. 공부하는 애들을 보면 때리고 싶어져요. 쉬는 시간까지 기다렸다가 가서 '툭툭' 치고 건드리고, 싸가지 없이 굴면 두들겨 패요. 그러면 애들이 꼼짝 못하는 것이 재미있기도 하고…. 처음 때린 건 기억이 잘 안 나요. 중1 때 화가 나서 싸웠고 제가 이겼어요. 그 후에 지금 친구들이 생겼어요. 함께 때리고 다녔어요."라고 대답하였다.

이러한 신체적 폭력을 반복적으로 당해 온 학생은 자신감을 잃게 되고 심리적·정서적으로 불안한 증세를 보이거나 상대방에 대한 분노를 조절하지 못하고 극단적인 행동을 보이기도 한다. 또 때로는 피해학생이 자신보다 약해 보이는 다른 학생을 희생양으로 삼기도 하면서 이러한 학교폭력은 전염병처럼 번져 가고 순환하는 특징을 보인다.

(3) 신체적 폭력의 실태

대부분의 중·고등학생은 신체적 폭력을 '사용해도 된다(4.3%)' 고 생각하는 비율이 낮았지만 실제로 '신체적 폭력 피해 경험이 있는 학생(8.2%)' 은 약 10%로, 인식과는 달리 실제로 신체적 폭력 피해를 경험한 학생이 많은 것으로 나타났다. 이러한 신체적 폭력 피해 경험은 중학생보다는 고등학생이 더 많은 것으로 나타났고, 실업고등학교 학생, 읍·면 지역 학생, 남학생, 가정 형편이 어려운 학생, 학교 성적이 낮은 학생일수록 더 많은 것으로 조사되었다. 신체적 폭력 피해 대상은 주로 '학교 동급생(43.1%)'이나 '학교 선후배(39.2%)'인 것으로 조사되었고, 읍·면 지역의 학생은 주로 '학교 선후배'에게 피해를 당하는 것으로 나타났다. 이와 관련하여 성별 차이를 살펴보면, 남학생은 '학교 동급생(45.9%)' '불량배(10.2%)'에게 주로 피해를 당하는 반면, 여학생은 '학교 선후배(46.2%)'에게 주로 피해를 당하는 것으로 나타났다.

이와 같은 신체 폭력은 언어폭력, 집단 따돌림에 이어서 학교폭력 유형 중 세 번째로 높은 비중을 차지하고 있으며, 추이를 살펴보면 2013년 1차 조사 결과 11.7%, 2차 11.5%였고 2014년 1차 11.6%로 신체적 폭력은 증가하지 않고 그 수준이 유지되고 있음을 알 수 있다.

(4) 신체적 폭력의 징후 및 사례

학급 담임교사나 부모는 청소년이 다음과 같은 징후를 보이는지 파악하여 자녀나 학생이 신체적 폭력을 당하고 있는지 확인해 볼 필요가 있다.

① 신체적 폭력의 징후
- 몸에서 다친 상처나 멍 자국을 자주 발견하게 되며, 물어보면 그냥 넘어졌다거나 운동하다가 다쳤다고 대답하는 경우가 많다.
- 친구나 선배들에게서 전화가 자주 걸려 오거나 통화 후 불려 나가는

경우를 본 적이 있다.

- 갑자기 짜증이 많아지고, 엄마나 동생처럼 만만한 상대에게 폭력을 쓰거나 공격적으로 변했다.
- 교과서나 공책, 일기장 등에 '죽어라' 또는 '죽고 싶다'와 같은 폭언이나 자포자기 표현이 쓰여 있다.
- 물건이 없어지거나 옷이 찢어져서 들어오는 경우가 있다.

② 신체적 폭력 징후 파악 사례

A군은 올해 고등학교에 입학한 1학년 학생이다. 중학생 때는 집에서 부모님과 대화를 자주 하고 학교에서는 활발한 학생이었다. 그러나 고등학교 입학 후 얼마 지나지 않아 A군의 태도가 변하기 시작했다. 학교에 돌아와서 곧장 방으로 향하는 경우가 많았으며, 식사 때에도 가족과 함께 식사를 하려고 하지 않았다. 그리고 어머니가 대화를 하려고 시도하면 방문을 걸어 잠그고 나오지 않거나 소리를 지르는 등 신경질적인 태도를 자주 보였다. 1학년 1학기를 마칠 때쯤 A군이 학원에서 집에 돌아온 어느 날 교복이 찢어지고 팔과 다리에 멍 자국이 생긴 것을 발견했다. 어머니가 이유를 묻자 축구를 하다가 넘어졌다고만 이야기할 뿐, 화를 내며 방으로 들어갔다. 그동안 A군의 태도를 본 어머니는 이를 이상하게 여겨 담임교사와 상의했고, 학교 상담교사가 A군을 불러 안정시키고 한참을 설득한 후에야 A군은 그동안 학급 친구들과 선배들에게 당한 학교폭력에 대해서 털어놓았다. 학교에서는 즉시 학교폭력 가해자들을 소집하여 사실 확인 후 징계 조치하였으며, A군은 상당 기간 상담을 받은 후에야 비로소 예전의 모습으로 돌아올 수 있었다.

③ 신체적 폭력의 구체적 사례

2011년 12월 21일, 경기도 이천의 한 고등학교에서 1교시 음악 시간에 1학년인 이 모(17) 군 등 남학생 3명이 지적장애 2급인 A(17) 양의 등과 옆구리를 주먹으로 때리고, 지우개에 치약을 묻혀 등에 던지며 휴대전화로 촬영하다 교사에게 적발됐다. 학교 측은 이 군 등 남학생 6명이 2011년 3월부터 12월 방학 전까지 A양을 때리는 등 지속적으로 괴롭혀 온 사실을 확인했다. 학교 측은 괴롭힘을 주도한 이 군 등 2명에 대해서는 장애인 시설 사회봉사 40시간과 특별교육 이수를, 나머지 4명에게는 사회봉사 40시간의 징계를 내렸다. 한편, A양의 아버지는 "동영상을 차마 끝까지 볼 수 없었다."라고 분개하며 학교폭력을 뿌리 뽑기 위해서도 가해학생들을 처벌해야 한다고 강조했다.

2) 금품 갈취

(1) 금품 갈취의 정의

금품 갈취란 사람을 공갈하여 재물의 교부를 받거나 재산상의 불법한 이익을 취득하거나 타인으로 하여금 이를 얻게 함으로써 성립하는 범죄로, 소위 폭행이나 협박을 동반하는 경우가 많기 때문에 강도와 유사한 성격을 띠며, 따라서 폭력 범죄의 주요한 형태로 간주할 수 있다. 금품 갈취는 다음과 같은 행동을 포함한다. 갚을 생각이 없으면서 돈 빌리기, 돈이나 물건(학용품, 교통카드, 휴대전화 등) 빼앗기, 돈이나 물건 등을 억지로 빌리고 돌려주지 않기, 물건 등을 망가뜨리기, 물건을 훔치거나 훔쳐 오라고 하기, 돈을 걷어 오라고 하기 등이다.

(2) 금품 갈취의 원인

친구에게 빵을 사 오라고 시키는 일명 빵셔틀, 옷이나 준비물, 용돈 등 생필품을 상납하게 하는 생필품셔틀은 개정 전 법률에 의하면 학교폭력에 속하지 않았지만, 이 문제가 심각해지면서 법이 개정되었고 이제는 학교폭력의 범주에 속하게 되었다. 이와 같이 또래 친구의 돈이나 물건을 정당한 대가 없이 요구하는 금품 갈취는 다음과 같은 원인 때문인 것으로 밝혀지고 있다.

첫째, 지적·경제적인 부분에서 느끼는 열등의식이다. 자신보다 공부를 잘하거나 경제적으로 부유한 또래 친구를 보면 열등감을 느끼기 마련이다. 이러한 열등감을 그 친구의 금품을 갈취함으로써 '내가 이런 사람이야'라는 우월감을 느끼면서 해소하게 된다고 본다.

둘째, 일종의 쾌감과 만족감을 누리려는 부적응적 행위다. 열등감이나 질투심 등의 부정적인 정서에서 비롯하여 상대방을 결핍시키고 자신을 보충시켜 심리적으로 대등한 관계를 만듦으로써 쾌감과 만족감을 느낀다고 본다.

셋째, 자신의 욕구를 채우기 위함이다. 청소년은 금품 갈취와 같은 폭력적인 방법을 사용하면 자신이 원하는 자원이나 결과를 얻을 수 있다는 믿음을 가지고, 자신이 원하는 것을 얻기 위해 폭력에 가담하게 된다는 연구 결과가 있다.

(3) 금품 갈취의 실태

거의 모든 청소년이 '돈이나 물건 갈취를 해서는 안 된다(97.2%)'고 대답했지만 실제로 돈이나 물건을 빼앗긴 경험이 있는 학생은 20.8%나 되는 것으로 밝혀졌다. 금품 갈취의 피해 대상은 '불량배(59.2%)' '학교 선후배(20.9%)' '학교 동급생(10.7%)'순으로 나타났고, 일반고등학교 학생은 '불량배'에게, 실업고등학교 학생은 '학교 선후배'나 '동급생'에게 주로 금품 갈취를 당하는 것으로 나타났다. 또 읍·면 지역 학생은 '학교 선후배'에게 주로 피해를 당했고, 남학생은 주로 '불량배'에게, 여학생은 주로 '학교 선후배'에게 금품을 빼앗긴 경험이 있는 것으로 조사되었다(박효정, 2003).

이와 같은 금품 갈취는 주로 학교 주변에서 일어나고, 학교 중퇴자나 불량학생이 가해자인 경우가 많으며, 학생들의 하교 시간이나 늦은 저녁에 주로 발생하는 것으로 밝혀졌다. 또 길을 가다 운 나쁘게 한두 차례 당할 수도 있지만, 동일인에게 지속적으로 갈취당하는 경우도 많은 것으로 나타났으며, 가해자들은 기성 폭력 조직을 모방하기도 하고, 피해자가 신고하면 보복 행위를 하기도 하는 등 그 정도가 범죄 수준인 것으로 드러났다.

이러한 금품 갈취는 2013년 1차 학교폭력 실태 전수조사 결과 10.1%로 신체적 폭력에 이어 학교폭력 유형 중 네 번째로 높은 비중을 차지하였으나, 2013년 2차 조사 결과 9.2%, 2014년 1차 조사 결과 8%로 계속해서 감소하는 추세를 보이고 있다.

(4) 금품 갈취의 징후 및 사례

학급 담임교사나 부모는 청소년이 다음과 같은 징후를 보이는지 파악하여 자녀나 학생이 금품 갈취를 당하고 있는지 확인해 볼 필요가 있다.

① 금품 갈취의 징후
- 비싼 옷이나 운동화 등을 자주 잃어버리고 온다.
- 용돈이 모자라다고 하거나, 말 없이 집에서 돈을 가져갈 때가 있다.
- 친구, 선배들에게 전화가 자주 걸려 오거나 불려 나가는 경우가 있다.
- 굶고 집에 돌아올 때가 많다.
- 휴대전화를 잠가 놓거나 비밀이 많다.

② 금품 갈취의 징후 파악 사례
　J양은 넉넉하지는 않지만 용돈이나 생활비에 대해 걱정 없이 생활을 하고

있는 고등학교 2학년 학생이다. J양의 부모님은 J양이 일주일 동안 쓸 수 있는 용돈을 매주 주고, 급한 일에 사용할 수 있도록 카드를 주었다. 평소 J양은 일주일 동안 쓸 수 있는 용돈을 아껴 저축도 할 만큼 착실한 학생이 었으며, 용돈이 넉넉하다며 부모님이 매주 주는 용돈을 받지 않을 때도 있 었다. 그런데 2학년에 올라가면서부터 부적 일주일이 채 지나기도 전에 더 많은 용돈을 요구하였다. 이유를 묻는 부모님에게 J양은 "운동화를 잃어버 렸다." "체육복을 잃어버려서 다시 사야 한다."는 등의 이야기를 하며 적지 않은 돈을 요구하였다. 때로는 친구들과 함께 사 먹었다며 편의점에서 적 지 않은 금액으로 카드를 사용하기도 하였다. 어머니는 이를 이상하게 여 겨 J양이 귀가한 뒤에 J양과 이야기하면서 힘든 일이 있는지 물었다. J양은 그동안에 있었던 동급생들과 선배들의 금품 갈취 사실을 모두 털어놓았 고, 어머니의 품에 안겨 눈물을 보였다. 어머니는 이를 학교와 경찰에 알렸 고, 가해학생들은 모두 해당하는 처벌을 받고 피해학생에게서 갈취한 돈 을 모두 배상했다. J양은 그 후 학교에서 제공하는 상담 프로그램과 교육 청에서 주관하는 청소년 상담 프로그램에 참여하면서 점점 예전의 밝은 모습을 되찾았다.

③ 금품 갈취의 구체적 사례

2010년 3월, 강원도 화천군의 한 중학교로 전학 온 김 모(15) 군은 같은 반 의 함 모(15) 군에게 과자를 사 오라고 했는데 함 군이 말을 듣지 않자 폭행 을 하기 시작했다. 2011년 3월에는 학교 체육관에서 김 군이 농구를 하고 있는 함 군에게 "농구도 못하면서 농구를 하냐!"라며 주먹으로 함 군의 가 슴을 때렸고, 이때 같은 반의 다른 두 학생도 폭행에 가담했다. 같은 해 5월에는 김 군의 협박에 못 이겨 함 군이 집에서 현금 130만 원을 훔쳐 갖 다 주었고, 그다음 달에는 "집에서 통장을 훔쳐 와."라는 협박에 시달리자 두려움에 떨던 나머지 어머니가 관리하던 부녀회 통장을 집에서 들고 나 와 280만 원을 찾아 갖다주기도 했다. 같은 해 10월에는 김 군이 "좋은 거 니까 입어 봐."라며 함 군에게 바지를 준 뒤 그 대여료로 8만 원을 요구했 고, 이에 함 군이 싫다고 버티다 폭행을 당했다. 또 김 군이 자신의 점퍼 실 밥이 풀리자 함 군에게 옷을 물어 달라고 요구해 10여만 원을 주기도 했다. 이러한 사실이 2011년 10월 부녀회 통장을 정리하던 함 군의 어머니에게 들통났다. 함 군의 어머니는 김 군의 폭행과 갈취에 대해 학교에 항의하였

고, 이에 학교에서는 김 군 등 가해학생 3명에게 사회봉사 명령 6일의 징계
를 내렸다. 그러나 솜방망이 징계 탓에 김 군의 폭행과 협박은 같은 해
12월 말까지 계속되었다. 앙심을 품은 김 군 등 3명은 11월 말에 학교 화장
실에서 후배인 2학년 학생 10명을 모아 놓고 함 군에게 "후배 교육하게 때
려."라고 했고, 주저하며 때리지 못하는 함 군에게 무차별 폭행을 가했다.
그리고 방학 때인 12월 27일에도 서울 친척집에 있는 함 군에게 문자 메시
지를 보내 돈을 갖고 오라고 협박했다. 경찰 수사 결과, 김 군은 2년 동안
함 군 외에도 2명을 150여 차례 폭행했고 8차례에 걸쳐 427만 원을 배앗은
것으로 드러났다.

3) 언어적 폭력

(1) 언어적 폭력의 정의

언어적 폭력은 말하는 사람의 의도적 · 비의도적 언어 행위를 통해 듣는
사람이 압도되거나 강요되는 상황에 처함으로써 심리적 고통이 야기되는
행동으로 정의된다. 이에는 일상 학교생활에서 겪게 되는 언어폭력뿐 아
니라 사이버상에서 경험하게 되는 언어폭력도 해당한다. 언어적 폭력은
다음과 같은 행동을 포함한다. 언어적으로 별명 등을 부르는 행위, 신체의
일부분을 장난삼아 놀리는 행위, 은어 등을 사용하여 빈정거리거나 조롱하

는 행위, 욕설이나 저급한 언어를 사용하는 행위, 하고 싶지 않거나 부당한 행위를 강요하는 행위, 의도를 가지고 악의적인 소문을 일부러 퍼뜨리는 행위, 성격, 능력, 배경 등을 공격하는 행위 등이다.

(2) 언어적 폭력의 원인

요즘 학교에서는 교실에서, 복도에서, 운동장에서 끊임없이 욕을 하는 청소년을 만날 수 있다. 대부분의 학생들이 욕을 생활화하고 있고, 욕을 하지 않으면 대화가 되지 않을 정도다. 청소년들은 친구들과 어울리려면 욕을 하지 않으면 안 되고, 자신은 욕으로 상처를 받지만 자신이 뱉은 욕에 친구가 상처받을 것은 생각하지 못한다. 이러한 욕을 비롯한 언어적 폭력의 원인은 다음과 같이 정리할 수 있다.

첫째, 부모의 양육 태도다. 부모의 공격적ㆍ폭력적 언어 및 행동은 자녀에게 그대로 영향을 미친다. 가정폭력의 정도와 학교폭력 가해행동의 상관관계를 살펴본 결과, 부모의 언어적 학대는 학교폭력 가해행동의 가장 강력한 영향 요인임이 밝혀졌다. 부모의 언어적 학대에 빈번하게 노출된 청소년일수록 학교 환경에서 또래에게 언어적 폭력을 행사할 가능성이 매우 높다는 연구 결과가 있다. 또한 가정에서 언어폭력을 경험했다고 응답한 청소년의 언어폭력 가해 빈도가 가장 높은 것으로 나타나 환경적 요인이 청소년의 언어폭력에 큰 영향을 미침을 알 수 있다.

둘째, 또래 문화의 영향이다. 청소년은 폭력적 게임이나 욕을 섞어 이야기하는 언어 습관 등에 영향을 받는데, 친구와 대화할 때 재미로 욕을 사용하고 또래집단에서 자신이 돋보이도록 하는 도구로 사용함에 따라 욕설 및 부정적 언어 사용에 둔감한 환경에 처한다. 그리고 비속어와 욕설을 많이 사용하는 학생은 대인관계에서 받는 스트레스가 상대적으로 적게 나타났는데, 이는 거친 말을 쓰는 학생이 주도권을 행사하는 경향, 그리고 언어폭력에 대한 사회의 전반적인 용인 태도의 증가와 관련이 있다고 본다. 이 점은 언어적 폭력을 가하면서도 전혀 죄책감을 갖거나 반성을 하지 않게 되는 결정적 요인이다.

셋째, 공감 능력의 부족이다. 앞서 언급했다시피 언어적 폭력의 민감성이 또래 문화 및 학교 문화 전반에서 떨어지다 보니 청소년은 자신의 폭력적인 언어를 상대방이 어떻게 느끼고 받아들일지에 대한 공감 능력이 높지 않게 된다. 실제로 공감 능력과 자기통제력이 떨어지는 청소년은 그렇지 않은 청소년보다 언어폭력을 많이 사용하는 것으로 조사되었다. 이로 인해 청소년들은 언어적 폭력의 악순환을 끊지 못하고, 자신은 언어적 폭력을 가하고 싶지 않음에도 또래와 어울리기 위해 억지로 사용해야 하는 현실에 놓이게 된다.

(3) 언어적 폭력의 실태

청소년의 73.3%가 매일 욕설을 사용하는 것으로 조사되었다. 언어적 폭력을 경험한 적이 있다고 응답한 청소년은 전체 청소년의 8.4%로 남학생일수록, 학교급이 낮을수록 그 피해가 더 많은 것으로 조사되었다(여성가족부, 2011). 또 친한 친구가 없거나 적을수록, 친구, 형제자매, 부모, 교사와의 관계가 나쁠수록 더 피해를 당하는 것으로 나타났으며, 같은 반 학생(43.0%), 다른 반 학생(30.0%)에게 당함으로써 주로 같은 학교 동급생에게 언어적 폭력으로 인한 피해를 당하는 것으로 조사되었다. 대부분의 언어적 폭력은 주로 교내(56.2%)에서 일어나고, 가장 욕설을 많이 사용하는 경우를 살펴보면 친구와 장난할 때(43%), 일상 대화(41%), 화가 날 때(16%)의 순서다.

대부분의 청소년은 욕을 폭력이 아니라고 생각하는데, 청소년 인터뷰 결과 등을 보면 빈정대거나 거친 말투는 피해학생에게 극심한 정신적 고통을 주고, 수치심, 모멸감, 공포심 등을 느끼게 하여 심리적 문제를 야기하기도 한다. 또한 이러한 언어적 폭력은 대부분 다른 유형의 폭력과 함께 나타나는데, 청소년기의 발달 특성상 쉽게 가해자가 될 수 있다는 문제가 있다.

이러한 언어폭력은 학교폭력 유형 중 가장 높은 비율을 차지하고 있다.

2013년 1차 학교폭력 실태 전수조사 결과 언어폭력이 차지하는 비중은 34%로 나타났으며, 2013년 2차 조사 결과 35.3%, 2014년 1차 조사 결과 34.6%로 조금 증가하긴 했으나 대체로 비슷한 비중으로 지속되고 있고, 여전히 가장 높은 비율의 학교폭력 유형으로 꼽힌다.

(4) 언어적 폭력의 징후 및 사례

학급 담임교사나 부모는 청소년이 다음과 같은 징후를 보이는지 파악하여 자녀나 학생이 언어적 폭력을 당하고 있는지 확인해 볼 필요가 있다.

① 언어적 폭력의 징후
- 자신의 외모나 이름에 대해 비하하는 말을 자주 한다.
- 휴대전화를 잠가 놓거나 휴대전화 문자를 자주 지운다.
- 평소와 다른 기분 또는 행동의 변화를 보인다.
- 일기장 등에 스트레스를 표현한다.

② 언어적 폭력 징후 파악 사례

H양은 올해 중학교 2학년 학생이다. H양은 평소 말이 많지 않고 학교나 가정에서 얌전하고 조용한 학생이다. 그러나 H양은 2학년 2학기에 들어가면서부터 부쩍 부모님에게 "나 못생긴 거 같아요, 성형수술 시켜 주세요."라는 등의 말을 많이 했고 부모님이 이야기를 시도하면 갑자기 화를 내고 소리를 지르며 방으로 들어가는 경우가 많았다. 그러던 어느 날 H양의 부모님은 학교의 담임교사에게 전화 한 통을 받게 되었다. 담임교사는 H양의 어머니에게 H양의 노트를 검사하다 '죽고 싶다, 죽어 버리겠다'는 등의 말을 발견했다며 혹시 H양의 태도에 대해 달라진 것을 느끼지 않았는지 등을 꼼꼼히 물어보았다. 어머니는 H양의 최근 변화에 대해 상세하게 알렸고, 담임교사는 H양을 불러 이야기를 들은 결과 학급 친구들이 그동안 H양을 대상으로 쉬는 시간, 점심시간, 하교 시간 등을 이용하여 심한 욕설과 함께 언어적 폭력을 행사했다는 것을 확인할 수 있었다. 담임교사의 재빠른 징후 파악으로 H양은 더 이상 학교폭력에 시달리지 않을 수 있었다.

③ 언어적 폭력의 구체적 사례

친구 중 한 명과 사소한 일로 말다툼을 하게 되었는데 친구가 싸움을 하는 도중에 저에게 심한 욕을 했어요. 대충 말씀드리면 "멍청한×, 공부도 못하는×, 네 주제에 뭘 해?" 이런 식의 말들이었어요. 순간 정말 화가 나고 충격을 받았지만 어떻게 해야 좋을지 몰라서 참았어요. 하지만 이제 생각해 보니까 참아서는 안 될 일 같아요. 제가 어떻게 하면 좋을까요?

4. 활동하기

학교폭력의 다양한 유형의 정의와 특징을 살펴보았다. 각 학교폭력 유형(신체적 폭력, 금품 갈취, 언어적 폭력)의 사례 중 하나를 택하여 다음 질문에 답해 보자.

1. 각 학교폭력 유형은 피해자에게 심리적으로 어떠한 영향을 미칠까?
2. 학급 풍토의 어떤 요소가 각 학교폭력 유형을 발생시킬까?

■ 신종 학교폭력의 등장과 자살

한 초등학교 남학생들이 같은 반 여학생을 상습적으로 폭행하고 성추행 의심 행위까지 했다는 의혹이 제기돼 경찰이 수사에 착수했다. 지난달 26일 부산의 한 초등학교 교실에서 남학생 7명에게 집단 폭행을 당한 6학년 A양은 상습적으로 지속된 폭행과 성추행 의심 행위들로 아직 충격에서 헤어 나오지 못하고 있다고 말했다. A양은 불안 증세와 구토, 자살 충동 등 이상 행동을 보여 한 달 동안 정신과 치료를 받았고 외상 후 스트레스 장애 진단을 받았다. A양의 학부모는 학교 측이 사실을 알고도 빨리 대처하지 않아 사태가 악화됐다는 생각을 떨칠 수가 없다고 한다. A양의 어머니가 사건 발생 전인 지난

달 초에도 학교를 찾아가 담임교사의 적극적인 관심과 대책 마련을 요구했지만 학교는 이를 외면했다.

한편, 경찰은 집단 폭행과 성추행 의혹 여부를 집중적으로 조사할 계획이라고 밝혔다. 파문이 확산되자 부산시교육청은 이번 사건을 학교폭력 사건으로 분류하고 진상 조사에 나서는 한편으로 가해학생들과 피해학생이 다른 중학교로 배정되도록 하겠다고 밝혔다.

출처: http://www.youtube.com/watch?v=HhdYVsVPHXk

 사회적 이슈

다음은 학교폭력과 관련하여 사회적으로 주목을 받고 있는 이슈다. 이에 대해 동료와 토론을 한 뒤 의견을 정리해 보자.

초등학교 5학년 여학생이 머리를 감겨 주겠다고 청소용 락스를 뿌리는 등 8시간에 걸쳐 동급생을 폭행한 사건이 발생했다. 사건이 발생한 지 열흘이 지났음에도 학교는 해당 교육청에 상황 보고조차 하지 않은 것으로 드러났다. 날이 갈수록 학교폭력의 저연령화, 흉포화 문제가 심화되고 있는 실정이다. 이와 같은 일련의 사건들을 통해 최근의 학교폭력 심각성을 공감하는 데는 논란의 여지가 없는 반면, 가해자가 아직 어리다 보니 처벌 수위에 대해서는 의견이 분분하다.

범죄 수준의 학교폭력 문제를 교육적인 차원에서 해결할 수 있을까?

출처: http://news.heraldcorp.com/view.php?ud=20130423000299&md=20130426005140_BL

Week ④

학교폭력의 유형 2

학습 목표

1. 학교폭력의 유형을 안다.
2. 학교폭력의 유형별 특징을 안다.

 지난 주 사회적 이슈

학교폭력과 관련해 생각해 볼 만한 사회적 이슈는 다음과 같다. 다음의 질문에 대해 동료의 의견을 들어 보고 나의 생각을 정리해 보자.

범죄 수준의 학교폭력 문제를 교육적인 차원에서 해결할 수 있을까?

■ 폭력 예방의 '키맨'은 '방관자'

학교폭력 사태의 원인과 해법을 찾기 위한 노력이 이어지고 있는 가운데, 폭력 예방의 '키맨'은 '방관자'라는 의견에 무게가 실리고 있다. 폭력 현장의 방관자는 3가지 유형으로 나눠진다. 괴롭힘에 동조하는 학생들은 학업성취도가 낮거나 자신이 괴롭힘을 당할 거라는 우려가 클수록 가담 확률이 높다. 아웃사이더는 폭력 상황을 회피하는 경향이 두드러졌고, 피해자를 옹호하는 학생들은 자존감과 공감 능력이 높은 특징을 보였다. 교육부의 2017년도 1차 학교폭력 실태 조사에 따르면, 학교폭력을 목격하고도 모른 체한다는 학생이 약

20%로 나타났다. 전문가들은 '책임의식의 분산'이 결국 누구도 피해자를 도와주지 않는 상황을 만들어 끔찍한 결과를 야기한다고 지적한다.

출처: http://www.yonhapnewstv.co.kr/MYH20170910013300038/?did=1825m

1. 학교폭력의 다양한 유형 생각해 보기

1) 저연령화 · 흉포화되는 학교폭력

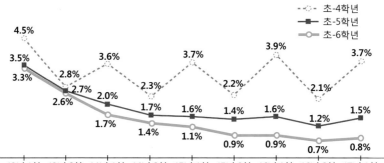

▲ [그림 4-1] 초등학교 4~6학년 피해 응답률

출처: 교육부, 한국교육개발원(2017).

  학교폭력 경험 연령이 점차 어려져 "아이들은 싸우면서 큰다."라는 말을 함부로 하기 어려운 세태가 되었다. 초등학교 여학생 여러 명이 한 친구를 구석에 몰고 머리채를 잡고, 무자비하게 뺨을 때리는 등의 폭행을 가하는 사건이 일어났다. 이 피해 여학생은 왕따를 당하는 친구를 가엾게 여겨 보살피다 갖은 학교폭력을 당했다고 말했다. 피해학생을 감싸려다 되레 자신이 피해자가 되는 현실에서, 피해자를 적극적으로 도와주고 가해자의 폭력을 막아 줄 또래 친구를 기대하기는 매우 어려운 실정이다. 이러한 상황에서 심지어 더 교묘해진 방법의 신종 학교폭력 수법이 기승하고 있는데,

최근 수도권 신도시 초·중등학교에서는 동급생 친구를 여러 친구가 보는 앞에서 입에 재갈을 물리고 카트, 자전거에 매달아 소나 말처럼 끌도록 하는 등의 폭력이 유행하고 있다고 한다. 이러한 유형의 폭력은 인권에 대한 감수성이 결여되어 있는 문제로, 단순히 피해자에게 폭력을 가하는 것을 넘어서 수치심, 굴욕감, 패배감 등을 느끼게 하며, 자아존중감이나 자기효능감 등을 떨어뜨려 삶 전반의 질적 하락을 유발한다는 문제가 있다.

2) 방관자가 대부분인 학교 문화

1970~1980년대 교실
학교폭력이 발생해도 다수의 방어자가 있어 피해학생을 돕는 구조. 피해학생이 느끼는 박탈감이 상대적으로 적다.

요즘 교실
학교폭력이 발생하면 대다수 학생이 동조자 또는 방관자가 된다. 피해학생이 절대적인 외로움 속에서 폭력에 노출된다.

▲ [그림 4-2] 과거와 현재의 학교 문화

　학교폭력 문제를 해결하는 데 가장 효과적인 방법은 가해학생의 폭력을 부정적으로 인식하고, 피해학생의 피해 사실을 공감하며, 피해학생을 지지하고 적극적으로 돕는 또래 문화를 조성하는 것이다. 하지만 앞에서 살펴보았듯이 현재 우리의 학교 문화에서는 섣불리 피해자를 도왔다가 자신이 되레 피해자가 될 수 있기 때문에, 대부분의 학생이 폭력 상황을 보고도 모른 체하거나 피해학생을 돕지도 가해학생을 조력하지도 않는 방관자가 되고 있다. 실제로 학교폭력을 목격한 학생들을 대상으로 조사해 본 결과, 방관자(59%)의 비율이 가해조력자(10%)나 피해자를 돕는 방어자(31%)보다 훨씬 많은 것으로 나타났다. 교육부(2017)의 조사 결과, 학교폭력 목격 후 '모른 척했다'는 학생의 응답이 20%나 되었다.

 생각해 보기

1. '가해조력자'와 '가해강화자'의 차이점은 무엇인가?
2. 학교폭력의 악순환을 끊을 방법은 무엇인가?
3. '방어자'가 많은 학급 환경은 어떠한 특징이 있을까?

가해조력자(assistant)는 가해자의 괴롭힘에 적극적 · 직접적으로 참여하는 사람을 의미하고, 가해강화자(reinforcer)는 괴롭힘 행동을 부추기는 행동을 통해 괴롭힘을 간접적으로 강화 · 증가시키는 사람을 뜻한다. 앞서 살펴보았듯이 학교폭력에 대한 학급 및 학교 전체 구성원의 접근이 필요한데, 특히 역할 유동성이 큰 주변인에 속하는 방관자, 가해동조자들이 피해자의 방어자 역할을 하도록 이끌어야 할 것이다. 이를 위해 학급 공동체 의식 등은 필수적인 요인이다. 따라서 방관자를 적극적 방어자로 변화시키고, 주변인 중 적극적 방어자의 비율을 높이는 것이 바람직하다.

학급의 공동체 의식이 높으면 집단 괴롭힘과 같은 학교폭력은 감소한다. 공동체에 가치를 두는 집단 내 구성원들은 조화를 중시하기 때문에, 공동체의 규준에 순응하려 하고 그에 맞는 행동을 하게 된다. 학교를 좋아하고 애착을 느끼고 헌신하고자 하면 긍정적인 행동을 하기 때문에, 문제행동이 줄어들고 가 · 피해자가 될 가능성을 줄여 준다는 연구 결과들이 이를 뒷받침한다.

■ 학교폭력에서 방관자의 문제점

강신란 소장 / M.C 예술심리치료연구소
폭력 상황에는 가해자와 피해자가 있습니다
학교 안의 폭력은 또 다른 입장과 태도를 가진 부류가 존재합니다

학교폭력 상황에서 중요한 열쇠는 방관자다. 방관자는 자신이 직접적인 가해를 하지 않았기 때문에 자신의 행동은 아무 문제가 되지 않는다고 생각한다. 하지만 피해자의 입장에서는 폭력을 알면서도 침묵하고 외면하며 무관심한 태도를 보이는 방관자 역시 가해자다. 또 방관자에게 우려되는 부분은 방관자가 동조자가 되어 폭력을 행사한다는 것이다. 자신이 주도적이지 않았고 상황이 어쩔 수 없었다고 하면서, 자신의 폭력을 가볍게 생각하고 합리화하며 죄책감을 느끼지 못하는 경우도 있다.

출처: http://www.youtube.com/watch?v=AJaUQ9fapAw

 생각해 보기

앞서 학교폭력의 최근 특징과 심각성을 살펴보았다. 다음의 질문에 답해 보자.

1. 학교폭력의 가해 연령이 점점 어려지고 그 수법이 교묘해지는 이유는 무엇일까?
2. 학교폭력을 목격하면 대부분의 청소년은 일반적으로 어떻게 행동할까?
3. 학교폭력을 목격한 청소년들이 적극적으로 피해자를 방어하지 못하는 이유는 무엇일까?

학교폭력은 가해자가 집단 내 다른 구성원들의 묵인이나 동조와 같은 지지를 얻으며 지속된다. 특히 우리 사회는 외국에 비해 더 많은 인원 혹은 특정 집단이 한 개인을 괴롭히는 특성을 보이는데, 이는 한국 사회의 집단화 경향으로 가해자와 피해자 간 힘의 불균형 때문에 폭력이 발생하는 것을 넘어 집단 다수의 구성원이 폭력에 참여하여 피해학생이 학급 전체 혹은 학교 구성원 전체로부터 폭력을 당하는 것이라고 할 수 있다. 그러므로 학교폭력을 집단적 맥락에서 살펴볼 필요가 있는데, 이를 위해 폭력의 가해자와 피해자뿐 아니라 동조, 방관, 방어를 포함하는 행동을 하는 주변인까지 모두 생각해 볼 필요가 있다.
가해자는 피해자를 괴롭힐 때 상황이나 맥락에 따라 더 쉽게 혹은 덜 쉽게 행동할 가능성이 높음을 고려해 본다면, 가해자 및 피해자 외 학급의 대다수를 차지하는 구성원들이 어떤 역할을 하고 어떤 학급 내 학교폭력을 형성하고 있는지를 살펴보는 것은 매우 중요한 일이다.

2. 학교폭력의 유형별 특성: 집단 따돌림, 사이버 폭력, 성폭력

1) 집단 따돌림

(1) 집단 따돌림의 정의

집단 따돌림이란 한 집단 내에서 한 학생이 둘 이상의 학생에 의해 반복적이고 지속적으로 구타와 폭행, 소외, 심리적 배척의 형태로 이루어지는 부정적인 행동에 노출되는 현상을 지칭한다. 그리고 「학교폭력 예방 및 대책에 관한 법률」 제2조 제1호의 2에서는 학교 내외에서 2명 이상의 학생들이 특정인이나 특정 집단의 학생들을 대상으로 지속적이거나 반복적으로 신체적 또는 심리적 공격을 가함으로써 상대방이 고통을 느끼도록 하는 일

체의 행위라 명시하고 있다. 이러한 집단 따돌림에는 다음과 같은 행동이 포함된다. 즉, 대화 거부하기, 약점 들추어내거나 모함하기, 은근히 혹은 공개적으로 비난하기, 하는 일마다 시비 걸기, 그와 가깝게 지내려는 다른 집단 구성원에게 위해 가하기, 바보 만들기, 장난을 빙자하여 괴롭히기 등이다.

(2) 집단 따돌림의 원인

경기도 용인에서 중학교 1학년 박 모 양이 같은 반 친구 2명을 흉기로 찌른 사건이 벌어졌다. 성적은 반에서 1등을 할 정도로 우수했지만 내성적인 성격으로 친구들로부터 따돌림을 당해 오던 박 양은 집에서 준비해 온 흉기로 친구의 등을 찔러 중상을 입혔다. 이와 같이 집단 따돌림은 심리적·정서적으로 큰 상처를 불러 또래에게 폭력으로 복수하거나 자살을 선택하게 하는 등 극단적인 결과를 초래하는 유형의 폭력이다. 이와 같은 집단 따돌림이 발생하는 원인은 다음과 같이 정리할 수 있다.

첫째, 경쟁적 질투심이다. 나와 또래를 비교하며 자신에 대해 유능감이 아닌 열등감을 가지게 되면서 경쟁적 질투심이 생겨 또래를 이유 없이 비난하고 괴롭히게 되는 것이다. 둘째, 이기적인 자기중심적 경향이다. 청소년 시기에는 발달 특성상 또래 수용 능력이 약화된다. 이에 따라 또래의 고통에 공감하지 못하고 둔감해지는 비인간적인 행동을 충동적으로 하게 된다고 보는 것이다. 셋째, 도덕교육의 미흡이다. 핵가족화와 우리 사회 인성교육의 부재로 또래에게 심각한 폭력을 행사하면서도 친구가 겪게 되는 상처를 별것 아닌 것으로 생각함으로써 폭력행동을 죄의식 없이 하게 된다고 보는 것이다. 이에 따라 학교는 공동체의 생활양식을 배우는 곳으로 나와 남의 차이를 인정하는 인격을 교육하는 곳이라는 공동체 의식을 가지고, 경쟁하는 풍토에서 벗어나 조화로운 인간을 길러 낼 수 있도록 학생들이 다양한 인간관계와 풍요로운 생활을 체험하도록 해야 한다.

(3) 집단 따돌림의 실태

서울시립청소년정보문화센터가 청소년을 대상으로 조사한 따돌림을 당하는 친구가 왜 따돌림을 당한다고 생각하느냐는 질문에 '마음에 안 들어서(68.3%)'라는 응답이 가장 많았고, 다음으로 '장난삼아(30.7%)' '스트레스 해소(28.8%)' '힘 과시(23.9%)'라고 대답했다. 또한 남학생의 경우 따돌리는 상대가 자신과 잘 어울리지 않는 학생인 반면, 여학생의 경우 자신과 친한 친구를 따돌리는 경우가 많은 것으로 나타났다.

앞서 살펴보았듯이 학교폭력의 가해자에는 이를 주도하는 학생뿐 아니라 이를 알면서도 방관·방조하는 나머지 전체 학생도 포함된다. 실제로 '학교폭력 목격 시 대응 행동'에 대한 질문에 '모른 척한다'는 대답이 2007년 35%에서 2010년 62%로 2배 가까이 증가한 반면, '말리거나 대응한다'는 응답은 57.2%에서 31%로 감소한 것으로 조사되었다. 이와 같은 방관행동을 하는 이유가 무엇이냐는 질문에 '같이 피해를 당할까 봐'라는 응답이 30.6%로 가장 많았고, '관심이 없어서(26.9%)' '도와줘도 소용이 없을 것 같아서(23.5%)' '어떻게 해야 할지 몰라서(19%)' 순으로 나타났다.

이와 같은 집단 따돌림은 학교폭력 피해 유형별 비중에서 높은 비중을 차지한다. 2013년 1차 조사 결과 16.7%, 2차 16.5%, 2014년 1차에서 17.1%를 차지하며 다른 학교폭력 피해 유형보다 월등히 큰 비중을 차지하고 있으며, 그 비중은 오히려 증가하는 추세다. 피해 유형 중 세 번째로 비중이 큰 '폭행'보다 무려 5% 이상 차이가 나며 가장 큰 비중을 차지하고 있다. 이는 집단 따돌림으로 인한 학교폭력 피해자가 많고, 실제로 많은 피해학생이 친구들 사이에서 따돌림으로 인하여 심리적으로 위축되고 괴로움을 받고 있음을 짐작할 수 있게 해 준다.

특히 집단 따돌림은 남학생보다는 여학생들 사이에서 빈번하게 발생하고 있어, 여학생들의 학교생활지도에서 집단 따돌림에 대해 각별한 주의가 요구된다. 또 교육부(2014)의 조사에 따르면, 집단 따돌림은 초등학교, 중학교, 고등학교 학교급의 차이 없이 지속적으로 일어나는 학교폭력 유형으로, 특히 초등학생과 중학생 사이에서의 따돌림 문제가 심각한 것으로 나타나고 있다.

(4) 집단 따돌림의 징후 및 사례

학급 담임교사나 부모는 청소년이 다음과 같은 징후를 보이는지 파악하여 자녀나 학생이 집단 따돌림을 당하고 있는지 확인해 볼 필요가 있다.

① 집단 따돌림의 징후
- 사람을 만나는 것을 피하고 혼자 있으려고 한다.
- 특정 장소나 사람에 대해 이야기하는 것을 싫어하고 두려워한다.
- 매점에서 사 먹었다며 자주 도시락을 남겨 온다.
- 전화 사용에 대해 특별히 제재하지 않았는데도 친구와 전화를 하는 경우가 매우 적다.
- 학교에서 일찍 돌아와 컴퓨터 게임이나 오락기, 텔레비전에만 몰두한다.

② 집단 따돌림 징후 파악 사례
　　충북 청주시 동주초등학교에는 5학년 친구가 다른 친구에게 심한 욕을 하거나, 몸을 밀치고 때리거나 따돌리는 것을 보면 누구든 "멈춰." 하고 외치는 학급이 있다. 아이들에게 '멈춰'는 생경했다. 덩치 큰 아이들의 거친 행동을 봐도 모른 척하거나 입안에서만 '개미 소리'가 빙빙 돌았다. 하지만 담임교사는 3월 한 달 내내 큰 소리로 '멈춰'를 외치도록 가르쳤다. 4월이 되자 아이들의 목소리가 커지고, 5월 들어서는 하루에도 네댓 번씩 "멈춰." 하는 아이들의 외침이 교실에 울려 퍼졌다. 외침이 나오면 아이들은 곧바로 학급총회를 열었다. 가해 · 피해학생들은 전체 급우 앞에서 상황을 재연했다. 그러고는 역할을 바꿔 한 번 더 재연함으로써 '역지사지'를 배웠다. 아이들도 '멈춰 마법'을 신기해한다.
　　5학년 ○○양은 "지금은 정말 큰일이 아니면 학급총회를 여는 일이 드물 정도로 폭력이 없어졌다."라면서 "다른 반 친구들이 부러워하고 신기해한다."라고 자랑했다. 담임교사는 "공동체 의식을 길러 주면 아이들 스스로 학교폭력 문제를 해결할 능력을 갖게 된다."라고 말했다.

③ 집단 따돌림의 구체적 사례

고등학교 1학년 어느 반에서 신체적 폭행에 관한 설문지를 돌려 무기명으로 조사를 실시하였는데 네댓 명의 학생이 반 학생들 전체를 선동해서 왕따를 당하는 다른 학생을 지목하였고, 미리 사건 상황에 대해서도 입을 맞춘 상태라서 일치된 설문 결과들이 제출되었다. 피해학생은 지속적으로 담임교사에게 그 학생이 가해자가 아니라고 이야기하였지만 학교에서는 무관심하게 학생들이 모두 인정하는데 피해학생이 잘못 본 것이 아니냐고 이야기하였다. 사건의 가해자로 몰린 따돌림 당하는 학생은 만성적인 학교폭력으로 "그냥 내가 한 것으로 하고 넘어가자."라고 하며 문제 상황을 회피하였다. 더 이상 해 볼 필요가 없다며, 무기력감과 살고 싶지 않은 마음을 표현한 상황이다.

2) 사이버 폭력

(1) 사이버 폭력의 정의

「학교폭력 예방 및 대책에 관한 법률」 제2조 제1호의 3에는 사이버 폭력이란 인터넷, 휴대전화 등 정보통신기기를 이용해서 학생들이 특정 학생들을 대상으로 지속적·반복적으로 심리적 공격을 가하거나, 특정 학생과 관

련된 개인 정보 또는 허위 사실을 유포해서 상대방이 고통을 느끼도록 하는 일체의 행위라 명시하고 있다. 이와 같은 사이버 폭력에는 다음과 같은 행동이 포함된다. 카페나 클럽에 협박 글 올리기, 친구를 시켜 수치스러운 동영상을 올리거나 모욕하기, 집단으로 채팅하며 협박하기, 게임 레벨을 올려 주지 않는다며 메신저로 협박하기, 개인이 운영하는 미니홈피, 블로그에 욕설 올리기, 많은 사람이 동시 접속하는 메신저를 통해 헛소문 유포하기, 문자로 협박하기, 특정인의 휴대전화번호를 인터넷상에 유포하는 행위 등이다.

(2) 사이버 폭력의 원인

마음에 들지 않는 친구가 있으면 인터넷에 왕따 카페를 만들어 그 친구를 공개적으로 욕하고 비방하며 허위 사실까지 게재하는 사이버 폭력이 신종 학교폭력 유형으로 떠올랐다. 이러한 사이버 폭력은 SNS 등을 이용하여 온갖 욕설을 담은 글을 단체로 발송하는 등, 동시에 여러 명이 폭력에 가담하게 되는 특성을 띤다. 이러한 왕따 카페의 주 개설자는 약 50%가 초등학생인 것으로 나타났고, 왕따 카페 개설 이유는 단순히 '미워서(40%)'가 가장 많았다. 이처럼 시간과 공간 제약 없이 하루 24시간 내내 폭력에 노출되게 하는 사이버 폭력이 최근 심각한 신종 학교폭력 유형으로 주목받고 있다. 이와 같은 사이버 폭력이 일어나는 원인은 다음과 같이 정리할 수 있다.

첫째, 인터넷 윤리의식의 부재다. 인터넷이라는 가상 공간의 특징인 익명성, 비대면성 등을 이유로 비윤리적 행위를 상대적으로 죄의식 없이 손쉽게 행할 수 있다. 또 가상 공간에서는 자아의식 및 사적 자아의식이 감소함으로써 자신의 행동 및 도덕성 등에 대한 조절 의지가 약화되어 폭력을 쉽게 저지르도록 한다는 것이다. 둘째, 청소년기의 발달 특성 때문이다. 청소년은 도덕성을 관장하는 전두엽 기능의 저하 등의 이유로 도덕적인 행동을 하는 데 올바른 판단을 하지 못하기도 한다. 이를 원인으로 사이버상에서의 폭력이 나쁜 행동이라고 인지하지 못하고 잘못된 규범의식을 가짐으로써 사이버상에서 폭력을 저지르게 된다고 보는 것이다.

(3) 사이버 폭력의 실태

이러한 사이버 폭력에 대해 대부분의 청소년이 '사이버 폭력이 상당히 심각하다[매우 심각(89.4%)+심각(60.5%)]'라고 응답함으로써 청소년들이 사이버 폭력을 심각하다고 인지하고 있음을 알 수 있다. 사이버 폭력에 대한 예방책으로는 '폭력 상대를 무시(76.9%)'한다는 응답이 가장 많았고 이어 '적극적 신고(14.1%)' '모호한 아이디 사용(6.1%)' '개인 정보 허위 기록(1.2%)' 등의 응답을 하는 것으로 보아 청소년들은 사이버 폭력에 적절한 대응을 하지 못하고 있음을 알 수 있다. 사이버 폭력 피해 대상으로는 '여성(85%)'이 '남성(79.4%)'보다 조금 더 피해를 많이 보는 것으로 나타났고, 대부분의 청소년이 사이버 공간에서의 언어적 폭력이 현실 공간에서의 대인 관계에 영향을 미친다고 생각했다.

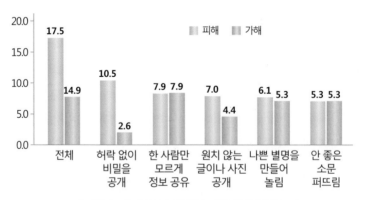

▲ [그림 4-3] 청소년 사이버 폭력 현황(단위: %)

출처: 이창호, 신나민, 하은빈(2014. 12.). 청소년 사이버불링 실태 및 대응 방안 연구. 한국 청소년정책연구원 연구보고서, pp. 1-268.

이와 같은 사이버 폭력은 다음과 같은 피해 결과를 낳는다. 사이버 폭력의 피해자는 낮은 자아존중감, 높은 사회적 스트레스, 우울 등 다양한 부정적인 정서를 겪는 것으로 밝혀졌다. 또 사이버 폭력을 당한 뒤 피해자의 태도는 크게 두 가지 유형으로 구분되는데, 첫째, 부정적인 심리적 정서(두려움, 무기력함, 슬픔)를 느껴 더 위축된 태도를 보이거나, 둘째, 높은 수준의 화를 느끼고 더욱 공격적인 태도를 보이는 것으로 나타났다.

모욕, 명예훼손, 성폭력, 스토킹 외에도 사이버 따돌림의 유형에는 오프라인에서의 왕따 행위를 모바일 공간으로 옮겨 와서 자행하는 '카따', 채팅방에서 피해학생에게 단체로 욕을 퍼붓는 '떼카', 채팅방에 피해학생을 초대한 뒤 한꺼번에 나가 버려 피해학생만 카톡방에 남게 하는 '카톡 방폭', 피해학생을 계속 채팅방으로 초대하여 괴롭히는 '카톡 감옥' 그리고 채팅방에서 피해학생의 말만 무시하여 유령 취급을 하거나 피해학생을 초대한 뒤 일제히 의미 없는 메시지를 던져 휴대전화를 마비시키는 행위 등이 포함된다. 또한 스마트폰의 테더링 기능을 이용하여 피해학생의 스마트폰을 와이파이 공유기처럼 사용하는 것으로 무선 데이터 갈취를 통해 금전적 피해를 주는 '와이파이셔틀'도 있고, 게임을 하기 위해 필요한 아이템을 피해학생에게 상납받는 아이템 갈취 행위인 '하트셔틀'도 있다.

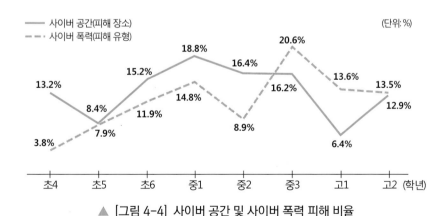

▲ [그림 4-4] 사이버 공간 및 사이버 폭력 피해 비율

출처: 청소년폭력예방재단(2014),
2013년 전국 학교폭력 실태 조사 결과 발표(2014. 5. 20. 보도자료).

사이버 공간에서 학교폭력 피해를 당한 학생들의 비율을 학교급별로 살펴보면, 초등학교 4학년부터 꾸준히 그 피해가 증가하다가 중학교 3학년이 되면 최고조에 이르는 것을 확인할 수 있다. 또한 학교폭력의 피해 유형 면에서도 초등학교 고학년부터 꾸준히 증가하는 사이버 폭력이 중학교 1, 2, 3학년 동안 지속적으로 높게 나타나며, 중학교 3학년 20.6%에서 고등학교 1학년이 되면 그 피해가 13.6%로 급감함을 알 수 있다. 2014년 교육부 학교폭력 실태 전수조사 결과에서 '사이버 공간 피해 비율'을 보면 중학생(11.2%)이 가장 높고, 고등학생(8.1%), 초등학생(4.8%) 순으로, 중학생이 가장 사이버 폭력에 취약함을 알 수 있다.

2014년 교육부 학교폭력 실태 전수조사 결과를 보면, 사이버 폭력은 언어폭력(34.6%), 따돌림(17.1%), 폭행(11.6%), 스토킹(11.0%)에 이어 다섯 번째로 많이 일어나고 있다(9.2%). 특히 사이버 폭력은 집단 따돌림과 함께 여학생 사이에서 벌어지는 괴롭힘 유형 중 비중이 상대적으로 높게 나타나 성별에 따라 피해 비중이 다르게 나타나는 폭력의 종류다. 2014년 결과 기준, 여학생 15.3%, 남학생 2.3%로 중학생, 여학생을 중심으로 한 사이버 폭력 예방교육이 필요하다.

(4) 사이버 폭력의 징후 및 사례

학급 담임교사나 부모는 청소년이 다음과 같은 징후를 보이는지 파악하여 자녀나 학생이 사이버 폭력을 당하고 있는지 확인해 볼 필요가 있다.

① 사이버 폭력의 징후
- 스마트폰에 메시지 알림이 오면 안절부절못하거나 확인을 꺼린다.
- 초조한 표정으로 스마트폰을 계속해서 응시한다.
- 메신저나 SNS의 프로필 등에 부정적 감정을 지속적으로 표출한다.
- SNS 등을 갑작스럽게 폐쇄하거나 비공개로 전환하고 이유를 말하길 꺼린다.
- 아이의 SNS 게시물마다 친구들이 부정적인 댓글을 달고 있다.

② 사이버 폭력 징후 파악 사례

구글에서 주최한 과학경진대회 '구글 사이언스 페어 2014'에서 미국의 트리샤 프라부가 제시한 '사이버 폭력 예방법'이 있다. 프라부는 청소년이 악성 메시지를 올리는 이유가 사고력을 관장하는 전두엽이 덜 발달했기 때문이라고 봤다. 전두엽은 25세 정도에 완성된다. 프라부는 메시지를 보내기 전에 한 번 더 생각할 시간이 있다면 악성 메시지가 줄어들 것이라고 판단했고 '다시 생각하기(Re-Think)' 프로젝트를 실험하였다.

학교와 인근 도서관 등에서 무작위로 12~18세 300명에게 한 사람당 5개의 악성 메시지 샘플을 보여 주고 SNS에 올릴지 결정하게 했다. 이 중 150명의 청소년은 메시지를 올릴 때 평소 SNS에서 접하는 문구와 같이 "이 메시지를 게시하겠습니까?"라는 질문을 받았다. 반면, 나머지 150명에게는 "이 메시지는 다른 사람에게 상처를 줄 수 있습니다. 정말 메시지를 올릴 건가요?"라는 질문이 알림창이 나오게 했다. 그 결과, 평범한 알림창이 나온 그룹에서는 67%의 청소년이 타인에게 상처를 주는 메시지를 전송했다. '다시 생각하기' 그룹에서도 처음에는 72%가 유해한 메시지를 보내려 했다. 그런데 한 번 더 생각해 보라는 알림창을 본 후 무려 93%의 청소년이 악성 게시물을 올리는 것을 그만뒀다. 프라부는 "'다시 생각하기' 프로젝트는 청소년이 스스로 자신의 행동을 돌아보게 한다."라며 이와 같이 글을 올리기 전에 막을 수 있는 근본적인 해답은 SNS뿐만 아니라 모든 인터넷에서 활용될 수 있다고 하였다. 클릭 한 번, 터치 한 번으로 자신의 생각을 표현할 수 있는 시대에 가장 필요한 것은 '한 번 더 생각할 기회'임을 증명해 준 실험이었다.

③ 사이버 폭력의 구체적 사례

고등학교 1학년 강 모(16) 양은 자기가 사는 아파트 11층에서 몸을 던져 그 자리에서 숨졌다. 가족에 따르면 강 양은 숨지기 약 두 달 전에 SNS를 통해 16명에게 집단으로 언어폭력을 당했다. 강 양은 투신 직전 노트를 찢어 쓴 4장 분량의 유서를 책상 위에 올려놨고, 휴대전화로 가해학생의 모욕적인 욕설이 담긴 대화 내용 일부를 캡처해 아버지에게 전송했다. 경찰 관계자는 "강 양 유서에는 가족에게 미안하다는 내용이 대부분이었고, 자신을 괴롭힌 학생을 가리켜 '내가 너에게 뭘 그렇게 잘못했니?'라고 쓰기도 했다."라고 말했다.

강 양의 아버지는 "딸은 숨지기 두 달 전인 지난 6월 20일 0시 40분쯤 누군가가 카카오톡으로 초대한 '그룹 채팅'에 응했다가 충격을 받았다."라고 했다. "살 빠져도 돼지 ×××야, ×나 웃기지 ×신아, 근데 우리 왜 ××× 까는 거냐, 못생겨서…."와 같이 동네 친구 등 16명이 한꺼번에 입에 담을 수 없는 욕을 쏟아 냈다는 것이다. 오전 1시쯤에는 1분 만에 강 양을 대상으로 한 욕설과 비하 글 50여 건이 일거에 떴다.

한 명이 '선제공격'이라고 띄우면, '×신××, 나대고 ×랄이야' 등 욕설이 무차별로 날아왔다. '다시 한번 공격' '라스트 공격' 등의 표현은 강 양에게 일제히 욕을 하라는 신호였다. 가해학생 가운데 한 명이 "왜 이렇게 까는(욕하는) 거야?"라고 묻기도 했다. SNS에 들어온 학생 중에는 영문도 모르고 강 양에게 욕을 한 경우도 있었다는 것이다. 이 질문에 다른 가해학생 한 명은 "(강 양이) 못생겨서."라고 답했다. '(욕) 복사 금지'라는 글도 올라왔다. '남이 한 욕을 그대로 반복하지 말고 욕하라'는 뜻이었다. 집단 린치에 가까운 '떼카(카카오톡 그룹 채팅에서 여러 명이 한 명을 괴롭히는 것)'는 약 1시간 동안 이어졌다.

강 양은 이로부터 6일 뒤에 문구용 칼로 자기 손목을 그었으나 미수에 그쳤다. 이후 강 양은 욕설로 도배된 카카오톡 대화 창을 가끔 열어 아버지에게 보여 주면서 "얘네 고소할 수 없을까요?" 하고 묻기도 했다. 결국 강 양은 '떼카'를 당한 지 두 달 만에 스스로 목숨을 끊었다.

3) 성폭력

(1) 성폭력의 정의

성폭력은 성(性)적인 행위로 남에게 육체적 · 정신적 손상을 주는 물리적 강제력을 의미하며, 강간이나 강제 추행뿐 아니라 언어적 성희롱, 음란성 메시지 및 몰래카메라 등 상대방의 의사에 반해서 이루어지는 모든 신체적 · 정신적 폭력을 뜻한다. 이러한 성폭력은 학교폭력인 동시에 성범죄이기도 하여, 일반적인 학교폭력과 달리 학교폭력대책자치위원회에서 다루지 않고 경찰 등 수사기관이 개입해서 형사 절차를 진행한다. 이와 같은 성폭력에는 다음과 같은 행동이 포함된다. 폭행 또는 협박으로 사람에 대하여 추행을 하는 성추행, 불특정인을 상대로 금품이나 그 밖의 재산상의 이익을 수수 · 약속하고 성교행위나 구강, 항문 등 신체의 일부 또는 도구를 이용한 유사성교행위를 하는 성매매, 성매매를 알선 · 권유 · 유인 또는 강요하는 성매매 알선, 폭행 · 협박으로 상대방의 반항을 곤란케 하고 부녀를 간음하는 강간 등이다.

(2) 성폭력의 원인

중학교 3학년 김 모 군은 수학여행을 갔다가 말대꾸를 한다는 이유로 다른 학교 학생 6명에게 집단 폭행을 당했다. 더욱이 학교폭력 피해 사실 중에 가해학생들의 강제적인 성추행으로 많은 학생이 보고 있는 가운데 강제로 바지가 벗겨지고 엉덩이를 발로 걷어차이는 등의 성적인 수치를 당한 것으로 보고되었다. 한참 예민한 시기에 자신의 정체성과 남자로서의 자존감을 상실하여 폭력적이고 신경질적으로 변한 김 군 때문에 가정 전체가 매우 불안한 상태라고 한다. 이와 같이 청소년이 성폭력을 저지르는 원인으로는 급격한 산업화와 도덕성 붕괴, 아동에 대해 전통적으로 경시 및 무시하는 사고, 비민주적이고 가부장적인 가족 구조, 가정에서의 성차별 사회화, 학교에서의 성교육 부재, 대중매체에서의 음란 및 폭력 내용 등의 난무, 입시 위주의 교육 등을 들고 있다.

(3) 성폭력의 실태

2016년 여성가족부가 발표한 성폭력 실태 조사 결과에 따르면, 15세 이하 남녀 청소년 성폭력 피해자가 남자 청소년의 경우 2014년 178명에서 2015년에는 214명으로 증가하였으며, 여자 청소년 성폭력 피해자 역시 2014년 3,616명에서 2015년 4,029명으로 증가하였다. 피해자 수로 봤을 때 여자 청소년의 성폭력 피해가 압도적으로 많음을 알 수 있다. 또한 2016년 여성가족부가 발표한 아동·청소년 대상 성범죄 조사 결과에 따르면, 성폭행 유형 중 강간 및 강제 추행은 16세 이상 집단에서, 성매수, 성매매 강요, 알선은 13~15세와 16세 이상에서 가장 높게 나타났다. 음란물 제작은 6세 이하를 제외하고 전 연령층에 고르게 나타났다. 성폭력이 일어난 범행 발생 장소는 강간의 경우 집(51.5%), 공공기관 및 상업지역(31.0%)에서 발생했고, 강제 추행은 야외·거리·산야·대중교통(29.4%), 집(23.6%), 공공기관 및 상업지역(21.2%) 순으로 빈번히 발생했다. 범행 발생 시간은 강간의 경우 0~5시(36.8%), 21~23시(13.2%)가 높았고, 강제 추행은 15~17시(18.4%), 18~20시(15.8%), 21~23시(13.5%)로 상대적으로 오후 및 저녁 시간에도 주로 발생하는 것으로 보여 학업 중단 청소년, 보호자 부재로 위험 요소가 잠재하는 청소년이 큰 피해자가 될 수 있음을 시사한다.

이와 같은 성폭력은 향후 큰 문제를 낳는데, 아동기에 성폭력을 경험한 청소년과 역기능적인 문제가 있는 청소년의 MMPI 검사 결과를 비교한 결과, 역기능적인 문제로 치료를 받는 청소년에 비해 아동기에 성폭력을 경험한 청소년이 건강 염려증, 정신분열증 등에서 평균보다 높은 점수를 나타냈고, 이러한 점수는 임상적으로 치료를 받아야 하는 수준인 것으로 나타났다. 실제로 2013년 여성가족부 조사 결과에 따르면, 13세 미만 피해자의 경우 대부분 강간이나 추행 이외에 정신적인 피해가 49.3%로 가장 크게 나타났다. 또 아동기나 청소년기에 성폭력 피해 경험이 있는 집단의 경우 그렇지 않은 집단보다 성인이 되었을 때 불안장애, 공포장애, 공황장애, 강박장애, 기분장애, 경계선 인격장애의 유병률도 더 높은 것으로 나타났으며, 이는 일반인에 비해 5배 정도 더 높은 수치인 것으로 밝혀졌다.

(4) 성폭력의 징후 및 사례

학급 담임교사나 부모는 청소년이 다음과 같은 징후를 보이는지 파악하여 자녀나 학생이 성폭력을 당하고 있는지 확인해 볼 필요가 있다.

① 성폭력의 징후
- 신체적 징후: 성병 감염, 임신, 걷거나 앉는 데 어려움을 느끼거나 생식기 및 구강에 손상이 있다.
- 행동적 징후: 나이에 맞지 않는 성적 행동을 보이거나 수면장애, 퇴행 행동, 자살 시도 등을 한다. 또 비행, 가출, 범죄적 행위를 전에 비해 자주 보이며, 혼자 남아 있기를 거부하고, 특정 유형의 사람들에 대한 두려움을 보인다. 동물에게 잔혹한 모습을 보이기도 한다.

② 성폭력 징후 파악 사례
고등학교 1학년인 김 모(17) 군은 수학여행을 갔다 온 후 갑자기 식사도 안하고 잠을 못 자는 모습을 보였으며, 수시로 컴퓨터로 인터넷 홈페이지를 확인하는 등 불안한 행동을 보였다. 이를 이상하게 생각한 어머니가 이유를 물어보니, 수학여행에서 남학생들이 밤에 게임을 하고 노는데 잠만 자고 단체 생활을 하면서 함께하지 않는다고 바지를 내려 휴대전화로 사진을 찍고 학교 홈페이지에 올리겠다고 하였다는 것이다. 이 때문에 김 군은 수학여행을 다녀온 후 잠을 못 이루며 학교 홈페이지를 계속 확인하고 불안해하였다. 이러한 사실을 알게 된 김 군의 어머니는 담임교사와 전화 통화를 해 이 사실을 알리고 가해학생들의 휴대전화를 확인하고 삭제시켰다. 또한 가해학생들에게 그 내용이 성폭력임을 알려 주고 반성문 작성 및 징계 조치를 취하였다.

③ 성폭력의 구체적 사례

서울 강서구에 사는 임 모(13) 군은 2011년 3월에 한 중학교에 입학했다. 초등학교를 졸업하고 새로운 친구들과 선생님을 만날 기대에 부풀었던 임 군은 이날부터 1년간 끔찍한 경험을 해야 했다. 바로 같은 반 친구들의 집단 따돌림과 폭행이었다. 정 모(13) 군 등 가해학생들은 임 군의 머리가 짧다는 이유로 시간마다 '대머리 독수리'라고 놀렸고, 점심시간에는 임 군에게 바닥에서 밥을 먹도록 강요했다. 또 교실에서 임 군의 바지를 벗기더니 성기를 잡아당기면서 전기 충격을 주는가 하면, 다른 학생들이 지켜보는 가운데 성행위를 흉내 내기도 했으며, 임 군이 성추행을 거부하면 주먹질을 해댔다. 가해학생들은 학교 인근의 골목으로 임 군을 데려가 발로 배를 차는 등 쉬는 시간, 점심시간, 방과 후까지 폭행하였다.

임 군은 폭행에 크게 맞서지 못했지만 아무도 임 군을 도와주지 않았고 가해학생들의 폭행을 말리지도 않았다. 이 사실을 알게 된 임 군의 아버지는 정 군을 불러 야단을 치고 학교에 진정을 넣었다. 그러자 정 군의 아버지가 임 군 집으로 찾아와 난동을 부리며 임 군을 위협했고, 임 군의 가족은 두려움을 떨치지 못해 경기도 남양주의 한 교회로 몸을 피했다. 임 군의 아버지는 지체장애 2급이고, 가족은 기초생활수급자를 위한 공공임대아파트에 살고 있다. 임 군은 2011년 말부터 정신과 치료를 받고 있다.

3. 활동하기

학교폭력의 다양한 유형과 함께 그 심각성 등을 살펴보았다. 각 학교폭력 유형(집단 따돌림, 사이버 폭력, 성폭력)의 사례 중 하나를 택하여 다음의 질문에 답해 보자.

각 학교폭력 유형의 사례에서 가해학생 및 피해학생 외에 이를 지켜보는 학생들이 있을 것이다. 이 학생들의 어떤 행동들이 학교폭력을 심화시킬까? 학교폭력 유형별로 다음을 생각해 보자.

폭력 상황을 지켜보는 목격학생들이 피해학생 편에서 가해학생을 저지하고 폭력을 막도록 할 방법에는 무엇이 있을까?

■ 독일 학교의 행복 수업

독일의 중학교에서는 행복 수업이 시행되고 있다. 학생들이 힘을 모아 친구를 들어 올린 뒤 그물 건너편 친구들에게 보내는가 하면, 이번에는 뚱뚱한 학생이 친구들이 들고 있는 통나무 다리 위를 조심조심 건넌다. 교과서도 없고 책걸상도 없어 수업인지 놀이인지 헷갈리는 이 수업은 학교폭력 문제를 해결하기 위해 지난 2007년 개발돼 4년 만에 100여 개 학교로 확산됐다. 70여 가지에 이르는 다양한 방식으로 진행되는 행복 수업은 책임감과 공동체 의식을 키워 학생 스스로 변화하도록 하는 것이 가장 큰 목적이다. 실제로 행복 수업을 받은 학생들이 그렇지 않은 학생들에 비해 이해력과 성취도, 감수성이 더 많이 발달했고, 친구관계나 가족관계, 학교생활도 더 긍정적으로 변한 것으로 조사됐다. 이는 무언가를 평가하거나 성과에 집착하지 않고 학생 각자의 가치를 발견하고, 자아를 강화할 수 있도록 도와준 결과라 할 수 있다.

이는, 특히 입시 위주의 교육 속에서 스스로 삶의 의미를 발견하고 직접 자신의 삶을 설계하는 능력을 잃어 가고 있는 우리나라 학생들에게 시사하는 바가 크다. 왜 사는지, 왜 공부해야 하는지, 자기 삶을 받아들이고 신뢰하는 법을 배워서 그 기초 위에서 교육의 다양한 면을 구축해 나가도록 하여 학생들이 자라면서 잃어버린 행복을 다시 찾아 주는 것이 필요하다.

출처: http://www.ytn.co.kr/_ln/0103_201210140508045467

사회적 이슈

다음은 학교폭력과 관련하여 사회적으로 주목을 받고 있는 이슈다. 이에 대해 동료와 토론을 한 뒤 의견을 정리해 보자.

학교폭력 문제가 점점 심각해지면서 이를 대신 해결해 주는 심부름 업체가 등장하기에 이르렀다. 200만 원이면 학교폭력을 완벽하고 확실하게 해결해 준다고 한다. 이처럼 돈만 내면 학교폭력을 해결해 준다는 심부름 업체를 이용하는 데는 학교도, 경찰도 보호해 주지 못하니까 일명 '무서운 아저씨'들을 이용하여 문제를 해결해 보고자 하는 심리가 반영되어 있다. 실제로 피해 자녀를 둔 학부모 중에는 여기에라도 기대어 자녀가 폭력에서 자유로워지기를 원하는 사람이 적지 않다.

학교폭력 해결에 심부름 업체를 이용하는 방법이 유용할까?
이러한 학교폭력 해결 방식은 어떠한 결과를 초래할까?

출처: http://www.ilyoseoul.co.kr/news/articleView.html?idxno=203583

Week ⑤

학교폭력과 법

학습 목표

1. 「학교폭력 예방 및 대책에 관한 법률」의 내용과 의미를 안다.
2. 학교폭력 사안의 처리 절차를 안다.

 지난 주 사회적 이슈

학교폭력과 관련해 생각해 볼 만한 사회적 이슈는 다음과 같다. 다음의 질문에 대해 동료의 의견을 듣고 관련 사례를 보며 나의 생각을 정리해 보자.

학교폭력 해결에 심부름 업체를 이용하는 방법이 유용할까?
이러한 학교폭력 해결 방식은 어떠한 결과를 초래할까?

■ 학교폭력법, 무엇까지 명시하고 있나?

학교 측이 학교폭력을 저지른 학생에게 벌을 내릴 때 이를 부모에게 제대로 알리지 않는 것은 법에 어긋난다는 법원 판결이 나왔다. 같은 반 친구를 괴롭혀 출석정지 처분을 받은 A군이 학교의 처분을 취소해 달라며 낸 소송에서 원고

1부 승소 판결을 내렸다. 재판부는 학교 측이 처분 사유가 적힌 문서를 A군과 부모에게 보낸 적이 없다며 절차적 하자가 있는 이상 학교의 처분은 위법하다고 판결을 내렸다.

출처: http://www.youtube.com/watch?v=wztu6zn5-mE

1. 학교폭력 해결을 위한 법적 절차에 대해 생각해 보기

1) 학교폭력대책자치위원회의 허와 실

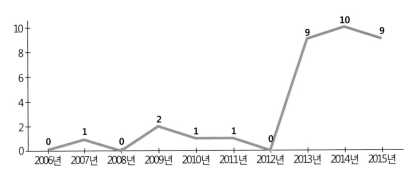

▲ [그림 5-1] 서울행정법원의 학생 소송 추이

출처: http://www.eduinnews.co.kr/news/articleView.html?idxno=1882

정부가 2012년 학교폭력대책자치위원회를 설치하며 학교폭력 문제를 해결하는 데 큰 도움이 될 것이라 기대했지만, 실제 그 기능은 유명무실하다는 지적이 나오고 있다. 서울시의 한 초등학교에서 피해학생이 같은 반 친구 2명으로부터 '죽여 버리겠다'는 등의 언어폭력과 협박에 시달리고 있다는 내용으로 학교폭력자치위원회가 개최되었다. 학교는 가해학생에게 총 10시간의 '교육 명령'을 내렸지만, 가해학생은 처벌이 너무 중하다는 이유로, 피해학생은 최소한 학급 교체를 해야 한다는 이유로 결과에 크게 반발하고 나섰다. 이처럼 학교폭력대책자치위원회의 결과에 가해자 및 피해자 양측이 모두 불만을 제기하는 경우가 빈번하다. 특히 이 문제는 학교폭력 경력을 생활기록부에 기재하도록 하면서 더욱 심화되기 시작하였는데, 실제로 2012년 이전까지 매년 최대 2건을 넘지 않았던 행정심판 건수가 2013년에는 10건으로 증가하였다. 이렇다 보니 학교는 가해자 측의 눈치를 보느라 '좋은 게 좋은 것'이라는 식의 소극적인 사건 해결 태도를 보이는 경우가 많다는 지적이 나온다. 자치위원회의 절반 이상을 '학부모'로 구성해야 한다는 조항에 대해서도 문제가 지적되고 있다. 보통 피해자 1명에 가해자가 여러 명인 경우가 많은데, 가해학생 부모들과 평소 알고 지내던 학부모들이 자치위원회의 구성원이 될 경우 공정한 조치를 내릴 수 있겠느냐는 문제다.

2) 학교폭력 대응 요령 매뉴얼의 필요성

학교폭력 근절 종합대책 발표 이후 교육 현장에서 수위 판단과 대응 요령에 대한 혼란이 계속되자 교육부에서는 매뉴얼을 만들어 배포하기로 하였다. 학교 현장에서 학교폭력을 실제로 맞닥뜨려야 하는 교사들은 문제 상황에서 반드시 지켜야 하는 절차와 방법 등을 숙지하지 못해 교사로서의 역할을 다하지 못했다는 오명을 쓰는 일이 다반사다. 이 매뉴얼에서는 학교폭력의 예방 및 대처를 위해 교사 및 관련 교직원들에게 권고하는 학교폭력의 징후 파악과 신고 접수, 조사 면담, 사법 처리 진행 시 대처 등 구체적인 대응 요령이 담겨 있다.

 생각해 보기

앞서 학교폭력 해결 과정에 관여하는 자치위원회와 법의 현재 모습에 대해 살펴보았다. 다음의 사례를 통해 학교폭력 해결 과정의 문제점을 생각해 보고, 적절한 학교폭력 대처 과정에 대해 생각해 보자.

전주 시내 모 중학교에서 한 학생이 4층 교실 밖으로 투신한 것과 관련해 이상휘 전북도교육감 예비후보는 30일 "교사들의 문제학생에 대한 안일한 대처로 발생한 사건으로 볼 수 있다."라고 주장했다. 예비후보는 이날 보도자료를 통해 "이번 사건의 당사자인 학생의 경우 이전 학교에서 폭력의 가해자였는데 폭력의 처벌로 교사들이 전학이라는 너무나 쉬운 방법을 택했다고 한다."라며 이같이 밝혔다.

이 후보는 "학생 인권이 강조된 오늘의 학교 현장에서는 폭력에 연루된 학생들을 진지하게 선도하거나 지도하려는 태도보다는 출석정지나 전학이라고 하는 안일하고 간단한 방법을 택하기 일쑤라고 한다."라며 "일명 폭탄 돌리기라고 하는 그런 방법은 근본적인 문제 해결이 아니라 단기적으로 책임을 떠넘김으로써 학교폭력 문제를 더 심화시키는 일이다."라고 강조했다. 그는 "교사의 학생지도에 관해 외국의 사례에서 보듯 한 교사가 한 학생을 오래도록 지켜보고 옆에서 상담 및 지도를 하는 방식을 생각해 볼 수 있다."라며 "교사는 오랫동안 상담과 지도를 통해 그 학생에 대한 사정을 파악하고 학생의 근본적인 문제점을 지도해 줄 방안을 생각할 수 있을 것이다."라고 제언했다. 또 "이러한 외국의 사례에 비해 이번 사건에서의 전학이라는 책임 회피 방법은 합당하지 못한 처사라고 생각된다."라며 "학교폭력이 발생했을 때에는 전학이라는 방법보다는 그 학생의 사정을 잘 아는 교사와 학부모들이 화해와 조정을 통해서 그 학생을 선도하도록 해야 한다."라고 지적했다.

출처: http://news1.kr/articles/?1656895

2. 학교폭력 관련 법

1) 「학교폭력 예방 및 대책에 관한 법률」

(1) 법률의 내용

제1조(목적) 이 법은 학교폭력의 예방과 대책에 필요한 사항을 규정함으로써 피해학생의 보호, 가해학생의 선도ㆍ교육 및 피해학생과 가해학생 간의 분쟁 조정을 통하여 학생의 인권을 보호하고 학생을 건전한 사회 구성원으로 육성함을 목적으로 한다.

제2조(정의) 이 법에서 사용하는 용어의 정의는 다음 각호와 같다.

1. "학교폭력"이란 학교 내외에서 학생을 대상으로 발생한 상해, 폭행, 감금, 협박, 약취 · 유인, 명예훼손 · 모욕, 공갈, 강요 · 강제적인 심부름 및 성폭력, 따돌림, 사이버 따돌림, 정보통신망을 이용한 음란 · 폭력 정보 등에 의하여 신체 · 정신 또는 재산상의 피해를 수반하는 행위를 말한다.
2. "학교"란 「초 · 중등교육법」 제2조에 따른 초등학교, 중학교, 고등학교, 특수학교 및 각종 학교와 같은 법 제61조에 따라 운영하는 학교를 말한다.
3. "가해학생"이란 가해자 중에서 학교폭력을 행사하거나 그 행위에 가담한 학생을 말한다.
4. "피해학생"이란 학교폭력으로 피해를 입은 학생을 말한다.
5. "장애학생"이란 신체적 · 정신적 · 지적 장애 등으로 「장애인 등에 대한 특수교육법」 제15조에서 규정하는 특수교육을 필요로 하는 학생을 말한다.

(2) 법 개정의 방향

「학교폭력 예방 및 대책에 관한 법률」은 2004년 제정 이후 총 9차례의 개정을 통하여 학교폭력의 정의를 확대하고, 가해학생에 대한 처벌을 강화하는 방향으로 개정되어 왔다. 2012년에 가해학생의 학교폭력 가해 사실을 학교생활기록부에 기재하도록 하고, 이를 졸업 후 5년간 보존하여 대학 입시와 취업 등에 활용토록 하였다. 하지만 이에 대해 가해학생에 대한 지나친 처벌이라는 지적과 가해학생의 훗날 사회생활에 미칠 악영향 등을 고려해야 한다는 비판에 따라 2013년 학교생활기록부에 기재된 사항 중 경미한 조치[제1호(서면사과), 제2호(접촉, 협박 및 보복 행위 금지), 제3호(학교에서의 봉사), 제7호(학급 교체)]의 경우 졸업과 동시에 삭제하도록 하였다. 그리고 학교폭력 관련 조치 사항을 받은 학생이 이후 긍정적인 모습을 보일 경우 변화된 내용 등을 생활기록부에 구체적으로 서술하여 비록 한순간의 잘못으로 학교폭력을 행사하긴 하였으나 충분한 반성과 변화를 보여 왔음을 강조할 수 있도록 하였다.

(3) 법 개정의 패러다임

「학교폭력 예방 및 대책에 관한 법률」은 다음과 같은 패러다임을 가지고 거듭 개정되어 왔다. 기본적으로 학교폭력 법의 존재 이유는 '피해학생의 보호'이고, 발생한 이후의 대처보다 발생하지 않도록 예방하는 것이 바람직하다는 입장에서 '사전 예방'을 중요하게 여긴다. 또 아직 학교 현장에서 민·관 협력의 경우는 많지 않지만 '민력(民力)의 활용'을 기본으로 전제하고, 지역사회에 뿌리를 내리지 못하는 프로그램은 실패한다는 입장에서 '지역사회와의 연계'를 중요시하고 제4조에서 국가와 '지방자치단체'의 책무를 규정하고 있다. 그리고 학교폭력은 외부에 잘 알려지지 않는 폐쇄성을 띠고 대부분 자신의 학교에서만큼은 학교폭력이 없다고 말하는 특징을 고려하여 '개방성' 혹은 '투명성'을 강조하고, 학교폭력대책자치위원회가 분쟁을 조정하고 학교폭력과 관련된 학교의 정책을 심의하도록 하는 '자율성'을 규정하고 있다.

(4) 법 개정의 내용

학교폭력에 대한 정의를 중심으로 「학교폭력 예방 및 대책에 관한 법률」의 개정 내용을 살펴본다. 다음은 2004년 1월 법률 제7119호에서 규정하고 있는 학교폭력의 정의다.

제2조(정의) 이 법에서 사용하는 용어의 정의는 다음 각호와 같다.
　1. "학교폭력"이라 함은 학교 내외에서 학생 간에 발생한 폭행·협박·따돌림 등에 의하여 신체·정신 또는 재산상의 피해를 수반하는 행위로서 대통령령이 정하는 행위를 말한다.

이후 「학교폭력 예방 및 대책에 관한 법률」은 수차례에 걸쳐 개정이 이루어졌다. 2008년에는 성폭력을 학교폭력에 포함시키는 것으로 개정이 이루어졌다. 단, 성폭력의 경우 다른 법률에 관련 규정이 있는 경우에는 「학교폭력 예방 및 대책에 관한 법률」의 적용을 하지 않도록 하였다.

제2조(정의) 이 법에서 사용하는 용어의 정의는 다음 각호와 같다.
1. "학교폭력"이라 함은 학교 내외에서 학생 간에 발생한 상해, 폭행, 감금, 협박, 약취·유인, 명예훼손·모욕, 공갈, 강요 및 성폭력, 따돌림, 정보통신망을 이용한 음란·폭력 정보 등에 의하여 신체·정신 또는 재산상의 피해를 수반하는 행위를 말한다.

2009년에는 장애학생 보호 규정이 신설되었다. 또한 긴급상담전화의 설치, 피해학생에 대한 보복 행위 금지 등의 조항이 추가되었다.

제16조의2(장애학생의 보호)
① 누구든지 장애 등을 이유로 장애학생에게 학교폭력을 행사하여서는 아니 된다.
② 자치위원회는 학교폭력으로 피해를 입은 장애학생의 보호를 위하여 장애인 전문 상담가의 상담 또는 장애인 전문 치료기관의 조치를 학교의 장에게 요청할 수 있다.

2011년에는 학교폭력대책자치위원회에 대한 여러 조항이 개정되었다. 여기에는 학교폭력대책자치위원회 전체 위원의 과반수를 학부모 대표로 위촉하고, 가·피해학생 또는 보호자의 신청이 있을 경우 학교폭력대책자치위원회의 회의 결과를 공개하는 것이 의무화되었다. 또 학부모를 대상으로 교육장이 학교폭력 예방교육을 위한 홍보물을 연 1회 배포하는 것도 의무화되었다.

2012년 1월과 3월 두 차례에 걸쳐 법의 개정이 있었다. 이때, 따돌림의 심각성을 인식할 수 있도록 따돌림 및 사이버 따돌림의 정의를 새로 추가하였다. 또 강제적인 심부름 또한 학교폭력 정의에 추가하였다. 또한 학교폭력의 범위를 학생들 간에 발생한 사건에서 학생을 대상으로 한 모든 사건으로 확대하였다. 이로써 학교 밖 청소년들을 대상으로 한 학교폭력 사건 또한 「학교폭력 예방 및 대책에 관한 법률」의 적용 대상이 되도록 하였다.

이 외에 피해학생의 보호를 위해 가해학생 보호자가 부담해야 할 비용에 치료비 이외에 심리상담·조언 및 일시보호에 드는 비용을 추가하도록 하였다. 또 학교폭력대책자치위원회가 가해학생에 대한 조치를 요청할 때에는 이를 학교장이 30일 내에 이행하도록 규정하였다. 또 성폭력과 같은 특수한 학교폭력 사건의 경우 학교폭력 전담기구가 전문기관에 조사를 의뢰할 수 있도록 하였다.

제2조(정의) 이 법에서 사용하는 용어의 정의는 다음 각호와 같다.
1. "학교폭력"이란 학교 내외에서 학생을 대상으로 발생한 상해, 폭행, 감금, 협박, 약취·유인, 명예훼손·모욕, 공갈, 강요·강제적인 심부름 및 성폭력, 따돌림, 사이버 따돌림, 정보통신망을 이용한 음란·폭력 정보 등에 의하여 신체·정신 또는 재산상의 피해를 수반하는 행위를 말한다.
1의2. "따돌림"이란 학교 내외에서 2명 이상의 학생들이 특정인이나 특정 집단의 학생들을 대상으로 지속적이거나 반복적으로 신체적 또는 심리적 공격을 가하여 상대방이 고통을 느끼도록 하는 일체의 행위를 말한다.
1의3. "사이버 따돌림"이란 인터넷, 휴대전화 등 정보통신기기를 이용하여 학생들이 특정 학생들을 대상으로 지속적, 반복적으로 심리적 공격을 가하거나, 특정 학생과 관련된 개인 정보 또는 허위 사실을 유포하여 상대방이 고통을 느끼도록 하는 일체의 행위를 말한다.

이후 2013년에는 학생보호인력의 자격 요건에 대한 규정이 생겼고, 2015년에는 실태 조사의 시기 및 결과 공표, 관계기관의 정보 제공 의무 및 실태 조사 방법에 대한 규정이 신설되었다. 2017년 4월에는 피해학생에 대한 심리상담 등의 보호 조치 조항이 새로 추가되었으며, 같은 해 11월에는 학교폭력 업무를 전담하는 경찰관을 운영할 수 있는 근거 조항을 마련하였다.

3. 학교폭력 처리 절차

교육부가 정한 학교폭력 사안 처리 가이드(2014)에는 초기 대응부터 조치 결정 및 수용 · 불복 과정까지 따라야 할 절차를 규정하고 있다. 세부적인 내용은 [그림 5-2]와 같다. 단계별로 중요하게 고려해야 할 요소에는 어떤 것이 있는지 하나씩 살펴보도록 하자.

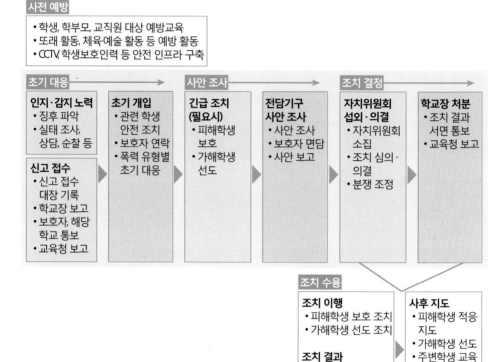

사전 예방
- 학생, 학부모, 교직원 대상 예방교육
- 또래 활동, 체육·예술 활동 등 예방 활동
- CCTV, 학생보호인력 등 안전 인프라 구축

초기 대응

인지·감지 노력
- 징후 파악
- 실태 조사, 상담, 순찰 등

신고 접수
- 신고 접수 대장 기록
- 학교장 보고
- 보호자, 해당 학교 통보
- 교육청 보고

초기 개입
- 관련 학생 안전 조치
- 보호자 연락
- 폭력 유형별 초기 대응

사안 조사

긴급 조치 (필요시)
- 피해학생 보호
- 가해학생 선도

전담기구 사안 조사
- 사안 조사
- 보호자 면담
- 사안 보고

조치 결정

자치위원회 섭외·의결
- 자치위원회 소집
- 조치 심의·의결
- 분쟁 조정

학교장 처분
- 조치 결과 서면 통보
- 교육청 보고

조치 수용

조치 이행
- 피해학생 보호 조치
- 가해학생 선도 조치

조치 결과
- 학생부 기록
- 가해학생과 학부모 특별교육

사후 지도
- 피해학생 적응 지도
- 가해학생 선도
- 주변학생 교육
- 재발 방지 노력

조치 불복

| 재심 | 행정심판 | 행정소송 |

▲ [그림 5-2] 학교폭력 처리 절차

1) 사안 처리에 대한 지침

2013년 11월에 배포된 교육부의 학교폭력 대응 지침 절차에서는 사안 처리에 대해 다음과 같은 절차로 해결할 것을 명시하면서 [그림 5-3]과 같은 절차로 사안을 처리할 것을 권고한다. 단, 폭력 서클 관련 정보 획득 시에는 담당 학교 전담 경찰관에게 반드시 그 내용을 알려 필요한 조치를 할 수 있도록 해야 하는데, 신고자 보호를 위해 신고자 정보는 제외하고 폭력 서클 관련 정보만 전달하도록 해야 한다고 명시한다.

학교폭력 감지·인지 노력	관련 학생 관찰·면담	사안 인지 보고	사건 보고
전 교직원의 관심과 노력이 필요	사안 감지 시 관련 학생 관찰 및 면담	사안 인지 시 전담기구에 보고	보호자에게 학교폭력 사안 통보

▲ [그림 5-3] 초기 감지·인지 사안에 대한 처리 절차

Point!

학생들의 생활 속에서 이상 징후 발견하기

담임교사와 상담교사를 포함한 모든 교사 그리고 교장, 교감을 포함한 모든 교직원 등은 학생들의 생활에서 이상 징후들이 있는지 관심을 가지고 세심하게 관찰해야 할 의무가 있다. 이를 통해 표면적으로 드러나지 않은 학교폭력에 대해서도 문제가 심각해지기 전에 미리 발견하여 중재 개입이 가능해진다. 또한 이러한 노력과 더불어 드러난 학교폭력 사안에 대해서는 모른 체하지 않고 적극적으로 문제 해결을 위해 노력하는 행동이 반드시 필요하다.

관련 사례

경북 경산에서 학교폭력 피해를 견디다 못해 투신한 고교생 A(15)군은 그동안 수차례 학교폭력 피해 징후를 보여 왔지만 정작 가족과 학교는 이를 눈치채지 못했다. 조금만 관심을 기울였더라면 한 학생의 안타까운 죽음을 막을 수도 있었다. 전문가들은 "학교폭력은 사전에 징후를 파악해 예방하고 대응하는 것이 가장 중요하다."라고 입을 모았다. 13일 경찰 및 A군의 유족 등에 따르면 A군은 평소 자신의 속내를 잘 드러내지 않는 성격이었다. 하지만 심심찮게 이상 징후가 나타났다. A군의 아버지는 "일주일치 용돈인 2~3만 원을 한 번에 준 적이 있는데 돈을 하루 만에 다 쓴 적이 있다. 씀씀이가 헤픈 애가 아닌데 왜 그랬냐며 혼낸 적이 있다."라며 "그때 아들이 '친구들과 함께 썼다'고 했는데 미처 눈치채지 못했다."라고 속상해했다. 또 A군은 가끔 얼굴에 멍이 들거나 눈 밑이 긁히는 등의 상처를 입기도 했지만 "넘어져서 다쳤다."라는 말로 부모님을 안심시켰다.

신고 및 접수 사안에 대해서는 「학교폭력 예방 및 대책에 관한 법률」 제20조 1항 학교폭력 신고 의무에 따라 학교폭력 현장을 보거나 그 사실을 알게 된 사람은 누구라도 학교 등 관계기관에 이를 즉시 신고하도록 명시되어 있는데, 신고받은 사안은 다음 [그림 5-4]와 같은 절차를 거칠 것을 권고한다.

신고 접수 · 인지	신고 접수 대장 기록	사건 보고
다양한 경로를 통해 신고 접수 및 인지	• 신고 접수 대장에 기재하여 보관 • 접수 사실을 신고자에게 통보	• 학교장에게 보고 • 담임교사에게 통보 • 보호자 및 관련 학교에 통보 • 교육청에 보고(24시간 내)

▲ [그림 5-4] 신고 및 접수 사안에 대한 처리 절차

Point !

교육청 보고는 24시간 이내

사안 발생 시 교육청 미신고 건은 은폐 및 축소 등의 오해 소지가 있을 수 있으므로 학교폭력 발생 시 학교장 책임하에 관련 사항을 반드시 교육청에 보고하도록 명하는데, 보고 사항은 관련 양식에 따라 교육청 담당자에게 전송하되 중대 사유는 유선 보고를 병행하도록 명시하고 있다. 보고 사항은 사안 신고 접수 또는 인지 후 24시간 이내에 이루어져야 하고, 자치위원회 개최 일정과 자치위원회 결과, 즉 조치 내용 등을 추후 보고하도록 되어 있다.

관련 사례

잇단 학생 폭행 사망 사건이 발생한 진주외고 사태와 관련해 학교 측이 학교폭력에 대해 학교 자치위원회를 소집하거나, 도교육청에 보고를 하지 않는 등 규정을 제대로 지키지 않은 것으로 드러났다. 진주경찰서와 경남경찰청은 30일 오전 진주경찰서에서 진주외고 학교폭력 전반에 대한 실태 조사 결과를 발표했다. 경찰은 지난 15일부터 진주외고 내 CCTV 정밀 분석과 사건 현장 목격자 등에 대한 조사를 벌이는 한편 진주외고 전교생 343명을 대상으로 학교폭력 실태 조사를 벌인 결과, 지난해 기숙사 내에서 '기강 잡기' 폭행이 더 있었던 사실을 확인했다. 경찰은 류 모 군 사망 사건과는 별개로 지난해 기숙사 학생 자치위원회를 중심으로 후배들의 기강을 잡기 위한 폭행이 있었다는 사실을

추가로 확인해 졸업생 A군과 3학년 B군 등 6명을 불구속 입건했다. 경찰은 이와 함께, 숨진 류 군의 유족이 제기한 학생 자치 간부회의에 학교 관계자들이 참석하거나, 훈계 목적의 폭력에 대해 묵인했다는 의혹에 대해서는 드러난 사실이 없다고 밝혔다. 경찰은 당시 학교 관계자는 참석하지 않았으며, 회의록에도 가해학생의 발언 내용이 포함돼 있지 않다는 사실을 확인했다고 설명했다. 그러나 학교 측은 지난해 발생한 학교폭력 4건에 대해 법률상 규정된 자치위원회를 소집하거나, 도교육청에 보고하는 규정을 어기고 별다른 제재 없이 학생들에게 주의 처분을 주는 것에 그친 것으로 드러났다.

학교폭력 사안을 처리할 때는 다음 세 가지 경우를 우선 확인해야 한다.

- 담임교사가 자체 해결할 수 있는 사안
- 「학교폭력 예방 및 대책에 관한 법률」상의 절차를 거쳐야 하는 사안
- 학교장이 가해학생에 대해 '우선 출석정지'를 명해야 하는 사안

담임교사가 자체 해결할 수 있는 사안은 가해행위로 피해학생에게 신체·정신 또는 재산상의 피해가 있었다고 볼 객관적인 증거가 없고, 가해학생이 즉시 잘못을 인정하여 피해학생에게 화해를 요청하였으며, 이에 피해학생이 화해에 응하는 경우다. 이러한 사안은 사안의 성격과 정도에 따라 적절한 방법으로 화해를 지도하도록 하는데, 담임교사가 사안 인지 후 7일 이내에 미해결 시 「학교폭력 예방 및 대책에 관한 법률」상의 절차에 따라 처리하고, 자치위원회를 개최하지 않는 담임 종결 건의 조치 사항도 반드시 학교장 및 전담기구에 보고하도록 명시하고 있다(담임 종결 건의 경우도 사안 신고 접수 시 24시간 이내 교육청에 보고해야 함).

「학교폭력 예방 및 대책에 관한 법률」상의 절차를 거쳐야 하는 사안은 일반적인 사안 및 담임교사가 자체 해결할 수 없는 사안 등의 경우다. 이러한 사안은 사안 인지 후 필요에 따라 「학교폭력 예방 및 대책에 관한 법률」 제17조 4항에 의해 가해학생에 대한 우선 조치를 실시하고, 자치위원

회에 즉시 보고하여 추인을 받도록 명한다. 또 신고 접수 후 14일 이내에 자치위원회를 개최하여야 하는데, 필요한 경우 학교장은 7일 이내에서 개최를 연기할 수 있으나 뚜렷한 이유 없이 자치위원회 개최를 연기하는 것은 학교폭력에 대한 은폐·축소로 간주될 수 있으므로 주의해야 한다.

학교장이 가해학생에게 '우선 출석정지'를 명해야 하는 사안은 2명 이상의 학생이 고의적·지속적인 폭력을 행사한 경우, 폭력을 행사하여 전치 2주 이상의 상해를 입힌 경우, 보복을 목적으로 폭력을 행사한 경우, 학교장이 피해학생을 긴급하게 보호할 필요가 있다고 판단하는 경우다. 이러한 사안은 학교 실정에 맞게 출석정지 기간을 정하고(출석정지 기간은 제한 없음.) 우선 출석정지 조치 시 학생 및 학부모에게 의견 제시 기회를 주어야 한다. 또한 출석정지 기간 중 Wee 클래스 상담, 자율학습 등 적절한 교육적 조치가 병행되도록 해야 한다.

이와 같은 학교폭력 문제의 사안에 대한 조사는 학교폭력 전담기구의 역할이다. 전담기구에서는 신고 접수 또는 사안 인지 시 담임, 관련 교사 및 전담기구가 상호 협력하여 신속한 증거 수집 및 조사가 이루어지도록 하는데 예단이나 선입견을 배제하고 객관적이고 공정한 자세와 언행을 유지하도록 한다. 또 학생과 학부모의 상황과 심정에 대한 이해와 공감을 통해 신뢰를 형성하여 불필요한 추가 분쟁 발생을 억제해야 한다고 명시하고 있다. 전담기구의 사안 조사 시 중점 파악 요소는 〈표 5-1〉과 같다.

〈표 5-1〉 전담기구의 사안 조사 시 중점 파악 요소

폭력 유형		중점 파악 요소
신체적 폭력		발생 경위, 상해의 심각성, 감금·신체적 구속 여부, 성폭력 여부
경제적 폭력		반환 여부, 손괴 여부, 협박·강도의 정도
정서적 폭력	괴롭힘	지속성 여부, 협박·강도의 정도, 성희롱 여부
	따돌림	

언어적 폭력	욕설 및 비속어, 허위성, 성희롱 여부
사이버 매체 폭력	명의 도용, 폭력성 및 음란성, 유포의 정도, 사이버 성폭력 여부

전담기구에서 조사한 사안을 중심으로 담임교사가 자체 해결할 수 있는 사안이 아닌 경우에는 자치위원회를 개최한다. 자치위원회에서는 학교폭력 예방 및 대책을 위한 학교 체제를 구축하고, 피해·가해학생 및 보호자 의견 확인 기회 부여, 피해학생 보호 조치, 가해학생 선도 및 교육 조치, 피해학생과 가해학생 간의 분쟁 조정을 한다. 자치위원회의 진행 과정은 [그림 5-5]와 같다.

▲ [그림 5-5] 자치위원회의 진행 과정

피해학생 보호를 위한 적절한 조치
자치위원회를 진행하는 과정에서 피해학생의 보호를 위한 적절한 조치가 필요하다. 학교장이 인정하는 경우 피해학생의 보호 조치에 따른 결석은 출석일수에 산입이 가능한데, 이 경우 가정학습 등 교육상 필요한 조치를 해 주는 것이 바람직하다. 또한 피해학생의 치료 상담 등의 비용은 가해학생의 보호자가 부담하여야 하는데, 피해학생의 신속한 치료를 위하여 학교장 또는 피해학생의 보호자가 원하는 경우 학교안전공제회에서 선치료비 지원이 가능하다.

관련 사례
집에서는 괴롭힘을 당하는 줄 몰랐는데 피해학생의 삼촌이 조카가 자주 '죽고 싶다'는 말을 하고 다니자, 조카의 친구들이 보다 못해 학교 홈페이지에 올린 글을 보고 그 사실을 알게 되었다. 학교에 와 보니 가해학생 부모만 와서 간단히 합의서를 작성하고 흐지부지 끝낼 것처럼 보여 자치위원회 개최와 함께 근본적인 조치를 요구하였다. 조카가 학교에서 괴롭힘을 당하지 않고 학교에 다닐 수 있도록 선생님들과 학교가 적극적으로 개입해 줄 것을 바랐다. 이에 따라 자치위원회에서는 가해학생 및 다수의 방관자적 입장을 가지고 있는 전체 학생을 대상으로 괴롭힘으로 인해 피해학생이 느낄 수 있는 심적 고통과 괴로움에 대한 학교폭력 예방교육을 진행하고, 그동안 피해자는 등교하지 않고 내성적인 성격을 교정하기 위해 자기표현법과 대인관계 기술을 향상시킬 수 있는 기관과 연계하여 교육을 진행하였다. 또 동시에 피해자의 부모에게는 피해학생의 마음의 상처를 따뜻하게 품어 줄 수 있도록 부모교육을 함께 실시하였다.

이와 같은 자치위원회의 과정을 거쳐 가해학생에 대한 처분을 하게 된다. 가해학생 조치 사항에 대한 학교생활기록부 기재에 대해 논란이 많은 가운데, 최근 가해학생이 반성하고 긍정적 행동 변화를 인정받은 경우 자치위원회 심의를 거쳐 졸업 후 즉시 기재 내용을 삭제하고, 그 밖의 경우 졸업 후 2년 뒤 삭제하도록 하였다. 구체적으로 1호(서면사과), 2호(접촉, 협박 및 보복 행위 금지), 3호(학교에서의 봉사), 7호(학급 교체)는 학교생활기록부의 행동 특성 및 종합의견 영역에 내용을 기재하고 이 조치 사항들은 졸업 후 즉시 삭제하도록 한다. 또 4호(사회봉사), 5호(특별교육 이수 또는 심리치료), 6호(출석정지)의 경우 학교생활기록부의 출결 상황 특기사항 영역에 기재하며, 8호(전학), 9호(퇴학 처분)의 경우 학적 사항 특기사항 영역에 기재한다.

이와 관련하여 1항(서면사과)과 5항(특별교육 이수 또는 심리치료), 9항(퇴학 처분)을 제외한 모든 조치 사항에 대해 가해학생은 교육감이 정한 기관에서 특별교육을 이수하거나 심리치료를 받아야 한다. 또 가해학생이 특별교육 이수 조치를 받은 경우 교육감이 지정한 기관에서 그 학생의 보호자도 특별교육을 이수해야 하며, 미이수 시 300만 원 이하의 과태료가 부과된다.

2) 학교폭력대책자치위원회의 문제점

이와 같은 절차를 거치는 학교폭력대책자치위원회는 최근 여러 가지 문제 사례가 보고되면서 그 기능과 역할에 비판을 받고 있다. 다음의 각 사례를 하나씩 보면서 어떤 문제가 있는지 확인해 보자.

중학교 1학년 딸아이가 친구들과 함께한 다른 아이의 외모를 비하하는 이야기를 본인에게 전한 것이 발단이 된 사건이다. 처음에는 서로 잘못을 사과하고 반성문을 쓰고 해결된 일이라고 생각했는데, 피해학생 학부모가 학폭위를 요구하였다. 학교는 자세히 조사도 하지 않고 일방적으로 피해학생 편만 들었다. 그 와중에 말을 전한 우리 아이만 가해학생으로 남게 되었고 '서면사과' 징계를 받았다. 우리 아이는 피해학생에게 자기도 똑같이 부당한 일을 당했고 자기가 하지도 않은 일을 했다고 하면서, 학교의 조사도 공정하지 않고 피해학생의 말만 듣고 그런 징계를 내린 것 때문에 자포자기 상태에 빠져 있다. 교육청에 행정심판을 청구했으나 기각되었고, 국가인권위원회에 진정을 넣었다. 아이는 징계 내용이 생활기록부에 남아 다른 사람들이 자기를 선입견을 가지고 바라볼 것이라며 힘들어한다.

Question. **이 사례에서 어떠한 문제를 확인할 수 있는가?**

Answer. **피해학생의 편만 드는 학교폭력대책자치위원회**
가해학생은 피해학생에게 폭력을 가했다는 이유로 사안을 처리하는 과정 내내 죄인처럼 취급받기 쉽다. 하지만 가해학생도 아직 미성숙한 청소년으로 심리·정서 상태가 불안정한 상태에서 너무 자신의 잘못만을 강조하고 비난하는 일련의 과정에서 마음의 병을 얻을 수 있음을 고려해야 한다.

중학교 2학년인 우리 아이가 작년 5월에 아이들 9명과 함께 가해자로 지목되어 학폭위가 열렸고 사회봉사 3일의 징계 조치를 받았다. 조사 과정에서 생활지도부장이 "너 감옥 갈래?" "집단 폭행으로 경찰서 갈래?" "죽어 볼래?" 등 폭언을 하며 공정치 못한 조사를 했고, 진술서 내용도 불러 주는 대로 적으라고 강요하고 지시에 따르지 않으면 협박을 하는 등 위압으로 조사를 했다. 엄마들이 학교에 찾아가 공정한 조사를 촉구했으나 2, 3차 진술도 여전히 협박과 강요 속에서 진행되었다. 피해학생이 신고한 후 일주일 만에 학폭위가 열렸는데 학교에서는 신고 후 가해학생과 피해학생의 만남을 주선해 아이들이 해결할 기회를 주기는커녕 일주일 만에 졸속으로 조사하고

학폭위를 열어 무거운 징계가 나왔다. 나는 과도한 징계와 조사 과정에서의 부당한 대우와 절차상의 문제를 들어 바로 이의를 제기하고 행정소송을 준비했는데, 학교에서는 학폭위원인 학부모를 내게 보내 아이를 학교에 다니게 하려면 조용히 하라며 협박했고 서면사과로 낮춰 주면 되겠느냐고 회유도 했다. 행정소송은 패소했다. 그러나 우리 아이가 받은 사회봉사 3일 징계 조치가 생기부에 기록되어 이중 처벌을 받는 것을 막고 싶고 생활지도교사의 전횡도 막고 싶다.

Question. 이 사례에서 어떠한 문제를 확인할 수 있는가?

Answer. 무조건 징계 절차를 밟는 학교

기본적으로 학교폭력대책자치위원회는 가·피해학생 간 분쟁을 조정하고 교육적인 방법으로 처분을 명하는 곳이다. 하지만 이를 위해서는 과도한 처벌을 요구하지 않는 피해학생 부모와 교육적 해결 방안을 모색하고 권하는 교직원 등의 협력이 필요하다. 그런데 피해학생 부모 중 가해학생의 처벌을 원하지 않는 경우가 많음에도, 처벌 외의 다른 조치 사항에 대해 알지 못하거나 117이 '경찰'이라는 인식을 하지 못하는 등에 따라 교육적 합의의 기회를 놓치고 가해학생의 처벌에 집중하게 되는 경우가 많다. 또 자치위원회를 주최하고 관장하는 교장 및 위원들이 처벌 외의 대안을 찾기 위해 노력하지 않음에 따라 무조건적인 징계 절차를 밟게 된다. 진정으로 학교폭력 가해학생이 반성하고 그들의 마음을 움직일 만한 기회를 마련하고, 가해학생과 피해학생이 화해하고 상생할 방법을 찾기 위한 노력이 필요할 것이다.

중학교에서 우리 아이가 가해자로 온라인 신고되었으니 학폭위에 참석하라는 통지서를 받았다. 다음 날 교장선생님을 뵙고 학교폭력 조사 과정이 졸속으로 이뤄졌고, 학폭위를 열기 전에 학부모나 아이들끼리 만나 서로 문제를 공유하고 오해를 풀며 반성하고 사과하는 자리를 만들어야 하지 않겠느냐고 이야기했더니, 그 일은 학생부장 소관이라고 말하며 학생부장을 불렀다. 학생부장은 우리 학교는 신고가 들어오면 무조건 학폭위를 연다며 오히려 일 처리를 빨리하는 것에 자부심이 있다는 투로 말해 어이가 없었다. 학폭위 날 학교에 갔더니 학부모와 학생으로 복도가 꽉 차 어떻게 된 일인가 했더니 1, 2, 3학년 전부 한날한시에 학폭위 출석 통보를 받아서 그런 것이라고 했다. 하루에 한다 해도 시간 차이도 두지 않고 시장 같은 분위기를 만든 학교의 일 처리 방식에 화가 났다. 초조하게 기다리다 불려 가는 식이었다. 우리 아이 차례가 되어 들어갔는데 학부모 위원 중 한 분이 우리 아이에게 대뜸 "할 말 해라."라고 했고 우리 아이는 쭈뼛쭈뼛하며 무슨 말을 해야 하느냐고 말끝을 흐렸는데, 학부모 위원이 소리를 지르며 "뭘 잘못했는지 몰라서 그러느냐."라며 화를 냈다. 우리 아이는 너무 위축되어 벌벌 떨면서 이야기를 제대로 못했는데 밖에서 다른 교사가 노크하며 다른 학부모가 기다린다며 빨리 끝내라고 해서 나도 제대로 이야기를 못하고 나왔다. 우리 아이는 결국 서면사과와 교내봉사 5일 징계 조치를 받았다. 내가 지금까지 억울한 것은 학폭위가 열리기 전에 학부모와 아이들이 만나 서로 문제를 해결할 시간을 주지 않은 것과, 학폭위 때의 억압적이고 폭력적인 분위기에서 제 할 말을 제대로 할 수 없었던 것이다.

Question. **이 사례에서 어떠한 문제를 확인할 수 있는가?**

Answer. **가해학생의 변론권을 보장해 주지 않는 강압적인 분위기**
많은 학부모가 학교폭력대책자치위원회의 사안 처리 과정에서 공정한 조사와 상호 사과 기회를 주지 않는 분위기를 비판하고 있다. 특히 학교폭력 전담교사의 폭언과 부당하고 불공평한 대우 등에 억울함을 호소한다.

초등학교 4학년 학부모다. 동네 놀이터 놀이기구에 한 아이에 대한 비방 낙서를 썼다는 이유로 4명과 함께 학폭위가 개최되어 서면사과와 심리상담 처분을 받았다. 학생부에 기재된다는 결과 통보서를 받고 나니 우리 아이들이 잘못한 것은 맞지만 한 번의 실수로 졸업 후 5년간 기록이 보존되어야 한다는 것은 너무 억울하다. 이런 일을 겪어 보니 이런 조치가 얼마나 불합리한지 알게 되었다. 헌법소원이나 행정소송을 할 생각이다.

Question. **이 사례에서 어떠한 문제를 확인할 수 있는가?**

Answer. **경미한 사안까지도 학교폭력대책자치위원회 개최**
학교폭력은 학생들 간에 일어나는 사안이라는 특징 때문에 누구나 어린 나이에 한 번씩 경험할 수 있는 실수도 크게 부풀려지는 경우가 많다. 최근 경미한 사안까지도 학폭위를 열고 징계하여 생활기록부에 기재한다는 비판이 일면서, 학교폭력 경력을 생기부에 기재하는 것에 찬성하던 부모도 막상 이 제도의 문제점을 경험하고 나면 사안에 비해 과도한 처분에 이를 반대하는 실정이다.

초등학교 5학년 남자아이가 유학을 다녀온 후에 두 달 동안 3명의 아이로부터 지속적인 폭력과 괴롭힘을 당해 왔다는 것을 알았다. 가해학생 부모와 통화도 하고 만나기도 했다. 한 아이 부모만 미안하다고 했는데 다음 날은 갑자기 태도가 돌변해서 할 테면 해 보라는 식으로 나왔다. 나는 주동자

인 한 아이만 다른 학교에 전학을 보내고 싶다. 그 아이는 정말 아이로서는
할 수 없는 행동만 해서 절대 용서할 수가 없다. 화해하고 용서하라는 말은
내 마음을 너무 모르고 하는 소리이고, 그런 말을 들으면 화가 난다.

Question. **이 사례에서 어떠한 문제를 확인할 수 있는가?**

Answer. **강한 징계를 바라는 피해학생의 부모**
피해학생 학부모들은 대부분 가해학생의 전학을 원하는데, 대부분 가해학생
에 대한 처벌이 너무 약하다고 하며 화해하고 용서하라는 말을 들으면 불쾌함
을 느낀다. 하지만 피해학생 학부모들은 처벌의 다양한 방법을 잘 몰라서 불
안한 마음에 극단적인 방법을 택하게 되는 경우가 많으므로 올바른 절차를 안
내하고 선도하는 것이 좋은 방법이다.

(나는 학폭위원이다.) 아이들끼리 싸움이 났는데 맞은 아이가 3주 진단이
나왔다. 가해학생은 공부를 잘하는 아이이고 엄마가 학교 일을 열심히 해
서 선생님과 친분도 있다. 두 아이는 멘토-멘티 관계인데 평소에 공부를
못한다는 이유로 대놓고 무시하고 모욕적인 말을 해 왔다고 한다. 사건 조
사 첫날은 강제 전학을 시킬 수도 있다는 얘기가 나올 정도였다. 그런데 학
폭위 전날은 피해자 측에 합의서를 요구하면서, 이 아이는 공부를 잘해서
특목고에 진학할 아이인데 이 사건으로 인생을 망칠 수는 없다며 학생부에
기재되지 않도록 합의하라고 종용했다고 한다. 합의를 거부하자 쌍방이
처벌받게 될 것이라는 얘기도 했다고 한다. 학폭위가 열렸는데 생활지도
부 교사가 편파적으로 밀어붙이며 학생부에 기재되지 않도록 가벼운 처벌
을 내릴 것을 종용했고, 그 자리에 참석한 학부모 위원들은 부당하다고 생
각을 했지만 교사가 너무 강하게 밀어붙이니까 어쩔 수 없이 교내봉사 3일
의 가벼운 징계를 내릴 수밖에 없었다.

Question. **이 사례에서 어떠한 문제를 확인할 수 있는가?**

Answer. **생활기록부 기재에 따른 갈등**
소위 '공부 잘하는 아이'가 가해학생이 되면 학교에서는 가벼운 징계를 주려고
노력하는 경우가 많다. 대학 입시 등에 부정적인 영향을 미칠 수 있기 때문이
다. 또 생활기록부에 기재되게 하지 않기 위해 가해학생의 부모나 학교에서
합의를 종용하거나 학교가 사안에 대한 책임을 지지 않으려는 경우가 많다.
섣부른 합의 종용이나 일방적인 징계 수위 조정은 피해자와 그 부모에게 큰 상
처를 남길 수 있다.

4. 활동하기

「학교폭력 예방 및 대책에 관한 법률」의 내용과 학교폭력 사안의 처리 과정 등을 살펴보았다. 다음은 실제 한 학교의 교칙 중 자치위원회 관련 조항인데, 활동을 위해 고의로 5~6부분의 내용을 잘못된 내용으로 바꾸어 놓았다. 지금까지 배운 내용을 잘 생각하면서 교칙의 잘못된 부분을 올바르게 고쳐 보자.

---

1. 피해학생 관련 조항

제12조(피해학생의 보호)

① 자치위원회는 피해학생의 보호를 위하여 필요하다고 인정하는 때에는 피해학생에 대하여 다음 각호의 어느 하나에 해당하는 조치(수 개의 조치를 병과하는 경우를 포함한다)를 할 것을 학교의 장에게 요청할 수 있다. 다만, 학교의 장은 피해학생의 보호를 위하여 긴급하다고 인정하거나 피해학생이 긴급보호의 요청을 하는 경우에는 자치위원회의 요청 전에 제1호, 제2호 및 제5호의 조치를 할 수 있다. 이 경우 자치위원회에 즉시 보고하여야 한다.

   1. 심리상담 및 조언   2. 영구격리

   3. 치료 및 치료를 위한 요양   4. 학교 전학

   5. 그 밖에 피해학생의 보호를 위하여 필요한 조치

② 자치위원회는 제1항에 따른 조치를 요청하기 전에 피해학생 및 그 보호자에게 의견 진술의 기회를 부여하는 등 적정한 절차를 거쳐야 한다.

③ 제1항에 따른 요청이 있는 때에는 학교의 장은 피해학생의 보호자의 동의를 받아 30일 이내에 해당 조치를 하여야 하고 이를 자치위원회에 보고하여야 한다.

④ 제1항의 조치 등 보호가 필요한 학생에 대하여 학교의 장이 인정하는 경우 그 조치에 필요한 결석을 출석일수에 산입할 수 있다.

⑤ 학교의 장은 성적 등의 평가에서 제3항에 따른 조치로 학생에게 불이익을 주지 아니하도록 노력하여야 한다.

⑥ 피해학생이 전문단체나 전문가로부터 제1항 제1호부터 제3호까지의 규정에 따른 상담 등을 받는 데 사용되는 비용은 피해학생의 보호자가 부담하여야 한다. 다만, 피해학생의 신속한 치료를 위하여 학교의 장 또는

피해학생의 보호자가 원하는 경우에는 「학교안전사고 예방 및 보상에 관한 법률」 제15조에 따른 학교안전공제회 또는 시·도교육청이 부담하고 이에 대한 구상권을 행사할 수 있다.

⑦ 학교의 장 또는 피해학생의 보호자는 필요한 경우 「학교안전사고 예방 및 보상에 관한 법률」 제34조의 공제급여를 학교안전공제회에 직접 청구할 수 있다.

제13조(피해학생의 지원 범위 등)

① 제9조 제6항 단서에 따른 학교안전공제회 또는 시·도교육청이 부담하는 피해학생의 지원 범위는 다음 각호와 같다.

1. 교육감이 정한 전문 심리상담기관에서 심리치료를 받는 데 드는 비용
2. 교육감이 정한 기관에서 일시보호를 받는 데 드는 비용
3. 의료기관, 보건소·보건의료원 및 보건지소, 보건진료소, 약국, 한국희귀의약품센터에서 치료 및 치료를 위한 요양을 받거나 의약품을 공급받는 데 드는 비용

2. 가해학생 관련 조항

제14조(가해학생에 대한 조치)

① 자치위원회는 피해학생의 보호와 가해학생의 선도·교육을 위하여 가해학생에 대하여 다음 각호의 어느 하나에 해당하는 조치(수 개의 조치를 병과하는 경우를 포함한다)를 할 것을 학교의 장에게 요청하여야 한다.

1. 피해학생에 대한 공개사과
2. 피해학생 및 신고·고발학생에 대한 협박 및 보복 행위의 금지(접촉은 가능)
3. 학교에서의 봉사
   학생부 및 상담교사, 폭력전담책임교사의 지도를 받아 학교 내에서의 봉사 활동을 한다.
4. 사회봉사
   행정기관, 공공기관, 복지기관 등에 위탁하여 행한다.
5. 학내외 전문가에 의한 특별교육 이수 또는 심리치료
   시·도교육감이 설치, 운영하는 교육과정과 시설을 이용하거나 필요한 경우 관련 기관에 위탁하여 교육한다.
6. 출석정지(기간 제한 100일, 무단결석 처리)
   폭력전담책임교사가 과제물을 부과하고, 상담 및 기타 특별교육에 참여(부모도 함께 교육에 참가)하며 가정에서 책임교사가 지도한다.
7. 학급 교체

학교 사정에 따라 가해학생이 피해학생과 동 학급일 경우 사안 경중에 따라 가해학생의 학급을 교체할 수 있다.

8. 전학

가해학생이 전학을 원할 때 또는 자치위원회에서 피해학생의 보호 차원에서 전학을 명할 수 있다.

② 제1항에 따라 자치위원회가 학교의 장에게 가해학생에 대한 조치를 요청할 때 그 이유가 피해학생이나 신고·고발학생에 대한 협박 또는 보복 행위일 경우에는 같은 항 각호의 조치를 병과하거나 조치 내용을 가중할 수 있다.

③ 제1항 제2호부터 제4호까지 및 제6호부터 제8호까지의 처분을 받은 가해학생은 교육감이 정한 기관에서 특별교육을 이수하거나 심리치료를 받아야 하며, 그 기간은 자치위원회에서 정한다.

1. 특별교육 이수 또는 심리치료를 받아야 하는 조치

- 피해학생에 대한 접촉, 협박 및 보복 행위의 금지
- 학교에서의 봉사
- 사회봉사
- 출석정지 100일
- 학급 교체
- 전학

2. 특별교육 인정 기준(1일: 1교시 45분 기준으로 6교시 이상 실시)

④ 자치위원회는 가해학생이 특별교육을 이수할 경우 해당 학생의 보호자는 격리해야 한다.

⑤ 학교의 장은 가해학생에 대한 선도가 긴급하다고 인정할 경우 우선 제1항 제1호부터 제3호까지, 제5호 및 제6호의 조치를 할 수 있으며, 제5호와 제6호는 병과 조치할 수 있다. 이 경우 자치위원회에 즉시 보고하여 추인을 받아야 한다.

⑥ 자치위원회는 제1항 또는 제2항에 따른 조치를 요청하기 전에 가해학생 및 보호자에게 의견 진술의 기회를 부여하는 등 적정한 절차를 거쳐야 한다.

⑦ 제1항에 따른 요청이 있는 때에는 학교의 장은 30일 이내에 해당 조치를 하여야 한다.

⑧ 학교의 장이 제4항에 따른 조치를 한 때에는 가해학생과 그 보호자에게 이를 통지하여야 하며, 가해학생이 이를 거부하거나 회피하는 때에는 「초·중등교육법」 제18조에 따라 징계하여야 한다.

⑨ 가해학생이 제1항 제3호부터 제5호까지의 규정에 따른 조치를 받은 경우 이와 관련된 결석은 학교의 장이 인정하는 때에는 이를 출석일수에 산입할 수 있다.

⑩ 특수학급·통합학급의 장애학생 대상의 사안에 대해서는 일반학생 대상 학교폭력(성폭력) 사안에 적용하는 처벌보다 한 단계 이상 낮은 수위의 징계를 적용한다.

제15조(가해학생의 조치 거부·기피에 대한 추가 조치)

① 자치위원회는 제14조 1항 제2호부터 제8호의 조치를 받은 학생이 해당 조치를 거부하거나 기피하는 경우에는 학교의 장으로부터 그 사실을 통보받은 날로부터 24일 이내에 추가로 다른 조치를 할 것을 학교의 장에게 요청할 수 있다.

조치별	처리 방법
제1호 (공개사과)	거부 및 회피를 하는 경우 재심 절차 없이 「초·중등교육법」 제18조에 따라 징계
제2호~제7호	거부 및 회피를 하는 경우 재심 절차 없이 ① 「초·중등교육법」 제18조에 따른 징계를 하거나 ② 자치위원회가 다른 조치를 할 것을 학교장에게 요청할 수 있음
제8호(전학)	시·도학생징계조정위원회의 재심, 행정심판의 절차를 거친 후, ① 「초·중등교육법」 제18조에 따른 징계를 하거나 ② 자치위원회가 다른 조치를 할 것을 학교장에게 요청할 수 있음

제16조(가해학생에 대한 조치별 적용 기준)

① 가해학생이 행사한 학교폭력의 심각성·지속성·고의성
② 가해학생의 반성 정도
③ 해당 조치로 인한 가해학생의 징계 가능성
④ 가해학생 및 보호자와 피해학생 및 보호자 간의 화해 정도
⑤ 피해학생의 외국 학생 여부

제17조(가해학생에 대한 전학 조치)

① 자치위원회가 제14조 제1항에 따라 가해학생에 대한 전학 조치를 요청하는 경우에는 학교의 장은 교육장에게 해당 학생이 전학할 학교의 배정을 지체 없이 요청한다.

② 전학 조치된 가해학생과 피해학생이 상급 학교에 진학할 때에는 각각 다른 학교를 배정하여야 한다. 이 경우 가해학생이 입학할 학교를 우선적으로 배정한다.

제18조(가해학생에 대한 우선 출석정지 등)

① 학교의 장이 우선 출석정지 조치를 할 수 있는 경우는 다음 각호와 같다.

> 1. 10명 이상의 학생이 고의적 · 지속적으로 폭력을 행사한 경우
> 2. 학교폭력을 행사하여 전치 8주 이상의 상해를 입힌 경우
> 3. 학교폭력의 신고, 진술, 자료 제공 등에 대한 보복을 목적으로 폭력을 행사한 경우
> 4. 학교의 장이 피해학생을 가해학생으로부터 긴급하게 보호할 필요가 있다고 판단하는 경우

② 학교의 장은 제1항에 따라 출석정지 조치를 하려는 경우에는 해당 학생 또는 보호자의 의견을 들어야 한다. 다만, 학교의 장이 해당 학생 또는 보호자의 의견을 들으려 하였으나 이에 따르지 아니한 경우에는 그러하지 아니하다.

3. 분쟁 조정 조항
제19조(분쟁 조정)

① 자치위원회는 학교폭력과 관련하여 분쟁이 있는 경우에는 그 분쟁을 조정할 수 있다.

② 제1항에 따른 분쟁의 조정 기간은 1년을 넘지 못한다.

③ 학교폭력과 관련한 분쟁 조정에는 다음 각호의 사항을 포함한다.

> 1. 피해학생과 가해학생 간 또는 그 보호자 간의 손해배상에 관련된 합의 조정
> 2. 그 밖에 자치위원회가 필요하다고 인정하는 사항

④ 자치위원회는 분쟁 조정을 위하여 필요하다고 인정하는 때에는 관계기관의 협조를 얻어 학교폭력과 관련한 사항을 조사할 수 있다.

⑤ 자치위원회가 분쟁 조정을 하고자 할 때에는 이를 피해학생에게만 통보하여야 한다.

⑥ 시 · 도교육청 관할 구역 안의 소속 학교가 다른 학생 간에 분쟁이 있는 경우에는 교육감이 해당 학교 자치위원회위원장과의 협의를 거쳐 직접 분쟁을 조정한다. 이 경우 제2항부터 제5항까지의 규정을 준용한다.

⑦ 관할 구역을 달리하는 시 · 도교육청 소속 학교의 학생 간에 분쟁이 있는 경우에는 피해학생을 감독하는 교육감이 가해학생을 감독하는 교육감 및 관련 해당 학교 자치위원회위원장과의 협의를 거쳐 직접 분쟁을 조정한다. 이 경우 제2항부터 제5항까지의 규정을 준용한다.

제20조(분쟁 조정의 신청)

피해학생, 가해학생 또는 그 보호자(이하 "분쟁 당사자"라 한다) 중 어느 한쪽은 법 18조에 따라 해당 분쟁 사건에 대한 조정 권한이 있는 자치위원회 또는 교육감에게 다음 각호의 사항을 적은 문서로 분쟁 조정을 신청할 수 있다.

① 분쟁 조정 신청인의 성명 및 나이
② 보호자의 성명 및 나이
③ 분쟁 조정 신청의 사유

제22조(분쟁 조정의 거부·중지 및 종료)

① 자치위원회는 다음 각호의 어느 하나에 해당하는 사유가 발생한 경우에는 분쟁 조정의 개시를 거부하거나 분쟁 조정을 중지할 수 있다.

　1. 분쟁 당사자 중 어느 한쪽이 분쟁 조정을 거부한 경우
　2. 피해학생 등이 관련된 학교폭력에 대하여 가해학생을 고소·고발하거나 민사상 소송을 제기한 경우
　3. 분쟁 조정의 신청 내용이 거짓임이 명백하거나 정당한 이유가 없다고 인정되는 경우

② 자치위원회는 다음 각호의 어느 하나에 해당하는 사유가 발생한 경우에는 분쟁 조정을 끝내야 한다.

　1. 분쟁 당사자 간에 합의가 이루어지지 않았거나 자치위원회가 제시한 조정안을 분쟁 당사자가 수락하는 등 분쟁 조정이 성립한 경우
　2. 분쟁 조정 개시일부터 1년이 지나도록 분쟁 조정이 성립하지 아니한 경우

③ 자치위원회는 제1항에 따라 분쟁 조정의 개시를 거부하거나 분쟁 조정을 중지한 경우 또는 제2항 제2호에 따라 분쟁 조정을 끝낸 경우에는 그 사유를 분쟁 당사자에게 각각 통보하여야 한다.

4. 신고 의무 및 비밀 누설 금지 조항

제24조(학교폭력의 신고 의무)

① 학교폭력 현장을 보거나 그 사실을 알게 된 자는 그 부모에게 이를 즉시 신고하여야 한다.
② 제1항에 따라 신고를 받은 기관은 이를 가해학생 및 피해학생의 보호자와 소속 학교의 장에게 통보하여야 한다.
③ 제2항에 따라 통보받은 소속 학교의 장은 이를 교육부에 지체 없이 통보하여야 한다.
④ 누구라도 학교폭력의 예비·음모 등을 알게 된 자는 이를 학교의 장 또는

자치위원회에 고발할 수 있다. 다만, 교원이 이를 알게 되었을 경우에는 비밀로 해야 한다.

⑤ 누구든지 제1항부터 제4항까지에 따라 학교폭력을 신고한 사람에게 그 신고 행위를 이유로 불이익을 주어서는 아니 된다.

제25조(비밀 누설 금지 등)

① 이 법에 따라 학교폭력의 예방 및 대책과 관련된 업무를 수행하거나 수행하였던 자는 그 직무로 알게 된 비밀 또는 가해학생·피해학생 및 신고자·고발자와 관련된 자료를 공개해야 한다.

② 제1항에 따른 비밀의 구체적인 범위는

1. 학교폭력 피해학생의 개인 및 가족의 성명, 주민등록번호 및 주소 등 개인 정보에 관한 사항
2. 학교폭력 피해학생과 가해학생에 대한 심의·의결과 관련된 개인별 발언 내용
3. 그 밖에 외부로 누설될 경우 분쟁 당사자 간에 논란을 일으킬 우려가 있음이 명백한 사항

③ 자치위원회의 회의는 공개를 원칙으로 한다. 다만, 피해학생·가해학생 또는 그 보호자가 회의록의 열람·복사 등 회의록 공개를 신청한 때에는 학생과 그 가족의 성명, 주민등록번호 및 주소, 위원의 성명 등 개인 정보에 관한 사항을 제외하고 공개하여야 한다.

• 정답

1. 피해학생 관련 조항	제12조 ① 2. 일시보호 ① 4. 학급 교체 ③ 7일 이내에 ⑥ 가해학생의 보호자 제13조 ① 1. 심리상담 및 조언
2. 가해학생 관련 조항	제14조 ① 1. 서면사과 ① 2. 접촉, 협박 및 보복 행위의 금지 ① 6. 기간 제한 없음, 부모 ③ 1. 기간 제한 없음 ④ 해당 학생의 보호자도 함께 교육을 받게 하여야 한다.

	⑦ 14일 이내
	⑩ 높은 수위
	제15조
	① 7일 이내, 서면사과
	제16조
	③ 선도 가능성
	⑤ 장애학생인지 여부
	제17조
	② 피해학생
	제18조
	① 1. 2명 이상
	2. 전치 2주 이상
3. 분쟁 조정 조항	제19조
	② 1개월
	⑤ 피해학생 · 가해학생 및 그 보호자에게
	제20조
	① 주소
	② 주소
	제22조
	② 1. 합의가 이루어지거나
	② 2. 1개월
4. 신고 의무, 비밀 누설 금지 조항	제24조
	① 학교 등 관계기관에
	③ 자치위원회
	④ 학교의 장에게 보고하고 해당 학부모에게 알려야 한다.
	제25조
	① 누설하여서는 아니 된다.
	② 1. 피해학생과 가해학생의
	③ 공개하지 아니한다.

사회적 이슈

다음은 학교폭력과 관련하여 사회적으로 주목을 받고 있는 이슈다. 이에 대해
동료와 토론을 한 뒤 의견을 정리해 보자.

학교폭력을 생활기록부에 기재하는 문제를 둘러싸고 논란이 일고 있
는 가운데, 학교폭력의 학생부 기재 문제에 대해 2013년 7월 23일
교육부에서는 졸업 후 기록을 삭제한다는 방침을 발표하였다. 인권
침해와 낙인 우려 때문에 기재를 반대하는 입장과 솜방망이 처벌이
사태를 키운 측면이 있는 만큼 일벌백계가 필요하다는 입장이 첨예하
게 대립하고 있다. 이에 따라 가해학생의 행동 변화가 없거나 학교폭
력 재발의 문제가 발생했을 경우에만 졸업 후 2년 뒤까지 기록을 보존
한다는 '학교중심 학교폭력 대책'을 발표하였다.

학교폭력의 학생부 기재를 피하기 위해 합의를 종용하는 사례도 적지 않다.
다음의 사례를 보자.

"우리 아이가 학교폭력을 당해서 신고를 했더니 가해학생 엄마가 만
나자고 연락이 와 만났다. 그런데 이 엄마가 하는 말이 학폭위가 열리
면 징계 내용이 학생부에 기재되어 졸업 후에도 보존이 되어 대학 가
는 데 지장이 있는데, 당신이 우리 아이 앞길 망치려 작정을 했느냐며

학폭위를 열지 않는 조건으로 합의하자고 했다. 나도 상대 아이의 인
생을 망쳤다는 이야기를 듣고 싶지는 않지만 반성하고 사과하는 것이
아니라 이렇게 협박에 가까운 말로 합의를 종용하는 데 너무 화가
난다."

학생부에 학교폭력 관련 내용을 기재하지 않는다는 삭제 방침에 대한 자신의
생각을 말해 보자.

출처: http://news1.kr/articles/?2650062

학교폭력 상담

학습목표

1. 학교폭력 상담의 개념, 의미, 유형을 안다.
2. 학교폭력 유형별 상담 방법 및 내담자의 심리를 안다.

지난 주 사회적 이슈

학교폭력과 관련해 생각해 볼 만한 사회적 이슈는 다음과 같다. 이에 대해 동료의 의견을 듣고 상반된 견해를 읽어 보며 나의 생각을 정리해 보자.

학생부에 학교폭력 관련 내용을 기재하지 않는다는 삭제 방침에 대한 자신의 생각을 말해 보자.

■ 청소년 전화 1388

친구와 화해하고 싶은데
방법을 모르는 10대라면

'청소년 전화 1388'

제작: 한국청소년상담복지개발원

청소년은 학교생활을 하며 이성 문제, 진로 문제, 학교폭력 문제 등으로 많은 고민을 하게 된다. 그중 학교폭력 문제는, 특히 친구에게도, 선생님에게도, 부모님에게도 털어놓기 어려운 문제로, 조기에 신고되지 않는다는 점에서 그 문제성이 더욱 크다고 할 수 있다. 한국청소년상담복지개발원에서는 청소년 전화 1388을 운영하고 있다. 청소년이 쉽게 접근할 수 있도록 전화뿐 아니라 카카오톡 등의 메신저를 이용한 상담도 운영한다. 24시간 상담이 가능한 전화로 실제로 청소년이 다양한 분야에서 도움을 받고 있다.

출처: http://www.youtube.com/watch?v=qMrwlCGnktA

1. 학교폭력 상담의 필요성 생각해 보기

1) 117 학교폭력 신고상담센터의 역할

전국 어디서나 117을 누르면 연중무휴 24시간 학교폭력 신고나 상담이 가능한 학교폭력 신고상담센터가 있다. 117 센터로 접수된 학교폭력 건수는 매해 증가 추세이고, 현재 하루 평균 300건 정도의 접수가 이루어지고 있다. 대부분의 학생이 117 센터의 존재를 알고 그에 따라 자신의 인권 및 방어권 등에 대한 수사를 직접 의뢰하는 등, 전반적으로 학교폭력 문제의 신고에 대한 의식 수준이 높아진 것으로 보고된다.

117 센터에 신고가 접수된 폭행 유형은, 2012년 폭행(38.3%)이 모욕(16.7%)의 2배 이상 많았지만 2013년에는 폭행(29%)과 모욕(23%)이 유사한 수준으로 접수된 것으로 보아 폭행이 감소하고 모욕이 증가하는, 즉 피해자가 경험하는 학교폭력 유형에 변화가 있음을 알 수 있다. 정부의 학교폭력 단속이 강화되면서 드러나는 학교폭력은 줄어들고 상대적으로 눈에 띄지 않는 모욕 등의 피해가 늘어난 것이다.

〈표 6-1〉 117 학교폭력 신고상담센터에 접수된 폭행 유형

	2012년	2013년
폭행	38.3%	29%
모욕	16.7%	23%
협박 · 공갈	10.4%	9.7%

출처: 교육부, 경찰청(2013).

117 센터에서는 학생들의 적극적인 신고와는 달리 사건을 은폐하고 축소하려는 학교 측의 태도가 사안을 처리하는 데 어려움이 될 수 있다며 학생들에게 학교폭력 전담 경찰관에게 주저하지 말고 신고하고 활용하라고 제안한다. 하지만 초기 117 센터는 실제로 피해학생이 마음을 열고 상담을 받기에는 한계가 많다는 지적도 있었다. 실제로 117 센터에 괴롭힘 피해로 상담을 의뢰하였는데 피해자의 소극적인 성격 등을 이유로 들어 피해학생에게도 문제가 있다고 하며 괴롭힘을 가한 친구에게 역으로 괴롭힘을 가해 보라는 상담을 한 사례가 있다. 이처럼 학교폭력으로 이미 몸과 마음에 상처를 입은 학생들이 질적으로 우수한 상담을 받을 수 있도록 센터 상담자의 질적 관리에 대한 충분한 고려가 필요하며, 학생들이 인력이 확보되어 있는 곳에서 지속적인 상담을 받을 수 있도록 안내할 필요가 있다.

2) 학교폭력을 털어놓기 어려운 학교 분위기

피해학생이 가정에서 부모나 학교에서 교사에게 피해 사실을 털어놓지 않고 117 센터 등에 상담을 의뢰하는 건수가 증가하는 점을 주의 깊게 생각해 볼 필요가 있다. 학교폭력 사실을 알면서도 피해학생을 외면하고 피해 사실을 모른 체하는 교사의 태도는 피해학생에게 상담 의지를 없애는 행위다. 또 실제로 피해학생이 피해 사실을 신고하거나 공개하지 않는 이유로 '별 도움이 될 것 같지 않아서(14.3%)'라고 응답한 학생이 적지 않았다(교육부, 한국교육개발원, 2017). 실제 연구 결과를 살펴보면, 기꺼이 도움을 요청하는 행동을 장려하는 학교 분위기가 실제로 학생들의 도움 요청 행동과 정적인 관계가 있었다. 이는 학교가 도움을 요청하는 것은 당연히 받아들여질 수 있는 행동이며, 그렇게 했을 때 지원을 받게 될 것이라는 점을 학생들에게 확신시켜야 함을 의미한다.

▲ [그림 6-1] 피해 사실을 알린 사람(단위 %)

출처: 교육부, 한국교육개발원(2017).

 생각해 보기

앞서 학교 내 학교폭력 상담의 현황에 대해 살펴보았다. 다음의 학교폭력 상담 사례를 읽고 피해학생이 교사나 상담기관에 **피해 사실을 말하기 어려운 이유**에 대해 생각해 보자.

"강제 전학 간 학생이 학교 주변에 계속 찾아와 '왜 신고했냐'고 따졌어요."
"집단 괴롭힘이 있어도 친구가 더 괴롭힘당할까 봐 이야기를 못 하겠어요."

지난 2012년 이대영 서울시교육감 권한대행은 성북구 일대 중학교의 2~3학년 학생 20명가량을 만나 학교폭력 문제에 대해 허심탄회하게 이야기를 듣는 자리를 마련했다. 학생들은 학생 간 폭력 문제를 해결할 열쇠는 교사에게 있지만, 보안 문제나 평소 신뢰가 덜 쌓여 다가가기가 망설여진다고 어려움을 토로했다. 북악중학교 3학년 여학생은 "교사와 자주 만날 기회가 없으니까 대하기 어렵고 마음속에 있는 이야기를 못 한다. 불편한 일이 있으면 친구와 가장 먼저 이야기한다."라며 "선생님은 순번으로 3~4번째 정도."라고 말했다. 북악중 2학년 남학생은 "추가적인 불이익을 당하지 않는다는 믿음이 필요하다. 그러면 선생님한테 말할 수 있을 것."이라고 말했다.
최근 교과부 등이 논의하는 강제 전학 조치와 관련해서는 이후 관리가 더 중요하다고 입을 모았다. S여중의 한 학생은 "지난해 어떤 아이가 행패를 부려서 문자로 교사한테 신고가 들어갔고 가해자가 결국 강제 전학을 갔는데, 계속 학교나 학교 주변에 찾아와 '왜 신고했냐'고 더 난리를 쳤다."라며 "강제 전학을 보낸 이후에도 가해학생이 학교 주변에 못 오게 해야 한다."고 말했다. 학교폭력이 벌어지고 있음을 주위에 알려 도움을 요청하는 일이 어렵지만 꼭 필요한 만큼 용기를 가져야겠다는 자성의 목소리도 나왔다. 북악중학교 3학년 여학생은 "누가 누구를 괴롭히는 것을 봐도 분위기상으로 이야기를 못하고 저도 같이 당할 수 있다는 생각이 든다."라며 "어렵지만 가장 중요한 건 누군가 먼저 (밖으로) 이야기하는 것."이라고 말했다. 석관중학교 학생은 "당한 친구가 단짝이어도 내가 나서서 이야기하면 당한 친구가 더 피해를 볼까 봐 주위에 알리기가 쉽지 않다."라고 털어놨다. 고대부중 3학년생은 "따돌림이 생기면 누군가가 분위기를 깨고 그 아이와 이야기를 하는 등 분위기를 엎을 만한 해일 같은 친구가 필요한데 그런 친구가 드물다."라며 "분위기가 가장 중요할 것 같다."라고 말했다.

학교폭력 경험에 대해 효과적인 도움 요청 방법 1순위는 '117 경찰에 신고한다(31.6%)'로 나타났으며, '담임선생님에게 알린다(29.7%)'는 2순위로 조사되었다. 이는 최근 교육 및 홍보 등을 통해 117 센터에 대한 학생들의 인식이 향상된 결과로 보인다. 한편, '어떠한 방법도 안심되지 않는다'는 응답도 15.8%로 비교적 높게 나타났다. 청소년이 안심하고 도움을 요청할 수 있는 다양한 방법이 강구되어야 할 것이다.

출처: http://www.yonhapnews.co.kr/society/
2012/01/05/0706000000AKR20120105183800004.HTML

2. 학교폭력 상담의 이론적 이해

1) 학교폭력 상담의 개요

(1) 학교폭력 상담의 의미

학교폭력 상담이란 학생들 사이에서 폭력이라는 위기 상황이 발생한 후 진행하는 위기상담으로 현재 벌어진 폭력 상황을 해결하기 위한 개입과 장기적 재발 방지의 측면에서 원인이 되는 요인을 상담 및 지원해 주는 전반적인 개입을 의미한다. 「학교폭력 예방 및 대책에 관한 법률」은 학교폭력 상담과 관련하여 "학교폭력 발생 시 학교 내 자치위원회가 소집되어 피해학생에 대한 보호 조치, 가해학생에 대한 선도 조치 및 피해 · 가해학생의 분쟁 조정을 결정하도록 한다."라고 명시하고 있다.

(2) 학교폭력 상담의 목표

학교폭력 상담은 기본적으로 '사건 처리가 아닌 근본적인 해결 방안 모색'이 목표다. 청소년의 폭력 상황을 알게 된 즉시 즉각적 · 적극적으로 개입하고, 사건 처리와 함께 대상 학생에 대한 지속적인 상담, 관리, 재발 방지를 위한 환경적인 부분까지 지원해 줌으로써 학교폭력의 근본적인 해결책을 찾도록 하는 것이 중요하다.

청소년은 일상의 대부분에서 '학교' '학급'을 중심으로 집단생활을 하며 주변 친구, 교사 혹은 선후배와의 관계 속에서 보내므로, 학교폭력 발생 시 이들을 둘러싼 일상과 관계, 문화 속에서 학교폭력 발생의 메커니즘을 찾는 것이 중요하다. 해결 방안 또한 주변 관계에서 재발 가능한 2차적 학교폭력을 염두에 두어야 한다. 초등학생을 대상으로 폭력 예방을 위한 집단상담 프로그램을 적용한 결과, 공격성 감소, 친사회성 및 협력과 절충의 갈등 해결 방식 점수에서 향상을 보였고, 자기중심성은 감소하고 양보의 갈등 해결 방식 점수가 높아지는 경향이 있음이 밝혀졌다. 이러한 결과를 통해 학교폭력 상담이 적절하고 충분하게 진행된다면 학교폭력 문제의 근본이라 할 수 있는 가해학생 및 피해학생의 개인적 특성을 변화시킬 수 있음을 알 수 있다.

(3) 학교폭력 상담의 유형

① 예방상담
예방상담은 문제를 발견하고 그 문제의 심각성을 평가하며 문제가 더 심각해지는 것을 막기 위해 예방적 개입을 하는 것이다. 이는 학교폭력과 관련된 예방교육 및 캠페인 활동 등을 포함하는데, 폭력 문제와 연루되어 있으나 크게 표면화되지 않은 침묵하는 피해자나 잠재해 있는 문제를 발견하여 더 큰 문제로 확대되는 것을 방지한다.

학교폭력 예방 단계에서 적용한 초등학교 고학년의 언어폭력 예방을 위한 역할놀이중심 프로그램을 실시한 결과, 초등학교 고학년의 언어폭력행동인 욕설, 조롱, 희롱, 협박, 저주와 같은 언어생활에 대해 긍정적인 태도를 지니게 되었음이 밝혀졌고, 초등학생의 학교폭력 예방을 위한 배려 증진 프로그램을 적용한 결과, 공감적 관점, 배려 행동 점수, 교우관계에서 모두 긍정적인 결과를 보임이 밝혀졌다.

Point!

학교폭력 문제의 다양한 징후 읽어 내기

학교폭력의 상담자는 학교폭력 문제의 다양한 징후를 읽을 줄 알아야 한다. 문제의 발생 시기, 관련된 가해자와 피해자의 범위, 문제 발생·발전 배경, 문제의 심각성 등을 파악하고 피해자의 주관적인 고통에 대해 귀를 기울여야 하며, 폭력 문제가 발생하게 되는 복합적인 기제에 대해 알아야 한다.

관련 사례

전남의 한 고등학교에서 일어난 일이다. 저녁 식사 후 가해자 A군은 피해자 B군에게 에어컨이 켜져 있으니 창문을 닫아 달라고 3번을 요청했으나 B군은 이를 듣지 못했다. 이것이 발단이 되어 A군과 B군 간의 말다툼이 시작되어 주먹 다툼으로까지 번졌고, 결국 B군은 왼쪽 눈 골절 및 함몰로 병원 입원 치료(13주 진단)를 받게 되었다. B군은 난청이 있는 학생으로 이와 유사한 사건이 학급 내에서 지속적으로 있어 왔고, A군은 평소 산만한 편으로 자신의 물음에 즉각적인 반응이 없으면 몹시 흥분하는 성격으로 교사들의 지적을 자주 받아 온 것으로 나타났다. A군과 B군의 문제는 이전부터 예견된 것이라 해도 과언이 아니다.

② 위기상담

위기상담은 진행 중이어서 시급하거나 외부로 인지된 폭력 피해-가해 문제에 대한 상담을 의미한다. 피해자의 자존감 및 회복력 높이기, 학교에 재적응하기를 돕고, 신체적·정신적 문제가 발생한 경우 의료기관에 의뢰한다. 또한 피해-가해 사실과 관련된 법적 문제에 대처하고 피해자-가해자-기타 관련인들의 서로 다른 요구 사항을 적절히 중재해야 할 필요가 있다.

> **Point!**
>
> **폭력의 원인을 이해하고 대처할 수 있도록 돕기**
> 위기상담을 위해 학교폭력 상담자는 피해학생에게는 폭력에서 벗어나도록 도움을 주고, 폭력행동을 한 가해학생은 폭력행동을 중단하도록 도와야 하며 폭력의 원인을 이해하고 이에 대처할 수 있도록 상담을 이끌어야 한다.
>
> **관련 사례**
> 중학교 1학년 A양은 1학기 중간고사 이후인 5~6월부터 초기 상담을 한 11월까지 학급의 몇몇 주동하는 학생들로 시작해 반 전체 학생에게 따돌림을 당하고 있었다. 심한 욕설, 빈정거리는 말 등 언어폭력이 동반되어 A양은 더욱 힘들어했다. 따돌림을 당하게 된 계기가 된 사건은 같은 반 친구 B양이 컴퓨터실 유리를 깬 일과 관련하여 선생님이 있는 자리에서 A양이 깨진 유리 조각이 든 서랍을 연 행동이 '고자질'한 것으로 인식되어, 많은 학생이 A양을 둘러싸고 협박성 말과 위협을 가한 것이다. 이 문제를 해결하기 위해 학급 구성원들을 대상으로 또래상담을 실시하였고, 교우관계 유지 프로그램을 실시하여 가해학생들이 A양에게 사과를 할 수 있도록 하였다. 또한 A양은 개인상담 6회기를 진행하여 평소 자신의 친구관계 특징, 효과적으로 친구를 사귀는 방법 등에 대해 통찰력을 얻고 친구를 이해하였으며 구체적인 학교생활에 대한 준비 및 계획을 하였다.

③ 추수상담

추수상담은 폭력 문제의 위기 상황과 실제적인 폭력 위험이 사라지고 폭력피해학생과 폭력행동 학생 간의 조정이 이루어진 후, 후유증을 줄이고 문제 재발 방지를 위해 실시하는 상담이다. 추수상담의 과제는 폭력 피해자가 폭력 피해 과정에서 겪은 부정적인 감정 중 미해결 감정을 해소하고 자기보호력을 키우며, 폭력행동 학생이 폭력행동에서 적절한 사회적 행동으로 변화할 수 있도록 돕는 것이다.

> **Point!**
>
> **심리 · 정신적으로 건강한 생활을 영위하도록 돕기**
> 추수상담의 상담자는 피해자나 그 가족의 부정적 감정 해소에 도움이 되는 장기적 심리치료를 제공하고, 그들이 부정적인 감정에서 벗어나 더욱 건강한 인간관계를 이뤄 나갈 수 있도록 도움을 주어야 한다. 또한 도덕적 이탈의 정도를 낮추어 주고 긍정적인 면에서 효능감을 높여 주는 등의 적극적인 개입을 실시해야 한다.
>
> **관련 사례**
> 중학교 2학년 A군은 두 달 전 하굣길 버스 정류장에서 인근 고등학교에 다니는 형에게 근처 건물 3층으로 끌려가 금품을 빼앗기고, 자신의 서클에 들어오라면서 생각할 시간을 줄 테니 전화로 답을 달라고 강요받았다. 담배도 억지로 피우게 하여 그때 담배 피우는 걸 배웠다. 요즘도 계속 전화가 오는데 A군은 무서워 전화를 받지 못하고, 다른 식구들이 받으면 전화가 그냥 끊어지곤 한다. 담임교사는 이 사실을 알고 위협과 협박의 통로가 무엇인지(전화, 집 방문, 학교에서 접촉 등)를 파악하여 적절한 방법을 강구하고자 하였고, 일단 A군의 전화번호를 변경한 뒤 학교에 알려 A군의 신변을 보호할 수 있도록 조치하였다. 또한 항상 혼자 다니지 않도록 주의를 주고, 더 큰 위협을 느끼고 있다면 당분간 부모가 등 · 하굣길에 동행하도록 조치하였다.

2) 학교폭력 상담 시 내담자의 심리 특성

(1) 피해학생 및 피해학생 부모의 심리: 억울함, 분노, 불안, 우울, 수치심, 심리적 위축, 낙담, 막막함, 속상함, 자책감

피해학생과 피해학생 부모는 내가 혹은 내 자녀가 학교폭력을 당한 억울함과 분노를 가지고 있다. 특히 신체적 폭행으로 외상이 뚜렷한 경우에 부모는 이성을 찾기 어려울 정도로 흥분 상태에 있는데, 학교폭력 문제를 노출하게 되지 않을까 하는 염려와 그 결과 가해학생에게서 보복을 당할지도 모른다는 불안감도 함께 가지는 심리 특성을 보인다. 학교폭력의 피해자는 자신이 폭력의 피해자가 되었다는 분노를 느끼며 외상 후 스트레스 장애를 겪거나 우울을 동반한다. 또한 수치심을 느껴 등교를 거부하기도 하고, 학교폭력 피해의 원인을 자신의 문제로 귀인함으로써 더욱 위축되며, 혼자의 힘으로 문제를 해결하려고 노력하지만 반복되는 실패로 무기력을 경험한다. 또 학교폭력 피해자의 부모는 자녀가 겪는 학교폭력 피해의 반복과 그로 인한 고통을 관찰하면서 오는 소진과 낙담을 크게 느끼며, 학교폭력 사건의 처리 과정에서 피해자만 힘들다는 억울한 생각, 대처 방법에 대한 막막함, 불안감, 분노, 적개심, 자녀가 어려워하는 모습을 보는 속상함, 자책감 등 부정적 감정을 복합적으로 경험한다. 자녀가 학교폭력 피해처럼 학교에서 어려움을 겪을 때 부모가 학교에 찾아가 이에 대해 논의하고 해결점을 찾을 수 있도록 학교와 학부모 간의 의사소통 채널이 필요하다.

① 피해학생 상담

피해학생을 상담하기 위해서는 이들의 심리 상태를 분명히 이해해야 한다. 피해학생은 홀로 지내기, 감정적 대응, 침묵하기 등의 미숙하고 비효과적인 대처 방법을 가지는 경우가 많아 혼자 힘으로 당면한 문제를 해결하기가 어렵고 더욱더 심각한 피해에 노출되는 경향이 있다. 따라서 피해학생에게는 자아존중감 및 자기효능감, 문제 해결력 등을 길러 스스로 자신이 처한 문제 상황을 해결하고 또래와 어울릴 힘을 기르도록 하는 도움이 반드시 필요하다. 피해학생의 상담은 심리상담, 피해 후유증 치료, 대인관계 훈련 등을 기본으로 한다.

• 상담자는 피해학생에게 정서적 지지를 제공한다.

피해학생에게는 피해를 당했지만 함께 해결할 수 있다는 희망적인 위로와 신체적 · 정서적 안전에 대해 안심시키는 등 정서적 지지가 무엇보다도 우선되어야 한다. 상담자는 피해를 얼마나, 어떻게, 왜 당했는지, 피해학생의 요구 사항은 무엇인지, 향후 다시 학교폭력을 당하지 않도록 피해학생이 할 수 있는 방법은 무엇인지 등을 내담자와 함께 모색해야 한다. 신체적 피해도 크지만 정신적 충격이 무엇보다 큰 피해학생은 학교폭력 피해 사실뿐 아니라 피해 이유, 근본적인 원인 등을 자발적으로 이야기하기 어려워하기 때문에 상담자는 내담자의 분노감을 이해해 주고 피해자가 현실적인 부분을 감안한 대처 방안을 모색하도록 도와주어야 한다. 또한 피해자의 요구를 존중하는 것도 중요하지만 문제의 원인을 파악해서 재발하지 않도록 하면서 해결 방법을 모색하는 것이 중요하다.

피해학생의 부족한 사회 기술 부분에 대해서도 훈련이 필요하지만, 상담자와의 라포가 형성되어 있지 않은 상황에서 정서적 지지도 받지 못한 상태의 피해학생에게 성급히 사회성을 코치하는 것은 바람직하지 않다. 우선 피해학생으로 하여금 폭행당한 것에 대해 분노가 살아나도록 자연스럽게 유도하고, 피해학생 스스로 자신이 못나거나 부족해서 피해를 당했다는 피해의식에서 벗어나도록 해 주는 것이 필요하다.

> **Point!**
> 1. 피해학생을 정서적으로 지지하여 불안감을 극복하도록 돕는다.
> 2. 피해학생의 자아존중감을 증진하고 자연스러운 분노를 느껴 자기주장을 할 수 있도록 돕는다.
> 3. 피해학생이 피해의식에서 벗어나 문제를 객관적으로 바라볼 수 있도록 한다.

• 상담자는 피해학생이 분노를 올바로 다룰 수 있도록 한다.

학교폭력 피해학생의 경우, 폭력 상황에 노출되었을 때의 경험, 가해학생을 떠올렸을 때 분노의 감정이 되살아나고, 이러한 감정을 스스로 조절하기 어려워하며 학교폭력 이후의 2차적 피해를 낳게 된다. 따라서 피해학생들이 그때의 기억에 기인하여 발생하는 감정 변화, 분노 등을 잘 조절할 수 있도록 도와주는 것이 필요하다.

분노란 개인의 가치, 본질적인 욕구, 기본적인 신념을 보호하고자 하는 의지로 정의할 수 있다. 첫째, 개인의 가치를 보호하기 위해 느끼는 분노는 사람이라면 누구나 자신이 거절당한다고 느끼거나 자신이 무가치하다고 인식될 때 느끼게 된다. 그것이 상대의 의도였든 아니든 자신의 품위와 가치가 손상되었다고 느끼기 때문이다. '네 가치는 내 관심사가 아니다.'라는 메시지는 개인에게 분노를 유발하고, 이는 인간관계나 의사소통에서 상대의 '의도'보다는 내가 그것을 어떻게 받아들이는가 하는 '인식'이 훨씬 강렬하다는 것을 의미한다. 이처럼 분노는 외적인 사건에 의해 유발되지만, 외적인 사건 자체가 분노를 유발하는 것이 아니라 외적 사건에 대한 해석이 중요한 역할을 담당한다. 실제로 똑같은 놀림을 당하더라도 놀리는 사람의 의도를 적대적인 것으로 귀인하는 사람일수록 공격적인 행동을 보이는 빈도가 높다고 한다. 즉, 외적 사건에 대한 인지적 판단에 따라 분노가 달라질 수 있는 것이다.

둘째, 본질적인 욕구를 보호하기 위해 느끼는 분노는 인간이 가지고 있는 기본적인 생존 욕구가 해결되지 않거나 무시될 때 생겨나는 정서적 혼란에 기인하여 느끼게 된다. 개인은 각자 서로 다른 성품을 가지고 있고, 성품에 따라 각기 다른 동기와 욕망에 반응한다. 어떠한 사람도 동일한 배경이나 경험을 가지고 있지 않기 때문에 각자 나름의 독특한 삶의 욕구를 가지고 있다. 학교폭력 상황에서 청소년은 의미 있는 사회적 관계를 맺고 싶은 욕구가 거부됨으로써 분노를 느끼게 되고, 이러한 자신의 욕구가 채워지지 못할지도 모른다는 불확실성 때문에 더욱 쉽게 감정적 기복을 겪게 되는 것이다.

셋째, 기본적인 신념을 보호하기 위해 느끼는 분노는 타인이 자신이 생각하는 가장 궁극적인 신념에 대해 무감각하다고 여길 때 느끼게 된다. 이러한 분노를 통제하기 위해서는 언제 자신의 신념을 굳게 해야 하는지, 언제 이 세계의 불완전함을 받아들여야 하는지의 미묘한 차이를 알아야 한다. 개인이 이에 대해 올바로 정립되지 않아 분노를 느낀다면 아이러니하게도 개인의 좋은 신념이 역효과를 내고 있음을 의미한다. 이처럼 개인이 신념을 침해당했을 때 분노를 조절하는 방법을 아는 것은 어렵다. 자신 스스로의 믿음에 집착하고 독단적이 될수록 더욱 쉽게 분노하게 된다. 이는 옳은 것도 도가 지나치면 안 되는 이치와 같다.

이와 같은 분노를 개인의 가치, 욕구 그리고 신념을 스스로 보호하고자 하는 감정이라고 정의할 때, 분노에 취약한 순간, 즉 자신이 쉽게 분노를 느끼는 순간을 알아차리기가 더 쉬워진다. 이런 분노는 상황에 따라 좋은 것일 수도, 나쁜 것일 수도 있다. 분노가 합리적인 문제와 연결되고 그것이 적절한 방식으로 소통되기 위해 필요한 것은 균형이다. 이는 분노를 다루는 다양한 방식을 살펴보고 선택할 필요가 있다.

분노를 다루는 방법은 사람마다 기질과 상황에 따라 다르므로 모두 똑같을 수 없지만, 보편적으로 사용할 수 있는 분노를 다스리는 다섯 가지 방법, 즉 '억압' '노골적인 공격성' '소극적인 공격성' '적극적인 분노' '놓아 보내기'가 있다. 이 중 '억압'과 '소극적인 공격성'은 피해학생에게서 볼 수 있는 분노 조절 특징이고, '노골적인 공격성'은 가해학생에게서 볼 수 있는 분노 조절 특징이며, '적극적인 분노'와 '놓아 보내기'는 피해학생과 가해학생 모두 사용할 수 있는 분노 조절 방법이다.

피해학생에게서 볼 수 있는 분노 조절 특징 첫 번째는 '분노를 억압하지 않기'다. 많은 사람은 자신의 분노를 받아들이려 하지 않는데, 이는 그 감정을 무시하는 권위적인 사람으로부터 야기된 두려움 때문이다. 분노란 전 생애에 걸쳐 모든 사람에게 자연스럽게 나타나는 감정인데도, 우리는 이러한 자신의 감정이 결코 정상이 아니라고 생각하도록 배워 왔다. 대부분의 사람이 자신의 생각이 다른 사람들과 다르다는 이유로 무시를 당한 경험이 있다. 그래서 자신을 표현할 경우 좋은 결과를 가져올 수 없다는 생각을 하게 되고 분노를 억압하게 되는 것이다. 학교폭력 상황에서 피해학생이 '화를 잘 내는 사람으로 친구들에게 알려진다면 친구들과 좋은 관계를 유지할 수 없을 것이다.'라고 생각하는 경우가 이에 해당한다. 즉, 모든 분노는 나쁘기 때문에 그것을 표현하면 안 된다고 생각하는 것이다. 억눌린 분노는 분노를 해소하는 데 아무런 도움이 되지 못한다. 분노는 스스로 사라지지 않으므로 의식적으로 분노를 억압하지 않고 표현하도록 해야 한다.

피해학생이 다음의 항목 중 5개 이상 체크했다면 억압된 분노의 고정된 패턴을 가지고 있는 것으로, 관계 속에 일종의 감정적인 불신이 자리 잡고 있음을 의미한다.

〈표 6-2〉 체크리스트 1

내용	체크
1. 나는 이미지에 굉장히 신경을 쓴다. 다른 사람들이 내 문제를 알게 되는 걸 원치 않는다.	
2. 나는 매우 허둥지둥할 때도 남들 앞에서는 아무렇지 않게 정신을 차린 듯이 행동한다.	
3. 내 문제나 좌절을 다른 이들에게 이야기하는 것을 자제하는 편이다.	
4. 가족이나 친구가 나를 화나게 한다면, 그것에 대해 아무 말도 하지 않은 채 며칠을 보낼 수 있다.	
5. 나는 자주 우울해지거나 기분이 가라앉는 편이다.	
6. 많은 사람이 전혀 알아차리지 못하지만, 나는 분노에 가득 찬 생각을 자주 한다.	
7. 육체적인 불편함으로 고생하고 있다(예: 두통, 위염, 불규칙한 수면).	
8. 나의 의견이나 내가 원하는 것들이 정말 정당한 것인지 궁금할 때가 있다.	
9. 가끔은 원치 않는 상황에 마주칠 때 무기력하게 마비됨을 느낀다.	
10. 민감하거나 문제를 일으킬 만한 주제에 대한 이야기를 이끄는 편이 아니다.	

피해학생에게서 볼 수 있는 분노 조절 특징 두 번째는 '소극적으로 공격성 표현하기'다. 화가 나서 폭발하고 싶은 유혹에 빠지지 않겠다고 아주 강한 결심을 하고, 시끄럽게 화를 내거나 언어의 폭력에 휘말리지 않는다. 다수의 피해학생이 이러한 방법을 사용하는데, 이들은 분노에 저항하기 위해 과도하게 강한 다짐을 하면서 소극적인 공격성을 키우게 된다. 소심한 공격은 최소한의 마음의 상처를 받으면서 분노를 통제하고자 하는 욕구에 의해 일어나는데, 이런 분노의 형태는 자신이 화났다는 것을 알고 있다는 점에서 분노의 억압과는 다르지만 이 중 많은 사람은 이미 분노를 억압하는

습관을 가지고 있다. 가해학생에게서 주로 볼 수 있는 노골적인 공격성처럼 다른 누군가의 희생으로 자신의 가치, 욕구, 신념을 보호한다는 점은 동일하지만, 개인적으로 상처를 덜 입으면서 더 조용한 방법으로 이루어진다는 차이점이 있다. 상담자는 소극적인 공격성도 분노를 표출하는 하나의 방법임을 인정하고, 피해학생이 상대를 이기기 위해 전력을 다하기보다는 옳고 그름을 계산하지 않고 자신과 타인의 개인적 차이에 대해 솔직해질 수 있도록 도와주는 것이 필요하다.

피해학생이 다음의 항목 중 5개 이상에 체크했다면 소극적인 공격성을 사용하여 자신의 분노를 표현하고 있는 것이다. 자신은 분노를 성공적으로 억제하고 있다고 생각하겠지만 사실은 미래에 긴장을 불러일으킬 수 있는 방법으로 분노를 표현하고 있을 뿐임을 의미한다.

〈표 6-3〉 체크리스트 2

내용	체크
1. 나는 좌절할 때, 다른 사람들을 불편하게 한다는 것을 알면서도 말을 하지 않는다.	
2. 나는 쉽게 토라진다.	
3. 하기 싫은 일은 뒤로 미룰 것이다. 나는 게을러질 수 있다.	
4. 누군가가 내게 좌절감을 느끼는지 물어볼 때, 나는 아무렇지 않다고 거짓말을 할 것이다.	
5. 나는 다른 사람들이 나를 귀찮게 하지 않도록 의도적으로 둘러댈 때가 있다.	
6. 나는 가끔 성의 없이 일을 처리할 때가 있다.	
7. 누군가가 나의 문제점을 이야기할 때, 나는 상대를 똑바로 쳐다보면서 일부러 고집 세게 나간다.	
8. 나는 뒤에서 사람들에 대해 불평을 하지만, 만나서 대놓고 말할 기회는 피한다.	
9. 가끔 나는 뒤에서 하는 못된 행동에 휩쓸린다.	
10. 나는 때때로 누군가를 화나게 할 것을 알면서도 그들의 부탁을 거절한다.	

피해학생이 사용할 수 있는 분노 조절 방법 하나는 '적극적으로 분노하기'다. 분노가 개인의 가치, 욕구, 신념을 보호하는 것이라고 정의된다면, 적극적인 분노는 다른 사람의 욕구와 기분을 배려하면서 이러한 보호를 이루어 내는 것을 말한다. 이런 형태의 분노는 개인의 성숙과 안정감을 보여 주는 것으로, 관계가 성장할 수 있도록 도울 수 있다. 진정한 적극적인 분노란 다른 사람과 갈등 상황을 만드는 것도, 다른 사람에게 해를 입히고자 하는 것도 아니다. 더 건설적인 방식으로 자신의 감정을 소통하고자 하는 것이다. 따라서 상담자는 피해학생이 가해학생과의 관계에서 존중받지 못하고 무시당한다고 느끼던 부정적인 과거를 잊고, 그 문제가 사소한 것인지 아닌지를 분명히 한 뒤 중요한 문제일 경우에만 자기훈련과 타인의 존엄성 존중을 기반으로 감정적인 에너지를 사용하도록 도울 필요가 있다.

또 다른 분노 조절 방법은 '분노를 놓아 보내기'다. 사실 분노에 대해 결정할 때 가장 어려운 것이 분노를 놓아 보내는 것이다. 타인과 소통하고자 하는 정당한 신념을 가지고 있지만 적극성이 효과가 없을 때, 또는 많은 조정을 하면서 삶을 살고 있지만 여전히 불완전함에서 벗어나지 못할 때 분노를 떠나 보내는 것이 효과적이다. 분노를 놓아 보낸다는 것은 피해학생 스스로 자신의 상황을 완전히 통제할 수 없음을 받아들이는 것을 의미하고, 자신의 개인적 한계를 인정하는 것이다. 이는 용서하기로 선택하는 것과 더불어 서로의 차이를 용납하는 것을 의미한다. 상담자는 피해학생이 분노를 떠나 보낼 수 있도록 분노를 해결하는 것이 다른 누군가의 결정에 달려 있는 것이 아니라 스스로 분노를 버리고 인자함과 용서를 행하는 것임을 알고 행하도록 도와야 한다.

> **Point!**
>
> 1. 피해학생이 느끼는 분노가 어떠한 목적을 위한 분노인지를 스스로 명확하게 알게 한다.
> 2. 피해학생 자신이 어떠한 분노 조절 특징을 가지는지 알도록 한다.
> 3. '적극적으로 분노하기' '분노를 놓아 보내기' 등의 방법으로 분노를 건강하

게 다룰 수 있도록 도와 피해학생이 자신에 대한 존중감을 회복하고, 또래와의 건강한 관계를 스스로 회복할 수 있도록 돕는다.

② 피해학생 부모 상담

피해학생의 부모는 자녀가 보이는 위축되고 의기소침하며 자신감 없고 불안하고 초조한 모습을 보면서 답답함을 느낀다. 피해학생의 부모는 연약한 자녀를 돕기 위해 자신이 직접 나서 자녀를 대신하여 자녀의 의사를 표현하고 자녀의 문제를 해결하려는 경향을 보인다. 특히 자녀가 학교폭력의 피해를 당했다는 사실을 인지하게 되면, 대부분의 부모는 자신의 감정을 절제하지 못하고 격분하는 모습을 보인다. 이러한 피해학생 부모는 학교폭력의 원인을 가해학생, 교사, 학교 등 외부로 돌리는 경향이 있다. 이와는 반대로 몇몇 부모는 학교폭력의 원인을 자신의 자녀에게 돌리기도 한다. 이 경우 자녀의 성격, 또래관계의 미숙함, 신체적 특성, 사회 및 정서적 특성 등이 학교폭력을 초래했다고 판단하고 자녀를 비난한다. 두 유형의 부모 모두 피해학생에게 효과적인 도움을 제공하는 데 한계가 있으므로, 상담자는 부모들이 다음과 같은 도움을 줄 수 있도록 안내해야 한다.

첫째, 자녀의 부족함을 인정하도록 한다. 피해학생이 가지는 여러 가지 부족한 점을 그대로 인정하는 것이 필요하다. 상담자는 부모가 자녀의 부족한 부분을 개발시키려고 노력하는 것은 좋지만 부족한 부분을 인정하지 않는 태도는 자녀와의 관계, 교사와의 관계, 자녀의 또래와의 관계에 문제를 초래할 가능성이 큼을 주지시킨다. 둘째, 자녀가 감정과 의사를 표현할 기회를 많이 제공하도록 한다. 피해학생의 부모는 답답한 마음에 자녀의 의사와 감정을 대신 표현해 주는 특징이 있다. 특히 이는 고학력 부모일수록 더하다. 이는 피해학생들은 자신의 감정과 의사를 분명하게 표현하는 능력을 길러야 하는데 부모가 그 기회를 빼앗는 것이므로, 상담자는 부모로 하여금 답답하더라도 자녀의 이야기를 기다려 주고 경청하도록 도와야 한다. 셋째, 자녀를 지지하도록 한다. 피해학생이 내 부모는 내 편이라는 생각을 가지도록 하는 것이 중요하다. 자녀가 자주 학교폭력에 노출될 경우 부모는 실망하고 자포자기하는 경우가 많다. 특히 자녀를 비난하거나 문제의 근본 원인으로 지적하는 것은 문제 해결에 도움이 되지 못하므로, 상담자는 부모가 끝까지 자녀를 응원하고 지지하도록 이끌어야 한다. 넷째, 적극적으로 도움을 구하도록 한다. 학교폭력은 다양한 원인으로 발생하므로 문제 해결 또한 다양한 차원에서 접근해야 한다. 따라서 피해학생 또는 피해학생 부모의 대처만으로는 역부족일 경우가 많으므로, 상담자는 부모에게 담임교사, 상담교사, 학교폭력 피해를 경험한 학부모, 사회복지사, 경찰, 의사 등 접근 가능한 많은 사람에게 도움을 청하고 협력적인 관계를 맺도록 안내해야 한다.

다음은 교육부(2012)에서 제시하는 구체적인 학교폭력에 따른 보호자의 대처 방법이다.

〈표 6-4〉 학교폭력에 따른 보호자의 대처 방법

피해학생 부모가 해야 할 일	피해학생 부모가 해서는 안 되는 일
• 아이를 응원해 주세요. 　"절대 네가 잘못한 게 아니야."라고 지지해 주세요. • 도움을 요청하세요. 　먼저 담임교사에게 학교폭력 사실을 알리세요. • 증거를 확보하세요. 　문자 메시지, 이메일, 음성 녹음, 상해 진단서 등 • 보호해 주세요. 　교문 앞에서 아이를 기다려 주세요.	• 아이를 탓하지 마세요. 　학교폭력은 당신 자녀의 문제가 아닙니다. • 부끄러워하지 마세요. 　피해 사실을 축소, 은폐하지 마세요. • 힘든 내색하지 마세요. 　부모가 절망하면 아이는 더 움츠러들어요. • 보복하지 마세요. 　보복으로 아이의 상처를 치료할 순 없어요. • 도피하지 마세요. 　문제 회피, 침묵, 전학, 이사는 해결책이 아니에요.

   피해학생 부모의 상담은 이처럼 위기상담과 부모교육을 병행하고, 자녀가 당한 피해와 그로 인한 분노에 대해 정서적 공감과 지지를 우선적으로 제공하고 문제 해결 방안을 제안하면서 문제에 이성적으로 접근해 줄 것을 당부하는 것이 중요하다. 또 이번 사건에 대한 원만한 해결뿐 아니라, 향후 피해학생이 또다시 피해를 당하지 않기 위한 근본적인 해결책, 예를 들어 부모의 자녀 양육 태도, 가정환경, 피해학생의 개인적인 특성 등을 모색하는 것이 중요하다. 여기에서 주의해야 할 점이 있다. 만약 피해학생이 폭력의 동기를 유발했다는 식의 책임이 거론되면 피해학생 부모의 분노감과 억울함은 상담자도 '내 편이 아니다'라는 식의 불신으로 되돌아올 수 있으므로, 피해학생 부모가 문제 해결을 위해 구체적인 목표와 한계를 인식하고 자발적으로 결정한 후 스스로 노력하도록 도와야 한다. 만약 이성적으로 상담을 진행해 나가기 어렵다고 판단되는 피해학생 부모의 경우에는 심리적으로 안정을 취할 수 있도록 전문적인 상담이나 치료 전문가에게 연결해 주는 것도 필요하다.

Point!

피해학생의 부모에게는 정서적 지지, 문제 해결 방안 제시, 이성적 접근 당부가 중요

상담자는 피해학생과 피해학생의 부모가 다음의 갈등 해결의 원칙을 이해하도록 돕는다.

1. 나와 상대방 사이에 갈등이 존재하는 것은 자연스러운 현상임을 이해한다.
2. 갈등 자체에 문제가 있는 것이 아니라, 갈등을 어떻게 해결하느냐가 더 중요하다.
3. 자신이 겪고 있는 갈등을 감추거나 피하지 말고, 있는 그대로 인정하고 수용해야 한다.
4. 갈등의 해결은 자신의 입장을 이해하고 상대방의 입장을 수용하려는 노력에서 출발한다.
5. 갈등을 즉각적으로 해결하는 것만이 능사가 아니다.
6. 갈등 해결을 위해 이야기할 수 있는 적절한 시간과 장소를 선정한다.
7. 갈등을 다루기 위해서는 우선 서로에 대해 느끼고 있는 긍정적인 마음을 보

여 주며 섭섭한 마음을 솔직하게 표현한다.

8. 적절한 자기표현은 갈등 상황을 원만하게 해결하는 데 도움이 된다.

9. 갈등 상황에 대한 각각의 입장을 충분히 이야기한다.

10. 이야기를 나눌 때는 나와 상대방이 서로가 처한 입장에 따라 문제를 보는 시각이 다를 수 있음을 이해하고, 각각 갈등 상황에 대해 어떻게 파악하고 있는지 확인한다.

11. 서로가 인정하고 수용할 수 있는 해결책을 찾는다.

(2) 가해학생 및 가해학생 부모의 심리: 충동성, 분노 조절 미숙, 공감 능력 결여, 책임 회피, 폭력성

가해학생 및 가해학생 부모는 내가 혹은 내 자녀가 폭력을 행했음에도 대부분 폭력 자체를 부인하거나 최소화하려는 심리적 특성을 보인다. 가해학생은, 특히 정서적인 폭력의 경우에 그 자체를 폭력이 아닌 장난으로 취급하는 경우가 많고, 집단일 경우에는 집단행동을 합리화하며 개인의 행위에 대해서 책임감을 약화시키는 경우가 많다. 가해학생 부모는 믿고 있는(혹은 관심 밖의) 내 자녀의 폭력 가해에 대해 피해학생 측의 요구 조건을 인정하기 어렵고, 처벌이든 보상이든 최소화해야 한다는 생각을 가지고 있다. 이러한 무책임하고 반성 없는 모습은 사건을 조사하고 상담을 진행하는 교사의 마음마저 닫아 버리게 한다.

가해학생은 충동적인 욕구를 절제하지 못하는 특성이 있다. 자신이 하고 싶은 일이 생기면 그것이 비도덕적이고 규칙에 어긋나더라도 가능한 한 모든 수단을 동원해 시도하려 한다. 또 자신이 의도하는 대로 일이 진행되지 않거나 원하는 욕구가 충족되지 않으면 쉽게 분노를 표출한다. 정도가 심한 분노를 표출하기도 하고, 자신이 피해를 당했다고 생각되면 자신이 당한 것 이상으로 되갚아 주려는 복수심이 강한 특징을 보인다. 그리고 상대방의 느낌이나 감정, 정서 등을 공감하지 못하는 특성이 있다. 상대가 무슨 생각을 하는지, 어떤 고통을 겪고 있는지 공감하는 능력이 현저하게 떨어지는 것이다. 또한 자신의 행동에 대해 정당성을 강조하며 변명을 하고 상대방에게 사건에 대한 원인을 돌리기도 한다.

　가해학생의 부모 역시 당황스러움, 의심, 혼란, 합리화, 사건의 축소, 염려, 미래에 대한 불안감 등의 정서적 반응을 나타낸다. 실제로 자식의 폭력적인 행동에 대해서 허용적인 입장을 취하는 것으로 나타났다. 그리고 학교폭력 가해학생의 부모는 과잉허용의 부모 양육 태도를 보이는데, 자녀의 학교폭력 문제를 적절하고 합리적인 방향으로 해결할 능력과 함께 자녀의 성장을 돕는 능력을 갖출 필요가 있다. 따라서 상담자는 처벌받아야 하는 폭력 문제의 현실적인 부분과 가해학생 측이 요청한 도움을 잘 파악하여 적절한 방법을 모색해야 한다.

① 가해학생 상담

　학교폭력 사안에서는 피해학생의 주장만 믿고 가해학생의 잘못을 단정지어서는 안 된다. 가해학생이 사실에 대해 충분히 설명할 기회를 가지도록 하고 이를 객관적으로 확인하는 과정이 매우 중요하다. 가해학생의 상담은 심리상담(분노 표출, 분노 조절, 장래 목표 설정), 처벌 직면, 환경적 요인 제거가 기본이 된다. 가해학생에게 폭력의 비정당성을 인식시키고, 동시에 자신의 행위에 대한 책임을 느끼도록 해야 한다. 가해학생이 잘못을 부인하고 사건을 축소, 은폐, 부인하려고 할 때도 공감과 지지를 적절히 사용하여 부드러운 태도를 유지하면서, 왜 폭력을 행사하게 되었는지 그 심리적·환경적 요인을 파악하고, 가해학생의 행동이 어떤 결과를 만들었는지 분명하고 확실하게 알려 주는 것이 중요하다. 상담자가 지나치게 훈계하거나 평가하는 태도는 지속적인 상담을 어렵게 할 수 있으므로, 비난하거나 심문조의 태도를 삼가면서 가해학생에게 자신의 욕구를 위해 폭력을 사용하는 것은 성인이 되어서도 심각한 문제를 야기할 수 있음을 인식시키도록 한다. 그리고 상담자는 가해학생이 피해학생이 당한 피해 상황과 그 충격을 이해하도록 돕고, 앞으로 거치게 될 조치 과정을 구체적으로 설명하여 현실적으로 어떠한 처벌에 직면할 수 있는지 알게 할 필요가 있다.

　상담자는 가해학생과 눈을 마주치면서 부드러운 어조와 강한 어조를 적절히 활용하고, 가해학생을 둘러싼 환경적인 요인이 일회적 성격을 지닌 것인지, 학생의 성장 과정, 가정 내 부모 및 형제자매 간의 문제, 교우관계, 사제관계 등의 구조적인 문제에 기인한 것인지를 파악하고 부정적인 요인이 제거되도록 돕는 것이 중요하다.

• 상담자는 가해학생이 자신의 잘못을 알고 책임지도록 돕는다.

가해학생이 자신이 저지른 폭력행동에 대해 죄의식을 가지고 피해학생에게 미안함을 표현하도록 지도하는 것이 중요하다. 구체적으로 상담자는 가해학생을 포함한 학급 학생들을 대상으로 학교폭력 가해학생과 피해학생에 대해 자신의 생각은 어떠한지 물어보며 주의를 환기시킨다. 그리고 '만약 내가 친구들에게 왕따를 당한다면?' 또는 '만약 내가 친구들에게 심한 욕을 듣거나 신체적 폭력을 당한다면?' 등과 같은 상황을 제시하여 학교폭력 피해학생의 입장이 되어 봄으로써 폭력행위가 다른 사람들에게 미치는 영향력을 이해하도록 돕는다. 이를 통해 가해학생은 자신이 경험한 폭력 사건과 관련하여 자신의 경험을 객관적으로 살펴볼 기회를 부여받아 자신에 대한 이해와 더불어 자신이 저지른 행동을 인식하고, 나아가 피해학생에게 미안함을 표현할 수 있다. 그리고 자신에 대한 이해를 넓히고 책임의식을 확실히 인식할 수 있다.

기억 속으로
• 내가 경험한 사건은
　– 언제
　– 어디서
　– 누구와
　– 어떤 일로
　– 어떤 결과가 일어났나

• 나는 어떤 이유로 이렇게 행동했을까?

• 내가 하지 말아야 했던 행동은? 그 행동의 결과는?

• 내가 해야 했던 행동은? 그러지 못한 결과는?

• 앞으로 이런 상황을 다시 경험한다면 나는?

▲ [그림 6-2] 활동지

　상담자는 [그림 6-2]의 활동지를 이용하여 가해학생이 자신이 저지른 폭력이나 경험한 갈등 상황에서 어떻게 행동했는지 생각해 보고, 자신의 행동에 대한 문제의식을 느끼며 하지 말아야 했던 행동과 해야 했던 행동이 무엇인지 생각하도록 지도한다. 그리고 만약 앞으로 비슷한 일이 다시 일어날 경우 어떻게 대처할 것인지, 이전의 판단과 어떤 점에서 다른 결과를 가져올 것인지 등을 생각해 보도록 하여 가해학생이 자신의 잘못을 부정하거나 회피하지 않고 용기 있게 시인하도록 도와주어야 한다.

> **Point!**
>
> 1. 가해학생이 자신이 저지른 행동을 인식하고 미안함을 표현하도록 한다.
> 2. 자신이 한 행동을 시인하고 자신의 잘못을 되돌아보도록 돕는다.
> 3. 자신의 폭력적 행동으로 어떠한 결과를 초래했는지, 자신이 직면하게 될 처벌은 무엇인지에 대해 알게 한다.

- 상담자는 가해학생이 분노를 조절하고 피해학생에게 용서를 구할 수 있도록 돕는다.

가해학생이 자신의 분노 감정을 조절하는 방법을 익히고 자신의 잘못을 당당하게 수용하는 태도로 사과할 수 있는 마음을 가지도록 지도해야 한다. 상담자는 가해학생 스스로 화가 났을 때의 행동을 돌아보고 분노 감정을 조절할 수 있도록 하여 궁극적으로 분노 정서에 적절히 대처하도록 조력해야 한다.

흔히 가해학생이 보이는 분노 조절 특징으로는 '노골적으로 공격성 표현하기'가 있다. 이는 다른 누군가를 희생시켜 그 대가로 개인의 가치, 욕구, 신념을 지키려는 자기보호의 자세로, 말다툼, 비난, 불평하기, 냉소적인 태도 등으로 표현된다. 겉으로 드러난 공격성은 개인의 욕구를 너무 강조한 나머지 다른 사람의 욕구에는 심하게 둔감한 경우에 나타나는데, 이에 따라 사실상 비겁한 짓을 당연시하게 되는 모습을 볼 수 있다. 무척 점잖은 사람도 통제력을 잃고 분노를 발산하는 것은 매우 흔한 일로, 아주 비판적인 방식으로 타인에게 고통을 주는 말을 하고 상대를 몰아세우거나 참을성 없이 말을 한다. 이러한 노골적인 분노는 숨기지 않기 때문에 아주 쉽게 눈에 띈다. 상담자는 비록 건강하지 못한 방법이지만 이 또한 분노를 표현하는 하나의 방법임을 인정하고, 가해학생이 감정적으로 균형을 이루어 세상이 불완전함을 받아들이고 모든 사람을 자신이 생각하는 틀 안으로 집어넣을 수 없다는 한계를 인정하도록 도와주어야 한다. 또 '너는 반드시 나를 인정해야 해. 내가 인정받지 못한다면 난 참을 수 없어.'와 같은 욕구가 정도 이상의 욕구임을 인식하게 하고 '나의 정당한 욕구를 알아줘. 나 좀 존중해 줘.'와 같이 정상적인 생각으로 인식을 변환하도록 도와야 한다.

가해학생이 다음의 항목 중 5개 이상 체크했다면 거침없이 공격하는 분노의 패턴을 가지고 있는 것으로, 친구나 가족과 계속하여 다투고 있음을 의미한다.

〈표 6-5〉 체크리스트 3

내용	체크
1. 누군가가 나를 좌절시키는 어떤 행동을 할 때, 퉁명스러워지고 격해진다.	
2. 나의 신념을 말할 때 내 목소리가 점점 커지기 시작한다.	
3. 누군가가 어떤 문제에 대해 내게 반대할 때 나는 준비되었다는 듯이 반박한다.	
4. 아무도 나의 의견을 추측할 필요가 없다. 나는 나만의 관점이 확실한 사람으로 알려져 있으니까.	
5. 무언가가 잘못되었을 때, 나는 문제를 해결하는 일에 너무 집중해서 다른 사람의 기분을 무시한다.	
6. 누군가와 의견 차이가 있을 때, 몇 번이고 하던 말을 반복하는 편이다.	
7. 다른 사람이 틀린 게 분명할 때, 나는 그 생각을 혼자만 간직하기가 어렵다.	
8. 나는 의지가 강하다는 평판이 있다.	
9. 나는 다른 사람들이 물어보지 않은 경우에도 충고하는 편이다.	
10. 나는 가족과 다툼에 휘말린 적이 있다.	

이러한 특징을 보이는 가해학생에게 다음과 같은 방법으로 분노 조절을 훈련시킬 수 있다.

분노 조절 방법

스스로 '잠깐'	자기독백	화나게 한 사람 에게 화난 마음 이야기하기	다른 사람에게 이야기하기	혼자 풀기 연습
폭력을 행사하기 전 마음속으로 '잠깐!'이라고 외치고 잠시 감정을 다스릴 시간을 갖는다.	'나는 지금 무엇 때문에 화났다.' '나는 화가 난 것을 침착하게 말로 할 수 있다.'라고 마음속으로 먼저 생각한다.	"네가 지나가다 나를 쳐서 난 지금 기분이 나빠." 처럼 상대방이 나에게 한 행동과 그로 인해 생긴 내 감정을 이야기한다.	자신이 화가 난 이유, 화낼 때의 기분, 화가 난 후의 느낌 등을 자신이 편하게 이야기할 수 있는 사람에게 털어놓는다.	화가 날 때 이를 해소할 나만의 방법(예: 음악 듣기, 운동하기, 노래 부르기, 베개 치기 등)을 찾아 실행한다.

TIP.
- 학생들에게 언제 화가 나는지, 그리고 그때 자신에게 나타나는 심리적 · 신체적 반응은 어떠한지 생각해 보도록 하고, 학생들의 이야기를 요약하여 정리해 준다.
- 분노를 적절히 해소하지 못하면 이후 문제가 될 수 있음을 인식시키고, 문제 상황에서 자신의 행동과 감정을 통제하는 것이 중요함을 알게 한다.
- 분노를 효과적으로 다룰 방법을 스스로 탐색하도록 한 후 구체적인 방법을 안내해 준다.
- 화가 난 상황에서 상대방과 대화할 때, 화가 난 사실을 이야기하되 상대를 비난하지 않고 화가 난 그 행위에 대해서만 말하며, 이 일과 관련 없는 과거의 일은 꺼내지 않도록 주의시킨다.
- 나중에 후회할 말과 행동을 삼가고, 상대와 타협할 방법을 찾는 것이 좋음을 조언한다.

- 상담자는 가해학생이 자신의 행동에 대한 처벌을 수용하고 긍정적으로 변화하도록 돕는다.

학교폭력 가해자는 피해자가 겪는 심리적인 고통, 정신적 스트레스를 이해하거나 충분히 공감하지 못하기 때문에 발생하는 경우가 많다. 자신의 손해를 감수하면서 더 힘든 상대방에게 양보하고 위하는 행동인 배려와 상대방의 입장에서 상대방이 생각하고 느끼는 것과 동일하게 경험하는 공감은 가해학생으로 하여금 자신의 행동에 대한 처벌을 수용하고 다르게 행동하기 위해 노력하며, 자신의 성장 가능성을 탐색하도록 하는 데 기본이 되는 품성이다.

최근 학교폭력의 큰 특징 중 하나로 가해학생의 가해 이유가 단순한 장난이거나 특별한 이유가 없는 경우가 많은 것을 꼽을 수 있다. 가해학생이 처벌을 받는다 하더라도 피해 상황에 대해 공감하지 못하여 다시 학교 현장으로 돌아가 학교폭력을 일삼고 금품 갈취, 절도 등의 행위를 하는 경우가 많음을 고려한다면, 학교폭력의 예방과 재발 방지를 위해서라도 배려와 공감은 반드시 함양되어야 할 요소라 할 수 있다. 공감 능력이 공격성에 직접적인 영향력을 미치지는 않지만, 친사회적 행동을 하는 데 영향을 미침으로써 결과적으로 공격성을 감소시키거나 억누르는 효과를 가져올 수 있다. 또 대인관계 능력, 이타적 행동 등과 관련이 깊은 공감 능력이 높을수록 타인과 관계를 잘 맺으며 타인을 도우려는 행동을 보인다. 실제로 공감 능력이 높은 사람은 다른 사람을 쉽게 공격하지 않으며 오히려 공격받는 사람이 있을 때에 이들을 돕고자 노력하는 경향이 있고, 학교폭력을 목격한 상황에서도 이를 방조하거나 가해자에게 동조하기보다는 피해자를 방어하려는 모습을 보인다.

이러한 배려와 공감은 고정된 능력이 아니다. '친구 인터뷰하기' '퍼포먼스, 표어, 그림, UCC 등을 통해 공감이 무엇인지 생각하고 표현하기' '용서 편지 쓰기' '친구에게 상장 수여하기' 등의 집단 상담 활동을 통해 참여자들의 공감 능력을 향상시킨 공감 훈련 프로그램은 체계적인 훈련을 통해 공감 능력을 증진하고 지속적으로 그 능력을 유지하게 할 수 있다는 것을 증명한다. 따라서 상담자는 가해학생에게 남을 배려하는 행동이 일시적으로는 지는 것 같으나 장기적으로는 이기는 행동이며 바람직한 또래관계의 바탕이 될 수 있음을 알려 주고, 학교나 가정에서 스스로 어떠한 배려를 실천할 수 있는지 생각해 보도록 하는 것이 중요하다. 또한 친구가 마음이 힘들거나 괴로워서 화가 났을 때 그 친구의 마음을 헤아리며 자신이 따뜻한 말한마디를 건넨 상황과, 반대로 친구가 자신을 지지하고 공감해 준 상황을 생각하며 공감의 의미를 되새겨 보도록 도와준다. 이를 통해 가해학생은 타인을 배려하고 공감하는 마음과 자세를 가지게 됨으로써 또래관계에서의 갈등 상황을 효과적으로 해결할 수 있게 되고, 나아가 긍정적으로 변화하는 자신에 대해 자긍심을 가질 수 있게 되며, 자신의 행동으로 상처받은 상대방에게 자신의 생각이나 마음을 효과적으로 전달하는 용기와 책임감을 가질 수 있게 된다.

> **Point !**
>
> 1. 분노하는 마음은 공감할 수 있지만 폭력을 사용하는 것은 정당하지 않음을 주지시킨다.
> 2. 가해학생이 자신의 분노를 조절하는 방법을 익히도록 돕는다.
> 3. 가해학생 스스로 잘못을 당당하게 수용하고 피해학생에게 사과하고 용서를 구하도록 한다.

② 가해학생 부모 상담

가해학생의 부모 상담은 조심스러우면서도 단호하게 문제 해결을 위한 가해학생의 위기상담과 전문적인 부모교육이 병행되는데, 가해학생의 부모에게 자녀의 문제에 대한 책임을 묻고 비난하는 식의 태도를 삼가고, 자녀가 그럴 수밖에 없었음을 이해해 주고 공감해 주는 것이 중요하다. 상담자는 부모의 심정을 잘 듣고, 공감하고, 치료 동맹 관계를 잘 맺어 나가야 하고, 가해학생 부모의 불만 사항을 공감해 주고 부모로서의 역량에 대해 자신감을 회복하도록 도와주어야 한다. 자녀가 일으킨 문제로 교사 앞에 불려 왔다는 수치심은 자녀가 행한 폭력에 대한 당황스러움과 혼란, 막연한 불안감을 느끼게 하므로, 피해학생 부모는 상담보다 자존심을 다치지 않게 조심해야 할 필요가 있다. 가해학생 부모가 느끼는 수치심은 자신의 자녀를 비난하거나, 드러난 폭력을 축소하려 하거나 부인하는 등의 여러 가지 양상으로 나타난다. 심지어 폭력 발생의 원인을 피해학생의 잘못으로 책임을 전가하는 경우도 있다.

이와 같은 가해학생 부모가 상담 초기에 느끼는 부정적인 감정들을 상담자가 잘 다루어 주지 못하면, 문제가 더 확대되거나 피해학생과 그 부모가 더 큰 고통을 당할 수 있다. 상담자는 가해학생의 부모는 문제를 일으킨 학생의 부모라는 관점에서 피해 사실과 대처 방안을 고지하는 태도를 지양해야 한다. 그들 역시 자신이 원하지 않은 일을 겪은 피해자라는 관점에서 그들이 표현하는 내용을 적극적으로 경청, 공감하고 적절히 반영하며 심리적 안정감을 제공해야 한다.

따라서 가해학생의 부모가 자녀의 보호자이지 책임자가 아님을 인식하도록 하여 부모 자신이 변명, 방어를 내려놓고 자신의 문제를 솔직하게 탐색하고 반성하도록 상담자는 공감과 지지를 해 주고, 부모로서 잘 해결해 나갈 수 있다는 자신감을 가지도록 돕는 것이 중요하다.

이러한 과정이 선행된다면 가해학생 부모는 상담자를 통해 경험한 적극적 경청과 공감을 피해학생과 그 부모를 대하는 태도로 사용할 수 있게 되고, 경우에 따라 피해학생 부모에게 자식으로 인해 원치 않은 일을 당한 부모라는 일종의 동료애를 느끼면서 당면한 문제를 해결하려는 적극적인 의지를 보일 수도 있다. 즉, 맹목적으로 자신의 자녀를 비난하거나 반대로 편드는 태도, 사건을 축소, 부인, 회피, 책임 전가하려는 부정적인 방어기제를 사용하지 않게 된다. 따라서 자신의 자녀가 행한 학교폭력의 실체와 피해 규모를 보다 분명하게 파악하고 적절하게 대처하려는 적극성을 보이게 될 것이다.

이처럼 가해학생의 부모가 심적 부담감과 불편함을 덜게 되면, 가해학생의 책임을 분명히 밝히고 이에 대한 대처와 반성의 중요성을 인식하도록 한다. 교사가 가해학생 부모에게 보인 긍정적인 태도는 당면한 문제를 효과적으로 해결할 뿐 아니라 재발을 방지할 수 있는 측면도 있다. 가해학생의 폭력이 대부분 일회성으로 종결되는 것이 아니라 재발되고 습관적·지속적으로 나타날 수 있으며 폭력의 양상이 동일한 피해학생에게 다시 나타날 수도 있고 다른 대상에게 옮겨져 나타날 수도 있다는 점을 고려한다면, 학교폭력의 근절은 가해학생과 그 부모의 문제 해결을 위한 진정성 있는 태도가 가장 중요하다고 할 수 있다. 따라서 상담자는 가해학생 부모에게 피해학생 부모의 입장에서 심정을 생각해 보고 상대방의 입장을 공감하는 기회를 마련하여 피해학생 부모와의 충돌 없이 협의를 통해 원만한 해결책을 찾을 수 있도록 이끌어야 한다. 또 피해학생의 부모와 가해학생의 부모가 서로 만나 협의하게 되는 상황에서 감정이 상하지 않게 언어의 사용에 각별히 조심하도록 당부할 필요가 있으며, 가해학생의 부모에게는 자녀 양육을 위한 부모교육 상담도 제공하도록 한다.

가해학생은 부모가 보여 주는 태도에 따라 자신의 가해 사실을 인정하고 피해학생에게 용서를 구하는 마음으로 자신이 행한 폭력에 대해 책임을 지려는 태도를 보일 수도, 피해학생이나 부모의 신고에 대해 반발과 복수심을 분노로 표현하여 피해학생과 그 부모에게 더 큰 상처를 주는 태도를 보일 수도 있다. 또 학교폭력 가해학생 대부분은 가정에서 분노가 형성되고, 점진적으로 축적되고 팽창되어 그 분노가 처리되지 않으면 견딜 수 없게 되는 심리적 발달 단계를 경험한다. 이러한 분노를 반드시 배출해야 자신이 살 것 같다고 느끼기 때문에 자신보다 약한 대상에게 분노를 표출한다. 학교폭력의 피해 크기가 클수록 가해학생의 분노 크기를 가늠해 볼 수 있다. 이러한 분노의 발달 단계를 가해학생 부모에게 이해시키고 교사와 부모, 가해학생이 함께하는 상담 과정은 학교폭력을 근절하는 효과적인 접근방법이다.

Point!

경청, 공감, 치료, 자신감 회복 후 자녀의 잘못에 대해 객관적으로 파악하도록 한다. 한국학교폭력상담협회(2015)는 다음과 같은 방법으로 가해학생 부모가 건강한 가정의 중요성과 필요 요건을 이해할 수 있도록 건강한 나무의 성장에 가족을 빗대었다.

1. 개인이 건강하게 성장하기 위해 필요한 요소는 다음과 같다.
   • 태양: 따뜻한 애정, 사랑, 관심 등
   • 산소: 심리적 · 정서적 자양분인 칭찬과 격려, 지지, 공감, 수용 등

- 양분: 의식주, 신체적 자양분
2. 개인의 건강한 성장을 방해하는 요소는 다음과 같다.
   - 심리적 일산화탄소: 비난, 명령, 무시, 폭력, 폭언 등
3. 학교폭력 가해학생은 이러한 요소가 현저하게 부족하여 나타나는 결과로, 가정에서 이미 심리적 일산화탄소를 마신 경험으로 인해 건강한 가정에서 성장한 또래에 대한 열등의식과 피해의식이 내재해 있다.
4. 부모는 자신이 자녀에게 한 말이 심리적 일산화탄소이고, 자녀가 그것에 중독된 증상을 보인다는 사실을 인지하도록 한다.
5. 인지와 동시에 일산화탄소 분출을 중단하고, 산소(칭찬, 격려, 지지, 존중, 관용, 수용, 귀히 여김, 애정 표현 등)를 공급하도록 한다.

3. 학교폭력 상담의 진행

1) 상담 진행 절차

	상담 과정	구체적인 교사 행동 지침
① 상담의 시작	• 라포 형성하기 • 위기 상황에 있는 학생의 경우 안전을 우선 확보하기	• 정서적 지지를 통해 내담자에게 신뢰감과 안정감을 준다. • 신체적 고통 치료 및 정신적 충격에 대한 안정 조치 여부를 확인하고, 차후 적절한 기관을 소개, 연계한다.
② 문제에 관한 정보 수집	• 피해학생 파악하기 • 피해 상황 파악하기 • 가해학생 파악하기 • 학교폭력 발생의 정확한 사실 파악하기	• 학년, 성별, 교우관계, 특이 사항 등을 파악하고, 피해 유형, 피해 정도, 사건이 일어난 원인, 정황을 파악한다. • 학교, 학년, 성별 등 인적 사항, 가해학생 수, 가해의 동기, 다른 피해자 및 유사 사건의 유무, 가정적 특이 사항 등을 파악한다. • 발생의 더욱 구체적인 원인, 일회적인 사건 또는 지속적 사건 여부, 지속적 사건이라면 그동안의 구체적인 피해 내용, 피해 진행 상황을 파악한다.
③ 해결 방안을 위한 실마리 찾기	• 학교폭력 발생에 관한 증거 자료 확보하기 • 내담자의 상담 및 해결에 대한 요구 파악하기(사과, 처벌, 합의, 공감, 재발 방지 등) • 피해학생의 현 상태 이해하기 • 가해학생 측의 대응 방법 파악하기	• 사진, 일기장, 진술서, 목격자 등을 확보하고 필요시 증거 자료를 육하원칙에 입각하여 만든다. • 피해학생의 대처 능력, 적응 능력을 파악하여 피해학생 측(학부모 포함)의 현재까지의 대처 상황을 확인한다. • 학교의 인지 여부 및 해결 시도와 그 과정을 확인한다.
④ 해결을 위한 상담자의 방안 공유 및 제시	• 피해자에게는 당당한 마음과 자기주장 훈련으로 대처하도록 함 • 가해자 측과 학교에 문제 제기	• 구체적 사실과 증거 자료를 바탕으로 한 객관적·공식적 제기 형태가 중요하므로 자료 수집을 형식에 맞게 준비해 둔다. • 경찰 신고 및 법적 소송에 대해 안내하고 준비한다.
⑤ 상담 종결	피해자의 실제 대처 및 문제	• 연락처 등 신상 파악을 해 둔다. • 지속상담, 면담상담, 집단 프로그램 등으로 연결하고, 지원할 수 있는 전문기관 연계 및 지원을 요청한다. 특히 재발 가능성 등 신변의 위험에 대한 경호 지원을 요청한다.

▲ [그림 6-3] 학교폭력 상담 진행 절차

2) 상담 일지 양식

　학교폭력 상담은 크게 전화상담과 면담상담으로 나누어 볼 수 있는데, 두 유형의 상담 모두 필수적으로 기재해야 하는 사항이 있다. 피해·가해자의 인적 상황, 학교폭력 발생의 원인, 유사 사건의 유무, 내담자의 요구사항 등 되도록 자세한 내용을 파악해서 기록해 두어야 한다. 상세한 상담일지는 법적인 증거 자료로 활용되기도 한다.

　학교폭력 상담은 전화로 일차적으로 신고 또는 상담해 오는 경우가 대부분이므로 전화상담이 중요하다. 초기 전화상담 중에는 긴급한 내용에 대해서 적당한 시간 내에(30~60분) 상담해야 하는데, 연속상담 또는 면담상담으로 연결되어 일대일 면담을 통해 학교폭력 문제로 인한 어려움을 극복할 수 있게 심리적·정서적 지원이 수반되도록 해야 한다. 다음 [그림 6-4]는 전화상담 일지 양식의 예시다. 이어 [그림 6-5]는 면담상담 일지 양식의 예시다.

　최근에는 컴퓨터나 스마트폰 등을 이용한 사이버상담도 활발하게 진행되는 추세다. 청소년상담복지개발원에서 운영 중인 청소년사이버상담센터에서는 이 밖에도 사이버 또래상담자를 운영하여 비슷한 연령과 유사한 경험 및 가치관 등을 가지는 청소년들이 일정한 훈련을 받은 후, 자신의 경험을 바탕으로 주변에 있는 다른 또래의 정상적인 발달 과정에서 일어날 수 있는 문제의 해결에 조력하여 이들의 성장, 발달을 도모하는 생활 제반 영역에서 지지적인 도움을 제공하고 있다.

전화상담 일지

사례 번호 :	상담일 :
상담자 :	시 간 : 오전 · 오후 시 분 ~ 시 분(총 분)

내담자	이름		남 · 여	직업		연락처	
	관계	부 · 모 · 형제 · 친척 · 친구 · 교사 · 본인 · 기타: ( )					
	주소					이메일	

학생	이름		남 · 여				가해자 · 피해자

학교폭력	신체적 폭력	금품 갈취	따돌림	괴롭힘	언어폭력	위협 · 협박	사이버 폭력
기타	성(性)	비행	학교 부적응	대인관계	그 외		

중재 개입 필요성		중재 개입 핵심	

▶ 상담 내용 기록

(Ct. - 내담자 내용)

(Ad. - 상담자 내용)

슈퍼비전	

▲ [그림 6-4] 전화상담 일지 양식

면담상담 일지

● 피해자용

이름			남 · 여	기타 특이 사항					
주소				연락처					
피해 유형	따돌림	신체적 폭력	금품 갈취	괴롭힘	언어 폭력	위협 협박	사이버 폭력	성폭력	기타 ( )
피해 기간	1회성	3개월 이내	6개월 이내		1년 이내		1년 이상	기타 ( )	
피해 장소	학교 내			학교 외			기타 ( )		
피해 상황									

● 가해자용

이름		남 · 여	기타 특이 사항	
폭력 경험 (有 · 無)	처벌 경험	1회 · 2회 · 3회 이상	처벌 형태	
기타 (가정 상황)				

● 상담 내용

상담일		상담		상담자	
내담자		연락처			
학교폭력 내용					
주 호소 내용					
현재 상황					
피해자의 요구 사항					
상담 평가 및 결과					

■ 중재 개입

1차 개입	

▲ [그림 6-5] 면담상담 일지 양식

4. 활동하기

지금까지 학교폭력 상담의 이론적 이해와 구체적 상담 과정을 살펴보았다.

1. 다음의 사례에 적절한 학교폭력 상담 계획을 세워 보자.
2. 상담 일지를 작성하면서 추가로 필요한 정보가 있는지도 확인해 보자.

중학교 2학년인 상훈이(가명)는 친구 서너 명과 함께 또래 친구들을 때리는 폭력 사건에 휘말려 학교에서 징계를 받게 되었다. 부모님은 형제가 없지만 착하게 자라 준 외아들 상훈이에게 마음을 많이 썼다. 그러나 상훈이가 중학교에 들어간 이후에는 어려워진 가정 형편 때문에 신경을 써 줄 시간이 부족해졌다. 바쁜 생업으로 항상 집에 늦게 들어오니, 주로 전화로 상훈이를 챙길 뿐이다. 상훈이는 2학년이 되고 집에서도 점점 외로움을 느끼던 차에 반에서 잘나가는 집단의 아이들과 어울리게 되었다. 친구들과 함께 놀면서 부모님의 빈자리가 채워져 가는 것을 느꼈고, 친구들과 함께라면 어떤 일도 할 수 있을 것이라고 생각하게 되었다. 그래서 친구들과 어울려 자연스럽게 노래방에도 가고 술, 담배도 배웠으며, 친구 서너 명과 함께 또래 친구들을 때리는 폭력 사건에 휘말리게 되었다. 상훈이는 학교폭력 가해 이유는 없으며, 친구들과 함께하는 장난에서 시작하였으나 3개월 정도 지속적으로 학교폭력을 하게 되었다고 진술하였다. 상훈이와 친구들에게 학교폭력 피해를 받은 영철(가명)은 4월부터 신체적 접근이 있었고, 꼬집고 주먹으로 등과 어깨 등을 가격했지만 이를 장난으로 받아들였다. 하지만 날이 갈수록 정도가 심해지고 습관처럼 매일 지속되었고, 이에 대해 싫다고 하면 더욱 강도가 세졌다. 하지 말라고 하였으나 그럴 때마다 더 세게 주먹으로 폭력이 가해졌다. 상훈이도 처음에는 장난으로 시작하였으나 이것이 습관화되어 매일 3교시와 야간자율학습 시간에 영철이를 데리고 나가 나뭇가지로 지속적으로 폭력을 행사하였고, 상훈이와 어울리는 친구들은 영철이에게 "부모님한테 알리면 죽여 버리겠다."라며 협박까지 하였다. 상훈이는 날이 갈수록 정도가 심해진다고 생각은 하였으나 친구들을 제지하면 따돌림을 당할 것이 걱정되고 친구들과 어울려 노는 것이 너무 좋으므로 계속 친구들과 어울리려면 내키지 않는 행동도 계속할 수밖에 없었다. 지금 상훈이는 부모님을 생각하면 성실히 생활해야 한다는 마음과 성적이 떨어지는 것에 대한 죄책감이 들지만 어떻게 해야 할지 모르겠다. 또한 피해자인 영철이는 계속되는 학교폭력으로 자살 충동과 잠꼬대, 불안감을 보이며 어머니에게 짜증을 심하게 부리는 등 외상 후 스트레스 증상을 보인다.

3. 지금까지 살펴본 학교폭력 상담에 대한 내용을 바탕으로 상담자가 지켜야 할 10계명을 만들어 보자.

1.

2.

3.

4.

5.

6.

7.

8.

9.

10.

■ 사회 문제의 뿌리는 학교폭력!?

학교에서부터 시작된 왕따와 폭력 문화가 최근 잇따르는 참혹한 사건들의 뿌리가 되고 있다는 분석이 나오고 있다. 군대에서와 똑같은 일들이 학교에서도 벌어지고 있기 때문이다. 요즘 아이들이 얼마나 폭력에 둔감한지는 최근 김해에서 발생한 여고생 사망 사건에서 충분히 확인할 수 있다. 한 달 넘게 가혹 행위와 성매매 강요, 사체 유기 등 상상조차 못할 일들을 여중생들이 저질렀다. 이제 학교폭력은 학교에만 국한되는 문제가 아니다. 교실에서의 왕따 문화와 폭력에 대한 무감각이 우리 사회와 군 부대의 문제로 확대되고 있는 만큼, 학교폭력 근절을 위한 보다 적극적인 노력이 요구된다.

출처: http://www.youtube.com/watch?v=cMFVfrV09Vo

🌱 사회적 이슈

다음은 학교폭력과 관련하여 사회적으로 주목을 받고 있는 이슈다. 이에 대해 동료와 토론을 한 뒤 의견을 정리해 보자.

2014년 박근혜 정부는 4대악 근절을 위해 2배의 예산을 투입했다. 더불어 사법부는 학교폭력 가해자에게 잇단 강력 처분을 내리고 있다. 법조계는 최근 법원의 판결 경향은 학교 측의 전학 등 격리 조치로 학교폭력 가해학생이 입는 불이익보다 피해학생에 대한 인권 보호와 학교폭력 예방 효과가 크다고 판단하는 데 따른 것으로 분석했다.

학교폭력 가해자의 입장에서 과도한 조치임을 호소하는 사례도 적지
않다. 다음의 사례를 보자.

"우리 딸이 같은 반 친구에게 학교에서 돈을 모아 오라고 시켰고, 뺨도
한 대 때렸다고 했다. 처음 담임선생님이 딸아이의 사건(신체 폭행,
금품 갈취)을 알게 되었을 때 딸을 잘 타이르고 지도해서 보냈는데, 이
후 딸이 피해학생들을 불러내서 '화가 풀릴 만큼 때리라'고 했다. 피해
학생이 가해학생의 뺨을 가볍게 두 대, 세게 두 대를 때렸고, 딸도 피
해학생의 뺨을 한 대 세게 때렸다고 했다. 이 사실을 선생님들이 알게
되고 학생부장 선생님도 알게 되어 학교폭력대책자치위원회를 개최
한다고 한다. 가해학생의 입장에서 피해학생 부모와 피해학생들을 찾
아가 사과를 했고, 그쪽에서도 잘 이해해 주어 학생 간에는 잘 마무리
가 되었는데, 학교에서 그 부분을 모른 채 학교폭력대책자치위원회를
열어서 우리 아이를 전학시키려고 하는 것 같다. 어떻게 대처해야 좋
을지 모르겠다."

가해학생에게 내려지는 강력 처분이 상담을 통한 교육적 처분에 비해 좋은 점
과 부족한 점이 무엇인지 생각해 보자.

학교폭력에 대한 교사의 가치관

학습 목표

1. 학교폭력에 대한 교사 가치관의 분류를 생각해 본다.
2. 실제 사례를 통해 교사의 가치관이 문제 개입 및 해결에 중요한 역할을 함을 안다.

지난 주 사회적 이슈

학교폭력과 관련해 생각해 볼 만한 사회적 이슈는 다음과 같다. 이에 대해 동료의 의견을 듣고 관련 사례를 보며 나의 생각을 정리해 보자.

가해학생에게 내려지는 강력 처분이 상담을 통한 교육적 처분에 비해 좋은 점과 부족한 점은 무엇인지 생각해 보자.

선생님이 해야 할 일이란?

박성훈 영어 선생님
용인중학교

자신 있게 '저 교사될 때 첫 마음과 같아요'라고는
말 못하겠어요

대부분의 초임 교사는 학생과 학교생활에 대한 긍정적인 관점과 정서를 가지고 설레는 학교 근무를 시작할 것이다. 그런데 이러한 초심은 자신의 기대와는 엇나가는 학생들과 자신의 역량을 발휘하지 못하도록 제한하는 학교 환경 등에 기인하여 학교 근무를 하면 할수록 잃어버리는 것이 대부분이다. 특히 학교폭력과 같이 교사가 자신의 교육관과 교사로서의 역량을 십분 발휘하여 적극적으로 개입해야 하는 문제 상황에 맞닥뜨린 경우, 회의감과 부정적으로 변해 버린 교육관 등으로 난관을 헤쳐 나가기 어려워진다. 영상 속의 한 교사는 자신이 초임 교사 시절의 초심과 같은 마음이라고 말하기는 어렵다고 말한다. 모름지기 교사란 어떠한 태도와 가치관을 가져야 하는 것이 옳은지에 대해 생각해 볼 필요가 있다.

출처: http://www.youtube.com/watch?v=_LloU0tR3J0

1. 학교폭력을 바라보는 교사의 관점

1) 죄책감 없는 아이들, 어떻게 접근해야 할까?

　　학교폭력 가해 초등학생 6명 중 1명은 가해를 하고도 "아무런 느낌이 없다."라고 답해 죄책감을 느끼지 않는 것으로 나타났다. 심지어 일부 가해학생은 "기분이 좋다."라고 응답해 충격을 주고 있다. 초록우산 어린이재단에서 서울, 부산 등 전국 5개 지역 21개 초등학교 4~6학년 7,001명을 대상으로 벌인 학교폭력 실태 조사 결과에 따르면, 학교폭력 가해 경험이 있다고 답한 학생은 30.9%였는데 그중 56%는 "괴롭힌 아이에게 미안한 마음이

든다."라고 답했으나 15.9%는 가해 사실에 대해 "아무런 느낌이 없다."라
고 답했고 7.9%는 "기분이 좋다."라고 응답했다. 또 가해 이유로 가해학생
중 29.3%가 "장난으로."라고 답했고, "상대 학생이 잘못해서."라는 답도
23.6%를 차지해 가해학생 상당수가 죄책감이나 미안함을 느끼지 않는 것
으로 드러났다. 이와 달리 입학 후 학교폭력 피해 경험이 있는 학생(25.6%)
중 44.7%(복수 응답)는 학교폭력을 당했을 때 "복수하고 싶을 만큼 화가 났
다."라고 답했다.

　　　　출처: 연합뉴스(2012. 10. 12.). 학교폭력 가해 초등생 6명 중 1명 "아무 느낌 없다."

2) 이러한 아이들 변화 가능성이 있을까?

　　태봉고등학교 교장 박영훈 선생님은 '마음 공부'라는 교육 철학을 가지
고 교육은 사람을 소중히 여겨야 하는 것이라 생각한다. 아이들이 겪는 갈
등은 자신의 자존감, 자아인식이 부족할 때 나타난다고, 스스로에 대한 자
신이 없기 때문에 자신을 함부로 학대하게 되고 나아가 상대를 함부로 대
한다고 보는 철학이다. 따라서 자기 자신을 소중히 여기는 마음가짐이 중
요한데, 그는 이것이 스스로의 노력으로도 가능하지만 상당히 어려운 일이
라 교사와 학교가 충분히 도움을 주어야 한다고 말한다. 그리고 이를 위해
우선 자신이, 어른들이, 친구들이 귀하게 대해야 한다고 한다. 귀한 대접을
받으면 은혜로움을 발견하게 되고, 은혜를 발견하면 고마움을 느끼게 되

고, 고마움을 느끼면 행복하게 되고, 자신이 행복하면 주위에 베풀 마음의 여유가 생기기 때문이다. 또한 그는 이런 사람이 많아질 때 이로운 사회가 자연스레 이루어질 수 있다는 믿음으로, 마음을 잘 잡는 원리, 마음을 올곧게 사용하는 방법을 배우는 마음 공부가 필요하다고 말한다. 이는 학교와 같은 환경이 개인을 변화시킬 수 있다고 보는 관점으로, 학교폭력 문제를 변화 가능한 것으로 바라보는 관점이다.

이에 반해, 학교폭력 문제는 일개 교사와 학교의 힘으로 변화시킬 수 없는 것이라고 보는 관점도 있다. 초등학교 교사 A는 자신의 학급에서 따돌림을 당하는 여학생이 자신이 학교폭력을 당하고 있음을 알려 왔지만 거의 방관하고 있는 실정이다. 이 피해학생은 1학년 때 엄마가 돌아가셨고, 이를 소재로 친구들이 지속적으로 놀린다는 내용이었다. 사실을 안 뒤 몇 번 학급 아이들을 말려 보기도 했지만 교사인 자신이 없을 때 친구들이 놀리는 경우가 훨씬 많고, 현재 아빠와 할머니와 살고 있어 상담도 어려워 문제 해결을 위한 방법이 없다고 생각한다. 자신이 학교에서 문제 해결을 위해 힘써 봤자 가정 자체가 결손인 경우라 근본적인 해결은 가정에서 해야지 학교에서 할 수 없다고 보는 것이다. 이는 학교폭력 문제는 특수한 경우에 처한 아이들에게 일어나는 현상으로 문제의 원인을 학교 외 가정 및 사회로 돌려 학교에서 해결할 수 없다고 보는 관점이다.

 생각해 보기

지금까지 학교폭력을 바라보는 교사의 서로 다른 관점에 대해 살펴보았다. 다음의 학교폭력 사례를 읽고 학생들이 원하는 학교는 어떠한 모습이고 교사는 어떠한 태도가 필요할지 생각해 보자.

대안학교인 은평씨앗학교 신입생의 첫 학기 정규 수업 중 하나는 '학교 탐구 생활'이다. 학교란 무엇인지, 배움은 무엇인지에 대해 자신의 답을 찾아 가는 토의식 수업인데, 대안학교를 선택한 이유에 대한 아이들의 솔직한 생각을 들을 수 있다.

"내가 아주 바라는 것을 배울 수 있을 것 같아서, 이곳은 공부나 성적으로

왕따나 놀림을 받지 않기 때문에, 또 숙제를 많이 하기 싫어서 이 학교를
왔다. 재미있게 공부하려고, 여행도 많이 다니고 자유로워서 씨앗학교로
왔다."
"쉬는 시간이 길고, 애들이 적어서 놀기 편하고, 자유롭고, 쉬는 시간에
학교 밖에 나가도 되고, 동아리 활동을 하고, 성적표나 통지표가 없고, 시
험을 안 보고, 폭력이나 언어폭력이 없고, 자치회를 하며 함께 계획을 세
우는 등 일반학교와 180도 다르다."
"공부도 적게 할 수 있고 내 마음대로 할 수 있어서. 일반학교는 너무 지
루하다."
"공부 스트레스를 덜 받고 따돌림당하지 않기 위해서 이 학교를 다니고
싶었다."

아이들은 특별한 이유로 여러 불이익을 감수하면서까지 대안학교를 선택한
것이 아니다. 오히려 아이들이 원하는 것이 너무나 당연한 것들이어서 놀랍
다. 은평씨앗학교는 특별한 교육을 하는 곳이 아닌 당연한 교육을 하는 곳이
다. 그런데 그 당연한 교육을 하기 위해서 은평씨앗학교의 학생, 학부모, 교
사가 감당해야 하는 현실은 너무 춥다. 지금 우리 사회에서는 당연한 것이 특
별한 것이 되었기 때문이다.

2. 학교폭력에 대한 교사의 태도

1) 교사 가치관의 중요성

이 그림은 어디에 초점을 두느냐에 따라 다른 형상이 보인다. 이처럼 교

실 안에서 발생하는 다양한 학생 간의 갈등 및 폭력에 대해 교사가 어떠한 가치관으로 학생과 문제를 바라보고 대처하느냐에 따라 문제의 해결 양상은 달라진다. 가치관이란 여러 가지 인간사에서 바람직하고 가치 있는 것에 관한 일반적인 생각 또는 개념으로, 한 사람의 행동은 그가 가지고 있는 사물과 인간사에 관한 가치관에 따라 그 방향과 형태가 결정된다고 할 수 있다. 교사의 가치관은 학생의 행동과 태도에 지극히 중요한 역할, 즉 학생의 행위나 활동, 태도를 지배하는 표준이 된다. 이에 따라 학생들의 바람직한 가치관 형성을 위해 교사가 어떠한 가치관을 지녀야 하는지 중요하게 생각해 보아야 한다.

교사의 인간관

현대 심리학에서는 인간관을 크게 행동주의 인간관, 실존주의 인간관, 정신분석학적 인간관으로 구분하여 살펴본다. 각 인간관에서 인간을 어떻게 바라보는지를 살펴보고, 교사로서 교육 분야에서 인간을 어떻게 바라보는 것이 바람직할지 생각해 보아야 한다.

---

(1) 행동주의 인간관

행동주의 인간관은 인간을 자극에 반응하는 유기체로 보고 기계적인 동기 강화 모형에 역점을 두고 있다. 행동주의에 따르면 인간은 관찰 가능한 객관적 존재가 되며, 어느 정도 보편적 관점에서 인간 행동에 대해 객관적 진술이 가능하다. 이는 인간 행동에 대한 경험적 지식과 과학적 합리성의 적용을 가능하게 한다. 이는 동일 문화권 내에서의 인간 사고와 행동의 공통성을 인정하고 그 해석의 객관성을 추구하여 인간 행동을 설명하는 데 과학성을 인정한다. 사람을 평가하는 데 중요하다고 여겨지는 여러 행동 (공격, 동정, 이타심, 질투, 사랑 등)이 개인의 내적 특성이 아닌 개개인에게 작용하는 외적 조건들의 영향을 받아 발달할 수 있다고 강조하는 것이다.

따라서 이러한 인간관을 가진 교사는 학생이 공격적이거나 폭력적인 부정적 행동을 보일 경우 이를 제지하고 이타심과 배려 같은 바람직한 행동을 유발할 수 있는 외적 조건, 즉 행동 변화를 유발하는 강화로 환경을 재구성하고 제공할 것이다. 또 학생의 바람직한 행동에는 보상을 주고, 바람직하지 않은 행동에는 벌을 주거나 무시함으로써 학생의 바람직한 행동을 형성할 수 있다고 생각하기 때문에 적절한 자극을 제시하여 학생의 행동을 변화하기 위해 행동 수정 프로그램이나 프로그램 학습 등의 방법을 활용할 것이다. 이러한 방법은 학교폭력 가해학생 교육 시, 교사가 학생의 잘못된 행동이 무엇인지 파악하고 그 행동을 변화시키기 위한 구체적 교육 방식을 만들어 학생들에게 단계적으로 적용함으로써 학생의 행동을 조절하는 형식으로 활용할 수 있다.

이러한 행동주의 인간관은 개인의 내성적 보고가 경시되고, 인간 행동에 관련되는 의도, 동기, 정서, 상상 등은 과학의 연구 범위 밖에 있게 되므로 연구 대상인 인간을 지나치게 축소해 버린다. 이런 면에서 개인적 · 도덕적 · 실제적 · 지적 발전이 기계적인 자극 강화보다 훨씬 복잡한 내적 작용이라고 보는 인문주의자들의 비판을 받는다.

> • 행동주의 인간관을 가진 선생님은?
>   – 학생을 자극에 반응하는 유기체의 관점으로 본다.
>   – 학생들의 바람직한 반응을 이끌어 내기 위해 부정적이거나 교육적으로 바람직하지 않은 학급 내 자극들을 제거하고 긍정적인 자극으로 환경을 구성한다.

(2) 실존주의 인간관

실존주의 인간관은 인간의 정신은 무의식이나 필연적 인과관계의 산물이 아니고 인간은 개인의 의지, 가치, 신념에 따라 모든 상황에서 자유롭게 선택할 수 있는 존재라고 본다. 인간은 자기 스스로 성장할 잠재력을 실현할 수 있고 그러한 경향을 가진다고 생각한다. 또한 인간은 자아를 실현하고자 하는 방향으로 행동하려는 동기가 있다고 보며, 인간의 내적 잠재력은 생물학적으로 살아남고자 하는 욕구와 자신을 표현하고자 하는 욕구로 나누어지며, 생존 욕구는 환경에 의해 계발될 수 있고 이것이 바탕이 되어야 자아를 완성하기 위해 행동한다고 한다. 이처럼 실존주의 인간관을 가진 교사는 학생을 주관적 존재로 인식하고 개개인의 독자성을 강조하며 모든 학생이 자신의 고유한 자질과 능력의 존재로서 파악되어야 한다는 입장에 있다.

이러한 입장에서는 인간 행동의 비합리성도 인정해야 하며 인간은 이러한 주관적 감정과 주관적 가치 판단의 영향을 받는다. 따라서 인간이 동일한 환경에 직면할 때도 이에 대한 주관적 체험과 의미 규정이 달라진다. 즉, 환경의 의미는 주관적으로 지각되는 데에 따라 결정되기에 과학적 인과관계로 어떤 환경과 어떤 인간 행동을 대응시킬 수 없게 된다. 이에 따라 모든 인간 행동에는 충분한 원인이 있다고 가정하여 이 원인과 결과의 관계만으로 인간 행동을 설명하는 행동주의의 인간관을 비판한다. 인간은 자신의 주관적 세계에 살고 있으며 감정과 지각도 어떤 점에서 개인적인 것이다.

따라서 실존주의 인간관을 가진 교사는 학생의 기본적인 생존 욕구를 보장하려는 노력을 선행한다. 즉, 학교의 안정, 소속감, 타인과의 관계 욕구 등을 먼저 충족시켜 학생들로 하여금 자신의 생존을 지켜 내기 위한 위협적이고 공격적인 행동을 제지하고 자아를 실현하기 위한 노력을 하도록 이끌 것이다. 그리고 학생의 변화 가능성과 잠재성을 믿기 때문에 단기간에 교육의 결과를 내겠다는 생각을 하기보다, 때가 되면 소기의 교육 성과를 거둘 것이라는 신념을 가지고 인내심을 갖고 교육에 임할 것이다. 또 학생을 본질적으로 마음과 선을 추구하려는 존재로 인식하기 때문에 '이 학생은 안 돼.'와 같은 절망감과 포기감을 갖지 않는다. 때때로 심각한 학교폭력을 저지른 가해자의 경우와 같이 이런 생각을 들게 하는 학생을 만날 수도 있겠지만, '인간은 자기를 에워싸고 있는 환경과 자기 자신에 대해 알고 생각하는 힘을 소유한 이성적인 존재'라는 신념을 가지고 부단히 노력한다.

- 실존주의 인간관을 가진 선생님은?
  - 학생을 주관적 존재로 인식하고 개개인의 독자성을 강조하며 모든 학생을 자신의 고유한 자질과 능력을 가지는 존재로 생각한다.
  - 학생은 자신과 자신을 둘러싼 환경에 대해 의미를 해석하는 능력이 있으므로 학생 스스로 학급 문제, 친구관계, 학교생활에 대해 생각하도록 하고, 이에 대해 지속적인 대화 및 상담을 통해 문제행동을 사전에 예방하고 대비하도록 한다.

(3) 정신분석학의 인간관

정신분석학에서는 인간의 부적응 행동은 의식에 의해 일어나는 것이 아니라 무의식적 충동에 의해 일어난다고 본다. 따라서 인간 행동의 이해는 인간의 심층적인 무의식의 세계를 총괄할 때 비로소 가능하다고 주장한다. 이 입장에서는 아동 발달의 과정이 지적 이해의 발달로 설명되지 않고 정서상의 문제가 발달에 영향을 미친다고 본다. 그러므로 아동은 각 발달 단계에서의 욕구와 그것을 막는 요소 사이의 갈등을 해결해 나가야 한다. 여기서는 부모와 같은 성인과의 관계가 결정적 역할을 하며, 아동의 인성은 각 단계에서 갈등을 해결한 결과로 생긴 것이다. 정신분석학은 인간성과 인간성의 발달에서 비관적·부정적 요소를 중점적으로 취급하는 경향이 있다. 즉, 인간의 부적응이나 일탈적 행동의 가능성을 드러내고 이는 무의식적인 충동에 의해 일어난다는 생각을 갖고 있다. 따라서 인간성 형성에는 영유아기 때 부모와의 인간관계와 초기의 정서적 안정과 균형이 중요하며, 지나친 훈련과 통제는 성격상의 문제를 일으킬 수 있다고 주장한다.

이러한 인간관을 가진 교사는 학생의 행동이 무의식과 비합리적인 것에서 유래한다는 결정론적 입장을 취하고, 학생의 동기는 표면에 나타나는 것보다 스스로 깨닫지 못하는 내적 욕구로 말미암아 쉽사리 왜곡된다고 생각한다. 또한 학생의 행동이 자유의지나 합리적 힘에 의하여 결정되는 것이 아니고, 자신이 한 일에 대한 책임을 질 수도 있다는 점에서 학생의 자유의지와 통제성을 제약한다고 생각한다. 따라서 교사는 상담 시 본능적·

충동적 경향성을 인식하도록 하고 통제가 가능한 자아(의식적이고 합리적인 인간 성격)를 강화하고자 한다. 이러한 자아는 개인적·사회적으로도 파괴적이지 않으면서 적절한 해소 방법을 찾으려고 시도하기 때문에, 교사는 학생 스스로 자아를 강화하도록 하여 충동적인 행동의 감소를 유도하려는 노력을 하게 되고, 이를 위한 자아강화 프로그램 등을 고안하고 적극적으로 활용한다. 또 교사는 행동 유발이 긴장 해소를 위한 경향이 있다고 인식하므로, 학급 내 긴장 해소를 위한 신체적·사회적 프로그램을 개발할 필요가 있다.

교사는 학교폭력 피해학생·가해학생들의 문제행동이 현재의 문제에 기인하여 잘못되었다고 생각하기보다는 과거의 경험(예: 부모의 양육 방식, 이전의 교우관계 등)에 의해 영향을 받았을 가능성을 배제하지 않는다. 학생들에게 내재한 해결하지 못한 욕구가 무엇인지 확인하고 이를 해결하도록 도움을 줌으로써 문제행동을 감소시키고 바람직한 행동의 발현을 이끌어 낼 것이다.

> • 정신분석학 인간관을 가진 선생님은?
>   – 학생의 문제행동은 의식적으로 일어나는 것이 아니라 무의식적 충동에 의해 일어난다고 본다.
>   – 학생들이 스스로 긍정적인 에너지를 많이 만들고, 욕구와 스트레스를 풀 수 있는 환경을 조성하여(예: 야외 활동, 운동, 지속적인 상담 등) 무의식의 상태가 건강하게 유지되도록 노력해야 한다.

앞의 내용을 종합하여 정리해 보면, 행동주의는 인간을 기계적으로 반응하는 객체로, 실존주의에서는 인간을 스스로 느끼고 결정하는 독특한 존재로 보고, 정신분석학에서는 인간의 원초적 본능을 강조한다. 또 행동주의와 정신분석학은 인과성의 원리를 인간에게 적용하고 인간을 수동적 유기체로 취급하는 경향이 있으며, 실존주의는 인간을 내적 이상과 가치에 의해 자아를 중시하고 주체적인 존재로 가정하고 있다.

2) 교사의 고정관념

합리성, 공평성, 객관성을 지향하고자 하는 교사의 노력에도 불구하고 실제적인 교육 현장은 현실적으로 주관적이며 불공정하고 비합리적인 측면을 나타낼 가능성이 있다. 가장 대표적으로 학교 현장에서 볼 수 있는, 형식·비형식적인 규칙 위반 행위로 정의되는 교실에서의 일탈 상황은 교사의 고정관념이 가장 크게 발휘될 위험이 있는 현상이다. 낙인 이론에 의하면, 교실에서의 일탈 형성은 일탈 판단자로서의 교사가 일탈에 대해 어떠한 반응을 보이는가에 좌우된다. 일탈이 발생하지 않아도 교사가 일탈을 규정, 의심하고 그에 대한 개입과 대응을 강구하면 사실상 일탈은 생성된다. 반대로 일탈이 실제로 나타나도 교사가 이를 인지하지 못하거나 의심치 않으며, 인식해도 무시, 묵인하면 일탈은 표면적으로 드러나지 않는다. 따라서 낙인 이론에서 보는 교실 일탈의 형성은 다분히 주관적이며 비일관적인 성격을 지니고 있다.

일상적인 교실 생활에서 낙인 이론에서 가정하는 일탈의 출현이 사실상 존재한다면, 이것은 일탈에 대한 교사와 학생의 상호작용에서 부당하고 억울한 일탈자를 만들고 편애와 특혜의 수혜로 비일탈자가 될 가능성을 동시에 상정함으로써 차별과 불평등이라는 중요한 교육사회학적 문제를 제기하게 된다. 교사는 물론 학생들을 똑같이 취급해야 한다고 생각하지만, 교사의 마음속에는 무의식적으로 오명화된 학생에 대한 무관심과 무시가 놓여 있다. 학생에 대한 교사의 부정적 태도는 일탈을 접할 때 상황 정의에 큰 영향을 미치고 차별을 유발한다. 교사의 고정 인식에 따라 일탈 발생 파악에 대한 해석과 정의, 판단이 달라짐을 앞서 밝혔다. 평소에 공부를 잘하고 성실하다고 생각한 학생이 수업 시간에 옆 사람을 건드린다면, 교사는 지우개를 빌리려는 것으로 해석한다. 그러나 의욕도 없고 불성실하다고 생각한 학생이 옆 사람을 건드린다면, 교사는 공부하기 싫어 장난치는 것으로 생각한다. 실제로 두 사람의 경우는 반대일 수도 있는데 말이다. 교사들은 어떤 유형으로 인지된 학생은 '특정 상황에서 특정 종류의 행위를 저지를 것이다.'라는 가정을 하게 된다. 교사는 평소 학생에 대해 지니는 고정 인식과 일치하는 일탈 현상이 발생했을 경우, 우선 부정적으로 고정 인식된 학생을 의심하는 경향이 있다. 예를 들어, 학급에 도난 사고가 일어났을 때 교사는 모든 학생을 동일하게 취급하는 것이 아니라, 평소 도벽이 있다고 인식하던 학생을 주목하게 된다. 이때 고정 인식이 나쁜 학생은 사실 훔치지 않았는데도 부당하게 의심 대상이 될 수 있다.

3) 교사의 학급 운영

가장 효과적인 학교폭력 예방책은 학교폭력이라는 문제가 발생하지 않도록 학교와 학급 분위기를 잘 조성하는 것이다. 그러므로 교장을 비롯한 학교의 모든 교사는 우리 학교에서 학교폭력은 절대 있을 수 없다는 단호한 방침을 세우고, 이를 시시각각으로 학생과 학부모에게 알릴 필요가 있다. 특히 각 학년의 담임교사들은 1년 동안 자신이 맡은 학급의 분위기를 우호적이고 협동적으로 조성해야 할 책임이 있다. 담임교사의 학급 운영에 대한 철학과 방침이 학생과 학부모에게 미치는 영향은 결코 단순하지 않으며, 학생들은 그해에 어떤 담임교사를 만나는가에 따라 인성의 형성과 학업성취도에 많은 영향을 받을 뿐 아니라, 학급에서 학교폭력과 같은 문제의 발생에도 영향을 받을 수 있다.

따라서 교사는 학급이라는 '집단'에 대한 이해를 바탕으로 그 구성원들의 변화 가능성에 대한 믿음을 가지고 공동체 의식을 지니고 도덕적인 학급을 꾸려 나가는 역량이 반드시 필요하다. 학급 관리의 궁극적 목적은 힘과 권력에의 단순한 복종이 아니라, 자발적인 성찰과 이해를 기반으로 학생들 스스로 올바른 일을 인식하고 그것을 행할 수 있게 하는 것이다. 즉, 교육의 목적은 좋은 학습자가 아니라 좋은 사람을 육성하는 것이고, 행동주의적 기법으로는 이러한 목적을 성취할 수 없음을 의미한다. 칭찬, 특권, 처벌은 학생 행동을 변화시킬 수는 있지만, 학생 자체를 변화시킬 수는 없다. 훌륭한 행동에 대한 보상은 그 행동을 할 때 더 이상 보상이 주어지지 않으면 지속적으로 적절하게 행동할 동기를 제공하지 못한다. 교사가 학생들을 보상 체계로 통제하면 할수록 학생들이 스스로에 대해 생각하거나 다른 사람을 배려하는 도덕적 인간이 되는 것은 점점 어려워진다.

공동체 의식을 형성하는 학급 운영 단계

1. 학생들과의 상호작용을 평가하라.
   "선생님의 상호작용은 긍정적인가요, 부정적인가요?"
   "교실 안에서 선생님 자신이 갈등의 진원지인지 아닌지를 생각해 보세요."
2. 교육과정을 평가하라.
   "선생님은 학생들의 욕구를 충족시키고 있나요?"
   "학생들이 과업에서 벗어날 때 무슨 일인지 묻는 등의 적절한 태도를 보이고 있나요?"
3. 처벌자에서 문제 해결자로 변신하라.
   "처벌 방법에 초점을 두기보다 교실 혼란에 대한 해결책을 학생들과 함께 강구하세요."
4. 바람직한 행동을 올바르게 유도하라.
   "학생들의 외재적 보상에 대한 의존성을 줄이거나 제거하세요."
5. 서로의 가치를 알게 하라.
   "학생들이 서로를 가치 있게 여기고 함께 협동하는 교실 공동체를 형성하세요."

　교실의 초점은 부정적 행동을 억제하는 것에 대한 강조에서 긍정적 행동을 증진하는 강조로 변화되어야 한다. 책임감, 존경, 성실, 정직, 관용, 자비와 같은 윤리적 개념들은 직접적으로 가르칠 수 없고, 존경하는 사람으로부터 구체적인 생활 상황을 통해 배우거나, 학생이 스스로 윤리적 사고를 통해 실천적 윤리의식을 다지도록 함으로써 학습되는 것이다. 따라서 만약 학생이 자신의 행동에 대해 책임감을 가지도록 하고 싶다면, 교사는 학생으로 하여금 무엇이 옳고 그른지를 결정하도록 이끌어 주어야 한다. 그리고 많은 연구에서 성적, 칭찬, 물질적 보상과 같은 외재적 동기 요인은

윤리적이고 책임감 있는 개인을 육성하는 데 비효과적일 뿐 아니라 실제로 반생산적임을 보여 준다. 학생들은 학교를 지루해하면서도 단지 스티커, 사탕, 언어적 칭찬을 얻기 위해 싫어하는 과업을 타의적으로 수행하는 것이다. 다음과 같은 효과적인 칭찬의 특징을 잘 적용하여 학생들이 자의적으로 올바른 행동을 수행하도록 이끌 필요가 있다.

효과적인 칭찬의 특징

1. 학생을 칭찬하지 말고 오직 학생들이 한 것을 칭찬하기
2. 가능한 한 구체적으로 칭찬하기
3. 거짓 칭찬을 피하기
4. 경쟁을 유발하는 칭찬 피하기
5. 개인적으로 칭찬하기
6. 학생 인격에 대한 칭찬 피하기
7. 비교하거나 생색내는 칭찬 피하기

현재 대부분의 교실 구조가 시간 제약과 대규모 학급 등의 이유로 학습자 공동체를 형성하기 어려운 것이 현실이다. 하지만 교실 공동체 형성의 이익은 이러한 장애 요인들보다 더욱 가치가 있으므로, 교사가 조금 더 노력하여 학급 공동체를 형성할 가치가 충분히 있다. 공동체를 형성함으로써 얻을 수 있는 이익으로는 학업 동기와 학업 수행의 증진, 학생의 학교에 대한 호감 증진, 공감과 이타심의 동기 증진, 갈등 해결 능력 증진, 민주적 가치의 수용, 효능성 증대, 즐거운 학급 형성 등이 있다.

4) 학급 내 교사의 역할

(1) 학급에 대한 이해

학급은 '집단'의 형태를 유지하며 하나의 작은 사회를 구성한다. 집단이

란 '상호 의존적인 관계에서 사회적 상호작용을 통해 서로 영향을 주고받는 2인 이상의 상호 독립적인 개인들의 집합체'를 일컫는 말이다. 이러한 집합체가 의미를 지니기 위해서는 구성원들에게 집단이 심리적으로 의미가 있어야 하며, 구성원 간의 직접적인 의사소통과 유의한 상호작용을 바탕으로 역동적 상호 관계를 이뤄야 하고, 생산적인 방식으로 상호 의존해야 한다. 또 '집단'은 특히 구성원 간의 상호작용과 집단의 구조 및 정체성이 중요하며, 응집성과 모종의 목표를 지녀야 한다. 이러한 관점에서 볼 때 학급도 분명히 2인 이상의 상호작용을 통한 역동적인 집합체에 해당하며, 구성원들에게 의미와 목표를 지닌 '집단'임이 분명하다.

따라서 학급 집단이 원활하게 작동하기 위해서는 학급에 명확한 규칙과 목표가 존재해 학급의 구조가 잡혀 있어야 하고, 교사와 학생 그리고 학생과 학생 간에 의사소통과 상호작용이 활발해야 하며, 정서적으로도 구성원 간에 친밀감과 유대감이 있어야 한다. 이에 교사는 이와 같은 학급 집단의 분위기를 형성하여 학생들의 학급에 대한 소속감과 응집성을 높일 필요가 있다.

(2) 폭력 없는 학급을 위한 생활지도

① 학생과의 관계 형성

학교폭력과 관련하여 문제의 당사자가 되는 가해학생과 피해학생을 제외하면 대부분의 학생은 주변 학생에 해당한다. 주변 학생들은 학급 구성원의 90%에 이를 정도로 대다수를 차지하기 때문에 학교폭력 예방에 주변 학생의 역할은 두말할 필요 없이 크고 또 중요하다. 담임교사를 중심으로 주변 학생들이 학교폭력에 대해 어떠한 태도와 행동을 보이는가에 따라 학급에서의 학교폭력에 대한 수용 정도가 달라지고, 이는 학급 분위기에도 상당한 영향을 미칠 것이다.

이에 교사는 자신이 맡은 학급의 학생들이 누구이며 어떠한 성향의 학생들인지에 대해 정확하게 파악할 필요가 있고, 이를 토대로 보다 개인적인 관심이 필요한 학생을 찾아내어 개별 지도 또는 면담을 실시하여야 한다. 또한 학급에서 영향력을 발휘하는 학생들이 누구인지, 그들이 무엇 때문에 학급에서 주도적인 영향력을 행사하는지를 파악할 필요가 있다. 가령 어떤 학생은 공부나 운동을 잘해서 영향력이 클 수도 있으며, 또 어떤 학생은 소위 싸움을 잘하거나 힘이 세서 영향력을 행사할 수도 있다. 따라서 담임교사는 평소에 학급의 전체적인 분위기를 민감하게 알아차려야 하며, 이 속에서 어떤 학생들이 어떠한 요인 때문에 영향력이 큰지에 대해서도 정확하게 파악하고 있어야 한다. 이를 위해 교사는 학생과의 대화 기회를 늘리는 것이 중요한데, 틈틈이 상담을 하고 청소를 함께하거나 학생들의 놀이에 참가해 보기도 하는 노력이 필요하다. 학생과 개인적으로 주고받는 일기 교환 등도 좋은 방법이 된다. 또 더욱 친밀한 또래관계를 위해 집단 활동을 소집단으로 편성하고 집단 전원의 교류를 증진시키며, 각자의 개성과 능력을 서로 인정할 수 있도록 한다.

이와 같이 담임교사가 자신이 맡은 학급의 학생들을 정확하게 이해하고 파악하고 있다면 평소에 반폭력적인 학급 환경을 구성하는 것이 비교적 수월해지고, 이에 따라 학교폭력 문제의 발생을 최소화할 수 있을 것이다. 그러나 반대로 담임교사가 학생들의 면면과 학급의 분위기를 정확하게 파악하지 못하면 학교폭력에 대한 사전 예방이 어려울 뿐 아니라, 학교폭력 문제가 발생하고 난 다음 개입하는 데도 상당한 어려움이 따를 것이다.

② 학교폭력 예방교육 실시

학교폭력 사고 발생이 예측되는 상황에서 학교폭력이 일어나면 담임교사에게 책임이 있으므로 항상 예방을 위해 노력해야 한다. 학교폭력은 가해·피해학생 모두에게 심각한 상처를 주며, 학교폭력은 어떻게든 반드시 알려지게 되고, 학교폭력이 발생하면 반드시 신고를 해야 하며, 신고하면 반드시 해결됨을 학생들에게 인식시켜야 한다. 특히 학기 초에 힘 과시를 위한 폭력이 잦으므로 적절한 예방교육을 실시할 필요가 있다. 또 교사의 시야에 잘 들어오지 않는 사이버 폭력, 즉 인터넷 게임을 위한 사이버머니 갈취와 연계된 폭행 등에 대한 예방교육과 설문조사 등을 실시하여 신고 체제를 홍보하고, 학급 경영에서 학생들의 비행에 대한 일관된 규칙과 예상할 수 있는 결과를 갖춘 환경 구조를 마련하기 위하여 학년 초 학생들과 협의를 통해 학급 규정을 제정하도록 한다. 담임교사는 주기적으로 폭력 예방 쪽지 상담을 하고, 조·종례 시간에 학교폭력 예방에 관한 훈화를 지속적으로 하는 것이 중요하다.

③ 생활지도 실시

폭력 피해를 당할 때에는 대화로 당당히 맞서되 어려울 경우 자리를 피한 후 반드시 교사나 부모님 또는 경찰 등에 알리도록 지도한다. 특히 폭력 피해 우려자, 요보호 학생에 대해서는 학교 차원에서 지도하고, 함께 행동할 친구를 만들어 주며, 등·하교 시 가급적 큰길을 이용하되 필요할 경우 부모님과의 동행을 권유한다. 학생들을 체벌보다는 웃는 얼굴, 온정적인 말, 사랑으로 대하고, 피해의 원인이 될 수 있는 평소 모욕적 말투, 잘난 체하는 행동, 유별난 용의 및 복장 등을 지도하며, 학생과 학부모에게 관련 신고망 및 대처 요령을 홍보한다.

〈표 7-1〉에서는 이와 같이 폭력 없는 학급을 위해 실제로 적용해 볼 수 있는 '교실평화 프로젝트 매뉴얼'을 소개한다(따돌림사회연구모임, 박종철, 2013).

〈표 7-1〉 교실평화 프로젝트 매뉴얼

방안	구체적 전략
학급 운영 목표 공유하기	• 평화로운 학급의 중요성과 그 가치를 위해 노력하는 것의 중요성을 공유한다.
효과적인 의사결정 구조 만들기	• 효과적인 의사결정 구조는 학교폭력 문제를 해결하는 데 유용하다. • 아이들의 문제는 아이들의 관계망을 이용하여 해결한다. • 형식적인 의사결정 구조(예: 조·종례 시간, 임원회의 등)를 활용한다. • 비공식적인 인물들과 구조를 함께 활용한다.

영향력 나누어 갖기	• 지도성 분산과 건강한 집단이 영향력을 가질 수 있다. • 재능을 발휘한 학생, 조용히 바람직한 행동을 하는 학생에 대해 의미 부여를 해 줄 필요가 있다.
점검하기	• 모든 학급 활동에서 각 구성원이 조화롭고 평등하게 영향력을 가지고 있는지 점검한다. • 특히 놀이 문화에 대해 점검해 본다.
일상적 공개	• 학급 내 친구들과 유대관계가 돈독하고 평화로운 교실에 대한 가치가 공유되었을 때만 가능하다. • 문제 상황을 공개하여 바람직한 해결을 함께 모색한다.
압축 성장	• 앞선 활동의 의미와 중요성을 함께 의논한다. • 긍정적으로 기억될 수 있도록 학급 활동을 진행한다.

[관련 사례]

파주 교하중학교(노재룡 교장) 진로진학상담부장 조미랑 교사는 '사람은 언제 가장 빛날까'라는 질문에 "내가 누구인지 알고 자기 생각을 실천할 때 반짝반짝 빛나는 사람이 된다."라고 말했다. 학생들이 정체성을 확립하고 자신만의 철학을 실행하도록 돕는 것이 목표라고 말하는 조미랑 교사는 **마음이 따뜻한 교사가 되고 싶다고 말했다.** 어른도 그렇지만 청소년 시기에는 더 자주 길을 잃곤 한다. 내가 누구인지 방향성을 잃고 우두커니 서 있을 때 손잡아 주는 한 사람이 청소년 시기에는 더 소중한데, 조미랑 교사는 그 '한 사람'이 되고 싶다고 말했다. 그가 들려준 미국 빈민가의 여교사 이야기는 마음을 찡하게 울렸다. "범죄율이 높은 미국의 한 슬럼가에 하버드대학교 연구진이 들어가 조사를 했어요. 연구 결과 이 지역은 나아질 희망이 없다고 했는데 수십 년 후 놀라운 결과가 나왔어요. 사회의 대단한 인재들이 그 지역에서 나온 거예요. 어떻게 이런 일이 생겼을까요. 알고 보니 그곳에는 마음이 따뜻한 여교사가 있었답니다." 조미랑 교사는 '한 사람으로 인해서 사회도 변할 수 있다'고 믿는다. 29년 동안 영어 교사로, 2011년부터는 진로진학상담교사로 교직에 몸담아 온 30여 년 세월은 그 생각을 더 단단하게 만들었다.

출처: http://www.naeil.com/news_view/?id_art=107500

- 심리검사를 이용하여 학생 특성 파악
- 사회성 측정

사회성 측정법이란 '집단 구성원 상호 간의 반응을 이끌어 내어 집단의 특성, 구조, 역동성 및 상호 관계를 분석하는 방법'으로, 학생들이 친구들 사이에서 어떠한 지위나 역할을 하고 있는지를 비교적 간단하게 파악할 수 있다. 이 방법은 학급의 모든 학생에게 빈 종이를 나눠 주고, 맨 위에 자신의 이름을 적게 한 후, 자신이 생일에 초대하고 싶은 친구나 학교가 끝난 후 같이 놀고 싶은 친구, 짝이 되어 같이 앉고 싶은 친구, 학급 임원으로 뽑고 싶은 친구 등을 자유롭게 적게 한다. 이때 이름을 적는 친구의 수는 자유롭게 하고, 중복해서 이름을 적을 수도 있도록 한다. 학생들이 친구의 이름을 적은 종이를 모두 수거하고, 미리 준비한 큰 종이에 학생들의 반응을 표시한다. 큰 종이에는 가로, 세로 방향으로 학급의 모든 학생의 이름을 적고, 왼쪽 세로 방향은 선택하는 학생, 오른쪽 가로 방향은 선택받은 학생으로 하여 각각의 칸에 바를 정(正) 자로 선택받은 횟수를 표기한다. 맨 아랫줄

〈표 7-2〉 학급 구성원 간 관계 조사표

		선택받은 학생							
		학생1	학생2	학생3	학생4	학생5	학생6	학생7	…
선택하는 학생	학생1								
	학생2								
	학생3								
	학생4								
	학생5								
	학생6								
	학생7								
	…								
선택받은 총 횟수									

에는 세로줄의 합계를 더해 숫자를 기록한다. 이것이 바로 학급의 학생 각자가 친구들에게 선택받은 총 횟수를 가리키며, 이 숫자가 클수록 학급 친구들 사이에서 친하게 지내고 싶은 학생으로 친구들로부터 인정받았음을 의미한다.

이렇게 사회성 측정법을 사용하면 학급의 모든 학생 간의 관계를 한눈에 알기 쉽게 파악할 수 있다. 어떤 학생은 친구들로부터 비교적 많이 선택되었는가 하면, 어떤 학생은 단 한 명의 친구에게서도 선택받지 못할 수도 있다. 측정 결과를 살펴보면 전반적인 학급 학생들의 관계를 파악하는 데 유용할 뿐 아니라, 교사가 막연히 짐작하던 아이들 사이의 관계와 다소 의외인 학생들이 발견되는 경우도 있을 것이다. 따라서 사회성 측정법을 사용하면 학생들 사이의 관계와 역동을 비교적 정확히 파악할 수 있는 장점이 있다. 학교폭력을 행하는 학생들도 평소에 학급 친구들이 이들을 겉으로는 따를지언정 속으로는 진심으로 좋아하지 않을 가능성이 있기 때문에, 이러한 검사를 활용하면 사전에 학교폭력의 가해 징후가 있는 학생을 파악하는 데도 도움이 될 것이다.

- 공격성 측정

공격성은 여러 측정 도구를 이용해 측정할 수 있다. 우선 BDHI는 신체적 공격성, 언어적 공격성, 우회적 공격성, 부정성, 적의성 등 총 6개 영역으로 이루어져 있고, 적의성과 죄의식까지 공격성에 영향을 미치는 요소로 보는 것이 특징이다. BDHI를 활용한 연구에서는 서울시내 4개 초등학교 4~6학년 학생을 무작위 추출하여 공격성을 검사하였는데, 성별, 학년 간의 공격성 차이를 알 수 있었다. 성별에 따른 공격성에서 여자보다 남자의 공격성이 높은 것으로 나타났는데, 이는 많은 선행연구의 결과와 일치하는 결과다. 공격성 전체에서는 학년별 차이가 없었고, 다만 4~5학년과 6학년 간에 언어적 공격성에서 유의미한 차이가 나타나, 연령이 높아짐에 따라 공격성이 증가한다는 선행연구들의 결과와 일치하지는 않지만 초등학생 중기 이후에는 공격성이 안정적인 경향을 보이며 연령에 따라 공격성의 특성이 변화한다는 결과를 보였다.

또 AQ-K(Agression Questionaire-Korea Version)라 불리는 측정 도구가 있는데, 신체적 공격성 9문항, 언어적 공격성 5문항, 분노감 5문항, 적대감 8문항 등으로 구성된 4개의 하위 척도로 이루어져 있으며 5점 척도로 평정하고, 점수가 높을수록 해당 특징이 강한 것으로 해석할 수 있다. AQ-K를 활용하여 개인적 특성인 공격성이 학교폭력에 미치는 영향력을 살펴본 연구에서, 공격성이 높은 집단에서 학교폭력 가해행동이 많은 것으로 나타났고 청소년의 개인적 특성인 공격성이 학교폭력의 가해행동에 큰 영향을 미치는 주축이 되고 있음을 확인할 수 있었다. 이는 관련된 선행연구 결과와도 일치한다.

이와 같은 공격성 측정 도구를 활용하여 학급 내의 잠재적 폭력 가해자를 사전에 찾아내 학교폭력 상황을 미연에 방지할 필요가 있다.

- 주변인 행동 측정

학교폭력 상황에서 피해자와 가해자를 제외한 학급 내 다수를 차지하는 주변인은 괴롭힘 현상에서 중요한 역할을 하게 되고, 주변인의 역할이 괴롭힘을 줄이는 데 결정적인 역할을 한다고 밝혀져 있다. 이러한 주변인에는 가해자에게 동조하며 가해자의 괴롭힘 행동에 적극적으로 직접 참여하는 동조자, 괴롭힘 행동을 부추기는 욕설이나 야유와 같은 행동을 통해 괴롭힘 행동을 간접적으로 강화하고 증가시키는 강화자, 괴롭힘 상황을 보고도 아무런 반응을 하지 않는 방관자, 다양한 도움행동을 통해 피해자를 괴롭힘으로부터 방어하는 방어자의 네 가지 유형이 있다. 이와 같이 학급 내 다수인 주변인의 행동이 이 네 가지 유형 중 어디에 속하는지를 파악하여 생활지도에 활용한다면 학교폭력에 대한 학급 전반의 민감성을 키울 수 있을 것이다.

주변인의 행동을 측정하는 도구로는 참가자 역할 질문지(PRQ)가 있다. 총 15문항으로 구성된 질문지는 자기보고식 3점 척도로 주변인의 행동 반응(동조, 강화, 방관, 방어)을 측정한다.

• 폭력 없는 학급 분위기 조성

- 물리적 환경 조성

학교나 학급의 물리적 환경을 범죄 예방 환경 설계(Criminal Prevention Through Environmental design: CPTED)를 적용하여 조성할 경우 상당한 학교폭력 예방 효과를 가져오는 것으로 보고되고 있다. CPTED는 건축 계획 단계부터 범죄 예방 환경 설계로 범죄 유발 심리를 감소시켜 범죄 발생 기회를 사전에 차단하고 예방하는 기법으로, 학교에 적용되는 CPTED 모형은 학교 내 학교폭력 발생이 우려되는 사각지대를 CCTV 등 기존 안전 인프라와 더불어 자연적 감시 가능성을 높일 수 있는 열린 공간으로 설계하고, 환경 관리 등으로 학생 보호 환경을 구축한다. 복도나 교사 외벽을 도색하고 어둡고 구석진 학교 사각지대에 인공암벽, 샌드백, 발표 무대 등을 설치하여 학생들이 편안하고 즐겁게 생활하는 학교 환경을 조성할 수 있다. 이러한 사각지대 등에 대한 환경 개선을 통하여 학생들의 정서가 안정되고, 건전한 또래 문화 형성으로 학생들의 학교생활 만족도가 높아져 학교폭력 예방에도 많은 도움이 될 것으로 기대하고 있다.

실례로, 서울에 위치한 공진중학교의 경우 학생들이 평소 가기 꺼리던 학교 내 구석진 곳에 암벽과 샌드백을 설치하여 학생들의 스포츠 놀이 공

간으로 탈바꿈시킨 결과, 각종 비행이나 학교폭력 발생 환경을 원천적으로 차단하는 효과를 보여 주었다. 이에 교육부에서는 학교에서 적용이 가능한 '학교 CPTED 가이드라인'을 개발·보급하고 100여 개의 시범학교를 운영하여 지속적으로 학교 환경 개선에 나설 계획을 추진 중이다. 마찬가지로 학급에서도 학생들이 작성한 학교폭력과 관련한 그림이나 표어, 시 등을 교실 뒤편 게시판에 상설 게시함으로써, 학생들이 언제 어디서나 학교폭력의 위험에 대해 각성하고 피해학생에 대해 공감할 여건을 마련해 줄 필요가 있다.

─ 지속적인 인성교육

학교 교육에서 생활지도는 교과지도와 함께 학생의 건전한 성장과 발달을 돕는 중요한 교육 영역이다. 따라서 어렸을 때부터 다른 사람과 더불어 사는 가치를 습득하도록 하기 위해 학교에서 체계적으로 질서, 나눔, 배려, 협력, 존중, 갈등 해결과 같은 덕목에 대한 인성교육을 실시하는 것이 필요하다. 현재 학교 현장에서는 국어나 사회, 도덕 같은 교과 수업에서 따돌림, 친구 간 갈등, 학교폭력과 같은 문제를 학생들 스스로 토론하여 대안을 찾고 적용할 수 있도록 프로젝트형 융합인성교육을 실시하고 있다.

또한 학생들이 스트레스를 건설적으로 해소하고 정서적 안정과 협동 정신, 사회성을 기르도록 예술과 체육을 적극적으로 활용하도록 권장하고 있다. 문화체육관광부와 교육부에서는 학교 현장에 문화예술교육을 도입함으로써 학생들이 학교생활에서 자연스럽게 문화예술교육을 경험하고, 이를 통해 '창의적 자아표현, 통합적 사고, 다양성의 이해, 타인에 대한 이해 및 소통 능력을 배양'하는 것을 목적으로 하고 있다. 이러한 학교 문화예술교육의 일환으로 2012년 약 60%의 초·중등학교에서 교과와 재량 활동, 특별 활동, 동아리 활동 등을 통해 연극, 영화, 만화, 애니메이션, 무용, 기악, 공예 및 디자인 등의 형태로 예술교육이 이루어졌다.

[관련 사례]

> "선생님을 만난 건 제 인생의 전환점이었습니다.
> 흡연과 폭력을 일삼던 우리는
> 이제 모두 꿈을 가진 건강한 학생이 됐습니다."

중학교 시절, 소위 '일진'으로 활동한 김 모(18) 군은 지금은 배우를 꿈꾸는 건실한 고3 학생이 됐다. 연극영화과를 지망하며 공부도 열심히 하고, 각종 연극대회에도 도전하고 있다. 그가 경기 안양시의 평촌중학교 3학년이던 지난 2011년. 그와 11명의 친구들은 음악교사인 김혜자(여·49) 교사를 만나면서 생활이 바뀌기 시작했다. 당시 김 군이 다니던 학교에는 폭력 사건과 '왕따' 문제가 끊이지 않아 주변 학교에까지 악명이 높을 정도였다. 김 교사는 이 12명의 아이들을 사랑으로 감싸 안아 결국 학교 전체를 변화시켰다.

김 교사는 5일 "아이들이 친근감을 느끼는 어른이 돼야 어떤 훈계든 조언이든 가능할 것 같아 우선 아이들 안으로 들어가려 노력했다."라면서 "잘못된 행동을 무조건 꾸짖기보다는 어려운 가정 형편이나 부모와의 불화 등 아이가 그런 행동을 할 수밖에 없는 상황을 우선 이해하고, 앞으로 행복한 삶을 살기 위해 어떻게 행동해야 하는지 설득하려 했다."라고 말했다. 처음에 김 교사가 아이들에게 인성교육을 시도했을 때 아이들은 비웃기 일쑤였다. 그러나 그는 포기하지 않았다. 수업 시간 외에는 항상 함께 모여 있는 일진 아이들의 특성을 파악해 쉬는 시간마다 아이들을 찾았다. 주말에도 노래방, 영화관 등 아이들이 가는 곳은 어디든 함께 갔다. 또 매일 담배를 피웠는지를 확인하고, 아이들 스스로 금연에 성공할 수 있도록 다독였다. 몸으로 싸우기보다 자신의 생각을 논리 정연하게 표현해서 이기는 것이 진짜 자존심을 지키는 일이라고 이해시켰다.

김 군은 "다른 어른들은 우리를 무조건 좋지 않은 시선으로 보고 혼내거나 피했다."라면서 "그러나 김 선생님이 절대 화내지 않고 항상 우리를 이해하려 노력하시는 모습을 보면서 스스로 변하고 싶다는 생각을 하게 됐다."라고 말했다. 김 교사의 사랑으로 변화된 12명의 아이들은 고등학교 진학 후에도 폭력 사건을 일으키지 않았고, 이 중 5명은 학급에서 반장, 부반장도 맡을 정도로 학교생활을 열심히 하게 됐다. 선배 일진들이 변하면서 자연스럽게 후배들도 변했다. 문제아가 많은 곳으로 유명하던 학교는 놀라울 정도로 분위기가 차분해졌다. 김 교사는 담당 반 아이들에게도 애정이 넘치는 인성교육을 한다. 그는 학기 초 아이들의 특징과 개선할 점을 기록한 생활지도계획표를 통해 한 명 한 명에게 맞춤형 지도를 하고, 그 내용을 매달 손수 편지로 써 부모에게 전달했다. 1년에 10통 이상의 편지를 부모와 주고받다 보면 한 아이에 대해 깊이 있게 알게 되고, 아이와 소통도 원활히 할 수 있었다. 아이들은 자신을 잘 아는 김 교사를 신뢰해 그의 조언을 잘 따르게 됐다. 점심시간마다 5분 안에 급하게 밥을 먹고 교실을 엉망으로 만들며 뛰어놀던 아이들은 김 교사의 꾸준한 지도 후에 20분 이상 자리에 앉아 천천히 친구들과 담소를 나누며 밥을 먹게 됐다. 그는 또 한 달에 한 번 이상 단합 대회를 통해 아이들에게 즐거운 추억을 남겨 주려 노력한다. 식사와 다양한 체험 활동 등으로 매달 수십만 원이 드는 비용은 모두 김 교사가 부담한다. 그는 "교사는 학교에 있는 부모라고 생각하며 아이들에게 내리사랑을 주려 했고, 아이들은 변화된 행동으로 내게 감동을 줬다."라고 말했다.

• 함께하는 학급 규칙 제정

　1년 동안 같은 반의 구성원으로서 지켜야 할 규칙들을 학생과 교사가 함께 합의하고 설정하는 것은 매우 중요하다. 그러나 교사들은 이러한 규칙 설정의 중요성을 잘 알고 있으면서도 실제로 학생 생활 규칙을 설정하기 위해 특별한 노력을 기울이지 않는 경우가 있다. 특히 학년이 올라갈수록 생활 지도보다는 교과교육이 차지하는 비중이 더욱 커짐에 따라, 중 · 고등학교로 갈수록 학생 생활 규칙을 별도로 마련하지 않는 경우가 많이 발생한다.

　　교육부에서는 학생 생활 규칙의 내실화를 기하기 위해 교사와 학생뿐 아니라 학부모와도 충분한 협의 과정과 동의를 거쳐 규칙을 설정하고, 이를 징계의 근거로 활용하기보다는 규칙을 준수함으로써 자연스럽게 인성교육이 이루어지도록 활용할 것을 권장하고 있다.

　• 폭력에 대한 민감성 높이기

　　학급 내에서의 다양한 문제나 학교폭력이 발생할 것에 대비하여 평소에 신고에 대한 올바른 인식과 방법을 학생들에게 알려 줄 필요가 있다. 학생들이 신고를 꺼리는 데는 몇 가지 이유가 있는데, 첫째, 폭력에 대해 보고하는 것과 고자질하는 것을 혼동하기 때문에 정작 신고가 필요한 상황에서도 이를 꺼리게 되는 경우가 발생한다. 신고는 문제가 생겼을 때 이를 해결하기 위한 목적으로 문제를 해결할 위치에 있는 사람에게 이야기하는 것이고, 이에 반해 고자질은 문제의 당사자를 곤경에 빠트리려는 의도를 가지고 다른 사람에게 일부러 이야기하는 것이다. 따라서 신고는 고자질과 분명히 다른 것임을 학생들에게 평소에 명확히 가르쳐야 하며, 특히 학교폭력은 피해학생이 발생할 뿐 아니라 가해학생 역시 어떤 식으로든 상처를 입게 되므로 반드시 학교 선생님이나 관계기관에 이를 알려야 한다는 것을 주지시켜야 한다.

　　신고를 하는 데 걸림돌이 되는 두 번째 이유는, 학생들이 막상 신고를 하려 해도 어디에, 어떻게 신고해야 하는지 정확히 모른다는 점이다. 그뿐만 아니라 신고를 했다가 괜히 자신이 보복당할 것에 대한 두려움도 학생들이 신고를 망설이는 이유가 되고 있다. 이에 따라 교육부에서 운영하는 학교폭력 예방 종합 포털 사이트인 StopBullying 홈페이지(http://stopbullying.or.kr)나 스마트폰 기반 익명 신고 시스템(예: 마스크챗)을 학생들에게 확대 보급하여 학생들이 마음 놓고 익명으로 신고하거나 상담할 수 있게 시스템을 구축하고 있다. 이와 같이 익명 신고 시스템을 만들어 학생들이 자신이 보복당할 것에 대한 두려움 때문에 신고를 주저하는 원인을 최소화하였으며, 학생들이 보다 안전하고 쉽게 학교폭력을 신고할 수 있는 체제를 만들고 있다.

• 학급 구성원의 자치 활동 장려하기

학교폭력을 효과적으로 예방하기 위해서는 학교의 교장선생님이나 담임교사들의 노력도 중요하지만, 이에 못지않게 중요한 것이 바로 학생들의 자치 활동이다. 이는 어른들에 의해 하향(top-down) 방식으로 일방적으로 주어지는 규칙이나 제재보다는 상향(bottom-up) 방식으로, 즉 학생들이 스스로 프로그램을 만들어 보다 적극적으로 참여하게 되고 효과 또한 높게 나타나기 때문이다. 우리나라에서도 학교폭력 발생 초기에는 사건 발생 이후의 처리나 징계에 보다 초점을 둔 대책을 시행하였다면, 최근에는 학교폭력 문제가 발생하기 이전에 예방 차원에서 학생들 스스로 갈등과 문제를 해결하여 건전한 또래 문화를 조성하는 것에 더 비중을 두고 있다.

학교폭력 예방에 효과가 있는 학생들의 자치 활동으로는 또래상담, 또래조정, 학급총회, 학생자치법정 등이 있다. 2012년 2월 6일에 발표된 「학교폭력 근절 종합대책」에 의하면, 또래상담은 '또래가 상담자가 되어 동료학생의 눈높이에서 고민을 상담하고 함께 문제를 해결'하는 활동이고, 또래조정은 '학급에서 신뢰나 추천을 받는 학생이 훈련을 통해 중재자가 되어 학생 간의 문제를 해소하고, 교사나 전문상담사 등 갈등 조절 전문가가 이를 지원'하는 형태의 활동이다. 또래상담은 '갈등의 이상 징후 발견 및 예방에 초점'을 두며, 또래조정은 '갈등 발생 후 조정 및 화해에 초점'을 둔다. 학급총회는 갈등 상황 발생 시 담임교사를 중심으로 학급의 학생 모두가 참여하여 토론을 통해 갈등 해결을 모색하는 것이며, 학생자치법정은 학생들이 경미한 학칙 위반 등의 사안에 대해 상벌점제와 연계하여 학생 스스로 변론하고 자율적 징계를 실시하는 것이다.

• 부모의 학교 활동 참여 장려하기

학교폭력을 예방하기 위해 학생들 스스로의 노력이 필요할 뿐 아니라, 교사와 학부모들이 함께 협력하여 보다 적극적이고 체계적으로 대처할 필요가 있다. 이에 포함되는 활동으로는 학생, 교사 그리고 학부모가 함께 조를 짜서 쉬는 시간이나 점심시간에 교내 순찰 활동을 벌인다든가, 학부모가 자율적으로 '패트롤 맘' 자원봉사대를 구성해서 지역사회를 순찰하는 활동을 벌일 수 있다. 또한 학부모 자원 봉사단이 위기 학생들과 멘토-멘티 결연을 맺어 이들을 상담하고 지원하는 활동을 시행할 수 있다.

부모 참여 교육은 학교와 가정 간의 활동을 증진시키고 부모와 교사의 상호 목표를 달성함으로써 건강하고 지속적으로 공부할 수 있는 환경을 증진시킨다. 부모 참여 프로그램은 자녀가 집에서나 학교에서의 교육 환경에 더욱 적극적으로 참여하도록 하며, 비록 교사가 아닐지라도 지역 공동체의 구성원이나 봉사자들의 참여로 매우 중요하고 유사한 이익을 얻을 수 있다. 가족과 학교의 협력은 학교의 교사, 부모, 학생 그리고 공동체의 구성원이 학생들의 성취와 발달을 최대화하는 자원을 제공할 수 있도록 계획하는 데 협력하는 과정이다. 비록 부모의 참여와 학교폭력의 관계를 살펴보는 연구는 거의 진행되지 않았지만, 부모의 참여가 증가할수록 학습에 긍정적인 영향을 미치고 학교와 가정의 일관성과 의사소통을 증가시킨다. 이러한 변화는 학교를 더욱 안전하고 책임감 있는 곳으로 변화시킬 수 있다.

• 긍정적이고 일관된 생활지도하기

교사는 학생들의 사회적 과정에서 핵심이 되는 인물로 학생들과 가장 가까운 존재이며, 어떤 다른 전문가들보다도 학생들의 삶을 바꿀 잠재력을 가진 사람으로 인식된다. 교사는 학교폭력이 없는 비폭력적 학급 분위기를 만들 수 있는 직접적인 영향력이 있으며, 불안정한 교사의 행동은 학생들의 잘못된 행동을 상당히 증가시키는 것으로 나타났다. 또한 교사로부터의 사회적 지지는 학교에서의 감정적 만족을 주고 학교에서의 부정적이고 유해한 상황에서 학생들을 보호하는 역할을 하는 것이 밝혀졌다. 학교는 대인관계로 이루어진 환경으로 상호 관계가 학생들의 동기, 학습 결과와 성취 그리고 심리사회적 조절자로서의 영향을 미친다. 긍정적인 교사-학생 간의 관계는 학생들이 더 나은 행동을 하도록 유지시켜 주며 위험 상황을 감소시키는 것으로 나타났다. 부모-자녀 관계처럼 교사-학생 관계 역시 학생의 사회적·감정적 발달에 조절적인 기능을 하는 것으로 밝혀졌다. 사회적이고 감정적으로 자신감이 있는 교사는 학생을 지원하고 격려하는 관계를 형성하여 교실의 분위기를 만들며, 수업을 학생의 강점과 능력을 바탕으로 설계하고, 학생들의 내적 동기를 향상시켜 주는 것으로 나타났다. 또한 부모와 달리 교사는 학교에서 부모가 잘 보지 못하는 아이의 모습을 발견하는 등 아이의 사회적 관계를 들여다볼 수 있으므로 아이의 정서적 발달에 더욱 중요하고 결정적인 영향을 미칠 기회가 많다.

[관련 사례]

경기 용인시 용천중학교의 아침은 특별하게 시작된다. 교문 앞에서 선생님들이 등교하는 학생들을 한 명 한 명 따뜻하게 안아 준다. 덕분에 교권 침해와 학교폭력으로 얼룩졌던 학교는 건강한 학교로 바뀌었다. 역사 교사이자 생활인권부 부장인 김옥경(여·50) 교사가 바로 '작은 기적'을 만든 주인공이다. 김 교사는 "요즘 아이들은 예전과 다르다는 이야기를 많이 하는데, 오히려 선생님부터 달라져야 지금 이 시대의 아이들을 제대로 교육할 수 있을 거라고 생각했다."라면서 "아이들에게 먼저 다가가기 위해 학교로 오는 아이들을 따뜻하게 맞아 줄 수 있는 프리허그를 생각해 냈다."라고 말했다.

김 교사는 다른 교사들을 설득해 매일 4~5명씩 돌아가면서 교문 앞에서 아이들을 맞도록 했다. 김 교사는 매일 참여했다. 처음엔 쑥스러워하거나 거부감을 느끼던 아이들도 진심으로 안아 주는 선생님들의 모습에 차차 친근함을 표현하기 시작했다. 올해 이 학교를 졸업한 홍주영(15) 양은 "처음에는 프리허그가 쑥스러워서 이런 걸 왜 하나 싶었는데, 시간이 지나면서 친구들이랑 오늘은 어떤 선생님이 안아 줬냐고 서로 물어보면서 재미있어했다."라며 "기분 좋게 하루를 시작할 수 있었고, 선생님들과 친밀감이 쌓이면서 신뢰감도 생기고 학교생활도 더 즐거워졌다."라고 말했다.

김 교사는 학교에 적응하지 못하는 학생들을 위해 더 특별한 노력을 기울였다. 그는 소위 '일진'이라고 불리는 부적응 학생들이 참여할 수 있는 1박 2일 학교 캠프 '뒤뜰 야영'을 열고 게임 등의 다양한 프로그램을 통해 선생님들과 친해지도록 유도했다. 또 심리 검사, 상담은 물론 방과 후 동아리 활동 등을 통해 학생들이 안정감을 찾고 학교생활에 재미를 붙일 수 있도록 했다. 그동안 용천중학교는 한 부모 및 조손·저소득층 가정이 많은 탓인지 학교에서 폭력을 행사하는 학생이 많았다. 교사에게 심하게 대들거나, 수업을 거부하고 교실을 뛰쳐나가는 등의 행동으로 징계를 받은 학생이 2012년 한 해에만 25명, 학교 폭력으로 인한 선도위원회 회의 개최 건수만 113건에 달했다. 그러나 김 교사의 이런 노력 덕에 지난해 열린 선도위원회는 7건으로 크게 줄었고, 교권 침해는 단 한 건도 일어나지 않았다.

김 교사는 학생들이 선생님의 입장이 되고, 선생님은 학생들의 입장이 되는 '역지사지 수업'도 만들었다. 선생님 역할을 해 보길 원하는 학생 3명을 뽑아 각자 좋아하는 미술치료ㆍ국어 등의 과목을 가르치고, 선생님들은 교복을 입고 수업을 들었다. 전교생은 이 장면을 교내 방송 등을 통해 지켜봤다. 몇몇 선생님은 수업 시간에 자는 학생, 떠드는 학생, 화장하는 학생, 질문에 엉뚱한 대답을 하는 학생 등의 모습을 그대로 재현했다. 홍 양은 "선생님 역할을 맡은 친구가 울먹거리는 모습을 보면서 그동안의 우리 모습을 많이 반성했고, 선생님들을 잘 이해하게 됐다."라고 말했다. 김 교사는 "초임 교사 시절부터 꾸지람과 처벌보다 중요한 것이 사랑이라는 신념을 갖고 있었다."라면서 "선생님을 무시하던 아이들이 이제는 복도를 지나갈 때 뒤에서 껴안고 엄마라고 부르는 등 먼저 다가오는 모습을 볼 때 가슴이 뭉클하고 뿌듯하다."라고 말했다.

출처: http://www.munhwa.com/news/view.html?no=2014022001072927158002

3. 활동하기

지금까지 학교폭력에 대한 교사의 가치관의 중요성에 대해 살펴보았다.

✳✳ 다음 사례를 읽으며 예비교사로서 이러한 학생에게는 어떤 태도를 지니고 상담을 해야 할지 생각해 보자.

[실제 사례 1]

대구에서 고등학교 선후배 간에 상습적인 폭행과 가혹 행위를 대물림한 사실이 드러났다. 학생들의 폭행 실태는 '후배를 기중기에 거꾸로 매달고 땅에 묻는' 등 영화에나 나올 법한 수준이어서 충격을 주고 있다. 이 같은 사실은 폭력을 참다못한 1학년 학생이 최근 경찰서에 방문해 진술하면서 드러났다. 대구 수성 경찰서는 16일 학교에서 후배들을 상습적으로 폭행하거나 가혹 행위를 함 혐의로 대구의 고등학교 졸업생 박 모(20) 씨와 안 모(18) 군 등 같은 학교 학생 3명에 대해 구속영장을 신청했다고 밝혔다. 또한 권 모(17) 군 등 2학년 3명은 불구속 입건하고 군 복무 중인 또 다른 졸업생 임 모(20) 씨를 입건해 해당 군부대로 넘겼다. 경찰에 따르면, 박 씨와 임 씨는 학교에 재학 중이던 당시 자신보다 나이가 어린 권 군에게 '상급생에게 반말을 한다'는 이유로 구덩이를 파 목만 나오게 묻고 30분가량 있도록 하는 등 상습적 폭행을 가했다. 이들은 후배들의 발을 기중기에 묶어 거꾸로 매달고 입에 개구리를 집어넣는 등의 가혹 행위도 행한 것으로 밝혀졌다. 현재 3학년인 안 군 등 3명은 지난해 방과 후 학교에서 2학년인 권 군을 흉기로 위협하기도 하고 '개처럼 짖으며 바닥을 기라'고 시키기까지 한 것으로 알려졌다. 폭행을 당한 권 군은 자신보다 학년이 낮은 학생들에게 고스란히 폭력을 돌려줬다. 경찰에 따르면, 권 군 등 3명은 지난해 학교 내 저수지에서 자신보다 학년이 낮은 1학년 학생 1명을 폭행하고 물에 빠뜨리며 동영상을 촬영하기도 한 것으로 알려졌다. 자신이 당한 것과 마찬가지로 저학년 학생의 입에 개구리를 넣게 하고 50여 차례 가혹 행위를 하기도 했다. 가혹한 폭력 행위가 지난 2~3년간 선후배 사이에서 대물림해 온 것이다.

출처: http://www.yonhapnews.co.kr/bulletin/
2012/02/16/0200000000AKR20120216090700053.HTML

[실제 사례 2]

"왕따를 시켜 놓고도 반성하는 기미가 없어요. 가해학생은 학교를 다니고 피해학생이 전학을 가는 상황입니다." 중학교 교사인 P씨는 최근 병원에 입원할 정도로 같은 반 친구를 때린 한 학생을 상담하다 무력감을 느꼈다. 가해학생은 지난해에도 다른 친구를 심하게 때려 보호관찰 처분까지 받았다고 한다. "제 앞에서는 잘못했다고 해 놓고는, 곧바로 친구들하고 몰려다니면서 웃더라고요. 가해학생이나 학부모는 심각성을 모릅니다. 교사로서 할 수 있는 일이 없어요."
10대 청소년들이 친구를 집단으로 따돌리는 '왕따'가 갈수록 집요하고 잔인해지고 있다. 더 큰 문제는, 가해학생들이 왕따를 잘못으로 생각하지 않거나 피해학생에게 죄책감조차 느끼지 못하는 경우가 많다는 것이다. 지난 20일 대구의 한 중학생이 왕따에 시달리다 스스로 목숨을 끊은 사건과 관련해, 가해학생 서 아무개 군은 경찰 조사에서 "괴롭히긴 했지만 죽을 만큼 힘들었는지는 몰랐다."라고 말했다. 그는 '장난삼아 시작한 일'이라고도 했다. 서울 A중의 한 교사는 "장난삼아 했다는 말은 거짓말이 아니다. 상담을 해 보면 가해학생들은 자신의 행동으로 피해학생이 얼마나 상처를 받는지, 얼마나 힘든지를 공감하지 못한다."라고 말했다. 비리 청소년을 많이 다뤄 본 서울 시내 경찰서의 한 경찰관은 "가해학생 여러 명이 피해학생 한 명을 괴롭히면서 일종의 놀이처럼 재미를 느낀다. 가해학생이 여러 명이다 보니 서로 책임을 미루면서 반성도 하지 않고 죄의식을 갖지도 않는다."라고 말했다.

출처: http://www.hani.co.kr/arti/society/schooling/511720.html

✳✳ 다음의 사진을 보고 물음에 답해 보자.

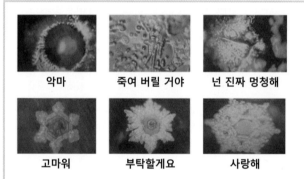

악마	죽여 버릴 거야	넌 진짜 멍청해
고마워	부탁할게요	사랑해

이 사진은 물이 얼었을 때 볼 수 있는 얼음 결정이다. 물이 어는 과정에서 사진 아래에 있는 말을 각각 들려주었는데, 놀랍게도 부정적인 말을 했을 때는 얼음 결정이 매우 삐뚤고 못생긴 반면, 긍정적인 말을 했을 때는 얼음 결정이 매우 아름다운 것을 볼 수 있다. 이처럼 성장과 발달의 결정적 시기에 있는 청소년기에 교사의 한마디는 독이 될 수도 있고 약이 될 수도 있다.

1. 아이들이 교사에게 듣기 싫어 하는 말은 무엇일지 생각해 보자. (세 가지)
2. 아이들이 교사에게 듣고 싶어 하는 말은 무엇일지 생각해 보자. (세 가지)

■ 학교폭력 대책 강화… 교사들, 학생지도 업무 기피

최근 학교폭력 예방 대책이 강화되면서 학생지도 업무가 교사들의 기피 순위 1위에 올랐다. 다른 학교는 아예 교사 4명으로만 학생부를 축소해 꾸리기로 했다. 수당은 적고 업무는 고된 상황에서 학교폭력까지 책임지다 보니 부담이 커진 것이다. 학교폭력을 방관한 교사가 형사 입건되다 보니 (학생지도를 잘못하면) 다치는 쪽이 교사들이라 생활지도부에 지원하는 교사가 없는 것이다. 학교에서는 초임 교사나 전입 교사에게 반강제로 학생부를 맡기는 추세다. 사립학교는 이보다 심한데, 기간제 교사에게 정규직을 유혹하면서 학생부를 떠맡기기도 한다.

출처: http://www.youtube.com/watch?v=Mi0DPtI6Q28

 사회적 이슈

다음은 학교폭력과 관련하여 사회적으로 주목받고 있는 이슈다. 이에 대해 동료와 토론을 한 뒤 의견을 정리해 보자.

학교폭력 방관 교사가 입건되는 사건이 발생하면서, 이 문제에 대해 교육계의 촉각이 서 있다. 이는 교사의 책임을 묻는 선례가 될 것으로 예상됨에 따라 조사 과정 하나하나가 관심을 받고 있다. 학교폭력 방관에 대한 정확한 기준 마련이 시급하다. 다음의 사례를 보자.

서울 양천경찰서가 학교폭력을 방관했다는 이유로 중학교 교사를 6일 불구속 입건하자 교육계가 촉각을 곤두세우고 있다. 6일 발표된 학교폭력 근절 종합대책에서 정부가 학교폭력에 대처하는 교사의 권한과 책임을 동시에 강조한 상황에서 이번 사건은 중요한 선례가 될 수 있기 때문이다. 경찰은 학생이 투신자살하는 상황에 이르도록 교사로서 적절한 조치를 하지 않았다며 해당 교사에게 직무유기 혐의를 적용했지만 현재로선 입건이 곧 처벌이라는 결과로 이어질지 예단하기가 어렵다.

일부에서는 정부가 '학교폭력과의 전쟁'을 선포한 상황에서 경찰이 무리하게 입건한 게 아니냐는 의문도 제기된다. 「형법」상 직무유기죄의 경우 대표적인 부작위(不作爲, 행위를 하지 않는 것) 처벌 조항이어서 정당한 이유 없이 직무상 행위를 하지 않은 점이 명백히 입증돼야 한다. 「형법」에는 "공무원이 정당한 이유 없이 그 직무수행을 거부하거나 그 직무를 유기한 때에는 1년 이하의 징역이나 금고 또는 3년 이하의 자격정지에 처한다."라고 돼 있다. 통상 '직무유기'가 의심되는 많은 사안의 경우 형사처벌이 쉽지 않은 만큼 민사상 손해배상 청구를 하는 사례가 대부분이다. 손배 책임은 대체로 폭넓게 인정될 때가 많다. 결국 교사의 직무 범위를 어디까지 볼 수 있는지가 관건이 될 전망이다. 현행 법령상 교원의 직무 범위에 대한 일괄 규정은 없으며 「초 · 중등교육법」은 "교사는 법령이 정하는 바에 따라 학생을 교육한다."라고 정하고 있다.

학교폭력 문제에 대한 교사의 책임은 어디까지가 적당할지 생각해 보자.

출처: http://www.yonhapnews.co.kr/bulletin/
2012/02/07/0200000000AKR20120207172900004.HTML

외국의 학교폭력 현황

학습 목표

1. 외국의 학교폭력 현황에 대해 안다.
2. 우리나라 학교 현장에 도움이 될 만한 정책이나 프로그램 등을 생각한다.

지난 주 사회적 이슈

학교폭력과 관련해 생각해 볼 만한 사회적 이슈는 다음과 같다. 이에 대해 동료의 의견을 듣고 관련 사례를 보며 나의 생각을 정리해 보자.

학교폭력 문제에 대한 교사의 책임은 어디까지가 적당할지 생각해 보자.

외국의 이색적인 학교폭력 예방교육

미국에서 갓난아기를 통한 심리교육이 효과를 거두고 있다. 미국 초등학교에서 갓난아기와 함께 학생들이 교육을 받고 있다. 말 못 하는 갓난아기가 울 때 어떤 감정일지 생각해 보고, 아기에게 공감하는 방법, 아기와 같이 슬퍼하고 기뻐하는 방법을 자연스럽게 배우게 된다. 이 프로그램은 아기를 통해 다른 사람의 감정을 느끼고 이해하도록 하는 심리교육 프로그램으로, 9개월 동안 프로그램을 진행한 결과

> 집단 따돌림은 30%, 사소한 다툼은 50% 감소하였다. 미국과 캐나다에서 공감
> 심리교육을 실시하고 있으며, 다른 사람의 감정을 이해하는 능력을 기르는 데
> 는 어릴 때부터 교육을 받는 것이 효과적이라고 한다.
>
> 출처: http://www.youtube.com/watch?v=wVn9Ft8VXJA

1. 외국의 학교폭력 예방 및 대처 활동

1) 독일의 학교폭력 예방교육: School Station

독일에서는 학교폭력 예방을 위해 School Station을 운영한다. School
Station에서는 상담교사와 사회복지사가 상주하면서 문제행동을 보인 아
이들이 이곳으로 보내지면 상담을 하여 심리 상태 등을 파악한 뒤 각 학생
에게 적절한 해결 방안을 제시하여 문제를 해결하도록 도움을 준다. 단회
성에 그치는 상담이 아닌 지속적이고 애정 어린 관심과 개입은 학생들로
하여금 심리 내적 변화를 일으켜 문제행동을 스스로 변화시켜 나가게 한
다. 폭력적인 성향이나 공격적인 성향을 줄이기 위해 사회적 기관과 연계
할 뿐 아니라, 상담실 내 체육 시설을 이용하여 에너지를 긍정적인 방향으
로 발산하여 심리정신적 안정을 꾀할 수 있도록 돕는다.

출처: http://www.youtube.com/watch?v=D6hy7WoyjGw

2) 핀란드의 학교폭력 예방교육: Kiva Koulu

핀란드에서는 학교폭력의 주된 원인과 사회적 영향에 대해 어떻게 생각
하느냐는 물음에 Kiva 프로그램 담당 교사는 자신과 타인 간의 차이를 느
끼는 시점이 학교폭력의 중요한 시작점이 되며, 학급에서는 한 아이가 남
들과 특별히 다르다고 인식되면 다수의 아이들이 집단을 이루어 한 학생을
괴롭히기 시작한다고 괴롭힘의 메커니즘을 설명했다. Kiva 프로그램의 내

용은 다음과 같다. 예를 들어, 남학생 두 명이 다투었다고 했을 때, 이런 경우가 처음이라면 담임교사가 준비된 양식에 따라 간단하게 서류를 작성한다. 하지만 이러한 문제가 반복된다면 담임교사가 그동안 작성한 서류를 Kiva 프로그램 담당 교사에게 전달한다. 그러면 Kiva 담당 교사는 학생들을 한 명씩 불러 대화를 나누는데, 여기서 중요한 것은 '절대' 아이를 비난하지 않는다는 것이다. 아이들에게 자신이 처한 상황에 대한 느낌 등을 적어 보게 한 뒤 가해학생과 만난다. 가해학생에게도 동일한 질문을 하는데, 일반적으로 가해학생과 피해학생이 상당히 유사한 답을 한다고 한다. 그런 다음, 피해학생과 가해학생을 함께 만나 1~2주간 Kiva 프로그램에 참여하도록 한다. 이 프로그램은 마치 게임처럼 아이들이 서로 가까이 다가가는 연습을 하게 하여 서로에 대한 친밀감을 자연스럽게 받아들이도록 하는 것이 중점 요소다.

출처: http://vimeo.com/43445694

 생각해 보기

지금까지 외국의 학교폭력 예방 및 대처 활동에 대해 살펴보았다. 이를 우리나라의 학교폭력 상황과 비교하며 **우리나라 학교폭력 대책 및 교육의 부족한 점과 충분한 점**을 생각해 보자.

대부분의 사람은 국가가 선진화되고 정치가 민주화되고 경제적으로 부유해지면 학교폭력도 없거나 매우 적을 것이라고 생각한다. 미국, 일본, 영국, 독일의 경우에서도 보듯이, 학교폭력은 이런 성취와 달성으로 저절로 해결되는 단순한 문제가 아니다. 우리나라는 이들 나라와 비교하여 출세를 위한 입시 위주 교육제도, 국토에 비해 지나치게 과밀한 인구밀도, 속도를 따라가기 어려운 경쟁적 생활 환경과 경제적 압박감으로 학생들이 겪는 스트레스의 강도가 대단히 높다는 선행 연구 결과가 있다.
한국의 학교폭력에 대한 정책은 선진국과 비교하여 보았을 때 많게는 50년 이상, 적게는 20년 이상의 격차가 있어 여전히 사회적 지지 체제로서의 관련 정책이 요원하였다. 그러나 「학교폭력 예방 및 대책에 관한 법률」 제정 이후 학교 및 교사의 인식이 많이 달라지고 있으며 관련 당국 또한 이 문제의 심각성을 느끼고 있다. 아울러 3년 내에 관련 법률 개정안이 세 차례나 제기됐을 정도로 정책의 기초 마련 및 부실한 법안의 정비가 한창이다. 한편으로는 민간단체의 역량도 한층 성숙되어 청소년폭력예방재단을 비롯하여 각 지역의 상담지원센터 및 관련 기관도 임상적 기법과 이론을 재정비하며 습득하고 있다. 그러나 아직도 관련 법률이 미비하여 재정 지원이 부족하고 학교폭력을 전문으로 취급하는 임상센터가 전국적으로 부족한 것이 현실이며, 특히 피해자 보호 정책의 경우 아예 지원 자체가 불가능한 경우가 대부분이다.

2. 외국의 학교폭력 현황 및 지원 방안

1) 전반적 현황

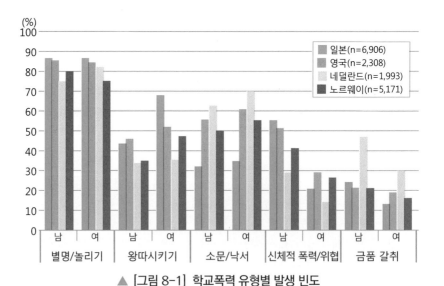

▲ [그림 8-1] 학교폭력 유형별 발생 빈도

출처: https://www.nippon.com/ja/currents/d00054/

OECD 10개국 평균 학생 10명당 1명꼴로 최근 괴롭힘을 당한 적이 있고, 연령에 따라 폭력의 경향성이 증가하다 14~15세 이후 감소하는 경향을 보이는 것으로 나타났다. 연령에 따라 신체적 공격 → 언어적 공격 → 사회적 관계를 이용한 공격적 공격의 순으로 나타났고, 보통 소수 인종, 동성애, 신체적·정신적 지체, 병약, 비만, 또래에 비해 체격이 작거나 나이가 어린 경우 등 다른 학생들과 차이가 있어 괴롭힘을 당하는 경우가 많으나 국가 문화에 따라서 차이가 있는 것으로 드러났다. 영국, 프랑스 학교에서는 인종 차이에 의한 괴롭힘이 가장 많았고, 일본에서는 신체적 괴롭힘보다는 언어적 또는 사회적 관계를 이용한 괴롭힘이 많았으며 여학생이 가해자가 되는 경우가 더 많은 것으로 나타났다. 한국에서는 괴롭힘을 당하는 학생의 자살 경향성이 상대적으로 큰 것으로 나타났다.

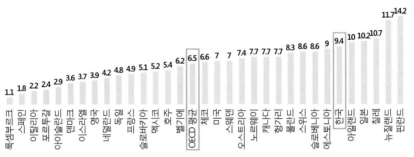

▲ [그림 8-2] OECD 아동·청소년 인구 10만 명당 자살률

출처: http://jj.heraldcorp.com/view.php?ud=20151113001047

2) 미국의 학교폭력

(1) 미국의 학교폭력 현황

최근에 발표된 한 연구에서 미국의 8학년 학생과 우리나라 중학교 2학년 학생을 대상으로 미국과 한국의 학교폭력 실태를 비교하였다. 연구 결과, 미국 학생들이 한국 학생에 비해 학교폭력의 희생자가 될지도 모른다는 두려움을 많이 가지고 있고, 친구의 희생을 목격한 경우가 많은 것으로 나타났다. 또한 미국 중학교 교장들은 한국 중학교 교장들보다 학생들의 신체적

폭력 및 언어폭력, 무기 사용 및 소지 문제를 더 자주 다루는 것으로 나타났다. 미국에서 이루어진 또 다른 연구에서는 6학년부터 10학년까지의 학생 1만 5,696명을 대상으로 설문조사를 실시하였는데, 4명 중 1명 정도는 학교폭력에 직접 관련되어 있는 것으로 나타났다. 또한 남을 괴롭히거나 괴롭힘을 당한 적이 있다고 대답한 학생이 각각 13%와 10%로 나타났으며, 그중 약 6.3%의 학생들은 남을 괴롭히거나 괴롭힘을 당한 경험이 모두 있는 것으로 나타났다. 이러한 연구 결과를 볼 때 괴롭힘 행동에 적극적으로 가담하지는 않지만 가해자의 행동을 도와주고 강화하는 학생들까지 포함한다면 훨씬 많은 수의 학생이 남을 괴롭히는 일에 관여하고 있음을 알 수 있다.

　미 교육부 산하의 국립교육통계센터(National Center for Education Statistic)와 미 법무부 산하의 법통계국(Bureau of Justice Statistics)이 2005년 발행한 '학교범죄와 안전에 대한 지표(Indicators of School crime and Safety)' 보고서에 따르면, 최근 미국의 학교폭력과 관련하여 몇 가지 중요한 특징을 알 수 있다. 첫째, 교사에 대한 폭력 사건이 상당수 존재한다. 1999년부터 2003년까지의 통계에 의하면, 고등학교 교사가 초등학교 교사에 비해 폭력 사건의 희생자가 된 경우가 더 많았다(교사 1,000명당 폭력 사건의 경우 22:9, 절도 사건의 경우 36:20). 2000년 통계에 의하면, 도심 주변이나 시골 학교에 있는 교사에 비해 도시 학교의 교사들이 학생들에게 신체적인 공격을 당하거나 위협을 받은 경험이 더 많은 것으로 나타났다. 둘째, 무기 소지 및 마리화나 사용 경험과 관련하여 2003년의 통계에서는 9학년부터 12학년까지의 학생 중 17%나 되는 학생들이 무기를 소지한 경험이 있다고 답변했고, 그중 약 6%의 학생이 실제로 학교에 무기를 가지고 왔다고 답변했다. 1993년부터 2003년 동안 어느 곳이든 무기를 가지고 다닌 경우는 22%에서 17%로 감소했고, 학교에 무기를 소지하고 오는 경우도 12%에서 6%로 감소했다. 22%의 학생이 지난 30일 이내에 마리화나를 피운 경험이 있다고 보고했으며, 그중 6%에 해당하는 학생들이 학교에서 마리화나를 피운 경험이 있다고 보고했다. 셋째, 교칙 및 안전 장치 강화와 관련하여 2000년 통계에서는 약 54%의 공립학교에서 학교폭력과 관련된 적어도 하나 이상의 엄격한 학칙을 명시하고 있다. 전체 학교의 75%가 출입문을 감시하고 잠금으로써 학교 건물의 출입을 통제하고 있다. 또한 34%의 학교가 학교 정문을 감시하고 잠금으로써 학교 운동장에 대한 접근을 통제하고 있다. 그리고 초등학교의 14%, 중학교의 20%, 고등학교의 39%가 학교에서 일어난 일을 감독하기 위해 최소한 한 대 이상의 감시카메라를 설치하고 있다.

(2) 미국의 학교폭력 지원 방안

① 주 정부 및 지역사회에서의 학교폭력 예방 방안

미네소타 주의 학교폭력 예방 대책 중 몇 가지를 살펴보면 다음과 같다. 첫째, 폭력 예방 계획인 '폭력 추방하기'가 있다. 이 프로그램의 기본 가정은 폭력은 학습된 행동이며, 폭력 학습에 가정이 부정적인 역할 모델이 될 수 있다는 것이다. 즉, 폭력 예방에서 다른 무엇보다도 가정폭력을 예방하고 중재하는 것이 중요하다고 보았다. 이 프로그램의 목적은 아이들이 추구해야 하는 특성 개발하기, 모든 학습자를 위한 광범위한 예방 조치 마련하기, 유치원생부터 고등학생을 폭력으로부터 확실히 보호하기, 학교와 부모 및 보호자 간의 교육적 연계 강화하기, 학습에 도움이 되는 긍정적인 분위기, 환경, 문화 제공하기, 지역사회와의 연계 강화하기, 문제 해결에 있어서 폭력적인 방법 대신 수용 가능한 방법들을 강조하는 사회적 규범 확립하기 등을 포함한다.

둘째, '당신은 평화를 만들 수 있는 사람입니다' 운동이다. 이 프로그램은 미네소타에 있는 모든 주민의 개인적인 행동과 태도의 변화, 그리고 지역사회를 보다 평화롭게 만드는 과정에서의 개인적인 책임감을 촉진하는 것을 목표로 삼았다. 2001년에 나온 이 프로그램은 학교용, 성인용, 청소년용, 지역사회용으로 구분되어 있고 프로그램마다 중점 교육 내용과 활동이 다양하게 구성되어 있다.

셋째, '폭력 없는 가정과 지역사회 만들기' 운동이다. 이 운동은 폭력이 일어난 다음에 그것을 해결하기 위해 노력하는 것보다 폭력의 원인을 규명하고 그에 미리 대처하는 것이 중요하다는 점을 강조한다. 1992년부터 1997년까지 약간씩 시기를 달리하여 총 17개 팀이 활동하였는데, 학교, 직장, 지역사회, 미디어, 법률 제정 등과 관련하여 폭력을 예방하고 평화로운 분위기를 만들기 위해 많은 노력을 했다.

② 국가의 학교폭력 위기 지원 방안
• 프로젝트 SERV

미 교육부 산하 안전하고 마약 없는 학교를 위한 사무국에서는 법 제정을 통해 프로젝트 SERV(Project School Emergency Response to Violence)와 관련된 재정 지원을 하게 되었다. 프로젝트 SERV는 갑작스럽고 예기치 못한 또는 폭력적인 사건 때문에 '파괴된 학습 환경을 가지고 있는 지역 교육 당국에 대한 교육 관련 서비스'를 재정 지원하고 있다. 학교 위기 개입은 미 교육부와 프로젝트 SERV에 따르면 준비, 반응, 회복의 개념을 포함한다. 학교와 지역사회에서의 준비는 안전에 관한 정책과 계획을 수립하는 것을 포함한다. 아울러 지역 종교기관, 법, 응급 시설 등과 같은 주요 기관 및 조직과의 파트너십 유지를 포함한다. 학교에서 위기나 재해 이전에 의사소통 방법이나 구조를 더욱 건고하게 개발할수록 학생과 교직원의 신체적·정서적 욕구를 적절하게 충족시켜 줄 가능성이 있다. 파트너로서 학교와 지역사회에서 해야 할 중요한 일은 위기가 발생하기 전에 서비스나 정책의 간극을 확인하고, 그 간극을 메우고 효과성을 평가하는 일이다. 한 가지 주목할 만한 사실은 학교의 학사 일정이 위기 상황에서의 반응과 회복 과정에서 중요한 요인이라는 사실이다. 매년 일정한 수업 일수, 홈커밍데이, 봄/겨울 방학, 종교 행사, 졸업식, SAT 등을 포함한 시험 기간 등 대표적인 학교 행사들이 있는데 이러한 학교 행사는 학교나 학교 근처에서 일어난 폭력 사건에 대해 학생들이 좀 더 예민하게 정서적인 반응이나 부정적인 반응을 하도록 하기 때문이다. 따라서 전통적인 학교 행사가 있을 때 학생들이 부정적인 반응을 하지 않도록 특별히 주의를 기울여야 한다. 특히 학교폭력에 의해 희생당한 친구와 관련된 날이 있을 경우 정신적 외상으로 인한 스트레스 수준이 높아질 수 있기 때문이다.

• 스쿨캅

프로젝트 SERV가 일반적인 학교의 위기 상황에 대한 국가 차원의 대응책이라고 한다면, 보다 심각한 수준의 학교폭력을 예방하고 만성적으로 반복되는 괴롭힘 행동에 대한 적절한 대응책을 마련함으로써 학교폭력 문제를 해결하고자 하는 노력도 계속되어 왔다. 미국의 경우 학교폭력과 관련하여 조사 단계부터 대응 및 평가 단계까지 학교폭력과 관련된 상황이 종료될 때까지 대책을 마련하는 것에 초점을 맞추고 있다. 스쿨캅이라는 소프트웨어는 학교 행정가, 청원경찰, 학교 안전요원 등을 위해 고안되었다. 스쿨캅 소프트웨어를 이용하여 학생들의 잘못된 행동과 비행에 대해 신속하게 기록할 수 있으며, 자료 분석을 통해 반복적으로 희생당하는 학생과 문제행동의 유형, 위치, 일시 등과 같이 학교폭력과 관련된 중요한 변인들을 쉽게 파악할 수 있다. 스쿨캅 소프트웨어는 학교폭력 문제를 해결하는 데 다음의 4단계를 이용한다.

① 조사 단계: 해당 문제를 확인하고 선택한다.
② 분석 단계: 문제의 원인을 조사하고 문제를 해결하는 데 도움을 줄 수 있는 개인이나 기관을 확인한다.
③ 대응 단계: 분석에 근거하여 문제 해결 방안을 계획하고 실행한다.
④ 평가 단계: 문제 해결을 위해 실행한 방안들이 실제로 그 문제를 감소시키는 데 기여했는지를 평가한다.

3) 일본의 학교폭력

(1) 일본의 학교폭력 현황

일본에서는 청소년 문제가 심각하게 대두되기 시작한 1960년대 이후 비행, 문제행동 등의 용어로 청소년 문제에 대한 다양한 사회적 분석이 이루어져 왔다. 일본의 학교폭력 제1정점은 전후 부흥기인 1951년이고, 제2정점은 도쿄 올림픽이 개최되던 1964년이다. 고등학교 진학률이 95%를 넘어서고 고등교육 진학률이 40%에 이르는 1983년에는 가정 내 폭력, 자살, 이지메 등이 급증하면서 학교폭력이 제3정점에 달한다. 그리고 1980년대 중반부터는 이지메와 더불어 학교 부적응으로 발생하는 등교 거부와 고등학교 중도퇴학 등이 주된 사회 문제로 대두된다. 그리고 1995년 이후에는 매춘, 약물 남용 등으로 청소년 문제가 다양화하면서 사회적으로 학교폭력이 그 어느 때보다도 심각한 수준에 이르러 학교폭력의 제4정점을 맞이하고 있다.

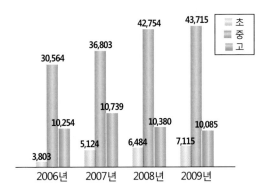

▲ [그림 8-3] 일본의 학교폭력 변화(1985~2006)

출처: 일본문부과학성(2010).

전체 형사범 검거 인원 중 소년의 비율은 2005년 34.7%로 감소 경향을 보이나 동일 연령 인구 1,000명 중 형사범 소년의 검거 인원은 16.8명으로 2.5명에 지나지 않는 성인의 약 6.7배나 되어 사회 문제화되고 있다. 또 가두범죄(절도, 자전거 도둑, 점유물 횡령 등)로 검거된 청소년은 2만 8,800명으로 성인을 포함한 전체 검거 인원의 60.6%를 차지하며, 학교폭력과 직접적인 관련이 있는 불량 행위 소년의 수는 약 142만 명으로 역대 최고 수치를 기록하고 있는 실정이다. 특히 최근 문제가 되고 있는 청소년 흉악범과 약물사범, 성범죄 피해 동향을 살펴보면, 약물 남용은 감소 추세이나 전체 소년 인구에서 차지하는 비율이 여전히 높은 수준이며, 퇴학 및 가출과 약물 남용을 동반하는 성범죄 역시 2005년에 5,846건으로 매우 높다. 이뿐만 아니라 강도, 살인과 같은 흉악범의 소년 비율 역시 높다. 1998년 고베시 중학생의 연속 아동 살상 사건, 오키나와에서 발생한 중학생의 동급생 살인 사건, 2004년 나가사키에서 일어난 초등학교 6학년 여학생의 동급생 살해 사건, 니가타에서 일어난 초등학교 동급생 살상 사건 등 가해자와 피해자가 모두 중학생과 초등학생으로 연령이 낮아지고 있으며, 그 정도가 매우 흉악하고 포악하다는 것 또한 사회적 이슈로 떠오르고 있다. 이렇듯 날이 갈수록 심각해지는 청소년 비행 중 학교와 밀접한 관련을 맺고 있는 문제 행동으로는 학교 내외의 폭력 행위와 이지메가 있다.

(2) 일본의 학교폭력 예방 방안

① 학생의 문제행동 대책 중점 프로그램

2004년 나가사키에서 발생한 초등학교 6학년 여학생의 동급생 살해 사건을 계기로 폭력 행위 재발 방지를 위한 학생의 문제행동에 관한 프로젝트팀을 설치하고 '학생의 문제행동 대책 중점 프로그램'을 책정하였다. 이 프로그램에서는 학교와 가정, 지역, 관계기관의 연계를 통해, 첫째, 생명을 소중히 여기는 교육의 충실을 꾀하고 있다. 교육과정 전반에 걸쳐 생명의 소중함과 죽음의 엄숙함 등을 적극적으로 교육하고, 이를 위한 교재 개발과 외부 인재의 활용을 통해 타인을 존중하는 교육을 추진하고 있다. 또한 학교의 각 교과지도와 학생지도에 효과적인 프로그램을 개발하여 자신의 생각이나 기분을 적절하게 상대방에게 전하고 생활상의 여러 문제를 대화로 해결하려는 능력의 육성 등 상호 존중을 바탕으로 하는 인간관계 구축 능력의 향상에 노력하고 있다.

② 비행방지교실

2006년 문부과학성과 경찰청이 연계하여 비행방지교실을 운영하고 있다. 이는 규범의식의 함양에 초점을 맞춘 '신 아동학생의 문제행동 대책 중점 프로그램'을 구체화한 것으로, 규범의식의 함양을 위해 학생지도 체제의 재구축을 강조하고 있다. 문제행동에 대해서는, ① 대응 기준을 명확히 하고 이를 외부에 주지한다. ② '해서는 안 될 일은 절대로 해서는 안 된다'는 분명한 지도가 규범의식의 내면화로 이어진다. ③ 규범의식의 함양을 위해 학교뿐 아니라 지역사회 전체가 건전한 청소년 육성의 시점에서 대처해야 한다. ④ 지도를 통해서 사태가 개선되지 않을 경우에는 규칙과 벌칙에 따른 징계를 통해 학교의 질서를 유지하고 학생들의 자기지도력을 육성하는 것이 중요하다. ⑤ 출석정지제도는 학생지도의 연장으로 유효한 수단임을 새롭게 인식할 필요가 있다. 이러한 방침을 두고 규범의식을 함양하기 위해 노력하고 있다. 이를 위해, 첫째, 학교 내의 모든 교직원이 공통된 인식 아래 조직적으로 대응하도록 학교 전체의 협력관계를 구축하고 있다. 둘째, 교직원 서로의 역할이나 업무 분담을 이해하고 도우며 협동할 필요가 있다는 점을 강조하고 있다. 마지막으로, 가정이나 지역의 협력을 얻기 위해서 학교가 적극적으로 학교폭력의 실태와 지도 체제에 관해 끊임없이 정보를 제공한다.

4) 독일의 학교폭력

(1) 독일의 학교폭력 현황

독일 내에서는 매우 심각한 학교폭력 사건들이 언론을 통해 자주 보도되어 주의를 끌고 있다. 2006년 학기 초에는 베를린의 한 학교에서 한 학생이 학생과 교사를 공격하는 심각한 사건이 발생했다. 교사는 더 이상 이 사건을 수습하기가 어려웠고, 학교 행정은 정치인의 도움과 지원을 받고자 했다. 독일은 이 사건과 아울러 학교폭력 사건에 상당히 주목하였다. 당시 언론은 학교폭력이 많이 증가했고, 특히 이주노동자 가정의 아이들이 공격적이며 폭력적이라고 보도하였다. 이 의견에 대해 현재까지 논란은 많다.

독일의 모든 학생은 기본적으로 상해보험에 무료로 가입되어 있다. 학생들의 신체 부상이나 사고는 이 보험회사에 신고하게 되어 있는데, 1993년부터 2003년까지 독일연방상해보험협회가 아동과 청소년의 폭력 및 공격성이 원인이 되어 발생한 학생들의 폭력 피해에 관해 연구한 결과는 다음과 같다. 보험에 든 학생 1,000명당 다른 학생의 공격적 행동으로 다친 학생의 비율은 1993년 15.5%에서 2003년 11.3%로 감소했다. 그중 하우프트슐레(중등학교)가 폭력으로 부상을 당한 학생의 비율이 가장 높았는데, 2003년 32.8%인 것으로 나타났다. 남학생은 69%가 학교폭력에 가담하거나 관련성을 가지고 있다. 가장 높은 폭력 피해율을 보인 것은 11~15세 연령대의 남학생이다. 외국인 학생(대부분 이주노동자의 자녀)의 학교폭력 가담률이 높다는 시각이 일반적이지만, 연구 결과에서는 이를 입증하지 못했다. 오히려 모든 유형의 학교에서 그들의 폭력이 감소하는 경향으로 나타났다. 폭력 피해는 대부분 학교 운동장에서 쉬는 시간에 발생했고, 폭력으로 인한 부상의 23%가 학교 체육 시간에 발생한 것으로 분석되었다.

(2) 독일의 학교폭력 예방 방안

① 「복지지원법」의 적용

독일의 아동 및 청소년 「복지지원법(Kinder-und Jugendhilfegesetz)」은 아동과 청소년의 성장 과정 중에 교육이나 안전에 위협이 있을 때 모든 양육권자를 지원할 것을 보장하고 있다. 이것은 학교 내에 폭력 행위가 일어났을 때나 폭력적인 학생에게도 마찬가지로 적용된다. 통상적으로 위기 청소년은 한 가지가 아닌 다양한 징후와 그에 따른 장애를 가지고 있다. 민간위탁시설은 위기 청소년의 문제 유형에 적절한 개별적인 지원 서비스를 다양한 형태로 제공하고 있다. 외래형 지원 서비스에 필요한 비용은 대부분 무료이며, 상주형 지원 서비스의 경우 부모의 소득 정도에 따라 소요 비용을 부담하게 하고 있다. 또한 청소년 복지 지원 서비스는 학교와 반드시 연계·협력하도록 법으로 정하고 있다. 더불어 독일 연방주 내 학교법에는 학교와 청소년 복지 지원이 연계·협력되어야 한다고 명시되어 있다. 이는 학교 내에서 발생하는 공격적이며 폭력적인 행위에 관해 청소년 복지 전문가와 교사가 연계·협력하여 해당 학생에게 건전한 성장을 위해 적절하고 필요한 '청소년 지원 서비스'를 제공해야 함을 뜻한다.

② 집단 프로그램

사회성 강화 집단 프로그램(Soziale Gruppenarbeit)의 주된 대상 연령층은 12~14세의 아동 및 청소년으로 정상적인 성장 발달에 이탈적이거나 행동장애를 보이는 이들이다. 그들은 학습부진, 빈번한 폭력적 행위 등의 경향을 보인다. 집단 프로그램은 자발적 참가 의사에 원칙을 두는 '외래형 청소년 복지 지원 서비스'로, 집단 프로그램을 진행하는 동안 그들이 자신의 새로운 방향의 미래를 열어 나가는 데 의미를 두고 있다. 집단 프로그램에 참가하는 청소년들은 청소년 전문가의 지도하에 소규모 동아리 형태로 주 단위의 활동에 참여한다. 청소년들은 자신의 여가 시간을 보내는 것뿐만 아니라 집단 구성원과의 상호 교류 및 친교, 또 이러한 활동을 해 나가는 동안 건전하고 올바른 집단 공동체 의식을 함양하는 데 목적을 두고 참여한다. 게임, 모험심 활동, 체육 활동, 장기적 프로젝트 활동 등을 통하여 사회적 경험과 체험의 범위를 확대해 나가는 과정에서 청소년들은 자신의 잠재적 가능성을 스스로 발견하고 인정할 수 있다. 또한 집단 구성원들은 타인에 대한 부당한 거절, 공격적 행위, 규칙 위반 등이 집단 내에서 적절하지 않은 행동임을 이해하게 되고, 어떤 사회적 행동이 허용되는지를 알게 된다. 청소년 스스로 집단 소속감을 가지고 청소년 전문가의 관심과 애정을 인지하면 자신감 향상에 매우 도움이 된다. 대부분의 사회성 강화 집단 프로그램은 1년 동안 매주 4시간씩 다양한 체험 활동을 하면서 보내고, 방학을 이용해서 2~3주 동안 여행을 떠나기도 한다.

③ 교육 후견인

교육 후견인(Erziehungsbeistand)은 문제행동 징후가 심각한 고학년 청소년을 위해 제공되는 '청소년 복지 지원 서비스'로, 이러한 대상 청소년은 학교 부적응, 학교 이탈, 심리적 문제, 폭력, 공격성, 특히 부모와의 심각한 갈등을 겪고 있는 것이 특징이다. 교육 후견인은 청소년이 부모와 갈등이 심각할 때 가족 외에서 현재의 문제와 갈등을 의논할 중립적인 대화 상대자로서 신뢰할 수 있는 성인이어야 하며, 대부분은 사회복지사 또는 사회교육사다. 성장기에 있는 청소년이 가족 내에서 자신이 처한 상황이나 문제의 해결을 위한 도움과 지원을 받지 못할 때, 사회복지나 교육학 전문가가 그들에게 필요한 지원을 제공한다. 현재 자신이 처한 갈등 분야, 즉 가정, 학교, 직장에 관해 고민과 문제를 상담하며 해결책을 함께 찾아 나간다. 이 밖에도 개인 또는 집단 형태로 다양한 체험 활동을 계획하고 실행하기도 한다.

교육 후견인 지원은 위기에 처한 청소년이 긍정적인 행동 대처 방안을 배워 가며 자신이 처한 생활 환경을 개선해 나가는 데 지원적 · 예방적 목적을 두며, 특히 청소년의 자립화에 중점을 둔다. 교육 후견인은 평균적으로 청소년 1인당 2년에 걸쳐 지원하는 서비스로 중장기적 청소년 지원 서비스다.

④ 주간아동보호교육센터

주간아동보호교육센터(Tagesgruppe)란 부분거주형 교육 지원으로 위기 아동 및 청소년이 유치원 또는 학교 하교 후 이곳을 방문하고 야간이나 주말에 원래 가정으로 복귀하도록 한다. 소규모 집단으로 8~10명의 청소년이 한 조를 이루고 3~4명의 교육 전문가가 보호하는 형태다. 대상은 미취학 아동부터 16~17세에 이르는 청소년이며, 특히 취학 아동 및 청소년에게 중점을 두고 돌본다. 이 지원 서비스의 대상 청소년은 문제행동과 장애, 학습부진, 공격적이거나 폭력적인 행위 등의 특징을 보인다. 부모가 더 이상 자녀의 행동에 대처할 수 없을 정도로 심각한 문제행동이나 고민을 가지고 있다. 어려움에 처한 가족은 센터에 오기 전에 주간아동보호교육센터에 외래형 지원 서비스를 신청하고, 부모 상담도 동시에 이루어진다. 청소년이 이 시설에 머무는 동안은 대부분의 가족에게 자녀 양육의 부담을 감소시켜 주며, 혼자 자녀 문제에 직면하지 않고 상담자에게 자녀 양육에 관해 도움을 요청할 수 있다. 청소년 또한 시설에 머무는 동안 안정된 분위기에서 자신의 감정을 표현하고 행동 수정에 관해 학습할 기회를 가진다. 행동 수정을 위한 다양한 놀이, 취미 활동 등의 프로그램이 제공된다. 개인 및 집단 교육 프로그램에서는 특수교육 치료적 방법을 적용하여 아동 및 청소년이 자신의 외상적 경험을 재처리할 수 있도록 하며, 예전에 손상된 자신의 성장 발달을 회복하고 새로운 미래의 희망을 찾도록 하는 데 중점을 둔다. 이와 마찬가지로 학교 적응을 위한 학습 및 숙제 지원과 교사 또는 학교와의 긴밀한 협력은 매우 중요한 서비스의 목적이며 내용이다.

이와 같은 주간아동보호교육센터의 가장 중요한 역할은 부모와의 협력이다. 몇몇 주간아동보호교육센터 또는 시설에서는 가족치료적 상담 기술과 면담으로 부모 상담을 하고 있다. 부모와 주간아동보호교육센터가 얼마나 긴밀한 협력관계인지에 따라 운영의 성공과 실패가 좌우된다. 서비스의 진행 기간은 2~4년이다.

독일에서 학교폭력을 예방하는 데 결정적인 기여를 한 방법으로는 학교사회복지사의 개입을 들 수 있다. 그들은 학생 간의 폭력 문제를 이슈화하고 학생, 학부모, 교사들과 함께 공동 프로젝트를 진행하는 등의 일을 하고 있다. 또한 학생들에게 사회적으로 허용되는 대안적 행동 방법들을 제시하고 직접적으로 시연하고 연습시킨다. 그러나 독일의 모든 학교에 학교사회복지사가 배치되어 있지는 않으며 아직은 부족한 상태다. 이 밖에도 학교생활에 무기력한 학생들을 다시 학교에 적응하게 하는 방안이 있다. 학교에서 멀어지는 것 자체가 가정에 문제가 있다는 '조기 징후'이기도 하기 때문이다. 또한 학교, 청소년청의 청소년 복지 지원, 경찰과의 연계 활동을 개선하기 위해 노력하고 있다.

5) 핀란드의 학교폭력

(1) 핀란드의 학교폭력 배경

핀란드에서는 학생들의 괴롭힘을 방지하기 위한 학교 차원의 프로그램으로 왕따 및 학교폭력 방지 프로그램인 KiVa Koulu 프로그램을 2009년부터 운영하면서 상당한 성과를 거두고 있고, 다른 나라에까지 프로그램을 수출하고 있다. 핀란드의 공교육 체제는 취학 전 교육 단계, 초·중학교 교육 단계, 고등학교 교육 단계, 대학 교육 단계 등 크게 네 단계로 이루어져 있다. 취학 전 교육 단계는 5세 이하의 아동을 대상으로 한 유아교육과정과 6세 아동을 대상으로 한 예비학교(pre-primary school) 교육 과정, 두 가지로 이루어져 있다. 초·중학교 교육 단계는 종합학교(comprehensive school)에서 맡는데, 우리나라의 초등학교와 중학교를 통합한 학교 형태로 9년제 교육과정이며 만 7세에 입학하여 15세까지 교육받는다. 고등학교 교육 단계는 대학 입학을 준비하는 인문계 고등학교와 직업교육을 실시하는 직업고등학교 두 가지로 나뉘어 있으며, 대학 교육 단계는 학문 연구에 초점을 둔 대학(university)과 직업교육에 초점을 둔 폴리테크닉 대학(polytechnics)으로 나뉘어 있다.

이 프로그램은 각 단위학교를 기반으로 한 프로그램으로, 주로 종합학교를 대상으로 하고, 9년의 의무교육 기간 중 대부분의 아이들이 종합학교를 통해 이 과정을 이수한다. 이러한 종합학교는 핀란드 전국에 2,800여 개가 있는데, 이 학교 중에서 학교폭력 방지 프로그램인 KiVa Koulu 프로그램에 참여하는 학교는 2,500여 개에 달하며 이는 약 90%에 달한다.

'KiVa'라는 말은 핀란드어로 '괴롭힘에 맞서다(Kiusaamista vastaan)'라는 말에서 앞 두 글자씩을 따서 만들어졌고, 'Koulu'는 핀란드어로 '학교'라는 뜻이다. 그래서 'KiVa Koulu'는 '괴롭힘에 맞서는 학교'라는 의미를 가지는데, KiVa라는 말 자체가 핀란드어로 '좋은'이라는 의미이기 때문에 'KiVa Koulu'는 '즐거운 학교'로 해석되기도 한다.

2000년부터 시작된 OECD의 PISA 평가에서 핀란드의 학업성취도가 세계 최고 수준을 기록하면서 핀란드 교육이 국제적으로 알려지기 시작하였다. 핀란드의 15세 아동들은 읽기, 수학, 과학, 문제 해결력 등의 영역에서 세계 최고 수준을 보여 주었으며, 학업성취도의 학교 간 차이도 매우 적어 핀란드 사회의 계층화 역시 심화되지 않았음을 나타낸다. 또한 핀란드 교육 시스템은 교육 운영에서 각 지역 당국이 높은 수준의 자율성을 가짐에 따라 교사들은 교직을 수행하면서 충분한 자율을 누리고 있고, 핀란드 젊은이들 사이에서 교직은 매우 선호하는 직종인 것으로 나타났다. 이러한 핀란드 교육의 성과와 질에도, 아동들의 건강에 관한 WHO의 2004년 보고서는 핀란드 학생들의 학교생활에 대해 많은 경고를 보내고 있다. '학교생활을 좋아하는가'에 관한 항목에서 조사 대상 34개국 중에서 11세와 15세 아동의 좋아하는 정도가 가장 낮은 것으로 나타나는 등 학교생활 만족도가 전반적으로 낮았다. 그리고 1990년대 핀란드에서는 학교에서 학생 간의 괴롭힘 현상이 심각한 사회 문제여서 학생과 학부모가 학교를 정할 때 중요한 고려 대상 중의 하나였다. 국가 차원에서 이루어지는 연례 조사 결과에 의하면, 괴롭힘 현상은 줄어들지 않고 지속되는 것으로 나타났다. 당시 핀란드의 학교 내 왕따 및 괴롭힘 비율은 국제 비교조사에서 국제 평균보다 약간 낮은 수준이었지만, 주변의 스웨덴이나 주요 국가들에 비해서는 여전히 높은 수준이었다.

이에 대해 핀란드에서는 다양한 논의가 이루어졌고, 2005년 핀란드 교육문화부는 학교복지위원회(Committee for School Welfare)를 구성하여 출범시켰다. 이 위원회의 제안 중 하나가 핀란드 학교에서 학생 괴롭힘 방지 프로그램을 만드는 것이었다. 핀란드 교육문화부는 이 제안을 받아들여 2006년에 관련 재정을 마련하고, 그 개발을 투르쿠대학교(University of Turku) 연구팀에 맡겨 KiVa 프로그램이 만들어지게 되었다. 이 프로그램은 2007~2008년에 시범학교에서 4~6학년 아동을 대상으로 시범 운영을 거쳐 최종 개발되었다.

(2) 핀란드의 학교폭력 예방 프로그램의 이론적 배경

Kiva 프로그램은 학교폭력 문제를 예방하기 위해서는 현재 벌어지고 있는 학교폭력을 멈추게 하고, 새로운 학교폭력 문제의 발생을 막으면서, 동시에 피해자의 피해를 최소화하는 것이 중요하다는 생각에서 출발했다. 이런 문제의식에 따라 Kiva 프로그램은 전체 학생을 대상으로 하는 일반 프로그램과 학교폭력 가해·피해학생을 특정해 진행하는 특수 프로그램으로 나뉘어 있다는 점이 특이하다.

KiVa 프로그램은 다양한 이론적 배경을 토대로 개발되었다. 이 프로그램은 크게 두 가지 괴롭힘에 대한 연구 흐름을 반영하고 있다. 하나는 공격적인 학생들, 특히 괴롭힘을 가하는 학생들의 사회적 측면에 관한 연구이고, 다른 하나는 괴롭힘 과정에서 주변 참관자들의 역할에 관한 연구다. 또한 Bandura의 사회-인지 이론은 사회적 행동의 과정을 이해하는 프레임워크로 사용되었다. 전체 학생 대상 프로그램의 목표는 다음과 같다. ① 학교폭력에 우호적인 행동 감소, ② 피해자에 대한 도움행동의 증진, ③ 교실 규범 바꾸기다. 이를 위해서 학생들의 학교폭력에 대한 인지, 피해자에 대한 공감, 개입 효능감을 높이는 여러 전략을 사용한다. 전체 학생 대상 프로그램은 교사에 의해 진행되는 20차시 수업으로 이루어져 있다. 수업은 학생과 학생 간의 토론, 교사의 강의, 영상 시청 등 다양한 방식으로 이뤄진다.

KiVa 프로그램을 통해 동료 학생들의 긍정적인 행동 변화가 남을 괴롭혀 얻을 수 있는 이익을 감소시키는 역할을 하게 되고, 또한 결과적으로 남을 괴롭히고자 하는 동기를 약화시키는 기능도 한다. KiVa 프로그램에서는 괴롭힘 가해자도 피해자도 아닌 방관하는 학생들의 공감, 자기효능감, 괴롭힘에 대한 저항적 태도의 증진을 강조한다. 이러한 주장의 근거는 피해당한 학생들을 보호해 주고 도와준 학생들의 특성에 관한 여러 연구 결과에 기반을 두고 있다. 또한 연구에서는 방관하던 학생들이 적극 참여한다면 괴롭힘 행위를 촉진하기보다는 피해자들을 돕고 지원할 수 있다는 것을 드러내 준다. 이 프로그램의 또 하나의 특징은 학교 구성원들이 관심을 갖는 심각한 괴롭힘 사례를 다루는 과정을 포함한다는 점이다.

KiVa 프로그램 및 관련 연구에서는 왕따나 괴롭힘을 방지하기 위해서는 집단 구성원들의 역할이 매우 중요하다는 연구 결과에 따라 왕따나 괴롭힘을 당하는 학생들의 주변에 있는 방관자들에게 초점을 맞추고 있다. 또 프로그램 운영과 관련하여 각 학급에서 일반 학생들이 왕따나 피해를 당하는 학생들을 도와주기 위하여 어떤 요인들이 중요한지에도 초점을 맞춘다. 예를 들어, 왕따나 피해를 당하는 학생들을 도와주기 위해서는 우선 이들에 대한 공감이 필요한데, 왕따나 피해가 자주 일어나는 학급의 학생들은 대체로 이러한 공감 정도가 낮았으며 그 반대의 학급에서는 주변 학생들의 공감 정도가 높은 것으로 나타났다.

① KiVa Koulu 프로그램의 특성

KiVa 프로그램은 Olweus 프로그램과 같은 괴롭힘 방지 프로그램의 특성을 띠지만, 구체적인 프로그램 내용을 공유한다기보다는 기본 원리나 정신 등의 면에서 유사한 특성을 지닌다. 예를 들어, KiVa 프로그램과 Olweus 프로그램은 개별 학생이나 학급, 학교 차원에서의 구체적인 행동 지침을 제시할 뿐 아니라, 관련 학생들의 토론을 통해 심각한 괴롭힘 문제를 해결하고자 하며 괴롭힘 방지를 위한 학급 규칙 제정을 적극 권장한다는 점에서 공통적이다.

기존 괴롭힘 방지 프로그램들과는 다른 KiVa 프로그램만의 특성은 다음 세 가지로 정리할 수 있다. 첫째, 학생, 교사, 학부모를 위한 보다 광범위하고 포괄적이며 전문적으로 준비된 자료를 제공한다. 학교 구성원들에게 철학이나 원리를 제공하는 수준에 그치는 것이 아니라, 학생들과 함께 실행할 수 있는 총체적인 행동 패키지를 제공한다. 둘째, 인터넷 및 가상 학습 환경 등 강력한 학습 미디어를 활용한다. 셋째, 프로그램에서는 괴롭힘 행위에 대한 목격자로서 방관자에게 초점을 맞추면서도, 단순하게 방관자의 역할을 강조하는 수준을 넘어선다. 즉, 피해자들을 실질적으로 도울 수 있도록 피해자에 대한 공감, 자기효능감, 노력 등을 구체적으로 촉진하려고 한다. 특별히 '다른 사람들도 괴롭힘에 대해 대수롭지 않게 생각하네!' 등과 같은 잘못된 인식을 바꿔 주기 위해 개인적 태도에 관심을 많이 기울이고 있다. 이와 같이 KiVa 프로그램은 기존의 다른 어떤 프로그램에서도 볼 수 없던 전체 학교 차원에서 접근한다는 점과 괴롭힘 방지를 위하여 다차원적 개입을 한다는 점 등의 특징이 있다.

학교폭력 가해, 피해학생 대상 특수 프로그램은 가해자의 가해행동을 멈추게 하고, 피해자를 돕는 것을 목적으로 한다. 이를 위해 왜 학교폭력이 허용될 수 없는지, 또 왜 즉시 학교폭력을 멈춰야 하는지에 대해 가해자와 지속적으로 토론하는 과정을 거친다. 또한 피해자에게 필요한 도움을 제공하는데, 이때 학급 내에 사회성이 높고 친구들에게 평판이 좋은 친구로 하여금 피해자를 돕는 활동을 하도록 한다는 점이 특이한 점이다.

② KiVa Koulu 프로그램의 구성

핀란드 KiVa 프로그램은 크게 두 가지 형태로 구성되어 있다. 하나는 학생 보호와 관련된 일반 프로그램(general actions)이고, 다른 하나는 성인들의 도움을 받아 심각한 괴롭힘을 저지할 수 있는 절차와 관련된 구체적인 문제 해결(indicated action) 프로그램이다. 이 프로그램들은 우선적으로 학생들을 대상으로 하는데, 교사나 담당기관에도 중요한 영향을 미치기도 한다.

KiVa 프로그램에서는 공통적으로 괴롭힘을 당하거나 피해자가 아닌 일반 학생들이 괴롭힘당하는 피해학생의 상황을 목격했을 때 반응하는 것이 괴롭힘을 막을 중요한 요소라고 보고 있다. 일반 동료 학생들의 영향으로 괴롭힘 행위가 지속될 수도 있고 막아질 수도 있기 때문에 동료 학생의 관여는 효과적인 괴롭힘 방지를 위해 매우 중요하다. 이 프로그램은 학생들의 발달 단계에 따른 세 단계의 버전 1~3학년, 4~6학년, 7~9학년으로 구성되어 있다.

㉠ 일반 프로그램(general actions)

Kiva 프로그램은 학교폭력 상황을 컴퓨터로 재현하고, 이 상황에서 어떤 행동을 해야 하는지, 또 이때 다른 사람들이 어떻게 반응하는지를 게임 형태로 시뮬레이션하도록 함으로써 학습자의 집중을 돕고, 실제와 유사한 상황에서 개입을 연습하도록 돕는 등 여러 새로운 시도도 포함하고 있다. Kiva 프로그램은 학교폭력의 감소, 방관 태도의 감소 등에 효과적이다.

• 목적

KiVa 프로그램의 4~6학년용은 매회 2시간씩 10회에 걸쳐 이루어지는 20시간 프로그램으로 구성되어 있고, 학급 담임교사가 학기 중에 진행을 담당한다. 이 프로그램의 목적은 다음과 같다.

- 학생 집단이 괴롭힘 행위를 유지시키는 역할을 할 수 있다는 것에 대한 자각
- 괴롭힘을 당한 학생에 대한 공감대 형성 및 증대
- 괴롭힘을 당한 학생들을 도와주는 전략의 개발 및 그 전략 활용에서의 자기효능감 증대

• 방법

이 프로그램은 토론, 협동과업 수행, 역할극, 괴롭힘에 관한 영상 상영 등의 방법으로 구성되고, 여기에서 다룬 핵심 내용을 기반으로 학급 규칙을 제정하기도 한다. KiVa 프로그램의 방법 면에서의 특징 중 하나는 괴롭힘 방지를 위해 컴퓨터 게임을 활용한다는 점이다. 학생들은 프로그램 수업 중 혹은 수업 사이에 괴롭힘 방지 컴퓨터 게임을 할 수 있다. 총 5단계이고 단계별 각 3부분으로 구성되어 있다.

- I Know: 학생들은 괴롭힘에 관한 새로운 정보를 습득하고 자신이 기

존에 가지고 있던 괴롭힘에 관한 지식을 평가받는다.

- I Can: 학생들은 괴롭힘이 벌어지는 상황에서 적절한 방식으로 대처할 수 있는 새로운 기술을 익힌다.
- I Do: 학생들은 실제 장면에서 괴롭힘 방지를 위한 지식과 기술을 활용하도록 격려받는다. KiVa 프로그램 운영 과정의 쉬는 시간에 감독자들에게 밝은색 조끼를 입게 하여 강한 상징을 드러내는데, 이는 쉬는 시간에 감독자들의 가시권을 높일 뿐 아니라 학교에서 괴롭힘 행위를 매우 심각하게 보고 있음을 나타내며, 학생 및 기타 학교 구성원들로 하여금 지속적으로 경각심을 갖게 하기 위함이다. 각 학교는 학교 구성원 및 학부모에게 KiVa 프로그램의 도입을 설명하기 위한 프레젠테이션 자료를 가지고 있고, 안내교육을 받으며 괴롭힘 문제를 줄이거나 해결하기 위해 학부모로서 어떤 노력을 해야 하는지에 대한 연수도 받는다.

ⓒ 구체적인 문제 해결(indicated actions) 프로그램

• 목적

학교에서 폭력 문제를 해결하기 위해서는 모든 학생을 대상으로 사전 예방교육을 하는 동시에, 문제 상황이 발생했을 때 문제를 해결하고 피해학생을 보호하며 가해학생을 적절히 선도하고 교정할 수 있어야 한다. KiVa 프로그램은 구체적인 문제 해결 프로그램으로, 학교에서 폭력 문제가 발생했을 때 이를 적절하게 해결하고 피해학생과 가해학생 모두를 도와주는 것이 목적이다.

• 방법

KiVa 프로그램에서 일반 행동 프로그램은 학교 내에 있는 모든 학생을 대상으로 하여 집단의 규범을 인식하고 지키도록 하기 위해 피해학생들을 도와줄 역량을 기르는 데 목적이 있는 반면, 구체적인 문제 해결 프로그램은 괴롭힘 행위가 실제로 학교 담당자에게 포착되었을 때를 상정하고 이루

어진다. 이 단계의 행위들은 학교의 KiVa 팀과 관련된 학생들 사이의 지속적인 개별 및 그룹 토의 과정으로 이루어진다. 그리고 피해를 당한 학생을 도와주기 위한 동료 학생들의 적극적인 참여를 중시한다.

각 학교에는 3명의 교사 혹은 학내 인사로 이루어진 팀이 있는데, 이 팀은 담임교사와 함께 학교에서 목격되고 드러난 괴롭힘 행위를 해결해 나가는 역할을 맡고 있다. 각 괴롭힘 사례들은 피해학생 및 가해학생과 함께 개별 또는 소그룹 토의를 통해 다뤄 나가는데, 좀 더 체계적인 후속 모임들이 수반된다. 여기에 더하여 각 학급 담임교사들은 2~4명 정도의 사교적이고 영향력 있는 학급 학생들을 통해 피해를 당한 학생을 도와주도록 적극 격려해 준다.

ⓒ 훈련 및 네트워크 프로그램

각 학교 및 교사들이 KiVa 프로그램을 잘 실행하도록 다양한 지원이 이루어지는데, 대표적인 것이 교사들을 위한 훈련 및 네트워크 프로그램이다. 이 프로그램의 운영 목적은 교사들이 학생들의 학교폭력 문제를 다루는 역량을 길러 주고, 아울러 교사들이 KiVa 프로그램을 잘 운영하도록 도와주는 것이다. 이 훈련 및 네트워크 프로그램에서는 온전히 2일 동안 이루어지는 면대면 훈련 프로그램 외에도 학교 팀 네트워크가 만들어져 3명으로 이루어진 각 학교 팀이 참여한다. 네트워크 모임은 학기 중 3차례 정도 있는데, KiVa 프로그램 담당자도 함께 안내하고 참여한다.

3. 활동하기

다음 인물들의 특성을 잘 읽고, 이 인물들이 현재 학교 문화를 경험하게 되어 학교폭력 문제에 노출되었을 때를 상상하면서 다음의 물음에 답해 보자.

1. 각 인물은 가해자(가해조력자, 가해동조자), 피해자, 방관자 중 어떤 유형의 사람인가?
2. 각 인물이 직면할 수 있는 학교폭력 문제 상황과 예상되는 대처 방안은 어떠한가?

장영실

- 다문화 가정 출신(父: 원나라 출신 귀화인, 母: 관노 출신)
- 과학적 재능이 비상
- 교육을 제대로 받지 못했으나 세종에게 뛰어난 과학적 재능을 인정받아 궁중기술자로 종사

맥아더 장군

- 이민자 출신의 군인 가문 출신
- 학생 대표 자격으로 의회의 학교폭력 문제 청문회에 출석하여 양심에 따라 가해자를 고발
- 가식적인 성격을 혐오하고 마음에 없는 말과 행동을 하면 대놓고 지적하고 비꼬는 성격

윤봉길

- 조상 대대로 문관과 무관이 많이 배출된 집안 출신
- 3 · 1운동에 자극받아 학교를 자퇴함
- 다시 공부를 시작한 서당에서 우수한 성적을 거둠
- 자발적으로 시작한 독립운동은 일본 왕의 생일에 도시락 폭탄을 투척하는 쾌거까지 이룸

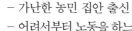

에이브러햄 링컨

- 가난한 농민 집안 출신
- 어려서부터 노동을 하느라 학교 교육은 거의 받지 않음
- 소수집단의 권익에 관심이 많고 자신의 믿음과 의지를 실천으로 이루어 냄

■ 가정환경과 폭력의 관계는

실제 학생들의 범죄와 폭력 사건을 담당하는 형사들의 인터뷰를 보면 가정환경은 범죄와의 연관성이 매우 높다고 설명하고 있다. 모든 문제 가정이 청소년 범죄로 이어지는 것은 아니지만, 가정에서 폭력, 불안, 외로움을 경험한 청소년이 동일한 문제를 일으키거나, 언어폭력, 물리적 폭력을 쉽게 저지르게 되는 것을 확인할 수 있다.

출처: http://www.youtube.com/watch?v=lEweDAXCAI4

 사회적 이슈

다음은 학교폭력과 관련하여 사회적으로 주목을 받고 있는 이슈다. 이와 관련한 다음의 사례를 읽고 이에 대해 동료와 토론을 한 뒤 의견을 정리해 보자.

최근에 미국에서 학교폭력은 부모가 원인이라고 보고 부모를 처벌하는 판결이 났다. 미국에 사회적 공분을 일으킨 플로리다주 왕따 여중생 자살 사건의 가해자 부모가 체포됐다. 19일(현지 시간) NBC 등 미국 주요 언론에 따르면, 포크 카운티 경찰은 사이버 왕따 폭력으로 급우를 자살하게 한 혐의로 기소된 여중생의 어머니 비비안 보스버그를 아동 학대 및 방치 혐의로 전격 체포했다. 경찰은 주민 제보로 입수한 것이라며 보스버그가 2명의 소년을 주먹으로 때리고 욕설을 퍼붓는 모습이 담긴 1분짜리 영상을 증거물로 제시했다. 경찰은 보스버그를 체포한 것은 그의 딸 과달루페 쇼(14)가 연루된 레베카 세드윅(12)의 자살 사건과는 무관한 일이라고 밝혔다.

그러나 앞서 경찰이 왕따 가해자의 부모도 자녀 비행 방조죄로 체포할 수 있다는 뜻을 밝혔다는 점에서 이번 체포가 자살 사건과 전혀 무관하지 않다는 주장이 나오고 있다. 보스버그는 최근 남편과 함께 방송에 출연해 누군가가 딸의 페이스북을 해킹해 피해 여학생을 비방하는 글을 실었다며 부실 수사 의혹을 제기했다. 이에 경찰은 "다른 증거가 많은데도 거짓말을 하고 있다."라며 이들 부부를 구속 수사할 수도 있다고 밝혔다. 이번 사건의 수사 책임자인 포크 카운티의 그래디 저드 보안관은 "아이는 부모를 닮는 법."이라며 가해 여학생의 학교폭력은 부모 탓이라고 말했다.

학교폭력의 근본적 원인은 부모 및 가정에 있는 것일까?

출처: http://news.chosun.com/site/data/html_dir/
2013/10/17/2013101700198.html?Dep0=twitter&d=2013101700198

학교폭력 예방 홍보물 제작

학습 목표

1. 학교폭력 예방 홍보물의 기능과 의미를 이해한다.
2. 학교폭력 예방 홍보물을 구성하고 제작할 수 있다.

지난 주 사회적 이슈

학교폭력과 관련해 생각해 볼 만한 사회적 이슈는 다음과 같다. 이에 대해 동료의 의견을 듣고 관련 사례를 보며 나의 생각을 정리해 보자.

학교폭력의 근본적 원인은 부모 및 가정에 있는 것일까?

■ 학교폭력 예방 영상 홍보 효과 '톡톡'

경북 포항북부경찰서가 학교폭력 예방 영상 홍보 효과를 톡톡히 보고 있다. 경찰은 신학기를 맞아 아파트 엘리베이터에 설치된 광고 모니터를 통해 학교폭력 예방 영상을 내보내고 있다. 이 영상은 30초 분량으로 교실에서 학교폭력을 당하고 있는 학생을 모른 척하고 있는 같은 반 아이들에게 방관도 학교폭력 가해자라는 내용을 담고 있다. 경찰은 아파트 16곳 엘리베이터 내 300개 광고 모니터에 7분 간격으로 하루 150회 가량 영상을 송출 중이다. 이는 3일 1가구 기준으로 1만 200세대, 3만 명이 영상을 보고 있는 것으로 추산된다.

출처: http://www.kukinews.com/news/article.html?no=396516

1. 학교폭력 예방 홍보물 소개

■ 2013 학교폭력 예방 UCC 공모전 교육부 장관 수상작

송파경찰서 청소년계에서 근무하는 학교 전담 경찰관이 제작한 UCC로, 학교폭력 예방에 대한 관심과 열정을 가지고 있는 사람들에게서 재능기부를 받고 학생들이 직접 노래를 불러 만들어진 학교폭력 예방 홍보 UCC다. 재능기부를 통해 만들어진 학교폭력 예방 홍보곡인 〈돌아와요〉를 뮤직비디오 형식으로 제작하였다. 학교폭력 상황에서 피해자의 상처와 아픔을 주변인의 용기와 도움으로 감싸 안아 기적과 같은 희망을 낳을 수 있다는 메시지를 담고 있다. 작은 관심과 사랑, 그리고 폭력에 대한 주변인의 한마음이 학교폭력 없는 학교를 만들어 나가는 데 충분할 것임을 시사한다. 이 UCC를 계기로 세상에서 학교폭력이 사라지고 모든 학생이 행복한 학창 시절을 보낼 수 있기를 기원한다고 밝히고 있다.

출처: http://www.youtube.com/watch?v=IhNHwawrzY8

■ 2013 서울시 교육청의 '행손 프로젝트' 공모전 우수작

서울시 교육청에서 주최한 '행복한 학교를 만드는 우리들의 손(행손)' 프로젝트 학교폭력 예방 UCC 공모전에서 우수상을 받은 작품이다. '행복한 학교 가위바위보'라는 이 UCC는 송화초등학교 학생들이 참여하여 연기하였다. 친구의 마음을 오려 내는 '가위'는 친구에게 힘을 주는 격려의 '바위'에게 이길 수 없고, 친구를 괴롭히는 '바위'는 친구를 감싸 안는 '보'가 이길 수 있으며, 친구를 밀어내는 못된 '보'는 우정을 나누는 '가위'가 당연히 이긴다는 메시지를 담고 있다. 행복한 학교생활을 위해서는 폭력보다는 비폭력이 더욱 강력한 힘을 가진다는 의미를 내포하고 있다.

출처: http://www.youtube.com/watch?v=V9_M4aZGyds

■ 캠페인 형태의 학교폭력 예방 UCC

법무부에서 제작한 학교폭력 예방 캠페인 UCC다. 학교폭력 예방에는 가해학생과 피해학생을 둘러싼 학급 및 학교 내 주변인들의 용기 있는 행동이 반드시 필요함을 알리는 UCC로, 못 본 척, 못 들은 척 가면을 쓰고 있지 말고 가면을 벗고 적극적이고 용기 있게 피해학생의 편에 서자는 캠페인이다.

출처: http://www.youtube.com/watch?v=4Ri45CQe-3g

■ 스토리텔링 형태의 학교폭력 예방 UCC

2007년 9월 수학여행 중 같은 반 친구 3명이 저지른 실제 학교폭력 사건인 정다금 양 살인 사건을 재구성하여 학생들이 직접 연기하고 연출한 UCC다. 수학여행 중 화장실에서 물고문을 해 기절시킨 뒤 베란다로 끌고 가 떨어뜨려 살인을 저질렀다. 더욱 충격적인 것은 가해자들이 가짜 유서를 작성한 뒤 친구가 자살을 했다며 거짓 증언을 했다는 점이다. 실제 사건의 스토리에 따라 전하고자 하는 메시지를 사이사이에 담아낸 UCC다.

출처: http://www.youtube.com/watch?v=mrFj5i3ntA4

■ 페이퍼 모션 형태의 학교폭력 예방 UCC

종이에 그림을 그려 스토리에 따라 그림을 배열하고 이를 영상으로 찍은 UCC다. 피해자의 입장에서 학교폭력이 심리적·정신적으로 얼마나 고통스러운 일인지를 표현했다. 직접 영상으로 찍지는 않았지만 꼭 필요한 부분만을 그림으로 표현하여 전달력을 높인 것이 특징이다.

출처: http://www.youtube.com/watch?v=ySX_PiBSZI4

생각해 보기

앞서 학교폭력 예방 UCC들을 살펴보았다. 다음과 같은 학교폭력의 현 상태를 고려
해 보았을 때, **학교폭력 예방 UCC를 만드는 것이 어떠한 교육적 의미를 가지는지에**
대해 생각해 보자.

학교폭력의 현 상태를 우려하는 윤리학과 철학계는 한 목소리로 '교육이 붕
괴되고 있다'고 개탄한다. 또한 학교에서 당연히 이루어져야 할 바른 인간됨
의 교육, 인격에 대한 교육, 도덕에 대한 교육이 실제로 이루어지지 않는다고
말한다. 사실 학교가 이렇게 위기를 맞게 된 것은 우리 사회에 우선적 책임이
있다. 학교는 단지 사회를 반영하는 거울일 뿐이다. 가족 모두가 제 살기에
바쁜 가정에서는 인격에 대한 심도 있는 교육이 이루어질 수 없고, 경쟁적인
사회에서는 타인에 대한 배려보다 자기생존이 더 급하다.
이러한 사회 환경에서 살고 있는 학생, 부모, 교사는 배려와 존중보다는 이기
적인 마음이 앞설 수밖에 없다. 상담자는 '우리 아이는 절대로 그럴 리가 없
다'며 책임을 회피하는 가해학생의 부모, '우리 학교에서는 학교폭력이 한 건
도 없다'며 사건을 덮기에 급급한 학교, '학교폭력 문제로 내가 귀찮아지는
것이 싫다'고 생각하는 교사를 만나야 한다. 모두 부담스러워 피하고 싶고,
책임지고 싶지 않아 하는 태도다. 사회병리에 의해 모두가 영향을 받고 있는 것
이다.

2. 학교폭력 예방 홍보물의 교육적 활용

우리나라 학생들의 학업성취 수준은 OECD 국가 중 1위인 데 반해, 학업
흥미도 및 자신감은 세계 최하위 수준으로 조사되었다. 이는 우리나라 학
생들의 정의적 영역의 성취도가 국제적으로 매우 낮은 수준에 있음을 의미
하고, 곧 우리나라 학교에서 정의적 영역에 대한 교육이 제대로 이루어지
지 않음을 보여 주는 결과다. 인지적 영역에서의 수준이 뛰어나든 그렇지
않든 정의적 영역의 수준이 높아야 진정으로 학업을 즐길 수 있고, 학업성
취 수준에 관계없이 학업을 즐기게 되면 학교생활이 보다 즐거워지므로 궁
극적으로 청소년이 건강하고 행복한 삶을 영위하도록 할 수 있다. 무엇인

가를 배우면서 느끼는 흥미와 자신감, 그리고 배운 것의 가치를 스스로 깨
닫도록 하는 것이 중요한 것이다. 그러므로 교육자는 청소년의 행복한 삶
을 위해 정의적 영역 수준을 발달시킬 수 있도록 노력해야 하고, 수행평가
와 같이 정의적 영역의 발달 과정과 변화를 위해 마련되어 있는 평가들의
의미를 잘 되새겨 인지 및 정의적으로 균형 잡힌 발달이 이루어지는 교육
을 행할 필요가 있다.

1) 학교폭력 예방 홍보물의 교육적 역할

우리나라 중등학교에서 정의적 영역을 평가하기 위해 활용할 수 있는 평
가 방법으로는 수행평가가 대표적이다. 하지만 이 수행평가의 본 의미를
망각한 채 '문제집 5장 풀어 오기' '시 3편 외워 오기' 등과 같이 부가적인 인
지적 과제를 수행평가로 오용하는 경우가 꽤 많다. 수행평가(performance
assessment)는 서술 및 논술형 검사, 구술평가, 실험실습법, 면접법, 토론 및
관찰법, 자기평가, 일지, 연구보고서, 포트폴리오, 프로젝트, 모둠활동 등
과 같이 정의적 영역에서의 성장과 변화 과정을 평가할 수 있어야 한다. 이
러한 측면에서 UCC 제작은 기본적으로 여러 친구와 함께 주제를 선정하고
토론하여 그 주제와 의미를 찾고, 그것을 영상으로 담아내야 하는 프로젝
트형 활동이기 때문에 학습자의 학습 몰입을 위해 관심, 흥미, 참여, 재미
의 요소를 포함하는 교육적 도구로 활용할 수 있다. 교육에서 평가 방법이
달라지면 교수 방법 역시 달라지기 마련이다. 학생들이 정의적으로 고차원
의 수준을 달성하도록 하기 위해 다양한 활동을 통한 학습을 유도한다면,
학생들이 지루하고 어려운 교과 수업에서 벗어나 학습에 흥미를 가지고 즐
겁게 스스로 참여하며 흥미, 자신감, 가치감 등을 느낄 수 있을 것이다.

UCC 제작 활동은 학생들이 학습한 내용을 바탕으로 토론을 하여 주제를
선정하고, UCC를 통해 전달하고자 하는 메시지를 결정하며 이를 충분히
담아낼 방법을 의논하는 과정을 거친다. 이러한 과정을 통해 학생들은 자
신이 배운 내용에 자연스레 흥미를 가지게 되고, 배운 것을 생활 및 사회에

적용하여 이를 변화시킬 수 있다는 자신감을 가지게 될 것이며, 자기효능감 및 자신감을 통해 교과에 대한 가치감 및 자신에 대한 가치감도 형성할 수 있을 것이다. 학생들이 자신의 능력 및 취향 등에 따라 알맞은 수준을 선택하여 활동할 수 있도록 교사는 조력자로서의 역할만 하고 계획부터 감상까지 모든 활동이 학습자의 자발적인 활동으로 이루어지도록 하는 것이 중요하다.

UCC 제작의 교육적 활용은, 첫째, 배운 바를 실천하는 힘을 기를 수 있다. 자신이 아는 것, 배운 것을 생활과 삶에서 실천하지 않고서는 학습의 성과를 기대하기 어렵다. 자신이 UCC 제작 과정에서 학습 내용과 관련한 보고, 듣고, 느끼고, 배운 바에 대해 중요성을 깨닫고 실생활에서 직접 실천함으로써 비로소 진정한 학습을 해내었다고 할 수 있을 것이다. 둘째, 학업성취도를 증진할 수 있다. 자신이 직접 구성하고 제작하는 활동 과정에서 학습 내용을 완벽하게 파악하고 그것을 창의적인 사고 과정을 통해 UCC를 제작하면서 학습 내용을 온전히 자신의 것으로 만들 수 있다. 이는 학습 내용을 전달받는 강의식 수업보다 학습 내용의 습득 정도를 훨씬 크게 할 수 있는 교육 방법이다. 셋째, 협동심과 상호 이해심을 배양할 수 있다. UCC의 제작 활동이 주로 팀 또는 조 활동으로 진행되면서 협력학습의 형태가 된다. 학습자는 팀 또는 조 내 다른 친구들과 토론을 하고 서로 의견을 조율하며 공동의 목표를 향해 함께 협동하는 과정을 거치면서 이타심과 같은 인성을 함양할 수 있다.

UCC 제작의 교육적 활용의 중요성

1년 365일, 하루 24시간처럼 일상을 의미하는 숫자에 학생들이 새로운 의미를 부여하여, 2초 동안 눈 마주치기, 4초 동안 손잡아 주기 등 단 16초의 관심으로 학교폭력을 당한 친구에게 희망을 줄 수 있다는 내용을 담은 이 UCC는 고등학생 2명이 직접 아이디어를 내고 촬영과 편집까지 해 제작했다. 학교폭력 예방 교육을 여러 차례 받으면서 선생님과 경찰의 입장에서 교육을 하고 있다는 생각이 들었고, 학생 입장에서 더 와 닿는 예방법을 찾고 싶은 마음에 동영상까지 제작하게 되었다고 한다.

"제가 만약 그 학생이라면 저를 괴롭히는 친구가 처벌을 받는 것이 아니라 제가 소외당하지 않고 친구들이 제게 관심을 가져주는 것을 원할 거라는 생각에서 만들었습니다."

"학생들이 실감할 수 있는 다양한 방법이 많이 생겼으면 좋겠다는 생각을 했어요."

학생들이 직접 만든 UCC는 학교폭력 문제를 보다 현실적으로 드러내는 특징이 있는데, 이 UCC는 학생들 사이에서 '카톡지옥'이란 말이 생길 정도로 피해가 심각한 언어폭력 문제를 다뤘다. 카카오톡 같은 소셜 네트워크 서비스를 이용해 단체로 욕을 보내거나 모욕을 주는 집단 따돌림은 최근 아이들 사이에서 흔히 벌어지는 일인데, UCC 앞 부분에는 무심코 내뱉는 부정적인 말을 담고, 뒷부분에는 긍정적인 말을 담아 학생들 스스로 평소에 쓰는 언어를 개선하자는 메시지를 표현했다.

"솔직히 말하면 우리가 학교에서 하는 말은 욕설이나 비판하는 말이 대부분인데 이 영상을 만들고 저희가 다시 한번 다 같이 이 영상을 보면서 '우리가 하는 말이 이렇게 안 좋았구나' '이렇게 상대방의 마음에 상처를 주는구나'라는 걸 느끼고……."

실제로 UCC 제작을 활용한 교육은 학습에 긍정적인 영향을 미친다는 것이 일관되게 보고되고 있다. 학생들의 학습에 대한 능동적인 참여, 학습 이해력 그리고 학습 효과의 향상에 긍정적인 영향을 미치고, UCC를 활용한 학습 콘텐츠 개발은 이론적 학습보다 학습 이해력과 효과성이 높다고 보고된다. 또한 학습자의 학업성취도를 향상시키고 자기주도적 학습활동을 통한 실천적인 윤리의식을 함양할 수 있음이 밝혀졌다.

2) 학교폭력 예방 홍보물의 교육적 의의

학교폭력 예방 홍보물로 UCC를 제작하는 것에 대해 조금 더 거시적인 입장에서 그 의의를 생각해 보면 다음과 같다. 첫째, UCC는 권위에 복종하는 것이 어떠한 결과를 가져오는지에 대해 경각심을 일깨울 수 있다. 학교폭력은 또래 내 권력 형성에서부터 기인한다. 폭력 없는 건강한 학급에서는 권력 있는 학생이 친사회적이고, 건강하지 못한 학급에서는 권력 있는 학생이 폭력성이 높다는 결과가 밝혀졌다. 자신이 속한 문화에서 권위 있는 사람이 올바르지 않은 생각과 행동을 보일 때, 또 그것이 부당함을 알면서도 권위에 복종하여 그에 따랐을 때 수반되는 결과를 스스로 생각해 보게 하여 부당한 권위에 맞서야 하는 당위성을 깨달을 수 있도록 한다.

둘째, UCC는 폭력 상황을 민감하게 받아들이지 않는 분위기 속에서 방관자를 적극적 방어자로 변화시키는 데 유용한 도구로 사용될 수 있다. 학교폭력은 근본적으로 부정적인 또래 문화에서부터 비롯된다. 폭력을 행하고 그것이 용인되는 문화 속에서 개인이 적극적 방어자가 되기는 어렵다. 따라서 비폭력적인 방법으로 문제를 해결하고 조그마한 폭력에도 민감하게 반응하는 또래 문화 및 학급 분위기를 형성하여, 학급 구성원의 다수가 적극적 방어자가 될 수 있도록 힘을 실어 주어야 한다.

셋째, UCC는 학부모들로 하여금 내 자녀가 다른 학생들에 비해 학교폭력을 당할 가능성이 적다고 편향되게 지각하는 낙관적 편향(optimistic bias)을 감소시킬 수 있다. 많은 수의 교사 및 부모는 '우리 반 학생(내 자녀)은 아니야.'라는 생각을 가지고 있다. 학교폭력의 피해자는 누구나 그 타깃이 될 수 있고, 그 피해가 적든 크든 어디에나 학교폭력은 존재함을 깨닫도록 해야 학교폭력에 대한 교사 및 부모의 민감성을 높일 수 있고, 나아가 아이들의 학교폭력 민감성을 높일 수 있다.

3. UCC 제작 안내

1) UCC가 갖추어야 할 요소

학교폭력 예방 UCC를 이용하여 학교폭력 현장에 있는 학생, 교사를 통해 숨겨져 있던 다양한 학교폭력 실태를 실제적으로 파악하고, 효율적인 대처 아이디어를 얻는 소통의 기회를 만들 수 있다. 또 학교폭력 문제에 대한 지속적인 관심을 유도하고 근본적인 대책에 관한 공감대를 확산시킬 수 있고, 학교 내 홍보 동영상을 복도에서 방영함으로써 학교폭력 예방교육 콘텐츠로 적극 활용할 수 있다.

다양한 학교폭력 예방 UCC 공모전에서는 UCC 제작 기준으로 청소년의 눈으로 바라보고, 청소년의 마음으로 생각한 주제를 선정하도록 한다. 그리고 청소년이 말하는 우리가 사는 세상, 학교폭력 예방을 위한 관심을 유발하는 내용, 학교폭력에 대한 고민과 대안을 제시하는 내용을 다룰 것을 권장한다. 학교폭력 예방 문화 확산에 기여할 수 있는 어떠한 내용이든 상관없고, 학교폭력의 다양한 유형과 실태를 다루면 된다. 학생, 교사, 사회가 함께할 수 있는 효율적인 대처 방안 관련 내용을 포함하고, 학교폭력 예방을 위한 공감, 소통, 배려를 배우는 인성교육과 관련된 내용이어도 괜찮다.

학교폭력 예방 UCC 심사에서는 주제 명확성, 적합성, 전달력, 독창성, 참신성, 창의성, 완성도, 활용성, 흥미 요소, 제작 난이도 등을 주된 요소로 본다. 따라서 주제에 맞는 내용 선정과 적절한 구성도 중요하지만 UCC를 보는 사람들의 흥미와 주의를 끌 만한 요소도 중요함을 알 수 있다.

2) UCC 제작 방법 예시: Windows movie maker 활용하기

(1) Step 1. 무비 메이커에서 동영상 편집하기

프로그램을 열면 상단의 파란색 사각형으로 표시된 비디오/사진 추가가 있다. 이를 클릭해 다음 화면처럼 영상을 선택하는 창이 나오면, 원하는 영상을 선택 후 오른쪽 아래의 '열기'를 클릭한다.

영상 파일을 불러온 후 프로그램의 오른쪽 화면에서 영상 파일의 스냅샷을 볼 수 있다. 스냅샷을 보면 파란색 사각형으로 표시된 이동 바가 있는데 이동 바를 움직여 영상의 편집하고자 하는 처음과 끝 부분을 선택한다.

이동 바를 움직이거나 혹은 왼쪽의 플레이 화면에서 잘라 낼 부분의 처음에 해당하는 부분에서 정지시킨 후, 다음과 같이 이동 바 위에서 마우스 오른쪽을 클릭해 메뉴에서 파란색 사각형으로 표시한 시작 지점 설정 메뉴를 누른다.

　　윈도 무비 메이커 동영상 편집에서 이전 단계에서 첫 부분에 해당하는 부분을 지정해 주었으니 잘라 낼 부분의 끝부분을 설정해야 한다. 마찬가지로 이동 바나 왼쪽 플레이 화면에서 정지를 눌러 이번엔 '종료 지점 설정'을 클릭한다.

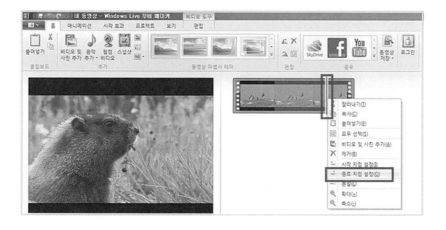

    잘라 낼 부분의 처음과 끝 부분을 모두 설정하면 다음과 같이 오른쪽 화면에 앞과 뒷부분이 잘린 스냅샷을 볼 수 있으며, 저장을 하면 해당 부분만 저장된다. 영상에 효과를 주기 위해서는 상단의 애니메이션 탭을 클릭한 후 원하는 효과를 선택하면 되고, 재생으로 확인이 가능하다.

    영상에 효과까지 입힌 뒤 저장한다. 왼쪽 상단 모서리의 아이콘을 클릭 후 메뉴에서 '동영상 저장'을 선택, 이어서 원하는 형식을 선택하면 된다. (예제를 위해 '컴퓨터용' 선택함)

'컴퓨터용'을 클릭하면 저장할 위치를 지정해 주는 창이 나오고, '저장'을
누르면 다음과 같이 잘린 영상을 인코딩하고 저장하는 과정이 진행된다.
잘라 낼 영상의 길이와 영상 품질에 따라 작업 시간이 달라질 수 있다.

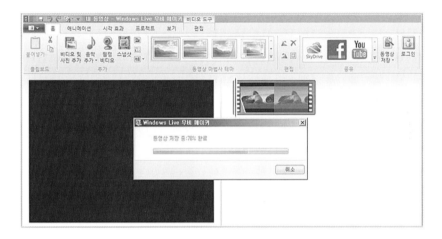

　작업이 완료되면 다음 화면처럼 완료창이 나온다. 바로 재생을 하려면
'재생' 버튼을, 저장된 위치로 이동하려면 '폴더 열기'를 클릭하면 된다.

(2) Step 2. 무비 메이커에서 동영상에 자막 넣기

무비 메이커를 실행하고 표시되는 화면에서 '비디오 가져오기' 단추를 클릭하여 동영상을 불러온다.

불러온 동영상을 다음과 같이 타임라인의 비디오 섹션에 끌어다 놓는다.

다음 화면에서 '오디오 또는 음악 가져오기' 단추를 클릭하여 삽입할 음
악을 가져온다.

다음과 같이 불러온 음악(예: 01 트랙1)을 타임라인의 오디오/음악 섹션
으로 끌어다 놓는다.

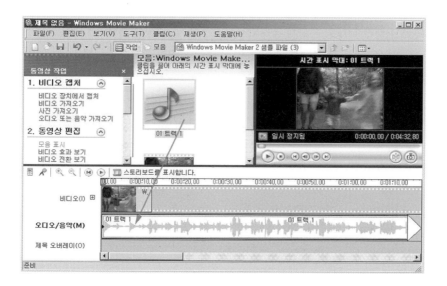

타임라인에 음악이 표시되면 다음과 같이 음악의 길이, 음악의 위치 등을 조정한다.

① 삽입한 음악의 끝 부분으로 마우스를 이동하고 클릭하여 길이를 조정

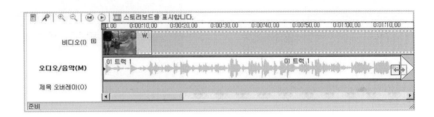

② 음악의 길이가 조정된 상태

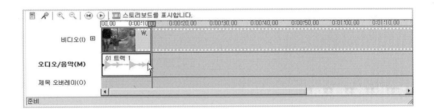

③ 음악 자체를 클릭하여 동영상에서의 음악 위치 조정

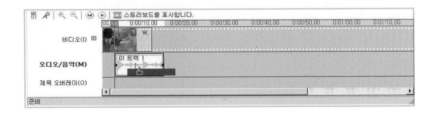

무비 메이커 시작 화면 왼쪽에서 '내 컴퓨터에 저장'을 클릭한다.

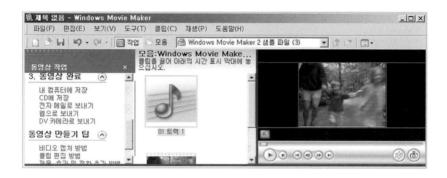

표시되는 화면에서 동영상 파일의 이름과 저장 위치를 지정한다.

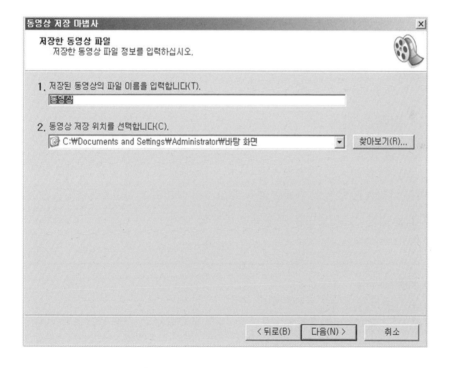

동영상의 품질을 설정하고 '다음'을 클릭하면 앞에서 지정한 저장 위치
에 동영상이 저장된다. 동영상의 품질을 변경할 경우에는 '선택확장'을 클
릭하여 원하는 품질로 지정할 수 있다.

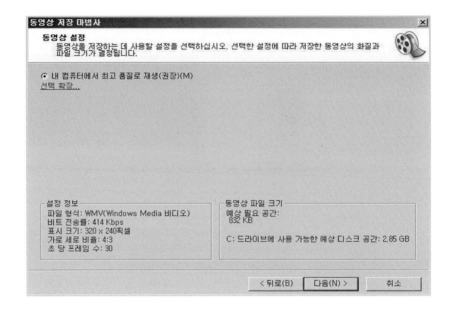

4. 활동하기

지금까지 UCC의 의미와 UCC의 교육적 활용 및 사례 등을 살펴보았다. 이를 바탕으로 다음의 단계별 활동과 요소를 고려하여 학교폭력 예방물 UCC 제작을 위한 스토리보드를 구성하고 발표해 보자.

제작 순서
1. 학교폭력 예방과 관련된 주제 선정
2. 역할 분담(예: 편집 담당 2명, 사진 및 동영상 촬영 2~3명, 음향 효과 1명)
3. 스토리보드 작성: 소주제를 효과적으로 표현할 수 있도록 스토리보드에 대략적 영상, 자막, 음향을 정함. 대략적인 흐름과 의도가 드러나도록 함

※ 주의할 점
• 저작권 침해와 관련된 사진과 동영상은 직접 촬영
• 자막은 영상을 보조하는 역할로 한 화면에 10자 내외가 적당

■ 청소년 경찰학교 체험을 통한 학교폭력 예방교육

서울 강북구에서는 '청소년 경찰학교' 체험을 통한 학교폭력 예방교육을 실시하고 있다. 경찰이 되어 학교폭력 가해자와 피해자의 역할을 맡아 학교폭력 조사관 체험, 심리상담 등을 차례로 해 보며 역할극에 점점 몰입하게 되고 학교폭력의 심각성을 실제로 체험할 수 있다. 직업 체험도 끝낸 학생들은 명예 경찰관이 되어 학교폭력 예방에 앞장설 수 있다. 군대 병영 체험과 다른 체험 활동도 실시하고 있다.

출처: http://www.youtube.com/watch?v=HqgjJKANJ-M

[활동 자료 1] 시놉시스 작성해 보기

시놉시스 작성해 보기

(   ) 모둠

어떠한 학교폭력 유형을 선택하였는가?	
어떠한 메시지를 전달하고자 하는가?	
그래서 UCC의 주제는 무엇인가?	
이러한 UCC가 가지는 의미는 무엇인가?	
줄거리와 등장인물 등을 구성해 보자.	

모둠	주제		

장면	시간	장소	장면	시간	장소	장면	시간	장소	장면	시간	장소
장면의 내용			장면의 내용			장면의 내용			장면의 내용		
대사 및 자막			대사 및 자막			대사 및 자막			대사 및 자막		
BGM			BGM			BGM			BGM		

 사회적 이슈

다음은 학교폭력과 관련하여 사회적으로 주목을 받고 있는 이슈다. 이와 관련한 다음의 사례를 읽고 이에 대해 동료와 토론을 한 뒤 의견을 정리해 보자.

군대 문화가 오히려 학교폭력 예방에 좋지 않은 영향을 끼칠 수 있다는 우려 속에서 추진된 병영 체험이 결국 도마 위에 올랐다. 유격훈련·제식훈련 등의 병영 체험이 학교폭력 예방을 위한 적절한 대책인지 근본적인 문제를 제기하는 한편, 이미 개혁의 대상으로 꼽히며 사회적인 문제로까지 야기된 군대 문화를 체험하는 것이 과연 교육적인지 우려하는 목소리가 이어지고 있다.

병영 체험에 참여한 학생들은 효도편지 작성, 학교폭력 예방교육 등의 일정이 포함되어 있었지만 이는 일부에 불과했다고 말했다. A학생(옥천상업고등학교 2학년)은 "유격훈련을 하면서 동작이 틀리면 기합을 받았는데, 내가 왜 여기에 와 있나 싶었다."라며 "학교폭력 예방에 전혀 도움이 안 된다. 오히려 훈련을 받으면서 힘드니까 짜증 나고, 뒤끝이 생겨 더 심해지면 심해질 뿐."이라고 말했다. B학생은 "조사할 때 '체험 참가에 동의 안 함'이라고 했는데도 반강제로 가게 됐다."라며 "학교폭력 예방교육으로는 영상 같은 것을 봤고, 그냥 군대 체험이었다."라고 말했다. 병영 캠프에 다녀온 학생의 엄마라고 밝힌 작성자 '학부모'는 "병영 캠프 가서 뭐 했냐고 물었더니 유격훈련 하고 엄청 힘들었다고 하더라고요. 군대 훈련이랑 학교폭력이랑 뭔 상관이 있다고. 답답하네요."라며 글을 올렸다.

병영 체험 활동이 학교폭력 예방에 미치는 득과 실은 무엇일까?

출처: http://www.pressian.com/news/article.html?no=115656

Week ⑩

학교폭력 예방 프로그램

학습 목표

1. 학교폭력 예방 프로그램의 역할과 의미를 이해한다.
2. 학교폭력 예방 프로그램을 구성할 수 있다.

 지난 주 사회적 이슈

학교폭력과 관련해 생각해 볼 만한 사회적 이슈는 다음과 같다. 이에 대해 동료의 의견을 듣고 관련 영상을 보며 나의 생각을 정리해 보자.

병영 체험 활동이 학교폭력 예방에 미치는 득과 실은 무엇일까?

■ 스웨덴의 학교폭력 예방교육

황선준(55) 전 서울특별시교육연구정보원장은 "스웨덴에서도 왕따가 조금 있다. 거기는 사후 대처보다 사전 예방에 초점을 맞추고 있다. 만약에 문제가 발생하면, 아무리 사소한 문제라도 지속적으로 물고 늘어져 없애려고 한다. 어떠한 차별과 왕따가 일어나서는 안 된다고 생각하는 것."이라며, "스웨덴은 학교마다 전문 지식과 경험을 가진 상담사를 채용해서 상담하도록 하고, 간호사, 의사, 심리학자, 학생지킴이, 청년도우미 등을 두어 문제가 발생하면 적극 대처한다."라고 말하며 신고를 강조했다. 황 원장은 "스웨덴은 신고 체제가 잘 돼 있다. 왕따나 폭력을 당했다고 해서 신고하는 게 창피한 게 절대 아니다. 폭력을 가한 학생이 잘못이라는 인식이 강하다."라며 "신고나 이야기를 하면 금방 문제 해결에 나선다. 사소한 문제도 소홀하게 다루지 않는다."라고 제시했다. "근본적으로 선생님들의 학생에 대한 관심과 사랑이 중요하다. 그런 게 없으면 학교폭력이 일어나기 쉽다. 사회적으로는 폭력을 바라보는 시각을 바꾸어야 한다. 학생들은 학교에서 자치 활동과 동아리 활동을 통해 민주 시민 의식을 키워 나가도록 해야 한다. 왕따와 폭력을 하더라도 공부만 잘하면 된다는 생각을 해서는 안 된다."라고 밝혔다.

출처: http://www.ohmynews.com/
NWS_Web/View/at_pg.aspx?CNTN_CD=A0001753632

1. 학교폭력 예방 프로그램의 효과

■ 독일의 학교폭력 예방교육

독일의 학교에서는 학교폭력 예방을 위해 지속적이면서 체계적인 지원을 하고 있다. 수업에 방해가 되는 행동을 한 학생은 교실에서 나가 훈련실에 보내진다. 훈련실에서도 방해되는 행동을 할 경우 경고 1회가 누적되고, 두 번 경고를 받으면 훈련실에서도 나가야 한다. 다시 들어오기 위해서는 부모님을 모시고 와야 한다. 또한 독일에서는 또래조정자 등을 활용하여 학급 내 문제 상황에 또래가 직접 개입하고 중재함으로써 주변인이 적극적 방어자 역할을 하도록 학급 문화를 형성한다. 그리고 문제행동을 보인 학생에게는 학교에 상주하는 사회복지사의 집중 관리가 제공되고, 일회성에 그치는 상담 및 개입이 아닌 지속적이고 체계적인 상담과 관리가 이루어져 문제행동의 원인을 치료하고 문제 재발의 가능성을 줄이도록 한다.

출처: https://www.youtube.com/watch?v=tUT3_Kefdxg

■ 학교폭력 예방교육에 대한 학생들의 생각

우리나라의 학생들은 학교폭력 예방교육에 대해 어떻게 생각하고 있는지 인터뷰를 해 보았다. 대부분의 학생이 학교에서 실시되는 학교폭력 예방교육이 효과가 없다고 이야기하는데, 그 이유가 들어 볼 만하다. 보통 학교에서는 지속적인 예방교육보다는 특정 시기에만 일회성으로 예방교육을 행하고 있다.

이러한 예방교육은 학생들에게는 '특강'의 수준이지, 학교폭력에 대한 경각심이나 문제의식을 형성하는 데는 도움이 되지 않는다. 또 학교폭력 예방법이나 정책 등은 학생들이 지키지 않으면 그만이라는 인식이 만연하다. 학생들이 스스로 학교폭력 문제에 대한 진심 어린 반성이나 각성이 있지 않다면 그러한 법과 정책은 아무런 소용이 없는 것이다.

출처: https://www.youtube.com/watch?v=t6f5LpoVV88

■ 학교당 학교폭력 예방교육 평균 시간과 효과성

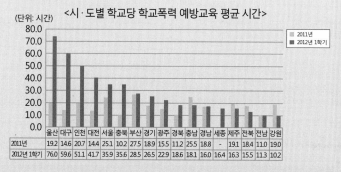

학교당 학교폭력 예방교육 시간

(단위: 시간)   <시·도별 학교당 학교폭력 예방교육 평균 시간>

	울산	대구	인천	대전	서울	충북	부산	경기	광주	경북	충남	경남	세종	제주	전북	전남	강원
2011년	19.2	14.6	20.7	14.4	25.1	10.2	27.5	18.9	15.5	11.2	25.5	18.8	-	19.1	18.4	11.0	19.0
2012년 1학기	76.0	59.6	51.1	41.7	35.9	35.6	28.5	26.5	22.9	18.6	18.1	16.0	16.4	16.3	15.5	11.3	10.2

시·도별 학교당 학교폭력 예방교육 평균 시간을 보면 울산(76시간), 대구 (59.6시간), 인천(51.1시간), 대전(41.7시간) 순으로 많은 것을 알 수 있다. 상대적으로 전북(15.5시간), 전남(11.3시간), 강원(10.2시간)은 예방교육에 적은 시간을 할애하는 것을 볼 수 있다. 그런데 예방교육에 들이는 시간이 학교폭력의 발생 건수 감소와 반드시 비례하는 것은 아닌 듯하다. 교육청별 학교폭력 피해자·가해자 수를 살펴보면 대구의 경우 예방교육 시간이 많음에도 가해학생은 전국에서 가장 많은 것을 알 수 있다. 또한 학교폭력 예방교육의 효과에 대한 응답에서는 대구의 학생들이 전국에서 가장 긍정적 응답을 많이 한 것으로 조사되었다.

출처: http://www.dmorning.kr/news/articleView.html?idxno=26069

생각해 보기

지금까지 학교폭력 예방교육의 효과성에 대해 살펴보았다. 다음과 같은 학교폭력 예방교육의 사례를 고려해 보았을 때, 학교폭력 예방교육에서 **어떤 점이 개선되고 보완되어야 할지 생각해 보자.**

화서초등학교는 전교생을 대상으로 3일 교내 도담관에서 유로코리안 K–POP 뮤지컬 〈친구 맞니 2〉를 관람하며 600여 명이 감성 터치 및 소통을 하는 의미 있는 시간을 가졌다. 이번 공연은 청소년의 감성에 호소하며 효과적으로 다가서고자 특별 기획된 교육 뮤지컬 프로그램으로 최근 문제시되고 있는 사이버 폭력, 언어폭력에 대하여 다른 사람의 입장을 들여다보며 나의 행동에 대하여 반성하고 되돌아보는 시간을 갖게 하였다. 대중이 아주 좋아하는 곡, 귀에 익숙한 히트곡을 뮤지컬 극 중에 삽입하여 공연하고 학생들에게 가까이 다가가서 서로 묻고 대답하며 소통하는 시간도 넣어 학생들에게서 많은 흥미와 참여를 이끌어 냈다. 공연을 관람한 한 6학년 학생은 "교실에서 이뤄지는 강연보다 뮤지컬 관람을 통한 학교폭력 예방교육이 더욱 의미 있었으며, 앞으로 친구들에게 말이나 행동을 할 때 남을 생각해야겠다고 다짐하는 기회가 되었고, 신나는 음악과 화려한 무대를 보니 쉽게 이해되고 재미있었다."라고 소감을 밝혔다. 화서초등학교 담당 교사는 이번 공연 관람을 통해 공연 관람 예절 학습 및 정서적 자극을 도모하여 학생들의 학교폭력 예방의식이 높아질 것을 기대했으며 앞으로도 지속적인 학교폭력 예방교육에 힘쓸 것이라고 밝혔다.

출처: http://www.cnbnews.com/news/article.html?no=254203

2. 학교폭력 예방교육의 이해

1) 학교폭력 예방교육의 필요성

학교가 해결할 수 있는 범위를 넘어선 사건의 판결에서 사건 발생에 대한 '예측 가능성'과 그에 따른 '적극적인 조치'가 판결의 중요한 요소임을 감안한다면, 학교폭력 예방교육은 사건 발생 전에 학교에서 취할 수 있는 적극적인 조치 중 하나다. 예방교육의 목적은 궁극적으로 학교폭력에 대한 청소년의 그릇된 인식과 태도를 변화시키는 것인데, 아이들 사이에서 문화처럼 확산되어 있는 폭력을 방지하기 위해서는 사전에 예방하는 것이 가장 효과적인 방법이다. 학교폭력 예방교육의 효과성에 대해 비판과 지적이 일고 있지만, 학교폭력 근절을 위한 여러 가지 방안에도, 결국 근본적인 해결은 예방에 있음을 알 수 있다. 따라서 폭력에 대한 학급 및 학교 전체의 풍토, 사회의 풍토가 변화하면 학교폭력은 근절될 수 있다는 믿음을 바탕으로 당장의 효과는 없더라도 지속적이고 장기적인 계획을 가지고 '학교폭력은 범죄'라는 인식을 심어 주고 바람직한 태도 변화를 유도하거나, 언제 자신이 당할지 모를 학교폭력에 효과적으로 대처할 수 있도록 교육해야 한다.

학교폭력이 가장 빈번하게 일어나는 곳은 학교이며, 대부분의 학교폭력이 학생들 스스로 해결할 수 없는 상황이기에 교사의 대처 능력은 더욱 중요하게 여겨지고 있다. 학급 내 학교폭력 징후를 파악하고 이에 따라 신속하게 대처하는 능력을 교사가 갖추고 있다면 학교폭력은 분명히 줄어들 것이다. 이를 위해 교사와 부모가 평소 긴밀한 협력관계를 형성함으로써 교사가 관찰할 수 없는 아이의 학교 밖 모습을 부모로부터 파악하면 교사가 좀 더 폭력 문제에 노출된 징후를 파악하는 데 도움이 될 수 있다. 따라서 부모는 가정에서 아이의 행동을 더 주의 깊게 관찰할 필요가 있고, 이를 통해 자연스럽게 부모-자녀 관계를 돈독히 할 기회를 획득할 수도 있다. 그리고 학교폭력 사건의 기저에는 근본적으로 가정의 문제가 있을 수 있다는 점을 고려해 본다면 부모교육이 요구된다. 예방교육이 학생들을 대상으로 하는 근시안적인 관점에서 벗어나 학생의 가치관이나 태도 등을 형성하는 데 가장 큰 영향을 미친 부모를 들여다보고, 폭력성을 간접적으로 조장하던 훈육 방식에 대한 자기반성 등이 이루어질 때 문제행동의 근원을 치료할 수 있을 것이다.

2) 학교폭력 예방교육의 법적 근거

「학교폭력 예방 및 대책에 관한 법률」은 학교폭력 예방교육을 정의하고 그 구체적인 시행 사항에 대해 명시하고 있다. 법령에서는 정기적인 학교폭력 예방교육이 실시되어야 하고, 전문 단체에 예방교육을 위탁할 수 있음을 명시하고 있다. 시행령에서는 법률에서 정한 정기적인 활동을 자세하게 설명하고 있는데, 학급별 예방교육을 권장하고 정기적으로 실시하며 다양한 자료나 프로그램 등을 활용하여 실시할 것을 권고하고 있다. 다음에서 법령과 시행령을 제시한다.

- 법령: 제13조(학교폭력 예방교육)
① 학교의 장은 학생의 육체적 · 정신적 보호와 학교폭력의 예방을 위한 교육을 정기적으로 실시하여야 한다.
② 학교의 장은 제1항의 규정에 의한 학교폭력 예방교육 프로그램의 구성 및 그 운용 등을 전문 단체 또는 전문가에게 위탁할 수 있다.
③ 그 밖의 학교폭력 예방교육의 실시와 관련한 사항은 대통령령으로 정한다.

- 시행령: 제11조(학교폭력 예방교육의 실시 등)
법 제13조의 규정에 의한 학교폭력 예방교육은 다음 각호의 기준에 따라 실시한다.
① 학기별로 정기적으로 실시하되, 교육 횟수 · 시간 및 강사 등은 학교 실정에 따라 학교의 장이 정한다.
② 학급 단위로 실시함을 원칙으로 하되, 학교 실정에 따라 전체 학생을 대상으로 한 장소에서 동시에 실시할 수 있다.
③ 강의, 토론, 역할연기 등의 방법에 의하되, 다양한 자료나 프로그램 등을 활용하여야 한다.

이 법령의 해석에 따르면, 예방교육은 학기별로 반드시 1회 이상 실시하여야 하는데, 1회당 시간, 강사 선정, 강사료, 강의 방식 등은 학교 실정에 따라 결정할 사항이라 명시한다. 시 · 도교육감은 법 제9조 제5항에 의거하여 각급 학교의 학교폭력 예방교육 계획 및 실시 여부를 확인 · 점검해야 한다. 또 법 제4조 제1항에 의거하여 교육부 및 시 · 도교육감은 효율적인 학교폭력 예방교육이 이루어지도록 지원해야 한다.

3) 학교폭력에 대한 학교 지침

다음은 교육부(2012)에서 제작 · 배포한 『학교폭력 예방 및 대책』 중 교사의 책무에 관한 내용이다.

- 학교폭력 예방교육의 수립
- 학교장은 학교폭력 전담기구에서 실시한 실태 조사 결과를 토대로 매년 학교폭력 예방교육 계획을 수립하도록 하고, 이를 연간 학교 교육 계획에 반영하여야 한다.
- 학생의 육체적 · 정신적 보호와 학교폭력 예방을 위한 학생 대상의 교육(학교폭력의 개념, 실태, 대처 방안 포함)을 학기별로 1회 이상 실시한다.
- 학교폭력의 예방 및 대책 마련 등을 위한 교직원 대상 교육을 학기별로 1회 이상 실시한다.
- 학교설명회 등을 통해 학부모에게 학교폭력의 징후를 감지하고 학생을 지도하는 요령 등에 대해 안내하는 학부모교육을 연 2회 이상 실시한다.
- 학교폭력 예방교육은 연중 다양한 방법으로 실시하되, 학교폭력이 다수 발생하는 학기 초에 집중적으로 실시한다.
- 학교폭력 예방교육 프로그램 운영 계획을 학부모들이 쉽게 확인할 수 있도록 학교 홈페이지에 게시하는 등 다양한 방법으로 알린다.

- **학교폭력 예방교육 프로그램의 구성 및 운영**
- 학교의 학교폭력 실태와 학교의 여건 등을 고려하여 자율적으로 학교 폭력 예방교육 프로그램을 구성·운영하도록 한다.
- 단순 집합식 교육이 아니라 UCC 경진대회, 학급회의, 역할극 등 체험 적인 방법을 활용하여 학교폭력 예방교육을 실시한다.
- 국어, 도덕, 사회, 예술, 체육 등 인성교육 관련 교과의 정규 수업 시간 에 학교폭력 예방 관련 주제로 프로젝트형 인성교육을 실시할 수 있다.
- 학교폭력 발생 단계에 이르기 전에 학교 내 갈등과 문제를 학생 스스 로 해결하는 건전한 또래 문화를 조성할 수 있도록 학교 실정에 맞게 또래상담, 또래중재, 학급총회, 학생자치법정 등의 또래 프로그램을 운영할 수 있다.

4) 학교폭력 예방을 위한 담임교사의 역할

학급 내에서 하나의 학교폭력 사건이 마무리되었다고 해서 문제가 완전 히 해결되었다고 보기는 어렵다. 문제 상황이 어떻게 해결되었고, 그 과정 에서 학생들이 어떠한 경험을 했으며, 그 결과가 학생들에게 어떻게 받아 들여졌느냐에 따라 이후의 학교폭력과 관련된 문제 상황이 아주 달라질 수 있기 때문이다. 이러한 흐름에서 학교폭력을 생각해 본다면, 학교폭력이 일어나기 전에 행해지는 인성교육, 생활지도 등도 예방교육에 해당할 수 있고, 하나의 학교폭력 사건을 해결하고 그것이 마무리된 이후에 행해지는 보호 및 선도 조치 등도 차후에 현재의 사건과 연속적인 선상에서 반복하 여 일어날 수 있는 폭력을 방지한다는 측면에서 예방교육에 해당한다고 할 수 있다. 따라서 학교폭력 사건 발생 이전의 예방교육과 이후의 예방교육 으로 나누어서 생각해 볼 필요가 있다.

(1) 폭력에 대한 민감성 증진: 징후 파악 및 폭력 유형별 대응 방안 마련

사건 발생 이전에는 먼저 학급 내에서 학교폭력이 발생하는지를 예방적인 면에서 점검해야 한다. 학교폭력은 우선적으로 감지가 중요하기 때문에 사건이 발생하기 전 징후 파악이 우선이다. 그리고 가해학생 또는 피해학생에게 적절한 도움을 신속히 주는 데 의의가 있다. 폭력의 유형별로 대응 방안을 마련할 필요가 있다. 고위험 집단은 교사가 실시할 수 있는 예방프로그램으로 연계하여 상담을 넘어 체계적인 프로그램을 통해 예방교육을 받도록 한다. 또 일반 학생들에게는 학교폭력 예방교육을 학기별 또는 월별로 실시하는데, 학급에서 활용할 수 있는 방안에는 다음과 같은 것이 있다. 학급의 파수꾼 세우기, 정기적 학급회의 개최, 역할극 및 모의재판, 학급별 학교폭력 예방교육, 또래상담자 활성화, 학급 내 토론 문화 활성화 등이다. 또한 학생들에 대한 생활지도 시 '사소한 괴롭힘'이나 학생들이 '장난'이라고 가장한 행위도 학교폭력임을 분명히 인식할 수 있도록 평소에 분명하게 가르칠 필요가 있다.

이와 관련하여 학교장은 담임교사의 생활지도를 강화할 수 있는 여건을 조성할 책무가 있다. 학기 초에 담임교사가 집중적인 학생·학부모 상담을 실시하고 담임교사가 주도하는 창의적 체험 활동 등을 실시할 수 있도록 학교 교육 계획을 수립해야 한다. 또 담임교사가 조례 및 종례 시간, 창의적 체험 활동 시간 등을 활용하여 학생들의 문제를 조기에 발견하고 개인 면담 등을 통해 사전 조치할 수 있도록 지원해야 하고, 담임교사가 매 학기 1회 이상 학생과 일대일 면담을 실시하여 면담 결과를 학부모에게 통지(이메일, 문자 등 다양한 방법 활용)하도록 지도해야 한다. 그리고 학생 수가 일정 규모 이상인 학급이거나, 생활지도를 위해 특별한 필요가 있는 경우 담임교사를 추가로 배치해야 하며(복수담임제), 담임의 생활지도에 필요한 경비를 지원하기 위해 단위학교 운영비에 학급생활지도비를 편성해 주어야 한다. 학교장은 그 밖에 담임교사의 생활지도 역량을 강화할 수 있도록 다양한 방안을 강구할 책무가 있다.

(2) 피해학생 보호 및 가해학생 선도 조치

사건의 발생 후에는 교육부에서 배포하는 학교폭력 발생 사안별 기본 대응 요령 등에 의거하여 학교폭력 양상에 따라 대응 수준을 결정하여 신속하게 조치하고, 인지한 모든 학교폭력을 '학교폭력 전담기구'에 반드시 신고하는 등 사건에 대한 대응 지침을 따르는 것이 우선이다. 피해학생의 폭력 피해 정도를 파악해서 응급조치하고 피해학생을 보호하는 것이 가장 먼저 행해야 할 일이다. 피해학생의 경우 신체적ㆍ심리적 심각성이나 위험도를 확인한 뒤 상처의 경중에 따라 양호실이나 병원에 연계하고, 가해학생 또한 안전 보호하에 재범이 발생하지 않도록 조치해야 한다. 일반적으로 피해 정도 파악(심리적ㆍ신체적 피해 확인) 및 조사가 이루어진 뒤 책임교사에게 즉시 보고해야 한다. 이어서 학부모에게 연락하고, 피해-가해학생 보호 및 선도 조치를 하도록 한다.

이와 같이 사건을 해결하고 마무리한 뒤 사후 학생들의 학급 내 건강하고 안정된 생활을 위해 생활지도를 해야 한다. 피해학생에게는 신체적ㆍ정신적 피해가 조속히 치유되도록 최우선적으로 지원하고, 학생이 안정적인 학교생활을 할 때까지 학교 내 전문상담교사 또는 외부의 상담전문가를 통해 정기적으로 상담을 할 수 있도록 지원한다. 또 학교폭력대책자치위원회의 조치를 이행하고 학교에 복귀한 가해학생에 대해서는 더욱 세심한 생활지도가 필요하다. 가해학생이 진심으로 반성하고 새롭게 시작할 수 있도록 정기적으로 상담하고, 가해학생에 대한 학교폭력대책자치위원회의 조치 사항이 학교생활기록부에 기재되므로 학생에게 세심한 관심을 가지고 긍정적인 행동 변화를 관찰하여 '봉사 활동' '창의적 체험 활동 상황' '행동발달 및 종합의견' 란 등에 충분히 기록하도록 한다. 그리고 학급 전체 학생을 대상으로 예방교육을 실시한다. 학교폭력 사안이 종결된 후, 학급 구성원 모두 학교폭력 사안에 대해 생각해 보는 시간을 마련하여 운영하고, 학교폭력이 가해학생과 피해학생만의 문제가 아니라 학급 구성원 모두의 문제임을 인식하도록 해야 한다. 그리고 학교 내 전문상담교사 또는 외부 전문가의 도움을 받아 교육 프로그램을 구성한 후 담임교사가 직접 실시하도록 한다.

〈학교폭력 예방교육 시 참고해야 할 점〉

- 학생들의 편견과 불안을 공감해 준다.
  중ㆍ고등학생은 스스로 책임 있는 행동을 해야 할 나이이지만 학생들은 아직 현실을 있는 그대로 인지하지 못하고 실제보다 과장되게 인식하는 경우가 많다. 이는 아직 심리적 성숙이 완성되지 않았기 때문인데, 학생들이 가지는 가해자에 대한 과장된 불안, 교사에 대한 불신 등에 대해 공감해 주고 다양한 측면을 살펴 스스로 안전하게 행동하는 방법을 선택하도록 도와야 한다.
- 학교폭력에 대한 재인식 기회를 제공한다.
  학생들은 학교폭력에 대해 맞을 만하다거나 누가 먼저 잘못을 했으니 정당하다는 식으로 폭력의 심각성을 덜 인식하는 경향이 있다. 따라서 학생들이 기존에 가지고 있는 학교폭력에 대한 인식을 확인하고 보다 바람직한 방법으로 학교폭력을 인식하도록 도와야 한다.
- 학생들에게 직접적인 경험을 제공한다.
  중ㆍ고등학생은 아직 다른 사람의 입장이 되어 생각하는 데 어려움이 있다. 따라서 역할극, 심리극, 또래상담 등을 활용하여 다른 사람의 입장이 되어 생각할 기회와 경험을 제공하는 것이 바람직하다.
- 학생들의 자아성장 기회를 제공한다.
  청소년기에는 세상의 긍정적인 모습을 보고 희망을 갖기보다는 불안과 긴장으로 자신의 처지에 대한 깊은 생각이나 더 나은 미래를 위한 고민을 하지 못하고 도망가고자 하는 행동을 자주 보인다. 따라서 학생들이 스스로 자신에 대하여 불안한 감정 없이 고민할 수 있도록 도움을 주어 평소에 자신이 가지고 있는 편견이나 불안을 떨치도록 돕고, 학교폭력에 적극적으로 대처하는 과정에서 자신의 용기, 노력 등에 대한 자존감 인식 등 성장을 경험하도록 해야 한다.

5) 학교폭력 예방 프로그램에서 다루어야 할 요소

중ㆍ고등학생들의 학교폭력은 최근 의도적이고 계획적으로 괴롭힘을 가하는 경향을 보이며, 물리적 힘을 근거로 한 '힘의 피라미드'를 형성하는 특징을 보인다. 이러한 괴롭힘은 대부분 1회성이기보다는 1년 이상의 장기간에 걸쳐 행해지는데, 이와 같은 지속적인 괴롭힘은 피해학생에게 돌이킬 수 없는 정신적 충격을 유발하여 정상적인 생활을 영위하는 것이 불가능해지게 한다. 매일의 일상 속에서 이러한 괴롭힘은 그 장면을 목격하는 주변인들로 하여금 방관자적인 자세를 취하게 함으로써 전반적인 학교 및 학급 분위기가 폭력에 둔감해지고 폭력을 합리화하게끔 한다. 따라서 학교폭력이 사라지도록 하기 위해서는 학생들의 폭력에 대한 인식을 개선하고 민감성을 증진시키며, 폭력 상황에 당면할 경우의 실제적인 대처 방법을 습득하도록 해야 한다. 또 갈등을 비폭력적으로 해결하도록 해야 하고 어려운 문제 상황을 이겨 낸 후 성장한 자신에 대해 인식하고 평가할 기회를 마련해 주어야 한다.

이와 같이 학교폭력 예방을 위한 학생들의 변화를 이끌어 내기 위해서는 학생들이 배려(care), 공감(empathy), 용서(forgiveness), 칭찬(praise), 회복탄력성(resilience), 소통(communication), 인간관계(human relationship), 사회적 기술(social skill), 갈등 해결(conflict resolution), 자기주장(self-assertiveness) 등을 함양하도록 해야 한다. 이러한 요소들은 학교폭력 예방 프로그램에 활용할 수 있다. 다음에서 대표적으로 '배려' '공감' '용서' 요소에 대해 자세히 살펴보도록 한다.

(1) 배려

배려의 정의는 다음과 같다.

- 인지적 측면에서는 다른 사람과의 관계성을 아는 것, 다른 사람의 입장에서 생각해 보는 것
- 정서적 측면에서는 염려, 민감성, 공감, 애착, 책임, 양보심, 측은지심 등을 가지는 것

- 행동적 측면에서는 다른 사람을 도와주고 돌보는 행동, 호의에 보답
  하는 행동 등

　인간은 타인과의 관계 속에서 배려하고 배려받고 싶은 마음과 그러한 관계를 지속해 나가고자 하는 책임감을 가지고 있으며 이는 타인에 대한 존중과 헌신으로 이어진다. 배려는 배려하고자 하는 사람의 일방적인 배려로 이루어질 수 없으며, 배려하는 사람과 배려받는 사람 간의 상호적 관계가 있어야만 가능하다. 따라서 '배려'는 관계성을 기저에 둔다고 볼 수 있다. 배려가 행동으로 나타나는 데는 배려하는 주체인 배려자가 배려를 하는 과정에서 상대방의 어려움이나 아픔을 자신의 것으로 생각하고 그것을 체험하는 과정인 몰입(engagement)과, 상대방을 도와주고자 하는 마음이 구체화하는 동기전환(motivational displacement)이 핵심 과정이다. 다른 사람에게 배려를 받게 되면 자신이 이해받고 있음을 느끼게 되며, 자신에게 배려를 제공하는 다른 사람이 생각하는 자신의 모습을 발견함으로써 스스로 더 발전하고 성장하고자 하는 정서적인 도움을 받을 수 있다.

　학교에서 나타나는 집단 따돌림이나 학교폭력은 다른 사람에 대한 관심 부족, 자신이 아닌 다른 사람의 입장을 이해하지 못하는 문제, 다른 사람의 감정을 공감하는 능력의 부족 등으로 발생하기 때문에 '배려'는 이러한 문제들을 풀 수 있는 핵심 덕목이 될 수 있다. 다시 말해, '배려'는 타인을 생각하고 행동하는 기본 품성으로, 학교에서의 갈등과 스트레스 상황에서 타인에 대한 괴롭힘을 비롯한 각종 폭력의 발생을 예방할 수 있는 좋은 요소다.

〈'배려' 관련 예방 프로그램: Child Development Project(CDP)〉

- **소개**: 학교 안의 '배려 공동체' 모델을 적용한 미국의 아동 발달 프로젝트로, 이를 실시함으로써 자율성, 효능감 등 개인적 발달뿐만 아니라 또래 간 협동심, 친사회적 행동을 증진시키고, 학교 내 폭력행동을 감소시키는 데 효과적인 프로그램이다.
- **목표**: 학교 구성원들의 요구 및 필요에 관심을 가지고 이러한 요구들을 충족

시키기 위한 배려 공동체로서의 학교를 만드는 것을 목표로 한다.
- 전략
  - 교실이 하나의 배려 공동체가 되어 학생들이 협동학습 및 친사회적 활동을 할 기회를 제공하여 학생의 도덕적 · 사회적 발달을 이끌어 낸다.
  - 학교 구성원 간 배려 · 지지의 관계를 형성하여 서로 지원받을 수 있도록 한다.
  - 학생들이 자신의 학습과 학교생활에 대한 주요 규칙 및 계획 수립 과정에 적극적으로 참여하도록 하여 책임감 및 배려를 함양하도록 한다.
- 구체적인 활동
  - 학급이나 수업에서의 활동 규칙을 정하고 문제를 해결하는 데 학생들이 객체가 아닌 주체가 되어 적극적으로 참여하도록 하여 서로 이해하고 민주적으로 의사를 결정하는 과정에 대해 학습하도록 한다.
  - 학생들이 협동학습을 수행하면서 외적 보상이 아닌 내적인 동기를 가지도록 하며, 같은 그룹 안의 학생들이 서로 관심을 가지고 상대를 더 잘 이해하며 서로에게 도움을 제공하는 교실 환경을 구축하도록 한다.

(2) 공감

공감은 '남의 감정, 의견, 주장 따위에 대하여 자기도 그렇다고 느낌, 또는 그렇게 느끼는 기분(표준국어대사전, 2017)으로, 다른 사람의 정서 경험을 간접적으로 경험하는 것'을 의미한다.

공감은 다양한 관계를 맺으며 살아가기 위해 필수적인 요소다. 구체적으로 살펴보면, 타인의 관점을 수용하는 것, 일종의 의사소통 등이 인지적으로 바라볼 때의 '공감'이 될 수 있고, 정서를 공유하는 것 또는 대리적 정서 등이 정서적 관점에서의 '공감'으로 볼 수 있다. 따라서 '공감'은 타인의 관점이나 역할을 이해하고 받아들이는 인지적 요소와 더불어 타인의 감정을 이해하고 간접적으로 경험하는 정서적 요소, 마지막으로 자신이 느낀 공감을 말과 행동으로 표현하는 의사소통적 요소가 포함된 총체적 관점이다.

공감 중에서도 정서적 공감은 집단 따돌림, 학교폭력과 긴밀하게 연결된다. 공감 능력의 수준에 따라 교실 속 학생은 학교폭력의 조력자 혹은 피해자를 방어해 주는 방어자가 될 수 있다. 학교폭력 가해학생은 피해학생의 입장에서 공감을 하지 못하며, 공감 능력이 낮은 학생은 친사회적 행동보다는 반사회적 행동을 많이 한다. 즉, 정서적으로 공감하는 능력이 부족하면 대인관계 문제, 도움을 주는 행동의 부재, 공격성 및 대인 간 폭력 증가 등의 문제가 나타난다. 반면, 타인에 대한 공감 능력이 높을수록 교실에서 학교폭력을 당하는 피해학생에게 좋은 감정을 느끼고 피해학생을 방어하는 역할을 한다. 또한 학교폭력이 발생할 때 반응하는 주변인은 타인에게 공감하는 정도가 높을수록 피해학생의 방어자인 경우가 많았다. 이러한 점을 고려할 때, 공감 능력을 향상시키는 것은 학교폭력 문제의 예방 및 개입을 위해 필수적으로 고려해야 하는 요소가 될 수 있다.

〈'공감' 관련 예방 프로그램: 공감 훈련 절차 프로그램〉

- **소개:** 공감 능력이 발달할수록 갈등이 있을 때 그것을 사회적으로 적절하고 바람직한 방향으로 해결하려는 경향이 있으며 학교폭력이 일어나는 것을 감소시키는 효과가 있다는 기존의 연구 결과에 따라, 교사가 활용할 수 있는 전략을 구체적으로 제시한 프로그램이다.
- **목표:** 학생들의 공감하며 듣는 기술(empathic listening skill)과 솔직하게 자신을 나타내는 기술(genuine self-expression skill)을 향상시키는 것이 목표다.
- **전략 및 구체적 활동:** 공감하며 듣는 기술로는 상대방과의 대화에서 진실한 의미를 찾으려고 하며 상대방이 왜곡되고 이해가 되지 않는 말을 하더라도 그 안에서 진짜 의미를 찾으려고 하는 무장해제 기법, 자기 자신을 관계를 맺고 있는 상대방의 편에 서서 상대방이 바라보는 식으로 세상을 바라보려고 노력하는 공감 기법, 상대방의 생각이나 감정에 대해 적극적으로 알고 싶어 하는 자세를 유지하고 이를 위해 계속해서 물어보는 질문 기법 등을 활용한다. 이러한 공감하며 듣는 연습을 통해서 말 속에 담긴 진짜 뜻을 찾아내고 이에 대해 방어적인 태도로 반응하는 것이 아니라 상대방이 느끼는 감정을 이해하며 공감하도록 한다. 자신을 솔직하게 표현하기 위한 기술로는 구체적으로 '너는 이렇게 느낀다'가 아닌 나-전달법('나는 이렇게 느낀다')'과 주변에서 긍정적인 면을 찾으려고 하고 상대방을 존중하려고 노력하는 촉진 기법을 사용한다.

(3) 용서

　용서는 '자신에게 심각한 상처를 준 상대방에 대해 부정적인 감정을 느끼고 이에 따라 판단하고 행동하는 것이 아니라 긍정적으로 느끼고 생각하며 행동하려고 노력하는 과정'을 의미한다.

　사회에서 관계를 맺는 과정에서 타인으로 인해 마음의 상처나 절망을 경험한 사람은 자아존중감이 크게 저하되며, 우울한 마음이나 불안감에 쉽게 휩싸인다. 학교폭력의 피해학생 또한 이러한 정서적인 경험을 하게 될 가능성이 큰데, '용서'가 또래 괴롭힘과 폭력으로 인한 대인관계에서의 상처와 갈등으로 발생하는 부정적인 정서와 반응을 극복하고 긍정적인 정서와 반응으로 나아가는 경험을 촉진하는 요인이 된다. 피해학생이 자신에게 상처를 준 다른 사람을 진심으로 용서하면 자아존중감은 회복될 수 있고, 용서를 베푸는 자기 자신을 착하고 아량이 넓은 사람으로 인식하게 되어 긍정적인 자아존중감을 되찾고 우울감, 의욕상실에서 빠져나올 수 있다.

　실제로 초등학교 6학년부터 중학교 2학년 학생 중 분노를 느끼는 정도가 높은 학생들을 선발하여 용서 교육 프로그램을 실시한 결과, 분노 수준이 저하되었으며 자기의존(self-reliance)이 높아졌을 뿐 아니라 학업 성적과 학교에서 생활하는 태도도 긍정적으로 변화하였다. 또한 초등학교 6학년을 대상으로 집단 용서 상담 프로그램을 4주간 실시한 결과, 프로그램에 참여한 집단의 학생들이 대조 집단에 비해 공격성이 감소하였으며 대인관계 점수 또한 상승하였다. 이는 '용서'를 바탕으로 한 교육 프로그램이 학생들의 공격성 감소에 효과가 있으며 이는 학교폭력 가해행동에 대한 예방 가능성을 보여 준다.

〈'용서' 관련 예방 프로그램: 북아일랜드의 용서 교육 프로그램〉

- 소개: Suess 박사의 책 『The Butter Battle』을 개정하여 구성한 프로그램으로, 두 마을에 사는 사람들의 갈등이 점차 심해져 결국은 핵전쟁으로까지

확산되는 이야기를 다룬다. 이 책을 통해 학생은 끝없는 보복과 그로 인한 불가피한 파괴를 보게 되며, 이후에는 반대 개념으로서 용서에 대해 생각해 보게 된다.

- **목표**: 학생들이 모든 사람에게 존재하는 고유한 가치에 대해 배우고, 도덕 적 사랑(자신보다는 타인의 복지를 더 많이 고려하여 행동하는 것), 친절, 존중, 관대함을 주변 사람들(자신에게 상처 준 사람을 포함)에게 실천하도 록 하는 것이 목표다.
- **전략**
  - 1단계: 용서의 맥락과 상관없이 다섯 가지 개념(본질적 가치, 도덕적 사 랑, 친절, 존중, 관대함)에 대해 소개한다.
  - 2단계: 용서라는 맥락에서 다섯 가지 개념(본질적 가치, 도덕적 사랑, 친 절, 존중, 관대함)을 다시 한번 소개한다.
  - 3단계: 학생 자신이 다른 사람을 용서하려고 노력하는 맥락에서 다섯 가 지 개념(본질적 가치, 도덕적 사랑, 친절, 존중, 관대함)을 다룬다.

교육과정 전체에 걸쳐서 교사는 학생에게 용서를 배우는 것과 특정 상황에서 용서를 선택하는 것을 구분하도록 강조한다.

3. 학교폭력 예방교육 프로그램 소개

1) 학교폭력 예방 프로그램 예시

(1) 어울림 프로그램

어울림 프로그램(2013)은 교육부 & KEDI 학교폭력 예방연구 지원특임 센터에서 개발하였고 초 · 중등학교 학생, 부모, 교사를 대상으로 적용할 수 있는 프로그램이다. 어울림 프로그램은 일반 학생을 대상으로 한 기본 프로그램과 학교폭력 유형별 또는 학교폭력 고위험군 학생을 위한 심화 프 로그램으로 구분되어 있다.

- **목적**: 학교폭력을 예방하고 안전한 학교 문화를 형성하는 것을 목표로 한다.
- **구성**: 프로그램은 크게 학생용, 부모용, 교사용으로 나누어 볼 수 있고, 학생용은 초등학교 저학년, 초등학교 고학년, 중학교, 고등학교의 4개 학교급별 프로그램이 있다. 학교폭력 예방을 위해 필요한 핵심 역량인 공감, 의사소통, 감정 조절, 자기존중감, 학교폭력 인식 및 대처 모듈로 구성되어 있다. 학교폭력 문제에 대응할 수 있는 가치관 및 역량 함양이 목표로 각 교사가 학급 단위로 학교급의 특성을 반영하여 재구성할 수 있게 구성하였고, 학생들 스스로 문제의 영향력과 결과를 예측해 보도록 하였다는 것이 가장 큰 특징이다. 대상별, 주제별, 모듈별로 구성되어 있기 때문에 교사가 적용하려는 부분의 내용을 떼어 각 학급 환경에 맞게 재구성하여 적용할 수 있고, 정해진 순서가 없기 때문에 학교의 특성 및 여건에 따라 선택적으로 모듈별 프로그램을 적용할 수 있는 융통성이 장점이다.

  학교폭력의 문제점과 결과를 직접 경험하고 판단할 수 있도록 활동 중심으로 구성하였고, 학생들 사이에서 실제로 벌어지는 사례를 활용하여 구성하였다. 또한 상세한 구성과 매뉴얼 작성으로 학교폭력 예방 교육 전문가가 아니더라도 누구나 활용할 수 있도록 제작하였고, 교구는 특별히 필요하지 않거나 손쉽게 구할 수 있는 것들로 구성하였다는 장점이 있다. 그리고 학생 자치 활동 강화와 같은 앞으로의 교육 방향을 담아내어 학교 문화의 변화에 기여할 수 있도록 구성하였다.

이 프로그램은 스톱불링(stopbullying.co.kr) 사이트에서 무료로 제공하므로 누구나 다운받아서 자유롭게 사용할 수 있다. 이 프로그램은 회기별로 주제, 내용, 목표, 반드시 포함되어야 할 요소, 세부활동 등을 제공하여 교사가 이를 활용하여 프로그램을 재구성하는 데 도움을 얻을 수 있다. 〈표 10-1〉은 프로그램 내용 구성의 예시다.

〈표 10-1〉 어울림 프로그램 내용 구성의 예

차시	프로그램명	목표	세부 활동(내용 및 방법)	활동 자료
1	학교폭력? 학교폭력!	학교폭력에 대한 정확한 인식과 이해	• 도전 골든벨 • 개별 학습지 작성	PPT, 활동지, 해설지, 보드마카, 모둠칠판
2	우리의 문제, 학교폭력!	학교폭력의 사례 분석을 통해 심각성 및 결과 인식	• 개별 학습지 작성 • 2인 토론~4인 토론 • 모둠별 활동지 작성 • 찌질이 올림픽	활동지, 보드마카, 포스트잇
3	학교폭력, 우리의 손으로 판단하자!	학교폭력 사례를 자치법정을 통해 가치 판단 및 조정 과정 경험	• 학교폭력 대책 자치법정 • 소감문 작성	활동지, 대본, 명패, 의사봉
4	평화로운 학교, 우리가 만든다!	평화로운 학급 문화 만들기	• 학급 평화 규칙 만들기 • 학급 평화 규칙 게시물 만들기	활동지, 보드마카, 포스트잇, 색연필, 사인펜, 신문, 잡지

(2) 학교폭력 예방 매뉴얼 및 지도안

전남교육청에서 제작한 학교폭력 예방 매뉴얼 및 지도안(2014)은 중학교 학생을 대상으로 하는 프로그램을 개발하여 교사들이 재구성 등의 과정을 거치지 않고 제시된 교안을 따라 바로 학급에서 적용할 수 있도록 회기별 세부 교안을 제공하고 있다. 이 프로그램은 많은 다른 학교폭력 예방교육 프로그램과는 달리 전라남도 교육청에 소속되어 있는 현직 교사들이 중심이 되어 개발한 프로그램이기 때문에, 실제 교사들이 교과 외 수업을 운영하는 데서 겪는 어려움 등을 감안하여 매우 세부적인 수업 교안과 그에 따른 준비물, 활동, 학습활동지 등을 제공해 교사들의 수업 준비 부담을 경감해 준다는 장점이 있다. 이 프로그램은 http://www.jne. go.kr/index.jne에서 볼 수 있다.

• **구성**: 학교폭력의 유형, 즉 언어폭력, 사이버 폭력, 성폭력, 집단 따돌림, 폭력 서클에 따라 각각 모듈화되어 있어 담임 및 상담교사 등이 발현된 문제행동에 알맞은 모듈을 뽑아 해당 세부 교안에 따라 수업을 진행하면 된다.

〈표 10-2〉 학교폭력 예방 매뉴얼 및 지도안의 구성

프로그램명	프로그램 내용
언어폭력 프로그램	1. 서로를 높여 줘요. 2. 욕 버리기 프로젝트 3. 욕은 우리를 병들게 해요. 4. 그린 언어 프로젝트 5. 말 무덤 & 훈민정음 놀이
사이버 폭력 프로그램	1. 인터넷 웹툰(악플 게임)을 활용한 활동 2. 악플러의 보디가드가 되어라! 3. 연예인의 보디가드가 되어라! 4. 스마트폰을 활용한 활동 5. 클래스팅을 활용한 UCC 경연 대회
성폭력 프로그램	1. 신문, 잡지를 이용한 성폭력 예방 표어 꾸미기 2. 가요를 이용하여 성폭력 예방 가사로 바꿔 부르기 3. 성폭력 예방 관련 단어로 이야기 만들기 4. 성폭력 예방을 위한 모둠퀴즈 내기 5. 만화를 이용한 성폭력 예방
집단 따돌림 프로그램	1. 티끌 모아 태산 2. 친구 탐구 보고서 3. 서로의 장벽을 허물어라! 4. 방관자를 방어자로 바꾸기 5. 신체 활동을 통한 따돌림 교육
폭력 서클 프로그램	1. 학생자치법정 2. 역할극 3. 소통 및 신고 4. 또래상담 5. 만화 그리기

(3) 먼저 손 내밀어요

먼저 손 내밀어요(2013) 프로그램은 교육부와 서울대학교 발달심리연구실에서 개발한 프로그램으로, 학습 대상은 중등학교 학생이다. 심리적 이론을 바탕으로 학교폭력 예방 방안을 제시하고 있어 학습자로 하여금 학교폭력 행동을 왜 하면 안 되는지, 또 그러한 문제행동이 왜 문제가 되는지 등에 대해 스스로 생각해 보고 자신의 행동을 통제하도록 한다는 점에서 효과적인 예방을 기대할 수 있는 프로그램이다. 이 프로그램은 각 중등학교에 배포된 자료로, 각 학교 담당자에게 요청하여 사용할 수 있다.

- 구성: 총 8개 모듈이고, 모든 프로그램이 플래시 형태로 이루어져 교사가 플래시를 틀면 수업이 바로 진행되도록 구성되어 있다. 수업을 위한 플래시, 활동지, 지침서 등이 함께 제공되어 교사가 예방교육을 위해 내용을 재구성하는 부담을 줄여 준다. 8개 모듈을 개별적으로 구성해 놓았기 때문에 학급 상황에 맞게 교사가 선택하여 사용할 수 있고, 모듈별로 수업을 진행하는 데 도움이 되도록 지침서를 함께 제공한다.

〈표 10-3〉 먼저 손 내밀어요 프로그램

차시	프로그램명	목표	내용 및 세부 활동
1	우리 안의 폭력성과 도덕성	1. 인간의 다양한 감정과 도덕적·폭력적 본성에 대해 이해한다. 2. 이타성과 도덕성에 대해 생각해 본다.	• 영상 감상 • 활동 ① 어려운 사람에게 공감하기 ② 어려운 사람 도와주기 ③ 폭력의 고통에 희망 색칠하기
2	장난으로 시작된 범죄	1. 장난으로 시작되는 학교폭력이 폭력에 대한 모방과 둔감화로 지속되는 것을 안다. 2. 학교폭력 피해자의 신체적·정신적 고통을 안다.	• 영상 감상 • 활동 ① 내가 만드는 법 ② 우리가 만드는 재판 ③ 학교폭력 예방을 위한 UCC 공모전

		3. 학교폭력 관련 법률을 통해 가해자의 법적 처벌 내용을 안다.	④ 학교폭력 예방 피켓 만들기 ⑤ 학교폭력 대처 요령 ⑥ 학교폭력 예방교육기관
3	내 머릿속의 욕설	1. 우리가 인식하지 못하는 순간에도 언어가 행동에 영향을 미침을 이해한다. 2. 욕설 사용이 인지 능력 및 인간관계에 영향을 미칠 수 있음을 안다.	• 영상 감상 • 활동 ① 내가 가장 듣기 싫은 말과 듣고 싶은 말 ② 내 머릿속의 말 ③ 욕설 버리기
4	기똥차게 좋은 말	1. 긍정적 언어의 힘을 인식한다. 2. 욕설을 대신할 수 있는 우리말을 배워 긍정적인 언어 사용을 통한 언어폭력의 예방을 도모한다.	• 영상 감상 • 활동 ① 4컷 만화로 그리는 고운 말 ② 고운 말 낱말 퍼즐 ③ 고운 말 쓰기, 어렵지 않아요 ④ 고운 말 쓰는 교실 만들어요!
5	사이버 세상 속 당당한 나	1. 사이버 세상의 특징을 알고 그 속에서 일어나는 폭력의 심각성을 이해한다. 2. 사이버 폭력의 처벌 및 예방 방안을 안다.	• 영상 감상 • 활동 ① 인터넷 기사에 댓글 달기 ② 블로그에 댓글 달기 ③ 사이버 학생 경찰 서약서
6	왕따를 없애는 세 가지 방법	1. 왕따는 학교뿐 아니라 어디든 존재함을 이해한다. 2. 왕따 역시 구타나 다름없는 잔인한 폭력임을 이해한다.	• 영상 감상 • 활동 ① 편 나누기 ② 진실 or 거짓 게임 ③ 윙크 게임 ④ 이구동성 게임 ⑤ 나의 왕따 만드는 스타일은?
7	호기심 OK, 행동 NO, 자책 NO, 신고 OK	1. 인간의 호기심이 범죄로 이어질 수 있음을 이해한다. 2. 성폭력이 심각한 범죄임을 알고 발생 사실을 알았을 때 신고하는 절차를 안다.	• 영상 감상 • 활동 ① 성폭력 정당화 깨부수기 ② 궁금증을 풀어 보아요(합반용) ③ 궁금증을 풀어 보아요(분반용) ④ 학교폭력(성폭력)지원센터 ⑤ 소중한 성, 내가 먼저 지켜요

| 8 | 내가 먼저 내미는 손 | 1. 동조 현상을 이용하여 학교폭력 예방법을 실제로 실천할 수 있다. | • 영상 감상
• 활동
① 공감 song 편곡 & 개사하기
② 예술가가 되어 보아요
③ 아나운서가 되어 보아요 |

4. 활동하기

지금까지 학교폭력 예방교육의 의미와 관련 프로그램 등을 살펴보았다. 이를 바탕으로 학급 내 폭력을 감소시킬 수 있는 학급 규칙을 구성하고 시각 자료를 제작해 발표해 보자.

| 우리는 ○학년 ○반을 평화로운
학급으로 만들기 위해
다음과 같은 규칙을 지킬 것입니다.
1.

2.

3.

4.

5. | |

(시각 자료 구성은 다음의 4개 활동 중 택 1)

※ 시각 자료 제작
• '학교폭력 예방 포스터' 만들기
• '학교폭력 예방 캐릭터' 만들기

- '학교폭력 예방 6행시' 짓기
- '학교폭력 예방 표어 및 배너' 만들기

■ 또래조정 프로그램 홍보 동영상

또래조정은 미국의 롱아일랜드 브라이언트 고등학교에서 최초로 실시되었다. 이 학교는 학교폭력 사건이 많기로 악명이 높았다고 한다. 또래조정을 실시한 결과 폭력 사건이 줄어들었고 인간관계가 개선되었으며, 또래조정 성공률은 86% 정도로 전문 중재의 75%보다 높게 나타났다. Richard Cohen은 또래조정의 장점으로 "민주주의 원칙에 따른 종합학습으로 갈등 해결 성공률이 90%를 넘는 학생주도적 문제 해결 과정"이라고 하였다.

출처: http://www.youtube.com/watch?v=bVGjRRXMYRo

 사회적 이슈

다음은 학교폭력과 관련하여 사회적으로 주목받고 있는 이슈다. 이와 관련한 다음의 사례를 읽고 이에 대해 동료와 토론을 한 뒤 의견을 정리해 보자.

여성가족부와 교육부·한국청소년상담복지개발원 등에 따르면, 지난해 2월 학교폭력 근절 종합대책의 일환으로 또래상담제 사업이 시작된 후 올 3월 현재 전국 4,040개 학교가 또래상담을 도입해 운영하고 있다. 하지만 또래상담이 학교생활 만족도와 집중도를 높이는 데 도움을 준다는 연구 결과도 나오는 등 일부 효과를 거둔 사례도 있지만 상당수 학교는 또래상담이 이름뿐인 제도로 전락했다는 지적이 있다. 서울 중랑구의 한 중학교에서 담임을 맡고 있는 이 모(32) 교사는 "모범생들이나 공부를 잘하는 아이들이 주로 또래상담사로 지정되는데, 친구들이 그들을 상담사로 인정하고 의지하는 모습을 전혀 찾아볼 수 없다."라며 제도의 실효성에 의문을 제기했다. 경기도 안양시의 한 중학교 교사는 "고교 진학을 위한 생활기록부 작성용이나 마찬가지."라며 "봉사 활동 시간을 준다는 핑계로 지원자를 겨우 모았다."라고 말했다.

각 학교에서 또래상담 사업을 담당하는 상담교사들도 제도에 대한 불만이 많다. 경기도 군포시의 한 중학교에 재직 중인 김 모(30) 교사는

"지난해 느닷없이 또래상담을 하라며 예산이 배정돼 부랴부랴 동아리를 만들고 아이들을 뽑아 운영하고 있지만 실질적인 활동은 거의 이뤄지지 않고 있다."라며 "중학교 1~2학년은 여전히 앳되다 보니 역할 수행이 어렵다."라고 설명했다.

효과적인 학교폭력 예방을 위해 또래상담제가 어떻게 이루어져야 할까?

출처: http://news.naver.com/main/
read.nhn?mode=LSD&mid=sec&sid1=102&oid=011&aid=0002341912

학교폭력 없는 행복한 학교 만들기

학습 목표

1. 학교차원에서 학교폭력 유발 요인을 파악한다.
2. 학교폭력 예방을 위한 학교 문화 개선 방안을 안다.

지난 주 사회적 이슈

학교폭력과 관련해 생각해 볼 만한 사회적 이슈는 다음과 같다. 이에 대해 동료의 의견을 듣고 관련 영상을 보며 나의 생각을 정리해 보자.

효과적인 학교폭력 예방을 위해 또래상담제가 어떻게 이루어져야 할까?

'또래상담'으로 학교폭력 해결해요

'또래상담'은 학교나 가정에서의 어려움, 진로 문제 등 청소년 시기에 경험할 수 있는 여러 가지 어려운 문제들을 함께 나누고 고민을 해결하는 역할을 할 수 있다. 특히 부모님이나 선생님에게 할 수 없는 이야기를 편하게 털어놓을 수 있기 때문에 학교폭력이나 왕따 문제를 조기에 해결하는 데 큰 도움이 된다.

**"친구들한테 말하는 것만으로도 마음이 편해지고,
문제 해결의 실마리를 얻을 수 있었던 것 같아요."**

또래상담의 비결은 바로 **공감**이다. 섣불리 해결책을 제시하기보다는 친구의

입장에서 친구의 이야기를 귀담아 들어 주는 것이다. 갈수록 심각해지는 학교폭력 문제에 대한 근본적인 해답은 결국 당사자인 학생들에게 달려 있는 것이다.

이를 위해 또래상담자는 적극적으로 듣는 역할을 충실히 할 수 있어야 한다. 상호 이해를 증진시키기 위해 상대의 말을 보다 주의 깊게 듣고 반응하는 적극적 듣기는 고민 당사자로 하여금 또래상담자가 자신의 이야기를 듣고 있음을 인지하고 신뢰하게 한다. 또한 또래상담자는 상황을 고치려 들거나 갈등 당사자에게 조언하거나 해결책을 제시하려 하지 않으며, 상황을 보다 분명히 파악하기 위해 개방형 질문(open question)을 사용하고 바꾸어 말하기(paraphrasing)를 활용하며 때로는 침묵함으로써 상대의 말을 경청하는 역할을 수행한다. 갈등 당사자의 느낌을 알아줄 때 보다 깊은 이야기를 이끌어 낼 수 있으며 문제해결에 도움이 될 수 있다.

출처: https://www.youtube.com/watch?v=V2A-VTVj7Yk

1. 학교폭력에 대한 학교 분위기의 중요성

학교 분위기란 학생과 교사가 학교에서 시간을 보내는 동안 학교 환경에 대해 느끼는 느낌으로 각 개개인이 환경에 대해 얼마나 편안하게 느끼는지, 혹은 개개인이 그들이 처한 환경에서 얼마나 지지받고 배울 수 있다고 느끼는지에 관한 것이다. 이러한 학교 분위기는 그들의 환경에 대해 긍정적 혹은 부정적 감정을 느끼게 한다. 편안하고 정서적인 지지를 받거나 효율적인 학습이나 배움을 받았다고 느끼는 감정들을 긍정적이라고 볼 수 있고, 반대로 걱정, 두려움, 혼란과 외로움을 느끼고 이것이 학습이나 행동에 부정적인 영향을 미친다면 부정적 감정이라고 볼 수 있다. 이러한 학교 분위기는 넓은 의미에서 학교 문화로 이해할 수 있고 이는 학교폭력과 밀접한 관련성이 있다. 학교의 문화적 요인(폭력의 문화적 용인, 교사의 무관심, 학생의 무관심, 학내폭력 처벌 불가)은 학생들의 폭력행동 증가와 관련이 있다. 또한 학교의 분위기에는 교칙의 명료성과 학교 정책의 일관성, 교사와 학생 간의 상호작용, 학생들의 학교 정책에 대한 의사결정 참여 등이 포함되는데, 학생들에게 일관성 없는 학교 규칙의 적용, 교사와 학생 간의 친밀하지 않은 관계로 인한 학생–교사 간 의사소통의 부재, 학교 및 학급 정책 결정에서의 학생 소외 분위기 등의 요인들은 학생들에게 복합적으로 작용하여 학생들의 정신과 신체 건강에 좋지 않은 영향을 미치고, 학교폭력과 같은 부정적 방향으로 그 내적 에너지를 분출하는 것으로 밝혀졌다. 따라서 학교폭력을 개인 내적 및 개인 간 문제로만 바라볼 것이 아니라 학교라는 사회생태학적인 관점에서 접근하여 개인, 동료, 학교, 가족, 공동체, 문화 사이의 복잡한 상호작용으로 살펴볼 필요가 있다.

■ 학교 숲… 학교폭력 예방 효과!

산림청이 지방자치단체와 함께 학교 숲을 조성해 자라나는 학생들에게 친자연적인 학습 공간을 제공하는 사업을 추진하고 있다. 학교 숲 조성 후 여러 긍정적인 효과가 나타나고 있는데, 학교에 숲을 조성하면 학교폭력 예방은 물론 학생들의 집중력 향상에도 큰 도움이 되는 것으로 보인다.

"학교 숲이 조성되고 나서는 아이들이 여기 와서 맛있는 것도 먹고 친구들과 대화도 나누고 그래서 아주 좋은 휴식 공간이 만들어졌습니다. 학생들이 굉장히 좋아합니다."

학교 숲은 아파트와 도로 등 콘크리트로 둘러싸인 공간에서 녹색의 풍요로움과 교육적·심리적 안정을 주는 것은 물론 학교폭력 예방에도 도움을 줄 수 있다.

"학생들에게 친자연적인 학습 공간을 제공함으로써 심리적인 부담감을 줄이고 안정된 분위기 속에서 공부할 수 있는 분위기가 조성됩니다."

또한 학교 숲이 조성된 학교 학생들의 집중력과 호기심, 정서적 균형이 높다는 조사 결과도 나왔다. 이는 학교 숲 조성이 학교 분위기를 긍정적으로 변화시키는 데 일조하며 이를 통해 학교폭력 예방 효과도 기대할 수 있음을 보여준다.

출처: http://www.ytn.co.kr/_ln/0115_201204050713092866

■ 학교 분위기 변화를 통한 학교폭력 감소 사례

Apple & Joy(친구와 함께 소통하는 날)

충북 일신여자고등학교의 Apple & Joy는 교사와 학생 등을 대상으로 화해와 용서의 운동을 벌이자는 취지로, 나로 인해 마음 아픈 사람에게 사과하고 그 징표로 사과를 보내는 날이다. 학교 내에서 많은 시간을 보내는 교사와 학생들은 소통의 부재로 사소한 오해와 갈등이 생기고 그 골이 깊어지면서 학교폭력까지 이어질 수 있음을 인식하고, 이에 학교폭력에 대처하기 위한 적극적이고 실질적인 소통의 장을 마련하고자 하였다. 이를 위해 먼저 상담실 소식지를 활용하여 애플 데이의 의미를 홍보하고 또래상담자가 각 학급으로 찾아가 홍보한 후 학생들에게 참가 신청을 받았다. 신청자들이 사과하고 싶은 대상에게 편지를 써서 상담실에 제출하면 또래상담자들이 편지와 사과를 전달하는 식으로 운영되었다. 단순히 사과를 나눠 주는 일회성 행사를 치르는 것이 아니라 2주간의 홍보 기간을 통하여 화해의 분위기를 형성하는 것에 초점을 두었으며, 학급별 홍보 포스터 부착 및 전단지 배부, 교직원 회의 시간과 쉬는 시간을 이용한 또래상담반의 홍보 등 적극적인 홍보를 통하여 취지를 알리고 활성화를 위해 노력하였다.

Apple & Joy 행사에 참여하며 학생들은 자기를 이해하고 타인을 이해하면서 사람의 다양성을 수용하고 존중하는 정도가 매우 향상되었으며, 자신의 분노와 감정을 다스릴 줄 알게 되었고, 갈등을 어떻게 해결해야 하는지 그 방법을 찾게 되었다. 또한 평소 전하지 못하던 마음을 선생님께 고백함으로써 사제 간의 친밀감이 높아져 수업 분위기가 좋아지고 학업의 효율성도 높아졌다. 이것은 요즘 학생들이 자기와 다른 사람을 배척하고, 왕따시키고, 화가 났을 때 분노를 참지 못하고, 충동적인 부적응 행동을 하고, 친구나 부모와 갈등이 있을 때 폭력을 행사하거나 가출하는 것을 해결하는 데 기반이 될 수 있다.

출처: 교육부(2013).

 생각해 보기

다음은 학교폭력을 유발하는 청소년의 환경적 요인에 대한 기사다. 다음을 읽고 **어떠한 학교 요인들이 학교폭력을 유발할 수 있는지**에 대해 생각해 보자.

이재호 학교폭력피해자가족협의회 본부장은 "상당수 아이들이 부모님에게 괜히 걱정을 끼쳐 미안하고, 주변에 얘길 해도 더 큰 보복만 당할 것 같다는 생각에 아무 말 없이 극단적인 선택을 한다."라고 말했다. 그는 "중학교 때부터 괴롭히던 친구들이 고등학교까지 같이 가게 되어 괴로워하던 여고생이 힐링 캠프에서 만난 대학생 멘토에게 '죽고 싶다.'라는 문자 메시지를 남겨 극적으로 구조한 경우도 있다."라며 "**교사나 부모가 아이들의 마음을 읽어줄 준비와 환경이 되어 있어야 한다.**"라고 말했다.

성나경 전국전문상담교육자협회 회장(서울 삼각산중학교 교사)은 "교사와 학생들 모두 너무 바쁘다."라며 업무량과 학습량을 줄여야 한다고 말했다. 학생들 파악이 우선이어야 할 학기 초에 교사들이 특히 바쁘고, 주 5일제 수업으로 바뀌며 학생들도 7교시 수업이 많아져 거의 매일 방과 후에 학원으로만 달려가고 있다는 것이다. 성 교사는 "조금이라도 늦게 끝나면 종례가 너무 길다, 학원에 가야 한다고 학부모들이 항의하는 실정."이라며 "**아이들이 서로 대화하고 놀 시간과 공간이 시급하다.**"라고 전했다.

김진우 좋은교사운동 공동대표는 "이제까지의 생활지도는 벌 주고 단속하며 소통을 단절시키는 방식이었다."라며 "이젠 다른 방식의 접근이 필요하다는 것을 인정해야 한다."라고 말했다. 아울러 **창의적 체험 활동 시간이 형식적인 활동으로 점령당하고 있는 학교 구조도** 문제 삼았다. 보건이나 폭력 예방 교육, 봉사 활동 등이 밀고 들어오면서 학급 자치 활동 시간은 줄어들며 공동체 개념이 점점 무너지고 있다는 것이다.

경기도의 한 중학교 생활부장도 "다양한 활동을 해야 할 창의적 체험 활동 시간이 점점 사라지고 있다."라면서 "이번 학기에는 특히 진로교육을 강조하면서 체험 활동 시간이 거의 없어지다시피 했다."라고 말했다. 서울의 한 초등학교 교사는 "**부모님이 자기 얘기를 안 들어 준다는 아이들이 적지 않다.**"라며 "부모는 대화한다고 생각하지만 지시나 훈계를 하는 경우가 많다. 학교와 가정에서 모두 외로운 아이가 많다."라고 전했다.

김자원 전국교직원노동조합 경북지부 정책실장은 대구 지역의 경쟁교육 강화 분위기와 학교폭력이 무관치 않다고 지적했다. 그는 "교육감 선거 때 내건 슬로건이 명품교육인데, 이 말 자체가 교육 자체를 상품화한다."라며 "명품 아니면 싸구려라는 뜻으로 물건에나 써야 할 이 말을 교육에 쓰는 구조적인 문제를 보지 않고는 올바른 대책이 나올 수 없다."라고 말했다. 그는 "이 지역은 다른 곳보다 경쟁이 강조되고 있다. **이긴 아이들만 선이고 도태된 아이들은 자존감도 없고 다른 데서도 인정받지 못하는 부분이 크다.**"라고 설명했다.

출처: http://news.khan.co.kr/kh_news/khan_art_view.html?artid=201303142240305&code=940401

2. 학교폭력을 유발하는 학교 문화

학교 문화는 학교의 물리적 환경뿐만 아니라 학교 교칙, 생활지도 방법 그리고 교사, 학생, 학부모들이 가지고 있는 가치, 태도 등을 말한다. 또한 학교 문화는 전통적으로 내려오거나 현재 교사와 학생들이 만들어 가는 문화 모두를 포함한다. 학교 문화는 학교폭력과 깊은 관련이 있다. 힘에 의한 지배와 통제를 자연스러운 것으로 받아들이는 문화는 학교폭력을 강화한다. 다음에서 학교폭력을 유발하는 학교 문화와 각각의 사례, 대책 사례를 차례로 살펴보기로 한다.

1) 경쟁적 분위기

연이은 학생 자살로 대한민국이 몸살을 앓고 있다. 자살 학생의 담임교사가 직무유기 혐의로 경찰에 입건될 정도로 파장을 몰고 온 서울 양천구 S중학교는 인근 W중학교와 더불어 명문고와 명문대 진학생을 많이 배출하기로 유명한 목동 일대 명문 중학교에 속한다. 또 동급생 2명에게 상습적인 괴롭힘을 당했다는 구구절절한 유서를 남기고 투신한 2학년 남학생으로, 학교폭력 이슈화를 본격화한 대구 수성구의 D중학교 역시 중산층 이상 가구의 학생들이 많이 다녀 서울의 강남 3구(강남·서초·송파구)에 준하는 A급 학군에 속한다. 같은 달 1학년 여학생이 투신한 데 이어 지난달 '친구를 지켜 주지 못했다'는 자책감에 같은 반 친구까지 스스로 목숨을 끊은 대전의 D여고도 마찬가지다. 이 학교가 위치한 대전 서구 둔산동은 10여 년 전 시청을 비롯한 주요 관공서가 들어서면서 형성된 신흥 부촌이다. 학교폭력부터 학업 스트레스까지 원인은 다양하지만 학생들이 스스로 목숨을 끊는 안타까운 사고는 공통적으로 학부모들이 너도나도 자녀들을 보내려고 안달인 명문 학교에서 벌어지고 있었다. 전문가들은 이 지역 학부모들의 과열된 경쟁 심리가 잇단 자살 사고의 근본적인 원인이라고 지적한다. 서이종 서울대학교 사회학과 교수는 "중산층 지역 학부모들이 학생들에게 엄청난 학업 스트레스를 강요하고 그 자녀는 다른 학생들을 괴롭히는 악순환이 되풀이되고 있다."라고 진단했다. 이지현 고양시 아동청소년정신건강센터 팀장도 "학교폭력을 비롯해 학생들이 살아가면서 겪는 문제들은 예전과 달리 더 이상 소득이 변수가 되지 않는다."라며 "경제적인 어려움이 없는 만큼 다른 압박감이 더 심해질 수 있다."라고 지적했다.
서 교수는 "교육을 통해 사회적 계층을 바꾸겠다는 경쟁 심리는 하층이나 최
상층보다 중상층과 중간층에서 더 심하다."라고 덧붙였다. 실제로 14일 숨진
서울 강남구 D고 1학년 A군의 학업 성적은 상위권에 속했다고 D고 측은 전했
다. A군의 담임인 남 모(42) 씨는 14일 전화통화에서 "(A군이) 최상위권에 속
해 있지 못했지만, 성실하게 학업에 임하던 학생이었다."라고 했다. 하지만 경
찰은 유서를 바탕으로 A군의 자살 원인을 학업 스트레스로 보고 있다. 서 교수
도 "최상위권에 속하지 못했다는 압박감이 학생의 비관을 유발했을 수 있다."
라고 분석했다.
A군처럼 스스로 목숨을 끊는 대신 일부 학생은 다른 학생들을 괴롭히는 방식
으로 스트레스를 풀고 있다. 상위권 성적을 유지하면서 이른바 '일진'에 참여
하는 학생들이 이런 경우다. 서 교수는 "학교폭력이나 학업 스트레스는 동떨
어진 사안이 아니라 연관된 것."이라며 "학생들의 잠재력에 기반한 자연스러
운 학업 능력 향상이 아니라 인위적으로 벅찬 학업을 강요하는 과열된 경쟁 심
리를 가라앉혀야 한다"고 지적했다.

경쟁은 높은 수준의 흥분을 발생시키며, 다른 맥락과 형태에서도 폭력성
을 함께 나타내는 것으로 알려져 있다. 따라서 사회에서의 경쟁뿐만 아니
라 학교에서의 경쟁은 폭력성을 수반하게 된다. 특히 경쟁을 강조하는 우
리 사회의 분위기 때문에, 우리는 경쟁에서 지는 것과 같은 어떤 행동이나
사건에 직면하여 좌절하는 경우 폭력에 반응하는 경향성이 나타난다. 또
한 분노는 학교 환경을 매우 경쟁적이고 격한 분위기로 악화시키고, 이는
공격적인 폭발로 이어질 수 있다. 집단 따돌림을 촉발하는 외적 요인에는
따돌림, 의도, 공격성, 집단의 갈등 해결 방식, 경쟁적인 학급 분위기가 있
는데, 그중에서도 경쟁적 학습 분위기는 직접적으로 따돌림에 대한 의도를
강화하고, 공격성과 집단화를 증가시킨다.

실제로 사회적 성공을 바라거나 성취를 이루려고 하는 것은 피해에 대한
공감을 감소시키는 것으로 나타났고, 이는 여학생보다 남학생에게 두드러
진 특징으로 나타났다. 또 다른 사람에게 학교폭력을 행사하거나 행사하

려고 보이는 행동들은 학생들 사이에서 매우 강력하고 힘이 있다는 평판을 형성할 수 있으며, 이는 학교에서 학교폭력을 극복하려는 데 장애가 될 수 있다. 이러한 특징은 12세 이전에는 두드러지게 나타나지 않는데, 12세 이전의 학생들에게는 친사회적 행동이 더욱 중요하며 폭력적인 행위는 인기를 감소시킬 수 있다고 인식되기 때문인 것으로 나타났다.

집단 괴롭힘은 학업으로 인해 경험하게 되는 스트레스 수준에 따라 차이가 있는 것으로 나타났는데, 이와 같은 스트레스는 내적 분노를 유발하고 이는 청소년의 공격행동에 정적인 영향을 미친다고 밝혀졌다. 분노 수준이 높고 이에 대한 조절 능력이 낮은 청소년은 그렇지 않은 청소년에 비해 공격성 수준이 높은 것으로 나타나 청소년의 내적 심리 상태가 학교폭력과 관련이 있음을 알 수 있다. 학교의 경쟁 분위기를 완화하기 위한 학교 단위 활동을 다음의 사례에서 살펴보자.

> ### 師弟父同 어울림 걷기를 통한 인성 함양
>
> 강원도에서 실시한 '자치 · 나눔 · 어울림을 통한 행복한 학교 문화 만들기' 사업은 학생 문화의 개별화로 학교 공동체 구성원 간에 소통이 부재하고, 일반계 고등학교의 특성으로 인한 입시 부담과 중압감으로 인성 발달에 부정적 영향을 미치고 있음을 고려하였다. 학급의 자치 경험을 활성화하여 학교 활동에 자율적으로 참여하는 자주적 태도를 형성하여 학교 공동체 구성원이 공감과 소통을 통해 어울림의 행복함을 느끼는 학교 문화를 만드는 것이 목적이다. 이러한 사업을 대성고등학교에서 적용하여 '師弟父同 어울림 걷기를 통한 인성 함양' 프로그램을 실시하였다. 이 프로그램의 목적은 학교의 전통인 師弟父同 어울림 걷기(야간 행군)를 통하여 학생, 선생님, 학부모, 동문 선배들이 어울려 걸으며 자기존중감, 자신감, 인내, 배려의 마음을 길러 어울림이 주는 행복감을 나눔으로써 긍정적 인성 형성과 학교생활에서의 자긍심 함양에 도움이 되도록 하는 것이다.

구분	계획	홍보	실시	평가 확산
시기	3월	8~9월	9월 16~17일	9월 23~25일
내용 및 방법	• 師弟父同 준비 위원회 구성 • 학생회+동문회+운영위원회+교사	• 학생·홍보 교육(2회) • 학부모 참가 안내(2회) • 동문회 참가·홍보(2회)	• 학교 ⇔ 간현유원지왕복32km • 학생 390명, 동문 35명, 학부모 82명, 교사 30명 참가	• 야간 행군 평가회 • 지역신문(강원일보), 방송 홍보(KBS 원주라디오)

학교의 전통과 연계된 행사 진행을 통해 학교에 대한 자긍심 고양, 교사·학부모·동문 등 학교 구성원 간에 유대감과 신뢰를 쌓는 기회를 마련하였다. 또 학생들 스스로 걷기 진행 과정에서 안전을 위한 교통 및 대열 통제를 맡아 책임감을 증진하였고, 천체 관측 동아리, 방송 동아리, UCC 제작 동아리 등의 자발적 참여로 동아리 활동의 활성화에도 도움이 되었다.

학부모 참가 유형을, ① 학생과 함께 걷기, ② 출발 시 격려하기, ③ 도착 시 안아 주기 등으로 세분화하여 학부모의 자연스러운 참여를 유도해 학교 교육과정에 대한 신뢰를 증진하였고, 후배 격려를 넘어 학급당 3명의 동문을 배정하여 학생들의 학교생활, 진로 고민을 듣고 이야기를 나누는 소통과 이해를 통한 인성교육을 실현하였다. 그리고 지역사회 인사 참여(다른 학교 동문회)와 지역방송과 언론을 통한 행사 홍보로 새로운 학교 문화를 만들고 확산하는 데 공헌할 수 있었다.

이와 같은 사업은 자율적인 학급 문화 형성 및 학급 활동에 대한 책임감 증진, 다양한 자치 활동 활성화, 체계적 학생 활동 증진, 학교생활 만족도 향상, 학교 교육에 대한 신뢰와 만족도 상승, 학부모 참여 증가, 학교생활 적응에 도움, 지역사회의 학교 교육에 대한 신뢰 등의 성과를 이루어 내었다.

2) 인성교육 기회 부족

학교 교육에서 인성교육을 소홀히 한 결과로 청소년의 비행이 비약적으로 증가하고 있고, 그중에서 학교폭력은 가장 심각한 문제라고 할 수 있다. 따라서 학교폭력 예방교육을 인성교육과 연계하여 학교폭력을 초기에 찾아내고, 다양한 형태로 분화할 수 있는 학교폭력의 유형에 장기적이고 효율적으로 대처할 방안이 필요하다.

많은 학교에서는 모든 사람에게 적용되는 긍정적인 행동이나 가치를 배울 수 있는 기준을 제시하고, 전문가들은 학교에서 사회적 기초나 집단의 정신을 일깨우는 데 필수적인 도덕적 가치나 시민적 가치를 가르쳐야 한다고 주장한다. 성공적인 학교는 집단의 가치, 믿음, 의식 등을 공유하고 화합하며, 이를 위해 성공담 및 사례 활용하기, 자아존중감 및 공동체 의식 형성, 협력 및 협동학습, 도덕적 성찰, 참여적 의사결정과 같은 과정이 이루어져야 한다고 주장한다. 또한 학생들이 도덕적인 가치(타인 존중, 시민 덕목, 시민 의식, 자기 및 타인에 대한 책임)에 기반하여 행동하도록 도움으로써 학교와 학급 내 문제행동을 감소시킨다. 이론적 배경이 있고 경험적으로 증명된 인성교육 프로그램은 학생들의 사회정서적 · 학업적 발달을 촉진할 수 있는 잠재력을 지닌다.

이처럼 핵심적인 집단의 가치를 가르치고 만들어 내려는 노력을 인성교육이라 할 수 있는데, 인성교육은 사회도덕적 인지와 친사회적 행동 및 태도의 증가, 문제 해결을 위한 기술력 증가, 약물 사용 · 폭력적 행동 · 반항적 행동 감소, 학교에서의 행동 조절 능력 증진, 감정 조절 능력, 학업성취 증진, 학교 적응력 증진, 폭력 피해에 대한 지식과 태도를 함양토록 하는 것으로 밝혀졌다.

교육부(2013)에서 소개하는 인성교육 기회 제공을 위한 학교 단위 활동을 다음의 사례에서 살펴보자.

신나고 즐겁게 놀이 시간 즐기기

강원도에서 실시한 '배려와 나눔을 실천하는 청봉인성리더 만들기' 사업은 교육 공동체가 함께하는 공감과 소통의 학교 문화 조성으로 인성교육의 터를 다진다는 배경하에, 몸으로 직접 체험하고 어울리는 활동을 중심으로 배려와 나눔을 실천하도록 하는 것이 목적이다.
이러한 사업의 일환으로 '신나고 즐겁게 놀이 시간 즐기기'라는 프로그램을 구성하고, 건전한 놀이 문화 공간을 적극적으로 이용하고 효율적인 운영을 통해 즐거운 학교 분위기를 조성한다는 목적을 가지고 프로그램을 실시하였다. 전교생을 대상으로 교과 및 창의적 체험 활동(학년당 10시간 이상)에서 시수를 확보하고, 놀이 활동에 필요한 물리적 환경을 조성(전통 놀이 마당 구축, 스포츠 기구 다량 구입 등)하는 등 적극적인 운영을 위해 노력하였다.

	월요일	화요일	수요일	목요일	금요일
중간 시간	자유 놀이 시간				
점심시간	4학년 13:00~13:20 (20분간 운영)	1/2학년 12:40~13:00 (20분간 운영)	자유 놀이 활동	5학년 13:40~14:00 (20분간 운영)	3학년 13:00~13:20 (20분간 운영)
3~6학년 합체 운영 (월 2회)	5학년 담임 및 스포츠 강사	1/2학년 담임	자유 놀이 활동	4학년 담임 및 스포츠 강사	3학년 담임 및 스포츠 강사

스포츠 강사 및 담임교사가 협력하여 운영하는 학년별 합체 시간을 월 2회 운영(3~6학년)하였고, 학년별로 놀이 활동 계획을 수립하였다. 다음은 5학년 놀이 활동 계획의 예시다.

시기	종목	준비물	인성 덕목	비고
5월 6일(월)	카세트테이프 놀이	카세트테이프, 카메라	자율	
5월 20일(월)	탁구공 릴레이		공감, 배려	
7월 15~19일	피구, 축구 〈학년별 체육대회 주간 운영〉		배려, 소통	
7월 22일(월)	인성 놀이 캠프: 유쾌한 긍정 'I' 만들기			외부 강사
10월 14일(월)	친구야 사랑해!		공감, 배려	
12월 17일(화)	친구 사랑 줄넘기 대회(단체)	줄넘기	끈기, 협동	

설문조사 결과 교사(99%), 학생(95%), 학부모(98%)의 만족도가 가장 높은 활동으로 놀이 활동을 구성하였고 이러한 놀이 활동은 실제로 학생 간에 서로 협동하고 배려하는 마음을 증진시켰다. 또한 남과 더불어 함께하는 어울림의 문화 형성을 통해 학교폭력을 예방하는 데 매우 효과적이었고, 협동의 중요성을 알게 하여 '우리'라는 공동체 의식을 형성하는 데 큰 도움이 되었다.

3) 학교폭력에 둔감한 또래 문화

초기 청소년기에는 부모에게서 벗어나 자율성을 찾으려는 발달 특성 때문에 학교나 학급 내 또래집단의 중요성이 급진적으로 커진다. 따라서 친구들과 함께 시간을 보내고 교류하는 것을 중요하게 여기고 자신이 당면한 문제, 생각, 고민 등을 공유하며 또래와 많은 시간을 함께 보내게 된다. 이러한 시기에 학교폭력이 증가하는 것은 그들이 새로운 또래 사회를 형성하기 때문이라고 보는데, 이는 상급 학교로 올라감에 따라서 감정적인 측면, 학업적인 측면에서 많은 어려움이 존재하고 이러한 문제는 또래끼리 공감하고 공유할 수 있는 문제로 여겨지기 때문이다.

이와 같이 생활에서 또래가 중요한 요인인 청소년 시기에 개인의 행동과 태도를 결정하는 데 또래 문화는 매우 큰 영향을 미치는 요인이 된다. 일반적으로 학생들은 학교폭력을 목격했을 때 다른 또래의 행동을 참조하여 어떻게 행동할지를 결정하는 경향이 있고, 또래집단이 학교폭력을 강화하는 요인으로 작용할 수 있는 것으로 나타났다. 또한 이러한 또래는 직접적으로 학교폭력에 가담하지 않더라도 지켜보는 것만으로도 강화에 영향을 줄 수 있는 것으로 나타났는데, 학교폭력에 대한 방관행동과 태도는 학급 친구들의 행동과 반응에 긍정적·부정적 영향을 줄 수 있음이 밝혀졌다. 실제로 운동장에서 일어나는 학교폭력 사건의 85%에 또래학생들이 가담해 있지만, 그중 오직 11%의 사건에서만 주변 또래에 의한 학교폭력 중재가 이루어진다. 이러한 또래에 의한 중재행동의 부족은 학교폭력 가해학생이 자신이 한 행동을 또래로부터 용인될 수 있는 행동으로 해석하게 하며 이는 폭력행동을 재강화할 수 있다.

만약 또래 문화가 학교폭력에 둔감한 편이라면 이 문화에 속해 있는 청소년은 폭력에 민감하지 못한 태도와 가치관을 가지게 될 것이다. 실제로 5세에서 14세 아이 중 83%가 학교폭력에 대해 불쾌한 감정을 가지고 있으며 41%는 학교폭력 행동을 목격했을 때 도와주려고 노력한다고 응답했음에도, 31%의 학생은 마음에 들지 않은 친구의 경우 괴롭힘에 참여할 수 있다고 응답하였다. 또한 연령이 높아질수록 학교폭력 피해학생에 대한 지원을 덜 제공하는 것으로 나타났다. 이와 비슷한 결과로 모든 연령에서 다수의 학생이 피해자에 대한 지지를 보였으나 이는 12세 이상의 학생보다 12세 이하의 경우에 더 크게 나타났다. 또한 남학생의 19%, 여학생의 14%는 피해자에 대해 동정심을 조금 또는 전혀 느끼지 않는 것으로 조사되었다. 이러한 결과들은 피해자들을 지지하지 않는 학생은 또래의 나약함을 싫어하고 학교폭력 장면을 즐기는 경향이 있음을 보여 준다. 학교폭력에 민감한 또래 문화를 형성하기 위한 학교 단위 활동을 다음의 사례에서 살펴보자.

사과의 날 · 감사의 날

충청북도에서 실시한 'Oh! SONG! 프로그램을 통한 바람직한 언어 문화 조성' 사업은 학교 구성원들의 충분한 의견 수렴을 통한 학교 생활 규칙 제 · 개정 추진으로 인성교육 실천 문화를 조성한다는 배경하에 학교 자치 활동 속에서 '나부터 지키는 학교 규칙'을 실천하여 타인을 배려하고 규칙을 지키는 민주시민 교육을 하는 것이 목적이다. 프로그램의 세부 내용은 다음과 같다.

두문자		의미	방법
O	Opportunity	학생 자치 활동을 통하여 학생들의 언어 문화를 스스로 반성하고 바른 언어 문화를 실천하도록 하는 학습자중심의 교육	학생 주도의 탐구 활동 및 자치 활동 장려
H	Healing	심리치료 및 정서 순화 프로그램을 활용하여 언어 및 인성교육을 강화한 전인교육	각종 심리교육 활동과 정서 순화 프로그램 구안 및 실행
S	Sensibility	각종 문화 예술 활동에의 능동적 참여로 품격 있는 언어 습득과 감수성 개발 및 교육	문화 예술 활동에 능동적으로 참여할 기회 부여

O	Outing	학교 밖의 다양한 교육 자원을 활용하여 학생들이 바른 언어를 체험하고 실천할 수 있는 체험 활동 위주의 교육	학부모, 지역사회 등과 함께하는 교육 기회 마련
N	Nurturing	바람직한 언어 사용을 위하여 학생들의 관련 분야의 특기와 적성을 개발하고 신장시키기 위한 교육	특기 적성을 고려한 활동 및 동아리 활동 장려
G	Guiding	학생들에게 바른 언어 사용을 위한 인성교육 지침을 제공하고 안내하기 위한 교육	학생들의 바른 언어 사용 습관을 위한 바른 언어 실천 교육 활동

이러한 사업의 일환으로 '사과의 날·감사의 날'이라는 프로그램을 구성하여 학생들에게 사과하는 마음과 감사하는 마음을 글로 표현하게 함으로써 자신의 감정을 주도적으로 다스리고, 대인관계 기술을 향상시키며 건전한 언어 문화를 형성하는 것을 목적으로 하였다. 이러한 프로그램을 통해 자신의 고마움과 미안함을 편지를 통해 적극적인 방법으로 표현하여 소통 기회를 마련할 수 있었고, '카카오톡 프로필 사진을 활용한 언어 문화 개선 캠페인' 활동은 온라인에서 언어폭력으로 상처받는 사례의 심각성을 인식하고 언어 문화의 중요성을 자각하는 계기와 함께 집단 문화의 중요성을 인식하도록 하였다. 또한 자신과 타인을 이해하여 통합적인 정서를 재경험함으로써 행동의 변화가 일어나도록 하였고 집단 상담을 통해 언어의 중요성을 알고 역할극을 통해 타인을 이해하고 타인 조망·수용 능력을 함양토록 하였다.

4) 학교폭력에 둔감한 학교 분위기

"학교폭력이 무서워 우리 아이를 더 이상 이 학교에 보낼 수가 없습니다."
학교에서 동료 학생에게 폭행을 당해 가슴 아파하는 한 고교 학생의 학부모가 무관심한 학교 측에 크게 실망하며 분노하고 있다. 더욱이 담임을 비롯한 학교 관계자는 폭행을 당한 학생을 병원에 데려가지도 않고 그대로 방치해, 폭력에 둔감한 학교 측의 행위에 대해 학부모들의 비난이 쏟아지고 있다. 전남 목포 소재 기술전공분야 인재를 육성하는 G고등학교에 다니는 박 모(1학년) 군은 지난 5월 19일 같은 반 A학생에게 이유 없는 폭행을 당해 얼굴 좌측 광대

뼈가 함몰하는 전치 4주의 상해를 입었다.

사고가 있던 날 박 군은 점심을 먹고 피곤해 책상에 엎드려 잠을 자고 있던 중, A학생이 잠에 취해 비몽사몽인 박 군을 불러내 다짜고짜 주먹으로 얼굴을 수차례 때려 박 군은 대항도 못 한 채 피를 토하며 쓰러졌다. 폭행을 당한 박 군은 너무나 억울하고 밀려오는 통증에 어머니께 '친구에게 맞으면서까지 학교에 다닐 이유가 없다.'라는 문자를 휴대전화로 발송하고, 담임선생께 "도저히 아파서 병원에 가야 되겠습니다." 하고 학교를 나왔다.

이후 목포기독병원에서 응급처치를 마친 박 군은 지난 5월 22일 전남대학병원에서 흡수성 핀과 나사를 이용한 수술을 받았으며 현재 60일째 입원 치료 중이다. 전남 신안군 흑산면에서 중학교를 마친 박 군은 목포 소재 G고교에 다니면서 부모와 떨어져 기숙사 생활을 하며 기술교육을 받던 중이었다. 사고 이후 박 군의 어머니는 "학생들끼리 서로 다투고 싸울 수도 있지만 얼굴뼈가 부서질 정도로 맞았는데 학교 측은 병원에도 데려가지 않고 아이를 방치했다."라며, "수술 후 병원 치료를 60여 일 하고 있는데도 병원 한 번 찾아오지 않았다."라고 크게 분노했다. 특히 박 군 어머니는 "지금도 가해학생이나 다른 과 학생들이 우리 아이 휴대전화로 '샌드백' '학교에 오면 걱정된다.' 등의 협박성, 비웃음 등, 문자를 보내오고 있다."라며 "아이가 전학을 보내 주지 않으면 죽어 버리겠다."라고 해 "가슴이 너무 아프다."라며 울먹였다.

이 같은 소식을 전해 들은 일부 동료 학부모들은 "이 학교 특성상 기술을 전공하는 학교라서 타 학교에 전학을 가면 해당 학생의 인생 진로가 바뀔 수 있다."라며 "학교 측이 학부모와 학생을 잘 설득해서 어린 학생이 불이익을 받지 않도록 해야 할 것."이라고 안타까워했다. 한편, G학교 측은 폭행 사건 이후 학교폭력대책위원회를 개최해 가해학생에서 출석정지 10일과 4주간의 대안교육을 받는 것으로 결론을 냈으나, 피해학생 학부모는 이에 불복해 재심을 청구했다.

출처: http://www.mediawatch.kr/news/article.html?no=246394

전문가들은 학교폭력 문제를 해결할 잠재력을 가지고 있는 학교 문화의 한 측면으로 학교 분위기를 이야기한다. 그러나 학교폭력 행동이 학교 안에서 만연하면 이는 학교 풍토 형성에 나쁜 영향을 주게 된다는 측면에서 학교 분위기는 학생에게 폭력 문화를 학습하게 할 수 있는 부정적 가능성 또한 내포하고 있다. 실제로 학생들의 문제행동이나 반사회적 문제가 증가하는 것은 학교 분위기가 높은 수준의 갈등 상황임을 의미한다는 것이 확인되었다. 이는 학생들의 학교폭력 행동이 학교 분위기와 연관이 있음을 보여 주는데, 이와 같은 학교폭력 행동과 연관된 학교 분위기에는 교사 및 신체적으로 우월한 학생들의 괴롭힘, 폭력행동에 대한 정당화, 폭력행동 무시 및 강화 등이 있다.

특히 폭력행동에 대해 무관심하고 이에 대해 허용적인 입장을 보이는 학교 문화는 학교폭력 발생률과 정적인 관계를 보인다. 부모나 교사의 폭력에 대한 우호적 태도는 학교폭력의 가해 가능성과 피해 가능성을 높일 수 있으며, 폭력에 대한 가해 및 피해 경험은 학생으로 하여금 폭력에 대한 태도를 더 허용적으로 인식하게 함이 밝혀졌다. 또한 신체적 체벌에 대한 허용적인 분위기도 학생의 폭력적 행동에 영향을 미치는 것으로 밝혀졌다. 학교에서 훈육의 방식으로 체벌을 사용하는 것은 학생들에게 이와 유사한 강압적이고 폭력적인 행동을 촉진할 수 있음을 의미한다. 실제로 미국에서 신체적 처벌을 허용하는 주는 교내 총기 사망 사건의 비율이 더 높았으며, 친구에 의한 폭행도 더 많이 일어났다. 그리고 학교 내 낮은 수준의 폭력이 학교 교직원에 의해 암묵적으로 용인되는 것을 목격하는 것도 학생들이 폭력적이고 공격적인 행동을 하는 데 영향을 미치는 것으로 나타났다.

학생이 학교의 분위기를 어떻게 인식하고 있느냐 또한 학생들의 부정적인 행동을 설명하는 데 중요한 요소다. 실제로 청소년은 자신의 학교 분위기가 도덕적이라고 인식할수록 바람직하지 않은 행동(예를 들어, 약물 사용, 음주, 놀리기, 절도, 기물 파손)을 하는 정도가 감소하는 것으로 보고되었다. 이는 학생들이 분위기를 긍정적으로 인식할수록 학생들의 부정적인 행동의 빈도는 낮아짐을 의미한다.

이처럼 폭력에 허용적인 환경은 교내에서의 폭력에 대한 허용적이고 동조적인 분위기가 형성되었음을 의미하며, 학생들에게 폭력에 대한 허용적인 가치관을 심어 준다. 따라서 학생이 폭력에 대해 부정적인 입장을 가지고 있더라도 주변 환경의 압력에 의해 폭력을 행사하게 되는 경우가 발생하기도 하고, 학교의 규칙이 너무 엄격하거나 반대로 너무 느슨하다면 이러한 학교 규칙이 학교폭력을 증가시키거나 학교폭력을 지지하는 역할을 할 수 있다. 학교폭력에 민감한 학교 분위기를 형성하기 위한 학교 단위 활동을 다음의 사례에서 살펴보자.

학생 주체에 기초한 학생자치법정 운영

충청북도에서 실시한 '학생 이해와 학생 주체에 기초한 행복한 학교 문화 만들기' 사업은 학교폭력이 자주 발생하고 체벌이 금지된 학생–교사 관계의 한 남자중학교의 상황에서 학생과 교사의 유기적 관계를 유지하기 위한 교육 전반의 개선 필요성을 절감하며 진행되었다.

보은중학교에서는 이 사업의 일환으로 '학생 주체에 기초한 학생자치법정 운영'이라는 프로그램을 구성하고, 민주 시민으로서 필요한 준법정신과 책임 능력 함양, 학교생활에서의 기초 질서 확립을 위해 자발적 참여를 통해 기본 생활습관으로 정착시키는 것을 목적으로 하였다. 이러한 프로그램을 통해 과벌점자 학생들에게 각자 나름대로의 사정과 반성의 기미, 개선 노력을 말할 기회를 제공하고, 과벌점자에 대한 긍정적 처벌 수준을 동료 학생 배심원단이 결정하도록 하여 학생들의 개선 효과와 파급 효과가 매우 뛰어나도록 하였음을 증명하였다. 이 사업의 전반적 성과는 다음 표와 같다.

영역		운영 성과
학생 '이해'에 기초한 학교 문화 개선	학생 이해에 기초한 '오행복' 프로그램 실천	학생들이 행복할 수 있는 다섯 가지 프로그램 추진(사랑의 만찬, 친한 친구 교실, 행복 수업, 동감 족구 리그, 생일 챙겨 주기)
	학생 이해에 기초한 '수업 운영 방법' 및 '교수 학습 방법' 개선	수업 운영 방법 개선: 교사–학생의 대화를 통한 9, 10교시 폐지 교수 학습 방법 개선: 국어, 영어, 수학, 과학 교과의 다양한 교수 학습 방법 개발, 체험 위주 현장 학습 추진
	학생 이해에 기초한 '새로 고침' 프로그램 실천	학교폭력 가해학생 및 피해학생에 대한 이해(교수 학습 방법 개선, 현장체험학습, 너나들이 활동, 새로 고침)

학생 '주체'에 기초한 생활지도 운영	'나의 생활 수칙' 운영을 통한 학생 생활 문화 개선	자신이 지켜야 할 생활 수칙을 스스로 설정하고 지켜 나감
	'학생자치법정'을 통한 학생 생활지도 문화 개선	전교생 대상으로 법정 구성원 모집, 경미한 벌점자는 자치법정을 통해 해결
	학생과 학부모 '동행 체험'을 통한 생활지도 문화 개선	그린 마일리지 벌점 13점 이상인 학생과 학부모 '동행 체험' 실시
학생 언어 문화 개선을 통한 행복한 학교 문화 조성	언어(복장) 모범학생에게 '신사의 품격상' 수여	'신사의 품격상' 실시
	바른 언어생활을 위한 '애플 데이' 운영	애플 데이 실시
	'인성록 작성' 및 '욕설 없는 주간' 운영을 통한 언어 문화 개선	인성록 작성 및 사랑의 문자 보내기 실시

5) 부족한 문화 활동 및 특별 활동

학교폭력의 주요 원인 중 하나는 학업 스트레스를 해소할 수 있는 감성 교육이나 신체 활동 참여 기회 부족이라는 것이 밝혀졌다. 학교폭력 근절 종합대책(2012)에 따르면, 우리나라 청소년은 높은 학업성취 수준에 비해 타인과 원만히 관계를 맺고 협력하는 사회적 역량이 부족한 것으로 조사되 었는데, 청소년 핵심 역량 국제비교 연구 결과 한국 학생의 언어적·수학 적 소양은 1~2위인 반면, 원만한 타인관계와 협력하여 일하는 능력은 22위 수준에 그쳤다. 이는 학업 스트레스를 해소할 수 있는 활동이 부족하기 때 문이라고 해석할 수 있다. 여러 청소년 비행 관련 연구에서 폭력을 행사하 거나 비행행동을 하는 청소년은 욕구가 좌절되거나 스트레스 상황에서 이 를 해결하는 방식에 어려움을 겪는다는 것이 밝혀졌다. 즉, 욕구 좌절 상황 과 스트레스로 압박을 받는 상황에서 벗어나는 방법을 모르는 청소년은 이 러한 내재적 욕구를 공격적이고 폭력적인 태도로 해소함을 의미하고, 이러 한 상황은 또 다른 욕구 좌절 및 스트레스 상황에 직면하게 하여 부정적 상 황의 순환 고리를 만든다.

이러한 부정적 순환 고리를 끊을 방법으로 많은 연구에서 '신체 활동'을 제안한다. 신체 활동은 자기존중감을 높이고 불안과 스트레스 수준을 낮추어 더 나은 정신적인 건강을 이끈다. 또 신체 활동을 하는 사람들은 정신 건강 문제에 덜 고통받으며 인지 기능 고양에도 긍정적인 영향을 받는 것으로 나타났는데, 이는 긍정적인 정신 · 사회적 결과 중에서도 자기존중감에 가장 큰 영향을 미친다.

또 다른 방법으로 '공감을 통한 통찰 및 이해 활동'은 실제 상황에서 발생할 수 있는 다양한 요소에 대한 판단력을 배양시키는 가상 세계를 통해 다른 사람의 상황에 몰입하고 이해하면서, 자신의 생각과 행동을 수정하고 계획하는 기회를 가져 보게 한다. 실제로 학교폭력 가해 청소년을 영화 속 주인공에 대입하거나, 영화 내용 중에서 자신의 경험과 관련 있는 장면을 통해 자신의 문제점을 파악하고 극복할 수 있는 구성(영화 보기, 토론, 창조적 활동, 평가)을 활용하여, 가해학생들이 자신의 잘못된 의사소통으로 인한 오해와 그 결과로 나타나는 상황을 확인하고 자신에 대한 통찰을 경험함으로써 자신의 생각을 바꾸고 타인을 이해하는 데 도움이 되었다. 문화활동 및 특별 활동 활성화를 위한 학교 단위 활동을 다음의 사례에서 살펴보자.

학교 스포츠클럽으로 건강한 학교 만들기

울산여자중학교에서는 학생 자치 활동을 통한 소통 · 상통 · 형통하는 건강하고 즐거운, 함께하는 학교 만들기를 목적으로 '학교 스포츠클럽으로 건강한 학교 만들기' 사업을 실시하였다. 이 프로그램은 학생들이 게임 중독, 학업 스트레스 등에서 벗어나 '바른 인성'을 함양할 수 있도록 체육 활동 확대가 필요하다는 인식을 바탕으로, 특히 신체 활동 욕구가 왕성하고 자기정체성 확립 시기인 중학교 단계의 체육 활동을 대폭 확대하여 지 · 덕 · 체를 겸비한 인재를 육성함을 목적으로 한다. 프로그램의 구체적인 내용은 다음 표와 같다.

프로그램명	추진 내용 및 방법
학교스포츠클럽 활성화를 위한 여건 조성	• 교내 체육 시설 환경 정비 및 기자재 확충, 홈페이지 개설 • 부족한 체육 시설의 지역사회 시설 활용(댄스학원, 태권도장과 MOU 체결)
학교 스포츠클럽 개설 · 운영	• 종목(7개): 음악 줄넘기, 방송댄스, 라인댄스, 재즈 발레, 배드민턴, 탁구, 스포츠 • 실시일: 1학년-목요일, 2학년-금요일, 3학년-화요일 (8:10~8:55) • 스포츠 체험활동, 1인 1운동, 학교 스포츠클럽의 일원화: 체육 활동 효과 극대화 • 학교 스포츠클럽 교내 리그 대회: 연중 24개 클럽의 리그 대회 운영 중
학교 스포츠클럽 활동을 통한 바른 인성 함양	• 활동 전후 인사 예절 교육: 공수 인사 • 바른 태도 교육: 경기 예절, 스포츠맨십, 페어플레이, 상대방 격려 및 배려 등 • 나눔과 배려의 실천: 재능기부(댄스반), 장애인복지시설 봉사 활동(플라잉디스크반)

이 프로그램을 통해 학생들의 스포츠 활동을 활성화하고, 1인 1스포츠 활동으로 학생들의 체력 향상 및 스트레스 해소에 기여하였다. 또한 즐겁고 건강한 학교생활로 바람직한 교우관계 형성 및 학교폭력 예방에 기여하였다. 이와 같은 프로그램을 통해 학업 스트레스를 해소하고, 개인의 흥미와 적성, 특기를 찾는 계기를 마련하고, 건강하고 즐거운 학교생활을 할 수 있도록 하였으며 학생중심의 실천적 언어 순화 교육을 통해 학생들이 올바른 언어 습관을 형성하고, 학생 간의 언어폭력을 예방하는 바른 학교 언어 문화를 조성할 수 있었다.

3. 학생이 행복한 학교 분위기

최근 들어 긍정심리학(positive psychology)이 화두로 대두되면서 행복이한 이슈로 부각되고 있다. 긍정심리학은 1998년 미국심리학회(APA)에서 Seligman에 의해 그 중요성이 강조되었으며, 지난 한 세기 동안 정신의학자들이 Sigmund Freud 등의 영향으로 마음의 부정적인 면, 병리적인 측면에 집착하여 온 것을 반성하고 마음의 밝은 면을 규명해서 북돋우려는 심리학의 새 분야다. 긍정심리학은 행복이라는 마음의 상태, 즉 심리적 안녕감, 행복, 만족 등 긍정적인 경험을 조명한다. 다양한 가치가 존재하는 사회에서 행복은 하나의 중요한 가치다. 인간의 삶에서 행복하다는 것은 인간이 추구하는 가장 이상적인 삶의 모습이다. 지금까지 수많은 철학자가 행복의 개념을 정의하려고 시도하였고, 따라서 행복에 영향을 미치는 주요 원인이 무엇인가에 대한 연구를 계속하여 왔다.

행복이란 사전적인 의미가 '즐거움으로 가득 찬 만족에서 생긴 정서에 의해 특정 지어진 안녕 상태' 혹은 '심리적 안녕 상태에서 경험하는 정서'인데, 연구자들은 행복이 '긍정 정서를 반영하는 정서적 안녕(emotional well-being), 개인의 원활한 기능 수준과 적응 상태를 반영하는 심리적 안녕(psychological well-being) 그리고 적극적인 사회적 참여와 기여를 뜻하는 사회적 안녕(social well-being)으로 이루어진다'고 주장한다. 이처럼 행복의 개념은 개인의 주관적인 정서 상태나 만족도에 초점을 둔 주관적 안녕감과 개인의 기능과 적응을 다룬 심리적 안녕과 더불어 적극적인 사회 참여와 기여까지 포함한다. 그리고 행복한 사람은 기질적으로 타고나며 세상을 좀 더 안전하게 느끼고 좀 더 쉽게 결정을 내리며 훨씬 친화적이고 타인과의 관계나 자신을 바라보는 시각 그리고 미래에 대한 희망이 훨씬 긍정적이라고 설명한다.

그렇다면 학생의 행복은 무엇일까? 학교에서의 행복은 학생들이 학교활동을 통해서 평가하는 심리적인 만족과 그에 대한 결과로 이르는 정서적인 안녕 상태로 정의한다. 그 하위 요소로는 자신의 능력과 성취에 대한 긍정적 믿음인 자기효능감, 주위 사람들과 보다 친밀한 관계를 유지하는 정도인 대인관계, 평상시에 느끼는 심리적 안정감, 학교 상황에서 주요 활동인 학습활동에 대한 만족감을 나타내는 학습활동의 즐거움, 학생들이 학교 안에서 생활하는 동안에 느끼는 물리적 환경에 대한 만족을 꼽고 있다(김종백, 김태은, 2008).

청소년이 지각하는 주관적 행복감은 청소년 시기에 달성해야 하는 다양한 발달과업의 성취와도 직결된다. 행복과 같은 긍정적인 정서는 개인의 역량 및 잠재력을 지속적으로 개발하는 역할을 담당한다고 본다. 행복의 어원인 'edudaimonia'는 성장과 발전을 내포하는 것으로, 자신의 잠재력을 실현하기 위해 노력하는 과정에서 느끼는 희열이라 한다. 이러한 정서적 상태는 결과적으로 삶의 긍정적인 결과를 가져오는 역할을 한다. 이런 점에서 우리나라 청소년의 낮은 행복 수준은 해당 시기의 발달과업의 달성이나 잠재력 개발에 부정적으로 영향을 미칠 수 있다는 것을 시사한다.

청소년의 행복 수준에 부정적인 영향을 미치는 최근 가장 큰 이슈로 학교폭력이 언급되고 있다. 학교폭력 피해학생의 경우, 학교폭력의 문제를 내재화하려는 경향이 강하게 나타남에 따라 학교에서 낮은 행복감을 느끼는 것으로 교사 보고에 의해 알려졌다. 또한 학교폭력을 경험한 적이 있고 다른 학생에게 학교폭력을 끼친 학생의 경우 또한 행복하지 않은 학교에서의 경험을 측정하는 항목에서 점수가 높아지는 것으로 나타났다.

구체적으로 살펴보면, 학교폭력 피해 경험은 부정적인 안녕감에 유의한 영향을 미쳤다. 학교폭력 피해 집단의 자살 생각이 대체로 학교폭력 경험이 없는 집단보다 유의하게 많았으며, 또한 학교폭력 피해 경험은 자살 생각뿐 아니라 자살 시도에도 유의한 영향을 미쳤다. 다시 말해, 학교폭력 피해 경험이 증가할수록 우울감과 자살 위험 역시 높게 나타났다. 이러한 양상은 학교폭력에 대한 가해 경험 연구에서도 나타난다. 즉, 학교폭력 가해 집단의 자살 생각은 학교폭력을 경험하지 않는 집단보다 높았다. 학교폭력 피해 경험뿐 아니라 가해 경험도 자살 생각에 유의한 영향을 미쳤으며, 또한 이 경험들은 자살 시도 증가에도 영향을 미쳤다. 요컨대, 서구 학계의 선행연구에 따르면 학교폭력 피해 경험뿐 아니라 가해 경험도 우울감, 자살 생각이나 시도 등 부정적인 안녕감을 증가시켰다. 또한 학교폭력 피해와 가해를 중복적으로 경험한 집단에서 우울감, 자살 생각과 같은 부정적인 안녕감이 가장 높게 나타났다. 다시 말해, 서구에서 발표된 선행연구에서는 학교폭력의 피해와 가해의 중복적인 경험이 부정적인 안녕감에 가장 큰 영향을 미쳤다. 한편, 학교폭력의 영향에 관한 연구는 아시아 지역에서도 극히 드물지만 발견된다. 대만 청소년에 대한 사례 연구에서 학교폭력 피해와 가해 경험은 우울감에 정적인 영향을 미쳤으며, 특히 학교폭력 피해 집단의 우울감이 다른 집단에 비해 높은 것으로 나타났다. 또한 한국 청소년에 대한 연구에서도 학교폭력 피해 경험은 우울감이나 자살 생각에 정적으로 유의한 영향을 미치는 것으로 나타났다.

다음에서는 학교폭력과 학생의 행복이 어떠한 관계가 있고, 학생이 행복한 학교를 만들기 위해 활용할 수 있는 활동에 대해 살펴보기로 한다.

1) 학생의 행복과 학교 분위기

행복을 나타내는 안정적인 지표로 주관적 안녕감의 인지적 요소인 삶에 대한 만족도가 많은 연구에서 가장 흔하게 사용된다. 그리고 학생의 행복을 나타내는 대표적인 지표로 학생들이 인식하는 학교에서의 삶의 질 또는 삶에 대한 만족도가 사용되고 있다. 학교에 대한 만족감은 학교 분위기에 영향을 받는데, 남학생보다 여학생에게 삶의 만족감에 더 중요한 역할을 하는 것으로 밝혀졌다. 또 학생들의 삶에 대한 만족도는 학교 분위기의 여러 요소 중, 특히 또래관계, 교사-학생 관계, 부모 관여의 정도 세 가지 요소에 대한 학생들의 인식과 관련이 있다. 구체적으로 또래나 교사에게서 사회적 지지를 많이 받는다고 생각할수록 학생들의 삶에 대한 만족도가 높았고, 부모가 자녀의 학교생활에 관심이 많을수록 학생들이 더 행복함을 느끼는 경향이 있었다.

다음은 우리나라 아동·청소년의 행복 지수 결과를 보여 주는 그래프다.

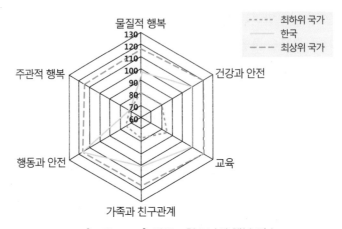

▲ [그림 11-1] 아동 · 청소년의 행복 지수

출처: 염유식, 김경미, 이은주, 이승원(2015).

그래프를 통해 알 수 있듯이 '건강과 안전' '교육' '행동과 안전' 측면에서는 OECD 최상층을 형성하고 있고, '물질적 행복'과 '가족과 친구 관계' 측면에서는 중간 정도의 위치에 있다. 그런데 '주관적 행복'이라는 측면에서는 다른 나라들과 월등하게 차이를 보이면서 극단적인 하위를 나타내고 있다. 이 연구를 통해 한국 아동 · 청소년의 행복 정도가 세계 최하위임을 확인할 수 있으며, 특히 지표의 여섯 가지 영역 중 다른 영역은 우리나라가 상위 또는 최상위에 속하는데 유독 '주관적 행복' 차원에서는 평균에서 표준편차가 3배나 뒤로 갈 정도로 우리나라가 하위권임을 알 수 있다.

주관적 행복은 또다시, ① 주관적 건강, ② 학교생활 만족도, ③ 삶의 만족도, ④ 소속감, ⑤ 어울림, ⑥ 외로움 등 여섯 가지 영역으로 측정되었다. 그중 외로움에 관한 항목에서 외롭다고 느끼는 청소년은 17%로 OECD 평균인 8%보다 상당히 높은 편이며, 우리나라 다음으로 높은 나라(10%)와도 큰 차이를 보였다. 이는 우리나라 학생들이 외롭다는 느끼는 비율이 매우 높다는 의미다. 삶에 만족하느냐는 질문에도 긍정적인 답변이 OECD 평균은 85%인데 우리나라는 54%인 것으로 미루어 볼 때 우리나라 청소년들이 아주 불행함을 느끼고 있음을 알 수 있다.

　자신이 속한 집단에서 배려(care)의 분위기를 경험한 청소년은 행복감이나 정신적 건강 등의 측면에서 더욱 긍정적인 영향을 받는다. 실제로 따뜻한 학급 분위기에서는 학생들이 행복감을 느끼고 자신의 일에 몰두하며, 교실에 있는 것을 즐기는 것으로 나타났다. 이와 같이 학생들이 정서적으로 안전함을 느끼는 학급 분위기는 교사의 노력으로 충분히 형성될 수 있다.

배려 · 웃음 넘치는 교실 만들기

　'혼자 가면 빨리 가지만 함께 가면 멀리 갈 수 있다'는 말이 있다. 학생들이 다 함께 더불어 살아가는 공동체 의식을 갖춘다면 학교생활은 더욱 즐겁고 건강해질 수 있을 것이다. "우리 아이가 다니고 있는 학교가 그런 학교라 좋다."라고 학부모 김미희(44) 씨는 말한다. 대전의 버드내중학교는 학생들이 공동체 의식을 키울 수 있도록 '다양한 체험중심의 인성교육'을 실천하고, 맞춤형 학습기회를 제공함으로써 학력 신장을 이끌고 있다. 우선, 학생들이 공감과 소통, 배려, 나눔, 봉사, 공동체 의식을 배울 수 있는 '버드내 인성 UP 프로젝트'를 운영한다. 학생이 등교하는 오전 8시부터 클래식 명상 음악을 틀어 주고 수업 전 2분간 명상음악을 통해 마음을 차분히 할 수 있도록 돕고 있다. 명상음악이 끝나면 교사와 학생은 손을 머리 위로 올려 하트 모양을 만든 뒤 "사랑합니다."를 외치는 '사랑의 인사'를 나눈다. 사랑의 인사는 학생과 교사 사이의 존경과 사랑의 마음을 기르고 수업을 활기차게 시작하게 하는 활력소가 된다.
　또한, '스텝 업(STEP UP)'이라는 인성록도 작성하고 있다. STEP은 Smile, Together, Enjoy, Power의 약자로 함께 더불어 웃고, 즐기고, 활기차게 학교생활을 하자는 인성교육의 지향점을 담고 있다. 공동체 의식과 올바른 인성을 함양한 훌륭한 인재로 한 걸음씩 나아간다는 의미도 내포하고 있다.
　학생 1명당 위인 1명을 선정해 지속적으로 탐구하도록 하는 1인 1위인 탐구학습 '두드림(Do Dream)'도 진행 중이다. 학생들은 위인 탐구 결과를 포트폴리오로 제작함으로써 위인의 삶을 이해하고 그 자세를 본받게 된다. 또한 위인전 감상문 쓰기를 통해 자신의 삶을 반성하고 올바른 미래를 설계하도록 지도하고 있다.
　각 학급별로 담임교사와 학생들이 자율적으로 학급을 브랜드화할 수 있는 '1학급 1인성교육 브랜드' 사업도 연중 실시한다. 이는 학급 내 원만한 교우관계를 형성하고 학급 구성원들이 단합된 분위기를 조성해 따돌림이나 학교폭력을 예방하는 데 효과를 나타내고 있다.

학생 개개인의 특성을 파악해 다양한 맞춤형 학습 프로그램도 운영한다. 드림클래스는 학습 의지가 있지만 어려운 가정환경으로 정규 수업을 듣는 것 외에 다른 교육을 받지 못하는 학생들을 대상으로 운영된다. 방과 후 시간을 활용해 영어, 수학 등 주요 교과목 학습을 주 4회, 1회당 2시간씩 무상으로 지원해 준다. 강사는 4년제 대학에 재학 중인 학생 중 봉사 정신이 뛰어나고 리더십을 지닌 학생들로 선발한다.

학습 동기를 강화하는 '어깨동무' 프로그램은 각 교과별로 교사를 희망하는 학생을 학생교사로 임명하고 강의 계획서와 운영 방법을 지도교사가 수시로 지도 · 모니터링한다. 수업을 받고자 희망하는 학생은 원하는 과목을 직접 선택할 수 있다.

출처: https://happyedu.moe.go.kr/
happy/bbs/selectHappyNotice.do?bbsId=BBSMSTR_000000000231&nttId=612

2) 학생이 행복한 학교 만들기

우리나라는 청소년 행복 지수가 세계적으로 매우 낮은 것으로 보고되고 있다. 이를 해결하기 위해 청소년에게 인생에 대한 올바른 가치관 형성과 꾸준한 행복 연습이 필수적이라는 사회 각계의 공통적인 의견에 따라 교사와 학생 모두가 행복한 학교를 위해 '대한민국 행복 수업 프로젝트'가 진행 중이다. 서울대학교의 행복연구센터에서는 우리나라 청소년이 긍정적 가치관을 형성하고 이를 생활 속에서 꾸준히 실천하고 연습하도록 도와주는 행복교육 사업을 추진해 오고 있다. 행복의 비결을 탐색하고 학교와 더불어 행복을 함께 훈련하며 이웃과 더불어 행복을 공유하는 더 나은 삶을 추구하는 것을 비전으로 삼아 인생 목표로서의 행복을 연구하고, 문화로서의 행복을 창조적으로 향유하며, 삶의 기술로서의 행복을 효과적으로 훈련하는 것을 미션으로 삼고 있다. 보다 자세한 내용은 서울대학교 행복연구센터의 홈페이지(http://www.snuhappiness.kr)를 참고하면 된다.

이러한 행복교육은 Seligman의 『긍정교육(Positive Education)』(2009)에 근간을 둔다. 『긍정교육』은 "학생들이 행복한 삶이 어떤 것인가를 이해하고 이를 영위하기 위한 능력, 가치관, 태도를 함양하는 교육 활동을 수행하도록 지원하며, 이에 필요한 여건을 조성하는 것"이라 정의하고, 총 세 단계로 나누어 설명하고 있다. 긍정교육의 첫 번째 단계는 '행복을 교육'하는 것이다. 이는 도덕교육이나 별도의 교과목을 통해 행복 자체에 대해 가르치고, 그와 관련된 다양한 방법의 교육을 제공하여 행복해지는 방법을 교육하는 것이다. 두 번째 단계는 '행복한 교육'이다. 이는 각 교과목 수업이나 특별 활동 시간 등에 이루어지는 교육이 행복한 교육이 되도록 행복을 교육 내용의 일부로 끼워 넣어서 교육하는 것을 의미한다. 세 번째 단계는 행복교육을 생활화하여 몸에 체화되게 함으로써 '행복한 생활'이 습관화되는 것을 의미한다고 할 수 있다. 이를 [그림 11-2]와 같이 정리할 수 있다.

1단계: 행복을 교육	2단계: 행복한 교육	3단계: 행복한 생활(웰빙)
도덕교육이나 별도의 교과목을 통해 행복해지는 방법 교육	각 교과목 수업이나 특별 활동 시간 등 수업이 행복한 교육이 되도록 교육	행복교육을 생활화하여 몸에 체화된 행복한 생활을 하는 것

▲ [그림 11-2] 행복교육

이러한 긍정교육의 목표는 다음과 같다. 첫째, 행복한 삶을 위해 추구해야 할 가치를 탐색하고, 행복과 잘 사는 것에 대한 자신의 개념을 스스로 선택하도록 하여 행복과 행복한 삶에 대해 이해하도록 한다. 둘째, 자신과 자신이 놓여 있는 조건, 환경에 대해 이해하고 자신이 목표로 하는 행복한 삶을 위해 해야 할 일을 찾고 실행하도록 하며, 일상적인 생활 및 학교생활에서 행복을 찾도록 하여 행복한 삶을 영위하기 위한 능력, 태도를 함양하는 것이다. 셋째, 학생의 기본적 필요와 기본권을 존중하고 학생의 능력, 적성에 맞는 진로 탐색 지원, 맞춤형 교육을 제공하여 긍정교육을 위한 교육 프로그램을 제공하고 학교 환경을 조성하는 것이다.

다음은 서울대학교 행복연구센터에서 학생들의 행복을 위해 제작, 배포, 교육하고 있는 행복교과서의 예시 및 활용 사례다.

〈행복교과서〉 '행복이란 무엇인가(1단원)' 내용 중 일부

그리스 신화에 나오는 미다스 왕은 엄청난 부자가 되면 행복해질 것이라고 믿었다. 그래서 무엇이든 소원을 들어주겠다는 신에게, 자신의 손이 닿는 모든 것을 황금으로 변하게 해 달라고 간청했다. 신은 미다스 왕의 소원을 들어주었다. 크게 기뻐하며 황금을 만드는 일에 몰두하던 미다스 왕은 어느 순간 자신의 능력이 행복이 아니라 불행의 원천임을 발견하게 된다. 그가 손대는 음식과 포도주가 황금으로 변해서 먹을 수 없게 된 것이다. 심지어는 사랑하는 딸을 만지자 딸이 그의 눈앞에서 황금상으로 변해 버렸다. 이 세상에서 가장 부유한 사람이 되어 가장 행복한 사람이 될 것으로 믿었지만, 결국에는 가장 불행한 사람이 되고 만 것이다. 무엇이든 손만 대면 성공하는 사람을 '미다스의 손을 가졌다'고 한다. 그래서 미다스는 성공의 대명사가 되었다. 어쩌면 우리도 미다스가 되기 위한 꿈을 꾸고 있는지 모른다. 그러나 이 이야기가 가르쳐 주듯이 인생에서 가장 중요한 것은 물질적인 것이 아니다.

우리는 인생의 중심에 성공이 있다고 생각한다. 성공해야만 비로소 행복해진다고 믿는다. 그러나 우리 은하계의 중심이 우리가 믿던 것처럼 지구가 아니라 태양이었듯이, 성공이 인생의 중심이라는 생각도 잘못된 것일 수 있다. 성공 대신에 행복을 우리 삶의 중심에 놓아야 한다. 성공해야만 행복해지는 것이 아니라, 행복하면 성공할 수 있다고 믿어야 한다. 천동설에서 지동설로 바뀐 것처럼 우리의 인생관에도 혁명적인 관점의 변화가 일어나야 한다. 행복은 적극적으로 추구해야 하는 대상이다. 다음 두 야구 선수의 사진을 보면 무슨 생각이 드는가?

왼쪽 선수는 활짝 웃고 있고, 오른쪽 선수는 그렇지 않다. 진정으로 웃을 때 우리 눈 주변의 근육들은 수축된다. 반면에 억지로 웃을 때는 입 주변 근육은 올라가지만 눈 주변 근육은 많이 움직이지 않는다. 따라서 어떤 사람의 마음이 정말 즐거운지 아닌지를 알기 위해서는 눈웃음을 보면 된다. 심리학에서는 눈

과 입 주변을 모두 움직이는 진짜 웃음을 '뒤센 스마일'이라고 부른다.

1952년에 미국 메이저 리그에서 뛴 야구 선수 중 2009년 6월 이전에 사망한 선수 150명의 사진을 분석해서 이들이 뒤센 스마일을 짓고 있는지, 입 주변만 웃는 억지 웃음을 짓고 있는지, 아니면 전혀 웃고 있지 않은지를 조사했다. 그런 다음 이들이 몇 살에 사망했는지를 조사했다. 분석 결과, 1952년 당시의 사진에서 전혀 웃지 않던 선수들은 평균 72세까지 살았고 억지 웃음을 웃던 선수들은 평균 75년을 살았지만, 뒤센 스마일을 지은 선수들은 평균 80세까지 산 것으로 나타났다. 건강하게 오래 사니까 웃는 것이 아니라 젊은 시절 표정이 밝았기 때문에 오래 산다는 점을 보여 주는 연구 결과다. 이뿐만 아니라 미국의 한 여자 대학의 졸업 사진을 유사한 방법으로 분석해 본 결과, 졸업 사진에서 뒤센 스마일을 지은 여학생들이 중년기에 결혼 생활에서의 만족도가 높은 것으로 나타났다. 우리는 돈, 건강, 장수, 결혼, 성공이 우리를 행복하게 한다고 믿는다. 어느 정도는 맞는 말이다. 그러나 많은 연구는 우리가 행복하면 돈, 건강, 장수, 결혼, 심지어 성공의 가능성도 높아진다는 점을 보여 준다. '행복하다'는 것은 마음이 즐거운 상태이고 마음의 즐거움은 곧 웃음으로 나타난다. 마음의 즐거움, 즉 행복은 우리에게 많은 것을 가져다준다. 운이 좋으면 행복하고 운이 안 좋으면 불행하다고 소극적으로 생각할 것이 아니라, 행복을 우리가 최선을 다해서 적극적으로 추구해야 하는 대상으로 바라보아야 한다.

행복 수업 사례: '행복이란 무엇인가(1단원)' 내용을 활용하여

다음은 살레시오 초등학교 6학년 학생을 대상으로 실시한 행복 수업 첫 시간의 결과물이다. 행복에 대한 간단한 설명과 함께 행복을 회상해 보는 시간을 가진 뒤, 행복하던 순간을 떠올리며 그것을 그림으로 표현하고 발표하게 했다. 이를 통해 아이들이 관계 안에 행복이 있다고 느끼고 있음을 알 수 있었다.

3) 학생의 행복 지수 측정하기

최근 들어 각 시·도교육청 차원에서 학생들의 행복 지수를 알아보기 위해 학생 행복 지수 척도를 개발하고 매년 실시하여 그 결과를 보고하고 있다. 서울형 학생 행복 지수는 초등학생과 중·고등학생용으로 크게 두 가지로 구분되어 측정한다. 총 30문항으로 각각에 해당하는 설문 문항을 살펴보면 우선 초등학생용은 학교생활 만족도(23문항), 가정생활 만족도(3문항), 자신에 대한 만족(3문항), 전반적인 행복도(1문항)로 크게 네 영역으로 나뉘고 학교생활 만족도는 물리적 환경, 특별 활동, 생활지도, 교사−학생 관계, 교우관계로 총 5개의 하위 요인으로 구성된다. 반면 중·고등학생용에서 학교생활 만족도는 학교생활, 교사−학생 관계, 교우관계로 총 3개의 하위 요인으로 구분된다는 점이 초등학생용과 차이점이다.

교우관계 문항에서는 '친구들과 대화가 잘 통한다' '친구들과 사이가 원만해서 좋다' '친구들이 있어 학교에 가는 것이 즐겁다' 등을 질문하고, 학업과 관련해서는 '나의 학업 성적에 만족한다' '시험을 보는 방법이 마음에 든다' '방과 후 학교 프로그램이 나에게 도움이 되어 만족한다' 등을 질문한다.

다음 설문지에서 구체적인 문항과 각 문항에 대한 학생들의 평균 응답 점수를 확인할 수 있다.

〈표 11-1〉 서울형 학생 행복 지수 설문지(초등학생용)

번호	항목	전혀 그렇지 않다	그렇지 않다	보통 이다	그렇다	매우 그렇다
1	학교 시설(건물, 운동장, 교실, 화장실, 도서실, 특별실 등)에 만족한다.	①	②	③	④	⑤
2	학교에 친구들과 놀거나 쉴 장소가 있어서 좋다.	①	②	③	④	⑤
3	급식이 청결하고 질과 양에 만족한다.	①	②	③	④	⑤
4	학교에 생활지도 도움선생님(배움터 지킴이, 학교보안관 등)들이 있어 좋다.	①	②	③	④	⑤
5	자치 활동(학급회, 전교어린이회 등)이 활발해서 우리의 의견이 잘 반영된다.	①	②	③	④	⑤
6	학교에서 다양한 봉사 활동 프로그램을 운영하고 있어 좋다.	①	②	③	④	⑤
7	'방과 후 학교' 프로그램이 나에게 도움이 되어 좋다.	①	②	③	④	⑤
8	학교에서 하는 진로교육이 나에게 도움이 된다.	①	②	③	④	⑤
9	학교에서 이루어지는 창의적 체험 활동(문화 · 예술 · 체육 · 수련 활동 등)이 즐겁다.	①	②	③	④	⑤
10	학교에서 다양한 교육(보건교육, 영양 · 식생활교육 등)을 하고 있어 좋다.	①	②	③	④	⑤
11	학교에서 학교폭력을 없애기 위한 생활지도(예방교육 및 상담)가 잘 실시되고 있어 만족한다.	①	②	③	④	⑤
12	학교에서 체벌이 금지되어 좋다.	①	②	③	④	⑤
13	선생님이 내가 스스로 공부하는 방법들을 가르쳐 줘서 좋다.	①	②	③	④	⑤
14	선생님이 수업 시간에 다양한 방법으로 재미있게 수업해 주어서 좋다.	①	②	③	④	⑤
15	선생님이 내가 수업 내용을 이해하도록 끝까지 설명해 주어서 좋다.	①	②	③	④	⑤
16	시험을 보는 방법(수행평가, 쪽지시험, 서술형 · 논술형 등)이 마음에 든다.	①	②	③	④	⑤

17	선생님은 나의 고민을 잘 들어 주고 올바른 방향으로 지도해 준다.	①	②	③	④	⑤
18	선생님은 나를 존중해 준다.	①	②	③	④	⑤
19	선생님이 나에게 관심과 애정을 보여 준다.	①	②	③	④	⑤
20	선생님과 대화가 잘 통해서 좋다.	①	②	③	④	⑤
21	친구들과 대화가 잘 통한다.	①	②	③	④	⑤
22	친구들이 있어 학교에 가는 것이 즐겁다.	①	②	③	④	⑤
23	친구들과 사이가 원만해서 좋다.	①	②	③	④	⑤
24	부모님이 나를 잘 이해해 주어서 좋다.	①	②	③	④	⑤
25	우리 가족은 화목해서 좋다.	①	②	③	④	⑤
26	나는 집에서의 생활이 즐겁다.	①	②	③	④	⑤
27	나는 요즘 마음이 편안하고 즐겁다.	①	②	③	④	⑤
28	나의 학업 성적에 만족한다.	①	②	③	④	⑤
29	나는 무슨 일이든 잘 해낼 자신이 있다.	①	②	③	④	⑤
30	나는 현재 행복하다.	①	②	③	④	⑤

〈표 11-2〉 서울형 학생 행복 지수 설문지(중·고등학생용)

번호	항목	전혀 그렇지 않다	그렇지 않다	보통 이다	그렇다	매우 그렇다
1	학교 시설(건물, 운동장, 교실, 화장실, 도서실, 특별실 등)에 만족한다.	①	②	③	④	⑤
2	학교에 친구들과 놀거나 쉴 장소가 있어서 좋다.	①	②	③	④	⑤
3	급식이 청결하고 질과 양에 만족한다.	①	②	③	④	⑤
4	내가 주도적으로 공부할 수 있는 시스템(도서관, 이러닝, 자기주도학습 프로그램 등의 활용)이 있어서 좋다.	①	②	③	④	⑤
5	선생님들의 수업 방법이 다양하고 효과적이어서 만족한다.	①	②	③	④	⑤
6	선생님이 내가 수업에 뒤처지지 않게 관심을 갖고 끝까지 지도해 줘서 좋다.	①	②	③	④	⑤

7	성적 평가 시 다양한 방법(수행평가, 서술형·논술형 평가 등)으로 이루어져 만족한다.	①	②	③	④	⑤
8	학교에서 이루어지는 창의적 체험 활동(문화·예술·체육·수련 활동 등)이 즐겁다.	①	②	③	④	⑤
9	학교에서 다양한 교육(보건교육, 영양·식생활교육 등)을 하고 있어 좋다.	①	②	③	④	⑤
10	자치 활동(학급회, 학생회 등)이 활성화되어 우리의 의견이 잘 반영된다.	①	②	③	④	⑤
11	학교에서 다양한 봉사 활동 프로그램을 운영하고 있어 좋다.	①	②	③	④	⑤
12	'방과 후 학교' 프로그램이 나에게 도움이 되어 만족한다.	①	②	③	④	⑤
13	학교에 생활지도 도움선생님(배움터 지킴이, 학교보안관 등)들이 있어 좋다.	①	②	③	④	⑤
14	내가 원할 때 학교에서 전문적인 상담을 받을 수 있어 좋다.	①	②	③	④	⑤
15	나의 특기와 적성을 고려하여 진학·진로지도를 잘 해 주어 만족한다.	①	②	③	④	⑤
16	학교에서 학교폭력을 없애기 위한 생활지도(예방교육 및 상담)가 잘 실시되고 있어 만족한다.	①	②	③	④	⑤
17	학교에서 체벌이 금지되어 좋다.	①	②	③	④	⑤
18	선생님이 나의 인격을 존중해 주어서 좋다.	①	②	③	④	⑤
19	선생님이 나에게 관심과 애정을 보여 준다.	①	②	③	④	⑤
20	선생님과 대화가 잘 통해서 좋다.	①	②	③	④	⑤
21	친구들과 대화가 잘 통한다.	①	②	③	④	⑤
22	친구들이 있어 학교에 가는 것이 즐겁다.	①	②	③	④	⑤
23	친구들과 사이가 원만해서 좋다.	①	②	③	④	⑤
24	부모님이 나를 잘 이해해 주어서 좋다.	①	②	③	④	⑤
25	우리 가족은 화목해서 좋다.	①	②	③	④	⑤
26	나는 현재 가정생활에 만족한다.	①	②	③	④	⑤
27	나는 요즘 마음이 편안하고 즐겁다.	①	②	③	④	⑤

28	나의 학업 성적에 만족한다.	①	②	③	④	⑤
29	나는 무슨 일이든 잘 해낼 자신이 있다.	①	②	③	④	⑤
30	나는 현재 행복하다.	①	②	③	④	⑤

　　다음은 2012년부터 2013년까지의 학교급별 학생 행복 지수 변동 추이를 나타낸 표다. 표에서 알 수 있듯이 2012년부터 서울 시내 학생들의 행복 지수가 꾸준히 높아지고 있고 초등학생(4.25점), 중학생(3.85점), 고등학생(3.69점) 순으로 행복 지수가 높은 것을 확인할 수 있다.

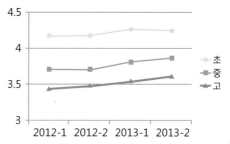

▲ [그림 11-3] 2012~2013년 학교급별 행복 지수 변동 추이

출처: 서울시교육청(2014).

〈표 11-3〉 2012~2013년 행복 지수 변동 추이

실시 시기	학교급	영역				행복 지수
		학교생활	가정생활	자신	전반적	
2013년 하반기	초등학교	4.23	4.39	4.09	4.30	4.25
	중학교	3.78	4.06	3.64	3.93	3.85
	고등학교	3.49	3.91	3.32	3.67	3.60
	평균	3.88	4.15	3.74	4.01	3.95

2013년 상반기	초등학교	4.22	4.38	4.09	4.33	4.26
	중학교	3.74	4.03	3.53	3.90	3.80
	고등학교	3.45	3.84	3.16	3.57	3.51
	평균	3.80	4.08	3.60	3.94	3.86
2012년 하반기	초등학교	4.09	4.33	4.01	4.25	4.17
	중학교	3.56	3.95	3.44	3.82	3.69
	고등학교	3.35	3.82	3.11	3.55	3.46
	평균	3.73	4.08	3.60	3.94	3.84
2012년 상반기	초등학교	4.08	4.29	3.98	4.25	4.16
	중학교	3.60	3.97	3.44	3.82	3.70
	고등학교	3.38	3.79	3.06	3.49	3.43
	평균	3.75	4.07	3.58	3.94	3.83

출처: 서울시교육청(2014).

　구체적으로 살펴보면, 초·중·고등학생의 공통되는 결과로 '학교생활 만족도' '가정생활 만족도' '자신에 대한 만족도' '전반적 행복도'의 네 가지 영역 중 가장 만족도가 높은 영역은 가정생활 만족도인 반면 자신에 대한 만족도는 다른 영역에 비해 가장 낮게 나타났다. 학년에 관계없이 전반적으로 만족도가 높은 문항은 '교우관계'와 관련된 내용이었는데 이 중 '친구들과 대화가 잘 통한다' '친구들이 있어 학교에 가는 것이 즐겁다' 문항에서 높은 점수를 보였다.

　초등학교의 경우 자치 활동에 대한 만족도가 학업 성적 만족도보다 낮았으며, 중·고등학교의 경우 성적 만족도가 가장 낮게 나타나 성적 스트레스를 많이 받음을 알 수 있다. 이러한 만족도는 학교급이 높아질수록 낮아진다는 결과를 통해 상위 학교로 갈수록 학업 스트레스가 심한 것으로 해석할 수 있다. 초등학교는 '자치 활동(학급회, 전교어린이회 등)이 활발해서 우리의 의견이 잘 반영된다(3.58)' '시험을 보는 방법(수행평가, 쪽지시험, 서술형/논술형 등)이 마음에 든다(3.61)' '나의 학업 성적에 만족한다(3.91)' 순으로 낮았다. 중학교는 '나의 학업 성적에 만족한다(3.33)' '자치 활동(학급회 학생회 등)이 활성화돼 우리의 의견이 잘 반영된다(3.49)' '방과 후 학교 프로그램이 나에게 도움이 되어 만족한다(3.60)' 순이었다. 고등학생은 '나의 학업 성적에 만족한다(2.84)' '자치 활동(학급회 학생회 등)이 활성화돼 우리의 의견이 잘 반영된다(3.13)' '급식이 청결하고 질과 양에 만족한다(3.28)' 순으로 낮았다.

이와 같은 학생 행복 지수는 학생들의 수업, 시설, 진로교육 등 학교생활 전반에 대한 만족도와 행복도를 측정·비교하는 것으로 서울시교육청은 이번 행복 지수 설문이 일회적으로 끝나는 것이 아니라, 학생들이 지속적이고 자율적으로 자신의 행복도를 스스로 확인하면서 자신의 꿈을 향해 노력하기를 기대하고 있다. 또한 학교에서 설문 결과를 학생 생활교육, 학생을 배려하는 학교 문화 조성, 교육 환경 개선 등 학교 교육 활동 운영 전반에 반영하여 학생들의 성장에 도움을 줄 수 있는 지표로 활용하도록 권고하고 있다.

4. 활동하기

지금까지 학생이 행복한 학교를 만들기 위한 여러 이론과 방안, 실제 사례 등을 살펴보았다. 다음은 행복연구센터에서 개발한 중학생용 '행복교과서'의 구성이다. 행복의 문제에 '어떤 마음으로' '무엇을' '누구와'라는 세 가지 주제로 접근하여 총 10개 장으로 구성하고 있다.

다음은 2장 관점 바꾸기에서 활용할 수 있는 활동의 예다. 모둠원을 대상으로 다음의 사항을 생각해 보고 내용을 채우고, 나를 정의하고 계획해 보자.

STEP 1. 씨앗 나누기: 긍정 관점 열기

이름: _____

친구 이름	떠오르는 세 단어	성격적 강점	잘하는 것

- 나의 신체 부위 중 나는 상대적으로 [　　　]이/가 마음에 든다.
- 나는 평소 [　　　]에 관심이 있고, 이를 중요하게 여기며 살고 있다.
- 나의 자녀는 나의 [　　　]한 점을 닮았으면 좋겠다.
- 나는 [　　　]에 일가견이 있다.
- 나는 [　　　]을/를 할 때 신이 나고 에너지가 생긴다.
- 인터넷에서 [　　　]로 검색하면 나에 대한 정보를 찾을 수 있다(있으면 좋겠다).
- 100세까지 산다면 앞으로 [　　　]을/를 더 배우고 싶다.
- 10년 후 가장 이상적인 나를 상상하면 [　　　]이/가 떠오른다.

휴대전화 통제 이렇게 엄격한가요?

서울의 한 중학교를 방문한 일본 고등학교의 교장들은 휴대전화 수거 가방을 유심히 살펴보며 사진을 찍는 등 관심을 보였다. 와코국제고등학교 가케가와 세이야 교장도 그중 한 명이었다. 그에게 어떻게 생각하는지 묻자 "이렇게 보관을 많이 하나요?"라는 질문이 되돌아왔다. 가케가와 교장은 "일본에서도 수거하는 사례가 있지만, 엄격한 학교는 갖고 오지 않도록 하고 자유로운 학교는 수업 방해만 하지 않으면 통제하지 않는다."라고 말했다.

학생 휴대전화 소지 관련 학칙 현황
2013년 10월 말 기준(단위: 명)

■소지 허용 ■소지 불허 □소지 절충

초등학교
2108
330
3466

중학교
139
316
2712

고등학교
594
214
1512

출처: 박인숙 의원 국감 자료.

스마트폰은 수업을 방해한다는 부정적인 면을 강조해 '활용'보다는 '수거'하는 한국 교육의 현실에서 '미래 교육 경쟁력이 높다'는 결과는 설득력을 가질 수 있을까. 박인숙 의원(서울 송파갑)이 2013년 국정감사에서 공개한 전국 초·중·고교 1만 1,391개교의 '휴대전화 소지 관련 학칙 현황'에 따르면, 학교에서 휴대전화를 소지하고 자유롭게 활용하도록 내버려 두는 '소지 허용' 비율이 가장 높은 시·도교육청은 광주(51.4%), 경기(47%), 전북(42.2%)순이었다. 반면, 부산의 경우 소지를 허용하는 학교가 초등·중학교 각각 1곳, 고등학교는 0곳으로 대부분의 학교가 소지를 불허하며, 제주는 모든 학교가 절충안(휴대전화는 소지하되 수업 중 사용 금지)을 택하는 등 지역별 편차도 큰 것으로 나타났다. 이 조사에 시·도교육청별 '스마트 교육 환경 구축을 위한 예산'이라는 숫자를 하나 추가해 결과를 해석해 보면, 황당한 사실이 드러난다. 스마트폰 소지를 불허하는 부산의 경우 스마트 교육을 위한 무선 랜 구축 등의 사업은 앞장서 실시하고 있는 반면, 경기는 스마트 교육 환경 구축을 위해 교육청 단위 예산을 배정하지 않고 있다는 점이다. 초·중·고등학생 80% 이상이 소지하고 있다는 스마트폰은 교실에서 사용하지 못하게 하면서 스마트 교육 환경을 구축한다는 것은 별도의 태블릿 PC 등 구입에 국민의 세금을 추가하는 꼴이기 때문이다.

출처: http://www.bookandlife.co.kr/news/articleView.html?idxno=729

 사회적 이슈

다음은 학교폭력과 관련하여 사회적으로 주목을 받고 있는 이슈다. 이와 관련한 다음의 사례를 읽고 이에 대해 동료와 토론을 한 뒤 의견을 정리해 보자.

영국의 한 남학교가 교내 휴대전화 사용을 전면 금지한 결과, 학생들의 학습 태도가 좋아지고 사이버 불링(cyber bullying)도 급감하는 성과를 거뒀다. 맨체스터에 위치한 버니지미디어아츠칼리지(BMAC)는 교문을 들어선 순간부터 나갈 때까지 예외 없이 휴대전화 사용을 금지한다. 휴대전화 사용이 목격되면 교사는 휴대전화를 압수하고, 학부모가 직접 학교로 와서 휴대전화를 찾아가야 한다.

1년이 지난 지금 교사들뿐 아니라 학부모와 학교 이사, 교육 당국까지 금지 조치를 적극 지지하고 있다. 학생들의 수업 태도가 좋아지고 집중도가 높아졌을 뿐 아니라 사이버 불링 신고 횟수도 급격히 줄었기 때문이다. 이안 펜 교장은 지난 12년 동안에 "이처럼 큰 효과를 낸 프로그램은 없었다."라며 "좋은 교사를 확보하는 것을 제외하고 학생들의 학습 능력을 높이기 위해 우리가 한 가장 중요한 일이었다."라고 평가했다.

영국의 학교평가기관인 교육기준청(Ofsted)도 '학교에서 사이버 불링 횟수가 감소하고, 수업 방해가 적어졌다'고 평가했다. 펜 교장은 처음 전면 금지를 지시했을 때만 해도 학생들이 어떻게 받아들일지 확신이 없었다. 하지만 지금은 학생들이 아예 휴대전화를 집에 놓고 오거나 학교 정문을 나선 후에만 사용하는 것을 당연하게 여긴다고 한다.

교내 휴대전화 사용 금지는 학교폭력 감소에 효과적일까?

출처: http://www.epochtimes.co.kr/news/articleView.html?idxno=127624

인성교육을 통한 학교폭력 예방하기

학습목표

1. 학교폭력을 예방하기 위해 인성교육의 필요성을 안다.
2. 가정, 학교, 지역사회 연계를 통해 인성교육을 하는 방법을 안다.

지난 주 사회적 이슈

학교폭력과 관련해 생각해 볼 만한 사회적 이슈는 다음과 같다. 이에 대해 동료의 의견을 듣고 관련 기사를 읽으며 나의 생각을 정리해 보자.

교내 휴대전화 사용 금지는 학교폭력 감소에 효과적일까?

서울의 한 초등학교 교사인 김수현(31 · 가명) 씨는 아이들이 학교에 오면 제일 먼저 스마트폰 배터리를 회수하는 방법으로 제재를 하고 있다. 김 교사는 "스마트폰 전부를 회수했다가 분실하면 교사가 책임을 지고 기기 값을 보상해야 한다."라면서 "이 때문에 배터리를 회수하는 것."이라고 설명했다. 모바일 메신저 '카카오톡(카톡)', 소셜 네트워크 서비스(SNS)인 '카카오스토리'를 이용해 친구를 괴롭히는 '사이버 학교폭력'이 심각한 사회 문제가 되고 있지만 정작 학교 현장에서는 스마트폰 규제가 어려운 것으로 나타났다.
현재 스마트폰 사용 제한은 학교별로 학칙이나 교사의 재량에 따라 실시되고 있다. 교육부 관계자는 "교육법에 따르면 스마트폰의 제재는 학부모 · 교사 · 학생의 동의하에 이뤄질 수 있다."라면서 "강제적으로 사용을 규제할 수 없다. 만약 한 학부모나 학생이 끝까지 스마트폰을 써야 한다고 주장하면 막을 방법이 없다."라고 지적했다.

스마트폰 중독 현상은 정신건강, 대인관계, 학교생활에 문제를 발생시키는 것으로 나타났다. 스마트폰 중독이 심하면 정신건강에 문제가 많아지며, 이러한 정신 문제는 학교생활에 지장을 주고 대인관계에도 악영향을 미치는 것으로 나타났다(Choi, Lee, & Ha, 2012). 또 스마트폰은 혼자만의 세계에 빠져 단순히 프로그램과의 대응을 통하여 만족을 얻게 함으로써 사회성 발달을 가로막는 역할을 한다(신성철, 2014). 초등학교 시기의 또래 간의 공격행위 정도는 중등학교 시기의 공격성을 예언해 줄 뿐 아니라 폭력과 관련된 다양한 범죄 행위에도 영향을 미침을 고려해 볼 때 교내 휴대전화 사용 여부는 생각해 볼 문제다.

출처: http://news.heraldcorp.com/
view.php?ud=20140106000090&md=20140109004629_BL

■ 인성교육 강화로 폭력 해결

학내 대안교실을 운영하고 있는 부산의 한 중학교.

업무와 수업 부담을 경감받은 책임교사와 외부에서 초빙한 전문상담사가 학교폭력 고위험군과 부적응 학생을 담당하여 방과 후 시간을 이용해 상담과 봉사, 스포츠와 문화 활동 등의 프로그램을 운영한다. "일단 성적 향상도 있었고 흡연율도 감소했습니다. 그러다 보니 자기 자신도 학교생활에 적응을 잘하고요."

각종 체험과 상담 등 인성교육으로 이른바 문제학생들의 태도가 변하기 시작했고 학교폭력뿐만 아니라 여러 문제가 해결되는 등 긍정적 효과를 보이고 있다.

출처: http://news.naver.com/main/
read.nhn?mode=LPOD&mid=tvh&oid=052&aid=0000423744

1. 학교폭력 해결을 위한 인성교육의 현황

1) 교사와 부모가 함께하는 인성교육

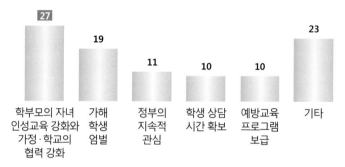

▲ [그림 12-1] '학교폭력을 막기 위해 가장 필요한 것'에 대한 교사 대상 설문 결과(단위: %)

* 전국 교원 1,447명을 대상으로 1월 31일~2월 4일 조사함.
출처: http://www.newswire.co.kr/newsRead.php?no=677939

한국교원단체총연합회(이하 한국교총)가 정부의 학교폭력 근절 종합대책 시행 1주년을 맞아 전국 교사 1,447명을 대상으로 한 온라인 설문 결과, 장기적인 학교폭력 근절 대책으로 학부모의 자녀 인성교육 강화와 가정·학교의 협력 강화(27%)가 중요하다고 답하였다. 김동석 한국교총 대변인은 "아이들은 학교보다 집에서 보내는 시간이 많다."라며 "밥상머리 교육 등 가정에서의 제대로 된 인성교육 없이는 학교폭력 문제의 근본적 해결에 한계가 있다는 교사들의 인식이 반영된 것."이라고 설명했다. 박병길 한국교총 현장지원국장도 "학교는 학급당 30~40명에 이르는 학생에게 인성과 교과 공부를 함께 가르쳐야 해 어려움이 있다."라며 "인성교육에는 무엇보다 교사와 학부모의 협력이 절실하다."라고 말했다.

2) 학교급별 인성교육 실태

[그림 12-2]는 학교급에 따른 인성 지수의 차이를 나타낸다. 학교급에 따른 인성 지수에서 유의한 차이가 발견되며, 초등학교가 3.33으로 가장 높고, 중학교가 3.15로 가장 낮으며, 고등학교는 3.2로 중간 수준에 해당한다. 하지만 중학교와 고등학교 간에 유의한 차이가 나타나지 않음을 보고하고 있다.

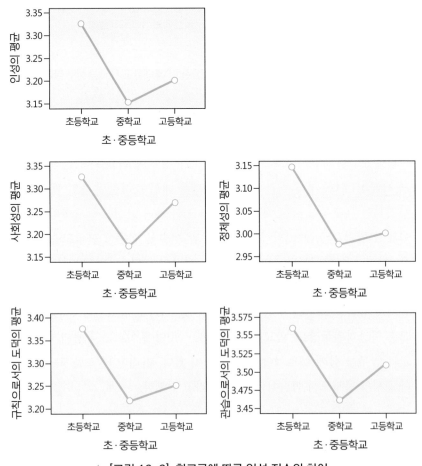

▲ [그림 12-2] 학교급에 따른 인성 지수의 차이

출처: 지은림, 도승이, 이윤선, 박소연, 주언희, 김해경(2013).

〈표 12-1〉 중학교: 상·하위 수준 문항별 평균 및 표준편차

순위		문항 번호	영역	세부 영역	수준	문항 내용	평균(SD)
상 위 수 준	1	27	도덕성	준법 (윤리)	지식	부모님께 효도하는 것은 중요하다.	4.21(0.76)
	2	1	도덕성	정직	지식	정직하게 행동하는 것은 중요하다.	4.17(0.79)
	3	2	도덕성	책임	태도 (지)	과제 제출 기한을 지키는 것은 중요 하다고 생각한다.	4.13(0.77)
						…(중략)…	
하 위 수 준	78	7	도덕성	정직	행동	나는 길에 떨어진 돈을 보면 주워서 내가 사고 싶은 것을 산다. ★	2.87(1.19)
	79	26	도덕성	정직	행동	사람들에게 크게 피해가 가지 않는 다면 적당한 거짓말을 할 수 있다. ★	2.85(0.98)
	80	20	도덕성	정직	행동	나는 상황에 따라 정직하게 행동하 지 않을 때가 있다. ★	2.76(0.95)

* 5점 만점, ★: 역문항

　앞의 표는 중학생의 인성 중 그 수준이 높은 것과 낮은 것이 무엇인지 보여 준다. 중학생의 인성 중 그 함양수준이 높은 것은 부모님에 대한 효도, 정직한 행동, 과제 제출 기한 준수 순으로 나타났다. 이들 문항은 도덕성 영역에서 각각 준법(윤리), 정직, 책임과 관련된 내용으로 모두 지식 수준에 속하며, 학생들이 도덕성 영역의 '지식 수준'에서 대체로 가장 긍정적인 인성 수준을 보여 주는 것으로 확인되었다. 반면, 부정직한 행동, 적당한 거짓말, 길에 떨어진 돈 줍기 순으로 인성 함양 정도가 낮게 나타났다. 이들 문항은 모두 도덕성 영역의 '정직' 요인과 관련되는 내용으로서 '행동 수준'에 해당하였다. 즉, 학생들은 도덕성 영역의 '정직' 요인에서 낮은 인성 수준을 보이며 '행동 수준'으로 이행하는 데 어려움이 있음을 알 수 있었다.

〈표 12-2〉 고등학교: 상·하위 수준 문항별 평균 및 표준편차

순위		문항 번호	영역	세부 영역	수준	문항 내용	평균(SD)
상 위 수 준	1	27	도덕성	준법 (윤리)	지식	부모님께 효도하는 것은 중요하다.	4.32(0.73)
	2	19	도덕성	책임	지식	나는 폭력으로부터 보호받을 권리 가 있다.	4.29(0.80)
	3	1	도덕성	정직	지식	정직하게 행동하는 것은 중요하다.	4.24(0.82)
				…(중략: [부록] 참조)…			
하 위 수 준	78	23	도덕성	정직	행동	나는 숙제를 할 때 친구의 것을 베끼 거나 인터넷에서 찾은 정보를 그대 로 적어서 낸 적이 있다. ★	2.88(1.09)
	79	26	도덕성	정직	행동	사람들에게 크게 피해가 가지 않는 다면 적당한 거짓말을 할 수 있다. ★	2.76(0.93)
	80	20	도덕성	정직	행동	나는 상황에 따라 정직하게 행동하 지 않을 때가 있다. ★	2.65(0.94)

* 5점 만점, ★: 역문항

앞의 표는 고등학생의 인성 중 그 수준이 높은 것과 낮은 것이 무엇인지 보여 준다. 고등학생들의 인성 중 그 함양 수준이 높은 것은 부모님에 대한 효도, 폭력으로부터의 보호 권리의식, 정직한 행동 순으로 나타났다. 이들 문항은 도덕성 영역에서 각각 준법(윤리), 책임, 정직과 관련된 내용으로 모두 지식 수준에 속하였다. 즉, 고등학생들은 도덕성 영역의 '지식 수준'에 서 대체로 가장 높은 인성 수준을 보여주는 것으로 확인되었다. 반면, 부정 직한 행동, 적당한 거짓말, 비양심적 과제 제출 순으로 인성 함양 정도가 낮게 나타났다. 이들 문항은 모두 도덕성 영역의 정직과 관련되는 내용으 로서 행동 수준에 해당하였다. 즉, 고등학생들은 도덕성의 '정직' 요인에서 낮은 인성 수준을 보이며, '행동 수준'으로 이행하는 데 어려움을 보임을 알 수 있었다.

또한 인성 지수에 영향을 미치는 개인, 가정, 사회 변인의 영향력을 살펴보면, 가정에서 자녀가 부모님(보호자 포함)의 의견을 존중하는 정도, 상호적으로 부모님이 자녀의 의견을 존중하는 정도, 가족 간의 애정과 친근감 정도, 부모님(보호자)이 가정에서 인성의 중요성을 강조하는 정도, 성적에 대한 스트레스, 학교에 대한 만족도, 교우관계, 자기주도성, 교사가 학생을 존중한다고 학생이 인식하는 정도, 학생의 학교 교사에 대한 믿음 정도 등이 인성과 높은 관계가 있는 것으로 나타났다. 이러한 결과들은 학생의 인성이 발달해 나가는 데 있어서 가정에서의 부모, 형제, 가족 풍토와 학생에 대한 존중, 믿음이 있는 학교 환경 등이 중요함을 나타낸다. 따라서 인성교육이 제대로 성과를 거두기 위해서는 학교의 인성교육과 함께 가정에서의 교육이 반드시 병행될 필요가 있음을 알 수 있다.

또한 인성 지수에 영향을 미칠 것으로 기대된 21개의 관련 요인 중 부분적으로 실제적 영향력을 발휘하는 것으로 나타났다. 인성 관련 변인들이 인성을 설명하는 설명력은 50% 이상으로 나타났으며, 비록 학교급별로 약간의 차이가 나타나지만 사회 봉사 활동의 중요성에 대한 인식, 관계와 믿음, 자율성은 공통으로 중요한 요소로 나타났다. 또한 인성 지수에 영향을 미치는 요인은 개인, 가정, 학교, 사회의 모든 생활의 장(場)에 분포하는 것으로 나타났다.

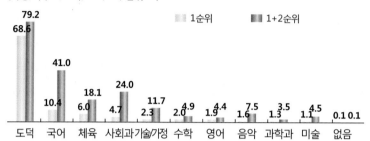

학교에서의 인성교육 현황

(학생/학부모/교사, n=1,585, 단위: %)

| | 1순위 | 1+2순위 |

79.2 / 68.6 도덕, 41.0 / 10.4 국어, 18.1 / 6.0 체육, 24.0 / 4.7 사회과, 11.7 / 2.3 기술/가정, 4.9 / 2.0 수학, 4.4 / 1.9 영어, 7.5 / 1.6 음악, 3.5 / 1.3 과학과, 4.5 / 1.1 미술, 0.1 / 0.1 없음

전국의 고등학교 학생, 학부모, 교사를 대상으로 한 설문조사에서 인성교육이 가장 활성화된 교과에 대한 질문에 1순위 응답으로 '도덕'이 68.6%, 그 뒤를 이어 '국어' 10.4%, '체육' 6.0%, '사회과' 4.7%, '기술/가정' 2.3% 등의 순으로 응답하였다. 도덕의 응답률이 매우 높은 것은 다양한 교과목에서 도덕과가 인성의 가장 핵심 특성인 '도덕성'을 다루기 때문이고, 두 번째로 높은 비율을 차지하는 국어과는 문학작품이나 쓰기 등을 통해 인생에서 중요한 주제 및 가치들을 탐구해 볼 기회를 제공할 수 있기 때문인 것으로 해석된다. 다음으로, 사회과에서는 민주 시민으로서의 자세를, 체육과에서는 건강한 심신 단련과 동심 함양 등을 교과 목표로 추구한다는 측면에서 인성교육과의 연계성을 고려한 것으로 간주된다.

 생각해 보기

다음의 기사를 읽고 현재 학교에서 운영되고 있는 인성교육 프로그램의 **한계**는 무엇인지 살펴보고 **대안**에 대해 생각해 보자.

"인성교육이란 게 학교에 있는지 모르겠네요. 점수로 매기면 10점 만점에 1점 정도?
앞으로 나아지긴 할까요? 악화되지만 않으면 다행이죠."
(서울 강서구 학부모 김 모 씨)

"우리 사회가 인성을 강조하기엔 너무 멀리 와 버렸습니다.
1등 해서 명문 대학교에 가는 것만 앞세우다 보니 학교에서 인성교육은 빈사 상태죠."

(서울 강동구 A중학교 3학년 담임교사)

중학생 자녀를 둔 학부모와 교사의 상당수는 중학생들의 인성이 앞으로 나아질 것인지에 대한 질문에 부정적이었다. 입시 경쟁이 치열해지고 어른들의 삶조차 더욱 각박해지면서 인성교육이 설 자리를 잃고 있다는 지적이다. 무기력하긴 교사들도 마찬가지다. 서울 관악구 B중의 한 교사는 **"괜히 혼내기라도 했다가 학부모가 항의하면 골치만 아파진다."**라며 **"아이들이 잘못해도 못 본 척, 못 들은 척 넘어가는 게 속이 편하다."**라고 말했다.

이 같은 실태는 16개 시·도 중학교 교사(232명)·부모(353명) 표본조사 결과에서도 드러난다. 교사들의 절반(48.3%)은 학생들의 인성이 향후 나아지지 않을 것이라고 전망했고, 현재의 인성교육 풍토에 대해서도 58.6%가 부정적이라고 답했다. 그리고 43.3%의 교사가 학생 인성교육을 위한 연수를 받아 본 적이 없다고 밝혔다. 또한 교사들은 인성교육을 하기 어렵게 하는 '학교 여건'을 이유로 들었다. "국·영·수 위주로 수업이 빡빡하게 짜여 있어 인성교육은 엄두도 못 냅니다." 서울 강북구 C중학교의 3학년 담임교사는 **"부모가 관심을 많이 보이는 건 성적과 입시뿐."**이라고 말하고, 서울 양천구 D중 3학년 담임교사는 "한 학기에 한두 번 동영상을 보는 게 전부."라며 "평소 수업 시간엔 교과 진도를 나가기 바빠 인성교육에 힘쓸 여유가 없다."라고 말했다.

실제로 학교가 자율적으로 교과목을 편성해 집중적으로 수업하는 집중이수제 도입 이후 영어와 수학은 연평균 각각 18시간, 12시간 증가하는 등 입시 과목만 수업 시간이 크게 늘었고, 도덕은 23시간, 음악은 12시간 준 것으로 조사되었다. 경희대 후마니타스 칼리지 김진해 교수는 "이미 중학교 때부터 모든 교육의 초점이 입시에 맞춰져 있다."라며 "사람 됨됨이를 가르치는 전인교육은 학교에서 찾아보기 어렵다."라고 말했다. 학부모들 역시 현재 학교의 인성교육에 대해 40.2%가 부정적이었는데, 중학교 1학년 자녀를 둔 박 모(45·여·경기도 고양시) 씨는 "인성교육 프로그램이나 제도가 학교에 거의 없다."라고 말했다.

하지만 교사들도 인성교육의 필요성엔 매우 공감했다. 표본조사에서 교사들의 93.1%가 성적보다 인성이 중요하다고 응답했다. 서울 신현중학교 김재옥 교장은 "단순한 지식은 인터넷이나 학원에서도 배울 수 있기 때문에 학교에서는 아이들에게 옳고 그름과 성숙한 시민 의식 등을 가르쳐야 한다."라고 말했다. 한양대학교 정진곤 교육대학원장은 "교사들이 해당 교과의 전문가만이 아니라 인생의 중요한 가치들을 일깨워 주는 '스승'이 될 수 있도록 대학 교육과정과 필기 위주의 교원 임용 방식을 개선해야 한다."라고 말했다.

출처: http://news.joins.com/article/12676227

2. 학교폭력 해결을 위한 인성교육의 방향

1) 교사의 인성교육관

교사들은 학생들이 스스로 발전할 수 있도록 도와주는 자신의 역할을 이해해야 한다. 즉, 교사들은 학생들이 전문적인 방향으로 나아갈 수 있게 하는 기술과 자세를 향상시키는 데 도움을 주면서 아는 바를 선하게 사용하고 주변과 더불어 살아가는 삶을 영위하도록 이끌어 줄 수 있다. 이는 도덕, 인성교육에서도 마찬가지로, 교사는 학생의 도덕성, 인성이 발전할 수 있도록 도와주는 역할을 해야 한다.

교사로서 교단에서 학생들을 잘 가르치는 것은 중요한 부분이다. 교육철학자들은 '잘 가르친다'는 말의 뜻을 통상적으로 두 가지 방향에서 풀어낸다. 하나는 '기능적 해석'이고 다른 하나는 '규범적 해석'이다. 기능적 해석은 가르치는 일을 기계적이고 기능적이며 인지적 성격의 활동으로 간주하는 입장이다. 주어진 목표와 다루는 내용을 배우는 대상에게 최대한 효과적으로 전달하는 능력을 말한다. 이때 잘 가르친다는 말은 각 상황에서 학생에게 최대한의 양적 전달이 이루어지도록 하는 것을 말한다. 규범적 해석은 가르치는 일을 인간적이고 가치적이며 인성적 성격의 활동으로 이해하는 입장이다. 가르치는 내용을 올바르게 전달하여 배우는 대상의 내면적 변환을 도모하는 능력을 말한다. 잘 가르친다는 말은 학생의 인성적 측면에 진정으로 질적인 변화가 이루어지도록 하는 것을 의미한다.

교사의 교육 활동은 학생들이 교실에서 직접적·간접적으로 배우게 되는 도덕적 교훈들에 강한 영향을 미친다. 도덕성과 윤리적 측면에서 청소년들의 안내자가 되려면, 교사는 윤리적 전문가로서 자신에게 부과되는 높은 수준의 도덕적 역할을 반드시 이해해야만 한다. 또한 자신에게 가르침을 받는 학생들에게 자신의 행동과 결정이 미치는 중요성을 명심하고 있어야 한다. 도덕이나 인성교육은 아동이나 청소년에게 필요한 것인 만큼 장래의 예비교사를 준비시키는 데에도 똑같이 적용되는 개념이다. 교사가 자신의 윤리적 교육 실천에 대해 보다 정확하게 인지할 때, 교사로서 학생들에게 행하는 도덕교육, 인성교육이 더 강력할 수 있을 것이다.

　학생들의 도덕 발달은 교육적 훈련이고, 내재적 과정이며, 피할 수 없는 것이다. 교사와 교육자들은 이러한 과제에 직면해 있으며, 도덕성이 형성되도록 의도적이고 명백하게 또 깊이 생각하여 도덕적 차원에서 가르치고 학교를 운영해야 할 것이다.

2) 인성교육을 위한 교사의 역할

　Lickona는 인성은 '도덕적 지식' '도덕적 감성' '도덕적 행동' 세 가지 요소가 상관관계를 이루며 형성된다고 주장했다. 따라서 좋은 인성이란 선을 알고, 선을 갈구하며, 선을 행하는 것임을 강조하였다. 또한 교사가 학생들의 인격과 가치 형성에 영향을 미친다고 주장하며, 다음의 세 가지 측면으로 이를 설명하였다. 먼저, 교사는 효과적인 돌봄인(caregiver)으로서 역할을 수행해야 한다. 교사는 학생들을 사랑하고 존중하고 학교에서 성공적인 수행과 자기존중감 형성을 도우며, 학생들이 교사가 자신을 도덕적인 방식으로 대하는 것을 경험함으로써 '도덕성'이 무엇인지 깨닫게 해야 한다. 둘째, 교사는 학생들에게 교실 안에서나 밖에서나 높은 수준의 책임감과 존중을 보여 주는 도덕적 인간으로서 학생들의 모델(model)이 되어야 한다. 교사는 학교생활이나 나아가 삶에서 일어나는 도덕적으로 중요한 사건에 반응함으로써 도덕적 관심과 도덕적 추론을 학생들이 모델링하게 한다. 마지막으로, 교사는 도덕적 멘토(mentor)로서 역할을 수행할 수 있다. 교사는 학생들이 자기 스스로 또는 다른 사람을 다치게 했을 때 교정적인 피드백을 제공하고, 인간적으로 독려하며, 이야기를 들려주거나 학급 내 토론과 설명 등을 통해 학생들에게 도덕적인 설명 및 지도를 제공할 수 있다.

　학생들은 자신이 관심과 따뜻함으로 대해지고 있다고 느낄 때 즐거움을 느끼며 이것이 행복의 근원이 된다. 더 나아가 학생들이 관심과 따뜻함으로 지지받을 때 동물, 사물에게뿐 아니라 사람에게도 기꺼이 자신이 받은 관심과 애정을 똑같은 방식으로 베풀게 된다. 이를 위해 교사-학생 간 관계에서 가장 먼저 형성되어야 할 것은 라포(rapport)다. 라포를 형성하는 것은 따뜻하고 인간적이고 적절한 개인적 관계를 만드는 것이며, 이는 학생들이 문제에 대해 쉽게 털어놓게 하고 교사의 도덕적인 지도에 대해 수용적 태도를 지니게 한다.

또한 학생 스스로 공동체의 일원이라고 느낄 때 자기효능감과 자기존중감 및 학교 만족감과 같은 태도나 동기가 긍정적으로 변화한다. 특히 학생들이 서로 각자의 생각이나 느낌을 공유하고 교사와 학생, 학생과 학생이 서로 밀접한 관계를 형성하며 협력 체계를 구축하는 것을 강조한다면, 학생들의 인성을 긍정적으로 변화시키는 인성교육을 행할 수 있을 것이다.

교사가 학생들이 무엇이 옳은가에 대해 관심을 가지도록 촉진하기 위해서는 우선 교사 스스로 도덕적 가치를 위배하는 것에 대해 민감하게 반응함으로써 도덕적 문제에 민감해야 하고, 비도덕적 상황에 대해 엄격한 잣대가 적용되어야 한다는 학급 및 학교 분위기를 조성하여 학생들이 도덕적인 행동은 응당 행해야 한다고 인식하고 도덕적인 문제에 민감하게 반응하도록 해야 한다. 교사 개인이 자신이 하는 수업을 인성교육이 이루어지는 장으로 바라보는 것은 가장 수업다운 수업, 교육다운 교육이 되는 주요한 시작점이 될 수 있다.

학생들의 인성 발달에 올바른 접근

인성 발달에는 포괄적이고 의도적이며 주도적이고 효과적인 접근을 사용해야 한다. 포괄적 접근은 학교 시스템의 모든 면을 인성교육의 기회로 여기며 이용한다. 이것은 물론 잠재적 교육과정, 일반교육과정 그리고 교과 외 프로그램을 모두 포함한다. 또한 효과적인 인성교육은 그저 기회를 기다리는 것이 아니라, 의도적이고 주도적으로 직원들이 인성을 계발하는 데 필요한 행위를 할 수 있도록 한다.

- 학교는 모든 학년에 걸쳐 의도적이고 주도적으로 인성을 언급해야 한다.
  - 개별 교사, 학년 수준의 집단 그리고 직원들은 모두 하나로서 인성교육을 위한 전략적 계획 수립에 참가해야 한다.
  - (지역 교육청) 지역 교육청은 교육 목표나 설명 등 계획을 수립하는 데 인성교육을 포함시켜야 한다.
- 인성교육은 학업 내용과 정기적으로 통합되어야 한다.
  - 교사들은 교과에 통합된 핵심 가치들을 강조해야 한다. 예를 들어, 역사적으로 지도자들이 갖춘 덕목이나 인성과 관련된 주제의 작품들, 그리고 과학 탐구의 원리 등을 생각할 수 있다.
  - 교사는 학생들이 교과 수업에서 발생할 수 있는 윤리적 사안들을 언급할 수 있도록 기회를 제공해야 한다. 예를 들어, 특정 역사적 일이 실패였는지 혹은 정당했는지, 그리고 새로운 과학적 발견, 전쟁, 사회 정책과 현재 벌어지고 있는 다른 사건들에 대하여 학생들이 윤리적 고려를 할 수 있도록 해야 한다.
  - (지역 교육청) 지역 교육청은 인성교육이 교육과정의 틀에 분명히 포함되어 있는지 확인해야 한다.
- 인성교육은 모든 학급에서 어떻게 행위를 해야 하는지에 대한 것이 최우선적 고려 사항이어야 한다.
  - 학급의 일상은 소속감, 자율성 그리고 능숙함에 대한 요구를 표현할 수 있어야 한다.
  - 학급의 일상은 학생들을 존중해야 하며 그들이 책임, 공정 그리고 배려와 같은 특성을 계발할 수 있도록 도와야 한다.
- 인성교육은 스포츠나 교과 외 활동들도 포함하도록 학교생활을 통해 스며들어야 한다.
  - 스포츠나 학생 클럽 등 모든 활동에서의 인성교육적 기대나 노력은 학년 초부터 내내 의사소통되고 실행되어야 한다. 또한 학교의 모든 구역, 예컨대 식당, 강당, 운동장, 도서관, 그리고 학교 버스에서도 표현되어야 한다.
  - 학교 공동체의 구성원들은 학교의 모든 구역에서 핵심 가치들을 쉽게 지적하고 이와 관련하여 의사소통할 수 있어야 한다.
  - 인성교육은 학교 환경을 통해 지속적으로 나타나야 한다.

(1) Step 1. 배려의 학교 공동체 형성하기

올바른 인성교육이 이루어지기 위해서는 무엇보다 우선 배려(및 돌봄)의 학교 공동체가 형성되어야 한다. 인성교육에 헌신적인 학교는 시민적이고 돌봄이 있으며 정의로운 사회의 축소판이 된다. 이러한 학교는 구성원들이 서로서로 돌보는 형태의 공동체를 형성함으로써 만들어진다. 또한 이는 학생과 직원 그리고 그 둘 사이 및 가족과의 관계 역시 돌봄의 맥락에서 발달시킨다. 효과적인 인성교육은 학교 공동체가 이처럼 하나의 거대한 돌봄의 관계를 가질 수 있도록 한다.

① 성인과 학생 사이에 배려 관계를 형성하는 것을 최우선 과제로 만들어야 한다.

학생들이 직원들을 배려자로 인지하도록 하고, 교사들은 각각의 적절한 영역에서 상담자로서 효과적으로 움직이도록 한다. 교직원들은 정기적으로 학교 행사에 참여하고, 학생들과 교사들이 사회적 환경 안에서 서로 만날 수 있도록 준비해야 한다. 또한 교사들은 학업과 관련한 일에서 추가적인 도움을 위한 시간을 제공해야 한다.

② 학생 간 배려 관계 형성을 최우선 과제로 만들어야 한다.

학생들은 학생 공동체를 친근하고 포괄적인 대상으로 인지해야 한다. 교사와 학생은 학급회의 등을 통해 존중과 친절이 기준이 되는 학급 환경을 만들고, 안전감과 소속감을 형성하는 것은 학업 목표만큼이나 분명히 중요한 과제임을 확실히 한다. 협동학습이나 학년 간 교차 멘토링과 같은 교육적 전략은 학생들이 상호 존중과 의존성에 대해 인식할 수 있도록 고무해야 한다. 교사와 학생은 배려 행위나 칭찬할 만한 일이 일어났을 경우 혹은 부적절하거나 친절하지 못한 말이나 행위가 일어났을 경우 사건을 공개적으로 언급하도록 한다.

③ 학생 간에 발생하는 그 어떠한 폭력이나 잔인한 행위도 묵과해서는 안 되며, 이를 예방하기 위하여 노력해야 하고, 실제로 발생했을 경우에는 효과적으로 대처해야 한다.

학교는 각각의 교실 및 학년 학생들 간 긍정적인 상호작용을 위한 기회를 제공해야 한다. 직원들은 학생들의 거친 말, 인종 차별적인 말, 몰상식한 성적 발언, 외모 차별적인 발언, 사회 · 경제적 지위와 관련한 말 등과 같은 욕설을 확인하고 건설적으로 언급할 수 있어야 한다. 이때 중요한 점은 도덕적 감정을 표현하며 학생이 아닌 문제행위에 대한 실망을 언급하는 것이다. 학교 직원들은 갈등 해결 방법과 같은 특정한 과정을 통해 괴롭힘 문제에 대처하고 이를 막을 수 있도록 해야 한다. 친구에 대한 무례함은 성인에 대한 무례함과 같이 심각하게 받아들여져야 한다. 직원들은 학생들이 개인적 · 경제적 · 문화적 차이에 대한 이해도를 높이도록 주도적인 노력을 해야 한다.

④ 학교 공동체 안에서 성인 간 배려 관계를 형성하는 것이 최우선 과제임을 분명히 해야 한다.

학교 내에서 용납할 수 없는 언어 사용을 분명히 하고 행위에 관한 규칙을 제정해야 한다. 학교 직원들은 업무 환경을 긍정적으로 인식하고, 상호 배려적이고 존중하는 관계를 계발하도록 노력하며, 학생들의 부모나 보호자들과 긍정적인 관계를 형성하기 위해 노력해야 한다. 이는 학생들에게 모범적인 환경과 분위기를 제시하고 모델링할 기회를 제공할 것이다.

(2) Step 2. 실천적 기회 제공하기

도덕적 행위를 위한 실천적 기회를 학생에게 부여하는 것이 중요하다. 학생들은 무엇인가를 함으로써 가장 잘 배울 수 있다. 따라서 좋은 인성을 계발하기 위해 학생들은 도덕적 공감(compassion), 책임 그리고 공정과 같은 가치를 봉사 활동뿐 아니라 매일의 상호작용이나 토의 속에서도 적용하고 실천할 기회를 다양하게 얻어야 한다. 효과적인 인성교육은 여기서 학생들에게 가치를 실천할 기회를 충분히 제공한다.

① 정중함, 개인적 책임감, 좋은 스포츠맨십, 다른 사람들을 돕는 것, 학교와 지역 공동체에 대한 봉사의 관점에서 학생들의 도덕적 행위에 대한 명확한 기대를 설정해야 한다.

학교 직원들은 좋은 스포츠맨십, 정중함, 도덕적 공감 그리고 개인적 책무감에 대해 모델이 되어야 하고, 지지해야 하며, 가르치고, 또한 기대해야 한다. 도덕적 행위를 위한 지역 공동체 봉사, 봉사 학습 그리고 다른 종류의 계획적 기회와 관련하여 분명한 지침과 기대가 있어야 한다. 이러한 지침과 기대는 다음과 같은 특성을 가져야 한다. 학생들에게 적절하며 분명히 설명되어야 한다. 학생, 교사 그리고 학부모와 같은 적절한 이해 당사자들에게 알려지고 자주 의사소통되어야 한다. 단위 학급 수준에서 실행되어야 하는 재활용, 요청되는 지역 공동체 봉사 시간, 학년 간 교차 멘토링 활동과 같이 적절한 경우에 학생들에게 의무처럼 작용해야 한다.

② 학생들이 학교 내에서 도덕적 행위에 관계되도록 하기 위해 반복되고 다양한 기회를 제공해야 한다.

학생들은 이러한 기회에 참여하며 긍정적인 영향을 받는다. 학교는 학생들에게 다음과 같은 방법으로 학교 내에서 도덕적 행위를 할 기회를 효과적으로 제공해야 한다. 협동학습, 학년 간 혹은 또래 간 교차 멘토링, 학급 혹은 학교 자치 기구, 정원을 다듬고 가꾸는 등의 봉사 프로젝트 혹은 일, 학교를 아름답게 꾸미기 그리고 학교를 깨끗하게 유지하는 것과 같은 활동에 참여할 수 있도록 격려하고 지지해야 한다. 학생들에 의하여 인도되고 시작되는, 가치 있게 여겨지는 기회를 제공해야 한다. 도덕적 행위에 관해 지지, 참여, 그리고 개인적 · 집단적으로 반성할 수 있는 시간을 확보해야 한다. 또 학생들의 도덕적 행위를 분명히 인정해야 한다. 대다수의 학생은 이러한 기회를 이용할 수 있으며 혜택을 받을 수 있다.

③ 학교는 학생들이 더 큰 공동체에서 도덕적 행위에 관계되도록 하기 위해 반복되고 다양한 기회를 제공해야 한다.

학생들은 이러한 기회에 참여하며 긍정적으로 영향을 받는다. 학생들이 도덕적 행위를 할 수 있도록 다음과 같은 방법을 사용하여 효과적으로 기회를 제공해야 한다. 지역 공동체 봉사 활동에 참여하는 것을 지지하고 격려해야 한다. 예를 들어, 노인이나 노숙자와 일하기 혹은 환경적 프로젝트 하기 등을 생각할 수 있다. 학생들에 의하여 인도되고 개시되며 가치 있게 여겨지는 기회를 제공해야 한다. 도덕적 행위에 관해 지지, 참여, 그리고 개인적·집단적으로 반성할 수 있는 시간을 확보해야 한다. 아울러 지역 공동체 봉사나 보다 큰 공동체에서 도덕적 행위를 하는 것의 긍정적 결과를 분명히 인정해야 한다.

(3) Step 3. 교과교육에서 인성교육 실천하기

인성교육중심 수업을 강화하기 위해 각 교과에서는 '사회화'(가치 전수)와 '비판적 탐구'(가치 탐구)를 모두 활용하면서 인성교육을 실시해야 한다. 학교 인성교육은 개인적 특성(개인 내적 차원)과 사회적 특성(타인·공동체·자연과의 관계 차원)의 균형을 맞춘 핵심 덕목 및 인성 역량과 학생들의 발달 단계를 고려하여 개발되고 적용되어야 한다. 그리고 인지적·정의적·실천적 능력이 균형과 조화를 이룬 전인교육을 지향하는 것을 원칙으로 삼으면서, 도덕적 앎과 실천이 연계될 적절한 방안을 추구해야 한다.

또한 학습자들의 요구를 존중하며 배려하고 그들의 인성을 계발하여 궁극적으로는 성공하도록 도와주는 의미 있고 도전적인 방법과 내용의 교육과정을 포함해야 한다. 의미 있는 교육과정은 협동학습, 문제 해결 접근, 그리고 경험 기반 프로젝트와 같이 적극적인 교수 학습 방법을 포함한다. 효과적인 인성교육에서 볼 수 있는 이러한 접근은 학생들의 자율성을 신장시켜 창의적으로 사고하도록 기회를 부여한다. 다음과 같은 활동이 포함되어 있는 수업이 되도록 한다.

- 참여적이고 상호적이어야 한다.
- 학생들이 자연스럽게 흥미를 느끼는 점과 궁금해하는 점을 설명할 수 있어야 한다.
- 학생들의 능숙도를 증진할 수 있어야 한다.
- 학생에 의해 시작되었거나 자발적인 프로젝트 등 학생의 자율성을 강조해야 한다.

① 각 교과는 사회화(가치 전수)와 비판적 탐구(가치 탐구)를 모두 활용하면서 인성교육을 실시해야 한다.

우리 사회의 주요 가치와 규범을 사회화하면서 동시에 학생들이 스스로 생각하여 나름의 의미 있고 책임감 있는 결정을 내리는 능력을 발달시켜 주어야 한다. 물론 자율과 참여를 중시하는 오늘날의 교육 현실을 감안하면 사회화 측면보다는 가치 탐구의 측면에 상대적인 강조점을 두어야 할 것이다. 우선 사회화를 위해서는 고무적인 이야기를 활용하면서 학생들에게 도덕적 유산들을 전수할 수 있다. 또한 탐구 분위기를 조성하기 위해서는 협력학습과 프로젝트형 학습과 같은 학생 참여형 수업을 적극적으로 전개해야 한다. 이러한 참여형 수업 방식은 교실을 '하나의 도덕적 탐구의 공동체' 혹은 '하나의 도덕적 사고 실험의 장소'로 만들어 주고, 학생들에게 협동과 상호존중, 민주적 의사결정의 중요성을 일깨워 줄 좋은 기회가 될 수 있다.

② 각 교과는 각 교과의 특성에 알맞은 인성교육을 실시해야 한다.

앞서 논의한 바와 같이, 도덕과는 학생들의 마음의 눈을 뜨게 해 주는 인성교육의 중핵 교과로서 학생들에게 가르쳐야 할 핵심 덕목과 인성 역량을 분명히 이해하고 선정하는 과제, 이를 일상적이고 사회적인 삶의 맥락에 적용하여 실천적 문제를 해결할 수 있는 삶의 기술을 개발하는 과제, 자신의 삶과 행위에 대한 숙고와 성찰을 통해 도덕적 정체성과 바람직한 인성을 형성하게 하는 과제 등을 수행해야 한다.

구체적으로, 사회과는 보편적 민주 시민의 자질을 함양하는 데, 국어과
는 문학작품을 통해 삶의 의미를 이해하고 바른 언어교육을 통해 학생들의
언어 문화를 개선하는 데, 체육과는 상호 소통하고 협동하는 사회적 상호
작용 능력을 함양하는 데, 음악 · 미술과는 학생들의 감성과 사회성을 높이
는 데 기여할 수 있을 것이다. 이처럼 인성의 가장 핵심 특성인 도덕성을
다루는 도덕과를 중심으로 국어과, 사회과, 예체능 교과 등과 협력관계를
형성하고, 각 교과의 특성과 목표에 부합하는 방식으로 인성교육을 추진하
여 인성교육의 효과가 체계화되고 통합되어야 한다.

교과교육을 통한 인성교육의 실제

1. 도덕과를 통한 인성교육
도덕과는 직접적으로 덕을 배우고 실천하는 교과라는 점에서 실질적으로 인
성교육을 할 수 있다. 2011년 개정 도덕과 교육과정에서는 학교 교육에서 도
덕과가 인성교육의 중핵 교과로서 중심 역할을 할 것을 강조하고 있다. 개정
된 도덕과 교육과정에서 주요한 덕목은 전체 지향 덕목으로 존중, 책임, 정의,
배려, 내용 영역별(도덕 주체로서 '나', 우리와 타인의 관계, 사회 · 국가 · 지구
공동체와의 관계, 자연 · 초월적 존재와의 관계) 가치 · 덕목으로 자율, 성실,
절제, 효도, 예절, 협동, 준법 · 공익, 애국심, 통일 의지, 인류애, 자연애, 생명
존중, 평화 등이 제시되어 인성에 필요한 주요 덕목을 모두 포함하고 있다. 도
덕 교과에서는 인성교육을 이미 주도적으로 실시할 수 있으며, 그러한 면에서
인성교육의 활성화를 위한 구심 역할을 충분히 할 수 있는 경험이 있다. 또한
운영 방법의 측면에서 보아도 수업 방법이 상당한 정도로 개발되어 있어서 효
과적 활용이 가능하다.

2. 국어과를 통한 인성교육
국어과는 의사소통과 문학작품을 통해서 인성을 함양하도록 한다. 의사소통
에서의 배려와 존중, 그리고 말에 대한 책임은 말하기, 듣기 교육을 통해서 교
육할 수 있다. 예절과 배려, 존중 등의 인성은 말하고 듣는 자세에서부터 시작
하므로 의사소통 교육은 인성교육의 중요한 요소다. 또한 문학은 인생의 다양
한 부분을 문학적 감동과 더불어 전달하여 학생들에게 자신의 인생을 되돌아
볼 좋은 기회를 제공한다. 이를 통해 다른 삶에 대한 공감, 사회에 대한 문제

의식, 어떤 삶을 살아가야 하는가에 대한 성찰을 이끌어 낼 수 있다.

3. 사회과를 통한 인성교육

사회과는 일반사회, 역사, 지리의 세 영역으로 이루어져 있으며, 사회, 역사, 지리에 대한 학문적 인식으로부터 도덕성의 근거, 인간 삶에 필요한 인성의 근거를 찾아서 제시하고 있다. 지리 영역은 다문화, 타자에 대한 공감, 지역 균형에 대한 태도, 영토에 대한 관심 등에서 인성교육의 덕목을 가르치며, 역사는 우리 민족의 역사를 통해 민족성과 정체성에 대한 자각을 뚜렷이 제시하고 있다. 지리와 역사가 한국 시민으로서의 정체성을 확립하게 하는 영역이라면, 일반사회 영역은 보편적 민주 시민의 자질을 직접적으로 가르친다는 점에서 인성교육에서 일정한 몫을 가지고 있다고 할 수 있다.

4. 실과 및 기술 · 가정을 통한 인성교육

실과 및 기술 · 가정은 인간 삶의 가장 현실적인 부분을 다루고 있다. 학생들은 학교에서 생활해야 할 뿐만 아니라 지역 공동체 그리고 가정에서 생활해야 하므로, 각 공동체에서 발휘되어야 할 인성이 인생 전체에서 발휘되어야 할 인성과 다르다고 할 수 없다. 더욱이 인성교육은 가정에서 시작하며, 가정을 통한 인성교육은 우리의 전통적 소학(小學) 교육에서 강조한 바와 같이 인성 함양에 필수적이다. 기술 영역 역시 공동 작업을 통해 협력과 협동의 인성을 함양하는 데 중요한 역할을 할 수 있다.

5. 음악, 미술, 체육을 통한 인성교육

음악과 미술은 핵심 예술 교과로서 합창을 통한 협동심, 조화, 겸손의 미덕을 함양하거나, 미술 협동 작업을 통해 훌륭한 인성을 함양하는 것 등은 이미 다양한 연구를 통해서 잘 알려져 있다. 미술이나 음악에서 핵심적 교수 내용은 자신의 감정을 다양한 방법으로 아름답게 표현해 내고 공감을 통하여 타인에게 전달하는 것이며, 이것이 바로 심미성(aesthetic)이라는 덕목을 이루게 한다. 음악에서는 심미성이 자신감의 표현으로 나타나고, 미술에서는 주어진 상황에서 미적 감수성으로 나타난다. 또한 미술은 조형성, 색상의 선택, 디자인 등으로 자신을 표현하는 데서 다른 사람들의 동의를 얻는 절차를 통해 심미성을 함양해 갈 수 있다. 그뿐만 아니라 음악과 미술은 작품을 창작하는 과정에서 창의성을 함양하는 데 중심 역할을 한다.

체육은 경쟁과 자기훈련을 근본으로 한다는 점에서 인생의 축소판과 같다. 특히 팀 경기는 경쟁과 협력이 중요하고, 혼자 하는 개인 운동은 자아통제와 자기훈련 그리고 바람직한 경쟁심을 일깨운다. 경쟁에서는 '용기'라는 덕목이 요구되고, 이를 통하여 용기가 함양된다. 체육과에서는 이를 용기와 도전 정신 같은 진취적 기상을 함양하는 것으로 표현한다. 또한 혼자 하는 개인 운동의 경우, 자신과의 싸움에서 극기와 인내가 요구되고 이를 통하여 참을성, 인내심 등의 덕목이 함양된다.

6. 과학, 수학을 통한 인성교육
저명한 과학자와 수학자들의 자서전 혹은 전기를 활용해 수업하거나 과학자로서의 윤리 혹은 연구 윤리적 이슈에 대해 토론을 할 수 있다. 또 과학적 · 수학적 지식에 대한 (비판적 · 성찰적) 합리성, (진리, 타인의 입장에 대한) 개방성을 중시하는 수업 분위기를 조성함으로써 자연스럽게 인성이 함양되도록 유도할 수 있다.

출처: 한국교육과정평가원(2011).

(4) Step 4. 교과 외 활동에서 인성교육 실천하기

교과 외 활동(창의적 체험 활동)을 통해서도 인성교육을 실시하도록 한다. 학생들은 창의적 체험 활동(자율 활동, 동아리 활동, 봉사 활동, 진로 활동)에 자발적으로 참여하여 개개인의 소질과 잠재력을 계발 · 신장하고, 자율적인 생활 태도를 기르며, 타인에 대한 이해를 바탕으로 나눔과 배려를 실천함으로써 공동체 의식과 건전한 시민으로서 갖추어야 할 다양하고 수준 높은 자질을 함양하도록 한다.

창의적 체험 활동을 통한 인성교육을 효과적으로 실시하기 위해 학교 지원 전문 서비스 연계 체제를 구축하고, 교육(재능) 기부 사업과 창의적 체험 활동을 연계하며, 지역별 창의 체험 자원 지도(creative activity resource map)를 개발 · 보급하고, 창의 · 인성 및 체험중심 교육 활동을 중시하는 학교 문화 풍토를 조성해야 한다. 이를 위해 학교는 가정 및 지역 공동체와 연대하여 학생들의 생활 예절 교육, 멘토링 활성화 등을 통해 학생들의 인성 함양을 위해 노력해야 한다.

또 자율 활동, 동아리 활동, 봉사활동, 진로 활동을 통해 학생들의 인성 함양을 위해 노력해야 한다. 첫째, 자율 활동은 스스로 문제를 해결하는 역량을 신장하도록 학생들에게 충분한 기회를 제공하고, 학생들이 학교 규칙 개정에 적극적으로 참여하도록 유도함으로써 자율과 책임을 중시하는 학생 자치 문화를 형성하도록 노력해야 한다. 둘째, 동아리 활동은 학술 활동, 문화예술 활동, 스포츠 활동, 실습 노작 활동, 청소년 단체 활동 등을 통해 학생들의 인성 함양을 위해 노력해야 한다. 셋째, 봉사 활동은 교내 봉사 활동, 지역사회 봉사 활동, 자연환경 보호 활동, 캠페인 활동 등을 통해 학생들의 인성 함양을 위해 노력해야 한다. 마지막으로, 진로 활동은 자신의 정체성을 형성·발견하고 미래의 목표를 명확히 함으로써 건전한 시민으로 성장하는 데 기여하도록 자기이해 활동, 진로 정보 탐색 활동, 진로 계획 활동, 진로 체험 활동 등을 통해 인성 함양에 노력해야 한다.

(5) Step 5. 생활지도를 통해 인성교육 실천하기

학생들이 생활에서 스스로 도덕적으로 바람직한 행동을 하려는 동기가 유발되도록 해야 한다. 규칙을 준수하는 과정에서 가장 근본이 되는 훌륭한 윤리적 이유는 다른 사람들의 권리와 필요를 존중하는 것이다. 이것은 단지 벌에 대한 두려움이나 보상을 받기 위한 욕구에서 비롯하여 규칙을 준수하는 것과 차원이 다른 문제다. 따라서 학생들이 스스로 동기 유발될 수 있게 하는 것은 외부적 효과를 과도하게 강조하는 것을 막기 위해 필요한 효과적인 인성교육의 중요한 원칙 중 하나다.

① 학교는 그 자신을 위해 좋은 인성을 명쾌히 가치 있게 여겨야 한다.

인성교육에 대한 학교의 표현은 분명히 도덕적 동기에 대한 언급을 포함하고 있어야 한다. 학생들과 교사들은 내재적인 도덕적 동기의 중요성에 대한 인식을 보여 주어야 한다.

② 물질적인 보상(행동 수정적 보상)보다는 인성의 행위에서 오는 자연스럽고 도움이 되는 결과들을 인식하고 지지해야 한다.

이러한 인식은 학교 공동체 구성원들에게 널리 알려야 한다(예를 들어, 학생들에게 '금주의 학생'과 같은 보상을 얻게 하기보다는 교실에서 각 학생의 독특한 성격과 인성적 특징을 인식하도록 해야 한다). 학교는 학생들이 그들 스스로나 교실 간 바람직한 성취 혹은 경쟁을 하게 하는 과도한 '한 줄 세우기' 교육을 삼가야 한다. 교직원들과 학생들은 복도, 교실, 운동장 그리고 회의실과 같이 학교의 일상적 삶의 자연스러운 환경에서 서로에 대해 감사함을 인식하고 표현할 수 있어야 한다.

③ 건설적인 토의, 설명 그리고 결과 안에서 핵심 가치들을 강조해야 한다.

학교 및 학급 내에서의 징계 규칙은 토의, 설명 그리고 결과들에 기초해야 한다. 결과들은 일관적이고 공정하며 육체적으로 해롭지 않고 학부모들과도 의사소통이 되어야 한다. 교직원들은 일상적으로 반성과 자기동기 유발을 격려하는 방식으로 행위 관련 문제들을 다루어야 하며, 학생들에게 보상을 하고 도덕적 성장을 이룰 기회를 제공해야 한다. 아울러 정적 강화 전략의 사용과 같이 개인의 위신을 떨어뜨리지 않도록 한다. 학생들은 학급 경영과 학교 자치 기구에서 점차 적절한 역할을 가져야 한다. 예를 들어, 행위 규준과 규칙을 만드는 데 참여하기, 학급회의, 갈등 해결 프로그램 그리고 학생회의 같은 학생 자치 기구에서 역할을 맡는 것이 중요하다.

④ 정서 조절 및 관리법을 익히도록 도와야 한다.

학생들이 보이는 문제 현상의 대부분은 낮은 정서 조절 능력과 자기존중감 그리고 스트레스 대처 능력과 관련 있다. 학생들은 정서 조절과 스트레스 대처가 적절하게 이루어지지 못하여 자살과 우울증이 생기는 경우가 많으며, 학교폭력 가해자들은 가정 등에서 오는 스트레스, 분노를 조절하지 못하는 경우가 많다. 억압되어 있는 분노와 이 때문에 홧김에 저지르는 묻지마 범죄 또한 공감 능력과 충동을 조절하는 능력이 부족한 것과 연관되어 있다. 이러한 문제를 해결하기 위해 전문가가 학생들에게 자신을 이해하고 존중하며 자신의 정서를 조절하도록 교육해야 한다.

다양한 인간관계를 습득해 나가는 청소년 시기의 인간관계는 개개인의 인성 형성뿐만 아니라 성인기에 대인관계를 형성하고 유지하는 데 필요한 사회적 기능 및 태도의 기초가 된다. 특히 청소년기는 또래집단과의 친밀성과 집단으로부터의 수용 경험이 대인적 가치감을 발달시키는 중요한 역할을 한다. 그러나 자신에게 중요한 체계로부터 인정받지 못할 때 청소년들은 불안을 느끼며, 그 결과 폭력행동과 같은 부정적 행동이 나타난다. 따라서 청소년기에 올바른 대인관계를 형성할 수 있는 인성을 길러 주어야 하며 이를 위해 '공감' 능력이 필요하다. 공감은 의사소통 능력 및 대인관계 형성을 위한 근본이며, 공감적 반응은 자신을 표현하고 타인의 가치를 확인하며 지원적인 의사소통 분위기를 형성하므로 관계를 긍정적으로 발전시킨다.

또한 청소년기에는 감정 변화가 매우 심하게 일어나기 때문에 자신의 이성을 통제하기가 어렵다. 이러한 시기를 잘 극복하면 긍정적인 방향으로 나아갈 수 있지만, 그렇지 못할 경우 실패와 좌절을 경험하게 되고 문제에 부딪혔을 때 폭력행동과 같은 반사회적 행동에 의존하게 된다. 우리는 청소년들이 사소한 문제에 바로 욕설을 하고 주먹을 휘두르는 모습을 쉽게 목격하는데, 이는 입시와 성적, 친구와 이성 관계 등 각종 스트레스에서 오는 분노를 조절하는 데 어려움을 느끼기 때문에 가장 손쉬운 상대에게 이를 푸는 양상이라고 볼 수 있다. 이러한 문제를 해결하기 위해 '분노 조절'이 필요하다. 분노 조절이란 개인이 자신의 분노를 스스로 인식하고 이를 조절하는 능력을 기르는 것이다.

(6) Step 6. 인성교육 올바르게 평가하기

효과적인 인성교육은 다양한 방법을 사용하여 먼저 학교가 얼마나 돌봄의 공동체로 변해 가는지를 평가해야 한다. 학생들의 인성은 수업 참여율,

사고 발생 감소율, 이탈 행위 감소율 등을 종합하여 평가한다.

① 학교는 배움과 도덕의 공동체로서 얼마나 성공적이었는지를, 그리고 양
   적 · 질적 방법을 동원하여 정기적으로 학교의 인성을 평가해야 한다.

평가는 학교가 얼마나 효과적으로 인성교육 계획을 실행했는지에 의도
적으로 초점을 맞추어야 한다. 학교는 학업성취에 대한 인성교육의 영향
을 평가하고 긍정적인 결과들을 제시해야 한다. 학교는 학교 환경에서의
인성교육의 영향을 평가하고 긍정적인 결과들을 제시해야 한다. 평가는
학생들, 교사들 그리고 다른 학교 직원들과 학부모들로부터의 투입에 근거
해야 한다. 인성교육은 학교 전체 평가의 한 부분으로서 만들어져야 한다.
즉, 학교가 성공적인지에 대한 평가는 결코 학업성취도 점수에 국한되어서
는 안 된다.

② 교직원들은 인성교육자로서의 자신의 성장뿐만 아니라 인성교육 실행에
   대한 노력 역시 정기적으로 보고해야 한다.

이러한 보고를 받는 사람들은 학생들, 학교 전체 직원, 학부모들, 지역
교육청 관계자들과 정책 입안자들 그리고 유관 공동체 구성원들을 포함할
수 있다. 자료를 검토하고 반영하기 위해 조직화되고 비공식적인 기회도
포함해야 한다.

③ 학생들의 좋은 인성 자질에 대한 헌신, 정서적 애착 그리고 이해의 계발 정
   도를 평가해야 한다.

행위는 핵심 가치들을 반영하는 방법으로 평가되어야 한다. 학생들의
진척 상황은 다양한 접근으로 평가되어야 한다. 예를 들어, 인성교육 평가
는 성적표, 학생–학부모 · 교사 회의에 기초할 수 있다. 학생들은 그들의
삶에서 핵심 가치들의 중요성을 평가해야 하고 인성 관련 행위들에 대한
설문지를 완성해야 한다. 교직원은 학교 참석률, 학업성취 정도, 자원봉사
자, 정직한 행위, 외부 훈련 기관, 싸움, 공공기물 파손, 약물 사고 그리고

학생 임신에 관한 자료를 수집해야 한다. 교사들은 개별 학생들이 프로그램에서 최고의 혜택을 얻을 수 있고 적절한 변화를 만들 수 있도록 협동해야 한다.

④ 평가 결과를 공유한다.

인성교육 평가 결과를 학생들과 공유하여 학생들이 스스로 반성하고 생각을 조직화할 수 있게 한다. 또 무엇이 계획을 성공적으로 만들었는지에 관한 구체적 요인을 밝혀 인성교육에 시사점을 제시하고, 다른 사람이 평가를 이해하게 할 수 있다.

3. 가정, 학교, 지역사회가 함께하는 인성교육

가정은 학생의 인성 형성에 가장 지배적인 영향을 미치는 것으로 알려져 있다. 부가적으로 학교, 교우 집단, 공동체, 종교 등도 학생의 인성 형성에 영향을 미치는 대상이다. 우선 부모가 자녀의 인성 형성에 영향을 미치는 요소로는 부모의 애정, 훈육의 일관성, 자녀의 요구에 대한 반응, 모델링, 가치의 표현, 자녀에 대한 존중, 그리고 자녀와의 열린 대화 등을 들 수 있다. 학교는 학생들의 자존감을 포함한 자아개념(self-concept), 인간관계적·사회적 기능들, 가치, 도덕적 추론의 성숙성, 친사회적 성향 및 행위, 도덕성과 가치 등에 관한 지식 등에 영향을 미친다. 교우 집단은 자아개념, 갈등 해결과 같은 사회적 기능, 그리고 도덕적 추론 발달 등에 절대적인 영향을 미친다. 공동체는 대중매체, 이웃 관계 그리고 공동체의 문화적 가치와 관련된다. 미디어는 학생들에게 각종 편견과 공격 성향 등의 측면에서 부정적인 결과를 조장했고, 종교는 비폭력적 행위 및 건전한 정신건강과 관련되어 왔으며, 전통적인 문화적 가치는 젊은 세대를 윤리적이고 덕이 있는 사람으로 성장시키는 데 필요한 지식과 기능(skills)을 제공해 왔다.

바람직한 인성교육이 실시되기 위해서는 무엇보다 가정 및 공동체가 학교의 인성교육 노력에 능동적으로 참여할 수 있어야 한다. 학교 · 가정 · 지역 공동체 간의 파트너십 형성은 학생들의 인성 발달에 반드시 필요한 요소다.

인성 형성은 개인과 여러 환경의 상호작용으로 나타나는 결과로, 몇 가지 요인만으로 결정되고 형성되는 것이 아니다. 물론 인성과 관련한 유전적 요인도 있지만 대부분의 연구에서 환경적 요인에 의해 더 많은 영향을 받는다는 결과를 밝히고 있고, 생의 초기에 인간은 본능적 존재로서 전적으로 외부 세계의 보살핌과 보호에 의존하며 '교육'을 통해 자신이 속한 공동체의 문화나 관습 등을 습득하면서 하나의 개인으로 성장한다고 밝힌다. 이는 인간이 스스로 사회화되는 것이 아니라, 자신을 둘러싸고 있는 주변 환경과의 상호작용에 큰 영향을 받으며 성장함을 의미한다.

개인이 성장하고 발달함에 따라 가정에서 학교, 사회 순으로 중요한 영향을 미치는 환경이 변하게 된다. 그리고 삶의 초기에 강력한 영향을 미치는 가정환경은 아이가 이후 학교와 사회에서 삶을 영위하고 적응하는 데 밑바탕이 되고, 그 영향이 누적되어 학교와 사회환경이 아이에게 작용하는 질을 결정한다. 이처럼 가정과 학교, 사회는 개인의 인성을 형성하는 데 중요한 환경 체계로 각 발달 시기의 발달과업을 성공적으로 수행하도록 상호 조력하여 올바른 인성을 형성하도록 긴밀한 연계를 유지해야 함을 알 수 있다. 만일 가정과 학교, 사회가 각각의 역할을 제대로 수행하지 못하고 유기적인 관계를 정립하지 못한다면, 개인은 올바른 가치관을 확립하는 데 어려움이 있을 것이고 이상과 현실 사이에서 혼란이 가중되어 도덕적 의식의 부재, 인간성 상실과 같은 문제를 가지게 될 것이다. 따라서 가정 · 학교 · 사회가 일관성을 가지고 통합된 인성교육을 해야 할 필요가 있다.

이처럼 많은 연구에서 인성교육을 위해 부모의 협력이 반드시 필요하고 또 증진되어야 한다고 이야기함을 확인할 수 있고, 교사와 부모, 사회가 함께 같은 지향점을 가지고 학생들의 교육에 임할 때 교육의 효과와 효율성이 극대화된다는 것은 누구나 동의할 것이다. 하지만 실제로 교사와 부모, 사회가 인성교육에 대해 동일한 입장을 가지고 있지 않다는 연구 결과가 많이 있다. 교사와 부모의 인성교육에 대한 인식에는 차이가 존재하는데, 교사는 인성교육을 방해하는 요소로 가정에서의 인성교육 부족을 꼽는 반면, 부모는 학력 신장을 중시하는 사회 풍토를 꼽았다. 또 교사는 인성 함양이 반드시 필요하지만 부모는 반드시 필요한 것은 아니라는 입장을 가졌으며, '정직, 생활 예절 및 질서, 바른 생활 습관'은 교사가 부모보다 더욱 교육하고 있었고, '인내심, 근면 및 성실, 책임, 정의, 용기, 자기주도성, 관용, 공정성, 독립심' 등은 부모가 교사보다 더욱 강조하여 교육하고 있음을 알 수 있었다.

이상에서 확인했듯이 교사와 부모가 인성교육을 하는 과정에서 얼마나 일치된 태도와 가치관을 가지고 있느냐에 따라 청소년의 인성 형성에 차이가 있고, 교사와 부모가 동일한 태도와 가치관으로 함께 인성교육을 할수록 청소년의 인성 함양에 더욱 도움이 됨을 알았다. 이는 교사와 부모가 서로 일치하는 인성교육을 행하는 것이 청소년의 인성 형성에 긍정적인 영향을 미치므로 교사·부모의 일치된 인성교육 수행을 위해 상호 간 긴밀한 협력이 필요하다고 해석할 수 있다. 효과적인 인성교육을 위한 원리 중 '학교는 반드시 부모님과 지역사회의 구성원과 함께하여 학생들이 인성을 형성할 수 있도록 최선의 노력을 다해야 한다.'라는 내용이 있듯이 부모는 교육에서 매우 중요한 요소다. 또 아이들은 가정 내에서의 좋은 모델링과 학교 공동체에서 받을 수 있는 좋은 인성의 가치를 보고 배우기 때문에 아이의 인성교육은 부모, 교사 그리고 사회 모두의 책임이라고 이야기한다.

가정과 학교가 공통으로 중요하게 다루는 인성교육 내용일수록 그렇지 않은 내용에 비해 학생들의 인성 함양에 더욱 효과적으로 영향을 미친다는 연구 결과와 사회 체계 내 한 부분인 학교에서 하는 일은 독립적이기보다는 가정, 지역사회, 학교 밖 여러 사회 기관의 영향을 받는다는 점 등에서도 알 수 있듯이, 인성교육의 책임은 학교에만 국한될 수 없고 학교 차원에서의 학교폭력 문제 해결을 위한 노력에는 한계가 있으며 가정 및 지역사회와의 연계가 필요하다. 그러므로 사회의 변화에 따라 새롭게 요구되거나 중요성이 커지는 인성교육 내용은 가정·학교·사회가 함께 교육을 하

여 교육의 효과성과 효율성을 증진해야 할 것이다. 부모가 자녀의 가장 일
차적이고 중요한 인성교육자이고, 그다음으로 학교가 모든 단계에서 학생
들의 인성 발달을 고려한 학교 목표와 활동에 대해 학부모와 소통하려고
노력해야 하며, 이를 위해 가정에서 어떻게 도와줄 수 있는지도 함께 이야
기해야 한다. 또한 가정과 학교 사이의 신뢰를 구축하기 위해 학교는 학부
모가 학교 정책 계획 및 수립 과정에 참여하는 것에 우호적이어야 하며, 모
든 학부모는 학교가 제시한 핵심 가치와 이를 어떻게 가르칠 것인지에 대한
정보를 제공받고 이에 대해 반응하고 동의할 기회를 반드시 가져야 한다.

　학생들의 인성 발달에 영향을 주는 가정, 이웃, 정치적 결정 등과 같은
직접적 요인과 학교, 청소년 단체, 종교 등과 같은 간접적 요인들을 보아도
학생의 인성 발달에는 학교뿐만 아니라 가정, 지역사회 등도 영향을 미침
을 알 수 있다. 그리고 인성교육을 통해 함양해야 할 인성은 '개인의 내면을
바르고 건전하게 가꾸는 데 필요한 인간다운 성품과 역량'(개인적 차원) 및
'타인, 공동체, 자연과 더불어 살아가는 데 필요한 인간다운 성품과 역량'
(타인, 공동체, 자연과의 관계 차원)을 포함하는데, 이 두 가지 측면은 편의상
구분되는 것으로 실제로 엄밀하게 구분할 수 있는 것이 아니다(김재춘 외,
2012). 따라서 인성교육은 개인의 내면을 바르고 건전하게 가꾸고 타인, 공
동체, 자연과 더불어 살아가는 데 필요한 인간다운 성품과 역량을 길러 주
는 일로 정의할 수 있다. 타인, 공동체, 자연과 더불어 살아가는 데 필요한
성품과 역량을 키우는 과정에 큰 영향을 미치는 요인에는 학교, 가정, 및
공동체의 풍토, 대중매체 등이 포함된다. 따라서 청소년은 학교, 가정, 사
회로부터 인성 함양을 위한 자양분을 공급받으면서 교육받는 것이 무엇보다
중요하다.

1) 가정, 학교, 지역사회 연계를 통한 인성교육 사례

(1) 아산 신리초등학교 사례

아산 신리초등학교의 1학년 특별 인성교육 프로그램 중 학부모 재능기부 수업 '동글이 어울림 인성교육'에 대한 내용이다. 학부모에게 자녀에 대해 올바르게 인식하고 서로 소통하면서 다른 자녀에 대해서 이해할 기회를 제공하며, 학부모의 재능기부를 통하여 가정과 학교가 함께하는 인성교육에 대한 공감대를 조성하고 학교폭력을 예방하기 위한 프로그램으로 마련되었다. 이러한 프로그램을 통해 가정과 학교가 연계한 인성교육이 효과적일 수 있음을 보여 준다.

출처: http://www.ggilbo.com/news/articleView.html?idxno=185305

(2) 서울 노원고등학교 사례: 지역사회 유관 기관 협력과 인성교육을 통한 학교폭력 예방

서울 노원고등학교는 개인이 고립되고 가정이 해체되고 있는 위기의식을 극복하기 위해서 마을공동체와 학교가 협력해야 할 필요성을 깨닫고, 2010년부터 학생이 기획하고 주도하는 다양한 독서 활동을 기반으로 나의 성장은 물론 지역의 발전을 도모할 수 있는 독서 문화, 독서 운동을 진행하였다. 이와 관련한 활동으로 첫째, 마을에서 하는 방과 후 교실을 개설하여 매달 네 번째 금요일 지역주민이 희망하는 강좌(예: 천연비누 만들기 등)를 열어 운영한다. 둘째, 교사독서동아리를 매달 세 번째 금요일 실시하여 지정도서를 읽고 서로의 생각 나누기를 한다. 셋째, 학부모독서동아리를 매달 네 번째 월요일에 실시하여 마을주민을 포함한 학부모들이 지정도서를 읽고 서로의 생각 나누기를 하도록 한다.

교사, 학부모, 학생은 지역의 다양한 계층을 모두 흡수할 수 있는 구성원으로 학교가 지역 독서 운동의 한 영역을 담당하여 중추적인 역할을 할 수 있는 환경이며, 지역의 작은 도서관과 네트워크를 형성할 수 있다면 지역

책 읽기 운동에 더 큰 시너지 효과를 기대할 수 있다. 나아가 지역의 학생, 교사, 학부모, 기관이 횡적으로 연결되는 독서, 체험, 봉사의 네트워크를 구축하여 학교와 마을이 평생 교육의 실질적인 장이 될 수 있다.

출처: 김원곤, 오세규, 이재홍, 김종영, 배학진(2016).
2016 마을과 함께하는 행복한 학교. 서울특별시북부교육지원청.

(3) 서울 잠동초등학교: 'S-H-S(School-Home-Society)' 공감교육 프로그램

서울 잠동초등학교는 'S-H-S', 즉 'School(학교)-Home(가정)-Society (지역사회)' 공감교육 프로그램을 통해 소통할 수 있는 학교 문화를 만들어 학교에서의 교과학습, 창의적 체험 활동, 학교·학급 행사를 방과 후 활동, 가정·지역사회 활동과 연계해 학생, 교사, 학부모, 지역사회 등 교육 공동체 모두가 소통할 수 있는 행복한 학교 문화 조성을 목표로 했다.

우선 학교에서 창의·인성교육 강화를 위한 교육과정을 편성해 운영했다. 교과 활동을 재구성하고 생각 이어 나가기와 창의 연극을 통해 상상력뿐만 아니라 의사소통과 협동 능력을 기르도록 하고, 또한 인성교육 강화를 위한 특색 교육 활동도 편성해 운영했다. 독서·한자 교육 내실화와 자기관리를 통한 자기주도학습력을 신장시켜 학생들의 자신감을 높였다. 문·예·체 계절 운동과 음악회, 현장체험학습을 통해 창의·인성교육을 강화했고, 학교폭력 예방교육 강화, 상호 존칭 사용하기 등을 통해 존중과 배려를 실천하는 학교 문화를 조성했다.

수업 방법에서도 학년별 중점 수업 방법을 선정해 맞춤식 연수와 컨설팅 장학을 거친 뒤 실제 수업에 적용했다. 또한 공개수업을 통해 학년 내에서 교사들이 자율적으로 수업 방법을 공유하고, 수정·보완을 거쳐 다른 학급에 적용할 수 있도록 했다. 학년별로 정·약·용 프로젝트를 운영하기도 했다. 1학년 학생들은 빈 우유팩을 모아 재활용 공모전에 나가기도 했고 5학년 학생들은 동전을 모아 불우이웃 돕기에 참여하기도 했다.

집에서는 '알아가는 Talk' '다가가는 Talk' '함께하는 Talk'인 이른바 '3Talk'을 통해 학생과 학부모 간 다양한 소통 창구를 마련했다. 학부모 아카데미를 운영해 학부모들이 명사 초청 강연을 듣고 자녀를 이해할 수 있도록 도왔고, 학부모 상담주간을 운영해 학부모의 참여를 장려했다. 또한 다양한 체험학습과 가족 밥상 소통 시간 프로그램을 운영해 부모와 자녀의 대화 시간을 늘렸다. 아울러 학부모들의 전문 분야를 조사해 학부모들이 학생들의 인성 발달과 관련된 교육 기부를 할 수 있도록 했다. 이렇게 조직된 '학부모 교육기부회'는 1~2학년의 동아리 활동을 지원하고 진로 체험 집중 주간에 5~6학년 학생에게 진로 체험 수업을 실시했다. 더불어 책 읽어 주기 수업, 생각 두드림 고전 읽기 등 독서 지도도 함께 이뤄졌다.

기업인, 신문기자, 변호사 등 지역사회 전문가들이 학생들의 진로교육을 실시했고, 경찰서, 국립재활원 등 공공기관들은 학생들이 장애 체험 교실, 성교육, 안전교육, 봉사 활동 등을 경험할 수 있도록 도왔다. 이뿐만 아니라 남산도서관, 한국과학창의재단 등은 영화 토론 교실, 독서 캠프 등을 운영해 학생들의 창의·인성 발달 함양에 도움을 줬다.

이렇게 학교, 집, 지역사회와 연계한 공감교육을 통해 학생들은 수업에서 흥미와 높은 참여도를 보였으며 학교를 '행복하고 즐거운 곳'으로 인식하는 것으로 나타났다. 또한 교사와 학부모, 학생 간 그리고 학부모 간 상호 이해와 소통이 증가했고 학교 만족도와 신뢰도도 함께 높아진 것으로 분석되었다. 아울러 지역사회와 연계된 다양한 활동을 통해 세상과 공감하고 소통할 수 있으며 더불어 일상에서 봉사를 실천할 수 있음을 배웠다.

출처: http://www.asiae.co.kr/news/view.htm?idxno=2014020115075249279

(4) 서산여자고등학교: 학교, 가정, 지역사회가 연계한 융합형 인성교육 프로그램

서산여자고등학교는 학교, 가정, 지역사회가 연계한 융합형 인성교육 프로그램을 운영하여 학교폭력 힐링 프로그램으로 5년간 학교폭력 발생률

0%라는 기록을 세웠다. 여학생의 감성을 깨우는 사제 동행 활동과 감동이 있는 작은 음악회, 청소년 언어 문화 개선 프로그램이 대표적이다.

바른 품성 5운동 프로그램을 운영하여 학교에서만 이뤄지는 인성교육이 아닌 가정과 지역사회의 인적 · 물적 자원을 최대한 활용하는 프로그램들을 진행하고 있다. 또 학생들의 엄마가 급식실에서 모니터링을 하고 야간 자습 감독을 하며, 동네 한의원 원장님이 학교에서 침을 놓아 주고, 깜깜한 하교 시간에는 자율방범대 아저씨가 귀가 지도를 돕는다. 학교와 학부모 간 밀접한 파트너십 형성을 통해 자녀 문제에 공동으로 대처하기 위해서다. 학교에 참여할 기회의 장을 마련해 학교 교육의 신뢰를 높이고자 가정과 연계한 프로그램으로 마미 서포터스 프로그램과 자녀 교육을 위한 학부모 컨설팅 특강을 2년 전부터 운영해 오고 있다. 마미 서포터스 프로그램은 학부모 교육 도우미 활동을 희망하는 어머니 중 교육에 대한 관심이 높고 자질과 능력을 갖춘 부모를 학교장이 위촉해 고사 감독관 서포터 활동, 야간 자기주도적 학습 서포터 활동, 급식실 모니터링 서포터 활동, 점심시간 학교폭력 예방 서포터 활동을 시행하고 있다. 바른 품성 교육을 가정에서도 연계지도가 가능하도록 자녀 진로지도 교실, 자녀와의 대화법, 찾아가는 좋은 학부모 교실 등 학부모를 위한 인성교육 컨설팅 프로그램도 제공하고 있다.

학교와 가정에서 운영하는 데 어려움이 있는 전문성이 필요한 프로그램은 지역사회 단체와 업무 협약을 체결해 학교폭력 예방 교실(서산경찰서), 생명 존중 심폐소생술 교실(서산소방서, 서산수난구조대), 안전한 하굣길(서산시 자율방범대), 녹색성장 자전거 정비 교실(서산 프로바이크), 생리통 한방 교실(서산시 한의사협회) 프로그램을 운영하며 학교 · 가정 · 지역사회가 밀접하게 네크워크를 형성하고 있다.

그리고 학교폭력 근절을 위해 학생회 대의원으로 구성된 35명의 학교폭력 힐링 봉사 동아리를 활용하여 학생 주도로 운영되는 '바이크 패트롤(자전거 순찰대)' 활동과 학교폭력 위험에 노출된 학생과 짝을 이뤄 공동 과제를 수행하고 캠핑 활동을 통해 스트레스를 없애 자기성찰의 시간을 가지게 하는 '스마일 둥지 힐링 캠프'를 진행하고 있다. 이 밖에 야구, 배구, 축구 등의 '프로 스포츠 경기 관람을 통한 힐링 프로그램', 에어로빅과 필라테스 강사를 초청해 화 · 목요일 오후 100여 명의 학생들이 참여하는 '신체 활동을 통한 힐링 프로그램'을 운영해 학생들의 스트레스를 없애고 있다. 심리적 재충전의 기회를 마련하는 것이다. 에어로빅과 요가는 학교폭력 예방과 몸매 관리라는 두 마리 토끼를 잡을 수 있어 학생들이 가장 좋아하는 프로그램이기도 하다.

출처: http://www.cctoday.co.kr/news/articleView.html?idxno=785725

4. 활동하기

지금까지 학교에서의 인성교육 방안에 대해 여러 가지 차원에서 살펴보았다. 교사가 학부모와 지역사회를 연계하는 것이 바람직하다고 하였지만 실제로 다양한 어려움에 직면하는 경우가 많다.

다음은 인성교육 과정에서 학교-부모 연계 시 학부모와 갈등이 발생한 사례다. 이런 상황에서 학부모와 어떻게 관계를 맺는 것이 바람직할지 그 방안을 마련하고 발표해 보자.

■ 학교폭력 처리 놓고 학부모와 교사 간 갈등이 폭행 불러

청주의 한 중학교에서 학부모가 자녀의 담임교사를 폭행한 사건이 발생하였다. 사건의 발단은 개학일을 알려 주지 않아 아들이 학교에 가지 못한 것이었다. 아들이 급우들의 괴롭힘으로 학업을 일시 중단해 개학일을 알 수 없었는데도 개학일을 통보하지 않은 교사의 무성의에 항의하는 과정에서 학부모가 교사를 폭행한 것이다.

학부모는 1학년인 아들이 지난 3월부터 집단 괴롭힘을 당했지만 학교 측이 7월이 돼서야 조사를 시작해 이래저래 학교 측에 불만이 쌓여 있었다. 더욱이 학교 측이 집단 괴롭힘을 피해학생보다는 가해학생 위주로 처리하는 것에 대해 분노하였다. 학교폭력대책자치위원회가 열려 가해학생 6명 가운데 4명이 전학 조치됐고 나머지 2명은 그대로 학교에 다니고 있었다. 이에 대해 학교 측은 집단 괴롭힘을 알게 된 시기는 지난달로 학교와 담임교사가 그 사실을 묵살한 것은 아니라고 밝혔으며, 선도위원회와 학교폭력대책자치위원회를 열어 가해학생들에 대한 전학이나 접근 금지 명령 등의 징계도 내렸다고 덧붙였다. 그러나 피해학생과 가해학생 양쪽이 이 처분에 대해 불복하고 재심을 요구한 상태여서 재심 결과가 나올 때까지 기다리는 중이라고 설명하였다. 학교 폭력의 처리 과정이 서로 간의 불신과 오해로 이어져 피해학생은 물론 교사에게도 큰 상처만 남게 되었다.

출처: http://www.ytn.co.kr/_ln/0115_201208280207232714

■ 인성교육 법제화에 대한 그들의 생각은?

찬성: 김해 여고생 폭행 사건, 군대 내 잇따른 폭행 사건 등 인성교육의 부재로 발생하는 다양한 사회적 문제들을 생각해 봤을 때 인성교육을 법제화할 필요가 있다.

반대: 인성이 교육으로 향상될 수 있는 것이라면 왜 그동안 시행되지 않았는지 의문이며 인성은 학습으로 향상될 수 있는 것이 아니다. 인성교육을 법제화했을 경우 교육 수준으로 인성을 평가할 수 있느냐의 문제가 있다.

출처: http://www.youtube.com/watch?v=gQ_8Wj8KVQk

사회적 이슈

다음은 학교폭력과 관련하여 사회적으로 주목을 받고 있는 이슈다. 이와 관련한 다음의 사례를 읽고 이에 대해 동료와 토론을 한 뒤 의견을 정리해 보자.

학교 인성교육이 법으로 의무화되었다. 법안에 따르면, 정부가 5년마다 수립하는 인성교육 기본 계획에 추진 과제와 세부적 실현 방안, 재원 마련 방법 등이 담긴다. 시·도교육감도 기본 계획에 따라 매년 인성교육 시행 계획을 세워야 한다. 개별 학교는 총예산의 일정 비율을 인성교육 예산으로 쓰고, 교육 내용을 교육감에게 보고하도록 한다. 인성교육 수업시수도 대통령령으로 정하기로 했다. 사범대학 및 교육대학에서는 인성교육 관련 과목을 필수로 이수토록 했다.

서남수 전 교육부 장관은 "인성교육법 제정이 교육의 본질적 의미를 회복하는 데 큰 역할을 할 것."이라고 말했다. 인성포럼 공동대표인 신학용(민주당) 교육문화체육관광위원장은 "인성교육 강화를 위해 여야 의원들이 초당적으로 나서고 있다"고 말했다.

청소년 인성 함양에 인성교육의 의무화가 대안이 될 수 있을까?

출처: http://article.joins.com/news/article/article.asp?total_id=13231771&ctg=1201

Week ⑬

사회적 문제로서의 학교폭력

학습 목표

1. 다양한 사례에서 나타나는 사회적 문제의 원인과 구조를 파악할 수 있다.
2. 사회 시스템인 거시적인 관점에서 학교폭력의 해결 방안에 대해 생각할 수 있다.

지난 주 사회적 이슈

학교폭력과 관련해 생각해 볼 만한 사회적 이슈는 다음과 같다. 이에 대해 동료의 의견을 듣고 관련 기사를 보며 나의 생각을 정리해 보자.

청소년 인성 함양에 인성교육의 의무화가 대안이 될 수 있을까?

또 하나의 채점표, 인성교육진흥법

2015년 7월 21일, 「인성교육 진흥법」이 시행되었다. 「인성교육진흥법」은 '인간으로서의 존엄과 가치를 보장'하며, '올바른 국민 육성'을 통한 '국가 사회의 발전'을 목적으로 인성을 함양한 학생을 길러 내겠다는 취지다. 매번 새롭게 바뀌는 교육과정, 입시전쟁에 지친 학생들에게 이 법은 어떤 영향을 미칠까. 「인성교육진흥법」은 공포된 1월 20일부터 치열한 찬반론에 휩싸였다. 많은 사람이 인성이라는 정신적인 가치가 주입식 교육으로 인해 변질할 것을 염려하며 의구심을 보였다. 법은 인성교육의 목적으로 '자신의 내면을 바르고 건전하게 가꾸고 타인·공동체·자연과 더불어 살아가는 데 필요한 인간다운 성품과 역량을 기르는 것'이라 일컫고, 핵심 가치 덕목을 예, 효, 정직, 책임, 존중, 배려, 소통, 협동 등의 마음가짐이나 사람됨과 관련되는 핵심적인 가치 또는 덕목, 핵심 역량은 핵심 덕목을 실천하는 데 필요한 지식, 공감, 의사소통 능력, 갈등 해결 능력을 통합한 능력으로 정의하고 있다.

그러나 본디 인성을 구성하는 가치들에는 경중이 없다. '핵심'이라는 말을 곁들인 구분법은 현재까지 학생들의 인성을 도외시하도록 만들던 등급제와 같은 구조를 양산한다. 기존 교육 체제의 고질적인 문제점이 「인성교육진흥법」에도 고스란히 남아있는 것이다. 인성에 대한 이해가 '인성'교육진흥법에서조차도 인성에 대한 이해가 충분히 이루어지지 않은 모순적인 모습은 의구심을 유발하기에 충분하다. 정말 인성을 위한 법인가?

또 다른 의구심은 교육의 주체에 있다. 많은 사람이 이 법으로 인해 공교육과 사교육의 불균형이 심화될 것을 우려하고 있다. 「인성교육진흥법」이 사교육 단체들에게 새로운 사업 아이템을 제공한다는 것이다. 인성교육진흥법은 인성교육과 관련한 업무를 전문기관과 단체에 위탁할 수 있다고 명시하고 있다. 실제로 법이 제정된 시점부터 사교육계는 '인성'이라는 키워드로 들썩거렸다. 기존 프로그램에 인성교육이라는 이름만 붙여 홍보하거나 원래부터도 인성교육을 중요시해 왔다는 메시지를 담은 교육 단체들의 게시물들도 심심찮게 보인다. 인성을 교육해야 할 사람들이 사업자의 마음가짐을 가지고 있다는 점이 아이러니하다. 사람들은 인성마저 경쟁을 위해 학습하고 맞추어야 하냐는 비판의 목소리를 높이고 있다.

그렇다면 교육을 제공하는 주체는 준비되어 있는가? 제대로 된 인성교육에 대한 이해, 그리고 인성교육 프로그램이 마련되지 않은 상황에서 시행되는 「인성교육진흥법」은 지자체와 학교의 입장에서도 난감하기 그지없다. 지자체는 관련 프로그램의 개발과 보급, 학교는 계획안 수립, 교육과정의 편성과 운영, 교사는 인성교육 연수 이행의 의무를 지닌다. 교원양성기관 역시 필수 과목을 개설해야 한다. 인성이 의무로서 강요되고 있다. 교육 정책을 위한 인성 함양이 강제되는 모순적인 상황이 재현되고 있다. 교육을 맡을 주체들에게도 의무적으로 부여되는 인성이라는 덕목이 학생들에게 순수하게 전달될 리 없다.

「인성교육진흥법」은 학생들, 국민의 인성과 그 존엄성과 가치를 위한 법으로 명시되어 있다. 그러나 진정으로 학생들의 인성 함양이 염려된다면 새로운 체제를 반복적으로 도입하고 프로그램을 추가할 것이 아니라, 기존 체제가 학생들이 기본적인 인성을 정립해 나갈 수 있도록 제도적, 환경적 뒷받침이 되어주고 있는지에 대한 재평가와 성찰이 선행되어야 한다. 학생들이 기본적으로 소화해야 마땅하다고 요구되는 교과목들의 양은 이미 포화 상태. 인성에 대한 진중한 성찰 없는 「인성교육진흥법」이 진정한 '인성' 함양을 목표로 하기 위해 나아가야 할 길은 어디일지 그 귀추가 주목된다.

출처: https://blog.naver.com/lk_paper/220467279133

1. 사회 구조 안에서의 개인

　인간의 본성이 선한 것인지 악한 것인지의 문제가 아닌 인간이 놓인 상황, 시스템이 인간의 본성과 행동을 결정할 수 있다는 관점을 살펴보면서 인간의 본성에 대한 물음을 제기해 볼 필요가 있다. 자신이 놓인 상황과 시스템에 따라 개인은 자신의 이성, 책임감, 본성 등을 충분히 망각할 수 있기 때문이다. 따라서 개인을 독립적인 존재로 바라보기보다는 '상황 속의 인간'으로 간주하고 개인의 행동에 영향을 주는 여러 사회적 시스템을 살펴보는 관점에서 학교폭력을 바라볼 필요가 있다.

▦ 루시퍼 효과(Lucifer Effect)

'루시퍼 효과'는 필립 짐바르도 교수가 1971년에 행한 스탠퍼드 감옥 실험 후 명명한 것으로, 인간은 선한 면과 악한 면이 공존하는데 어떠한 상황이나 구조에 놓이면 자신도 모르게 그 상황의 영향을 받아 하지 말아야 할 행동을 하게 된다는 것이다. 이 실험은 선발된 대학생 24명이 죄수와 교도관 역을 맡아 스탠퍼드 대학교 심리학과 건물 지하에 있는 가짜 감옥에서 생활하도록 구성되었다. 역할은 무작위로 정해졌고, 실험 참가자들은 자기 역할에 예상보다 잘 적응했다. 교도관들은 권위적으로 행동하고, 심지어는 가혹 행위를 하는 등 실험은 눈 깜짝할 새에 통제 범위를 벗어났다. 교도관들에게서 굴욕적인 대우와 가학적인 행위를 받은 수감자들은 괴로워했으며, 그 행위들은 묵인되었다. 스트레스가 지속적으로 증가한 수감자들은 결국 반란을 일으키는 등 실제 감옥 혹은 전시 상황에서 포로에게 행해지는 가학적이고 폭력적인 행위와 동일한 상황이 나타남을 실험을 통해 확인할 수 있었다. 실험이 진행되면서 몇몇 교도관은 매우 폭력적으로 변했고, 실험자들은 교도관 중 3분의 1이 실제로 잔학한 경향을 보였다고 말했다. 결국 스탠퍼드 감옥 실험은 14일 동안 진행하기로 예정되었으나 6일만인 1971년 8월 20일에 종료되었다.

출처: http://www.youtube.com/watch?v=sSmdmabvz-8

2. 사회 문제와 그 구조적 문제 파악하기

1) 성차별 문제

근대사회의 민주주의에서 모든 '개인'은 자유롭고 평등하다. 그러나 실제로 민주주의가 18세기부터 시작됐음에도 20세기가 되기까지 여성의 참정권은 보장되지 않았다. 누구나 투표할 수 있는 평등한 권리를 가지지만, 여성은 2세기 가까이 그 권리를 누리기 위해 투쟁해야 했던 것이다.

이 영상에는 여성의 인권을 외치고 참정권을 받아 내기 위해 노력한 여성들에 대한 소개가 담겨 있다. 세계에서 첫 번째로 여성이 참정권을 얻어 낸 나라인 뉴질랜드의 참정권 운동가 케이트 셰퍼드에 대한 소개를 시작으로 다양한 국가의 여성 참정권 운동가를 소개하며 여성으로서 더 인간다운 삶을 위한 첫걸음으로서의 '투쟁' 및 여성참정권연맹과 여성사회정치연합을 결성하여 활동한 내용을 소개한다.

출처: http://www.youtube.com/watch?v=YFxoXvg0sZc

초기 페미니스트들은 남성과 여성이 동등해지려면 이성적인 인간이 되기 위한 교육이 필수적이라고 생각하였다. 여성은 남성보다 지적이지 못하고 이성적이지 못하여 남성에게 종속되는 것이 당연하다는 사회적 인식이 지배적이었기 때문이다. 당시 페미니스트들은 여성이 성적으로 평등하고 정의를 성취하려면 사회가 여성에게 남성과 동등한 교육의 기회를 제공해야 할 뿐만 아니라, 남성이 즐기는 시민의 자유와 경제적 기회를 동등하게 제공해야 한다고 주장하였다.

성 불평등 이론에 따르면, 남녀 사이의 불평등은 사회 조직에서 초래되는 것이지 여성과 남성 간의 유의미한 생물학적 혹은 성격의 차이에서 초래되는 것이 아니다. 근대사회에서 민주주의의 기본 개념은 공과 사의 구분이다. 공은 정치나 공동체의 일 그리고 이러한 일에 참여하는 개인이 속하며, 가정은 사적인 영역에 속한다. 이러한 공과 사의 구분이 확실한 사회 구조에 따라 성 역할도 구분되는데, 기본적으로 여성은 가정과 같은 사적인 영역에 속한다는 생각을 가지고 있다. 따라서 여성의 문제는 사적 영역의 문제가 되고, 공적인 일을 다루는 민주주의 의제가 되기에는 적절하지 않다고 여기게 되었다. 또한 사적 영역에 속하는 여성이 공적 영역의 일에 속하는 참정권을 획득하는 것은 용납되지 못하였다. 남성은 태양, 활동, 정치, 건조 등과 관련되는 것으로 인식하며, 여성은 달, 온순, 가정, 습함 등과 관련되는 것으로 인식하는 경향이 있으며 이를 벗어나면 일탈이 된다. 따라서 개인의 성격이나 능력이 아닌 성별의 차이에 따라 공적 영역, 사적 영역으로 구분하고 이를 벗어나는 행동을 용인하지 않음으로써 성차별이 생기게 된 것이다.

Question. **성차별 문제 해결을 위해 필요한 것은 무엇인가?**

Answer.
1. **상대적 평등의식**이 있어야 한다. 평등에는 상대적 평등과 절대적 평등이 있는데, 절대적 평등은 누구든 무조건 똑같이 대하는 것을 의미한다. 만약 어른과 아이가 달리기를 하여 어른이 이겼을 때, 평등하게 심판하여 어른에게 상을 주는 것이 과연 진정으로 평등한 것인가에 대해 생각해 보아야 한다. 이 경우에 어른과 아이의 신체적 발달의 차이를 인정하여 차별적으로 대우해야 하는 상대적 평등이 필요한 것이다. 여성과 남성 사이에도 이와 같은 상대적 평등을 적용해야 하는 경우가 존재한다. 남성과의 평등을 실현하기 위해서는 여성만이 가지고 있는 차이를 인정하는 평등이 필요하다. 단순한 기회의 평등만으로는 사회 전반적인 차별 구조가 여성의 권리를 회복시키지 못하고 오히려 불평등을 가속화하기 때문에 다양한 적극적 조치의 실행이 필요하다.
   여성은 남성과 달리 출산을 하면서 아이 양육과 신체 회복 등의 이유로 사회생활에 지장을 받는다. 현대사회에 이르러 여성이 사회에 많이 진출하게 되면서 아이를 낳지 않는 경우가 증가하였고, 이것이 바로 저출산이라는 새로운 사회 문제를 초래하는 가장 큰 요인이 되었다. 이 경우, 여성이 아이를 낳는 일로 인하여 받게 되는 불이익을 최소화할 수 있도록 사회에서 보장해 주는 것이 진정한 평등이라고 할 수 있다. 즉, 아이를 낳으면 출산 휴가, 육아 휴직, 직장 복귀 등을 보장하여 여성이 남성과 다른 신체적 요건으로 인하여 남성은 경험하지 않는 출산과 육아 등을 경험하게 되는 불평등으로부터 평등하게 사회로 복귀하도록 하는 것이야말로 진정한 평등이라고 할 수 있는 것이다.

2. **사회 전반의 남녀평등의식의 일반화**가 이루어져야 한다. 직장 내 여성차별이 표면상으로는 없는 것처럼 보이지만, 아직도 알게 모르게 여성이 차별을 받고 있는 경우가 많다. 동일한 조건에서는 남자 직원을 선호하는 경우도 있고, 승진 기회도 남자에게 더 주어지는 경향이 있으며, 구조 조정 시에는 여성이 직장을 그만두게 되는 경우가 더 많다. 이는 우리 사회 전반에 남성보다 여성의 경우 생리, 출산이나 육아 등과 같은 직장에 몰입할 수 없게 하는 요인이 많아 남성이 훨씬 직장 일에 열정적으로 임할 수 있을 것이라는 생각이 만연해 있음을 의미한다. 여성에게 사회생활에의 몰입을 방해하는 요인을 극복하고 남성만큼 직장 일에 몰두할 수 있도록 하는 여러 가지 사회적 제도를 마련한다면, 여성도 남성처럼 사회적으로 동등한 일을 하고 부담 없이 일과 가정의 양립에 힘쓸 수 있을 것이다.

3. **고정관념에서 벗어나야** 한다. 우리는 생활 곳곳에서 무의식적으로 여자니까 또는 남자니까 하는 생각을 아직도 하고 있다. 이러한 남녀에 대한 고정관념은 태어나서부터 무의식중에 경험하는 것으로, 여자라면 어떠해야 한다 혹은 남자라면 어떠해야 한다는 성에 대한 전형적 모습을 상정하고, 살면서 이와 같은 전형적 모습에서 벗어난 남성과 여성을 보면 자신도 모르게 불편함을 느낀다. 최근 이러한 고정관념은 과거에 비해 많이 줄어들었고, 양성평등에 대한 가치관이 일반화되는 추세지만 아직도 '남자는 쉽게 울면 안 된다' '여자는 남자를 잘 만나야 한다'는 등의 고정관념은 우리 사회 전반에 깊게 박혀 있다. 남성과 여성을 구분 짓는 편견을 없애는 것이 양성평등을 이룰 가장 근본적인 해결 방안이라 할 수 있다.

2) 계층 차별 문제

사회계층이 형성된 원인은 크게 두 가지 관점으로 바라볼 수 있다(이은구, 1997). 우선 기능론적인 관점에 따르면, 사회적 희소가치의 차등 분배를 위해 사회계층 형성은 필연적이고 보편적이다. 즉, 사회에서 보다 중요한 자리가 있고 그 자리를 차지한 사람에게 더 나은 보상을 주는 것이 당연하다는 것이다. 이러한 보상의 차이가 있어야만 사람들은 더욱 열심히 일을 하게 되어 결과적으로 사회 전체에 도움을 준다고 여긴다.

반면, 갈등론적인 관점에 따르면 사회계층의 존속은 지배 집단의 기득권을 유지하기 위한 것이다. 계층의 차이는 사유재산 제도에 기초를 두고 있는 지배 계급의 힘과 강압에 의해 유지되는 현상으로, 기득권층이 자신의 이익을 영속시키기 위해 자신의 계급에 더 많은 보상을 주도록 사회제도를 구성했다는 것이다.

■ 비하르 여성, 학교에 가다

인도의 서쪽 국경 지대 비하르는 인도 내에서도 카스트 제도의 영향력이 가장 강력한 곳이다. 카스트 제도에 따라 교육과 직업이 구분되어 최하층은 교육에서 심각한 차별을 받는다. 이러한 가장 낮은 계층이 모여 사는 비하르 지역에서 카스트 제도를 넘어 많은 사람이 교육을 받고자 한다. 글을 모르는 여성들은 말과 그림을 통해 기본적인 교육을 받기 시작하였고 교육을 받을 곳이 전혀 없던 지역에서 사람들의 의식이 점차 변하면서, 과거에는 교육이 필요 없다는 이유로 부모가 자녀를 학교에 보내지 않았는데 점점 부모가 자녀를 학교에 자발적으로 보내고 있다. 또한 비하르의 한 학교가 최하층에 속한 여성에게 교육을 개방하면서 새로운 교육이 시작되고 있다.

출처: http://tvcast.naver.com/v/128208

인도의 계급사회의 근원을 거슬러 올라가면, 유목민이던 아리야족이 농경민으로서 갠지스 평원에 정착하면서 복잡해진 사회 구조가 그 시초라고 할 수 있다. 사회 분화가 이루어지면서 왕이 종교, 군사, 정치의 모든 기능을 수행할 수 없었고, 이에 따라 복잡해진 종교 의식을 맡을 전문적인 사제인 브라흐만 계급이 생겨났다. 이때부터 지도자, 피정복민과 같은 노예 계급이 형성된 것이다. 이러한 계급 제도(바르나 제도)를 브라흐만 계급이 자기의 특권을 유지하기 위한 수단으로 삼으면서 사회적 분업이 확립되었다. 복잡한 사회 조직의 질서와 지배 계급의 특권, 전통을 지키기 위한 필요 등에 의해 계급 제도가 생겨난 것이다.

Question. **계층 차별 문제를 해결하기 위해 필요한 것은 무엇인가?**

Answer.

1. 제도적인 측면에서 살펴보면 **사회적 약자를 보호하기 위한 법과 정책을 마련해야 한다.** 자본주의 사회에서는 경제적인 격차로 사회 약자층으로 낙오되기 쉽고, 인도와 같은 국가에서는 출생부터 계급이 결정되어 사회적으로 낮은 계층에 속하게 된다. 따라서 이에 대한 적극적 조치를 취해 이들이 최소한의 인간적인 생활을 유지할 수 있도록 법과 정책을 마련해야 한다. 그 중 하나로 합법적인 신분 상승의 기회를 제공해야 한다. 또한 부유층에게는 재산 증식의 공정한 규칙을 적용하고, 부와 명성에 대한 사회적 책임을 다하도록 법과 제도를 정비할 필요가 있다. 이와 관련하여 스웨덴에서는 국가가 '국민의 집'이라는 주장이 제기되었다. 구체적으로 집(가정)의 기본은 공동체와의 동고동락에 있다. 훌륭한 집에서는 누구든 특권 의식을 느끼지 않으며 누구도 소외되지 않는다. 독식하는 사람도 없고 천대받는 아이도 없다. 다른 형제를 얕보지 않으며 그를 밟고 이득을 취하지 않는다. 이런 '국민의 집'은 오늘날 우리가 안고 있는 특권 상류층과 저변 계층의 사회적·경제적 격차 문제를 극복할 수 있는 대안이 될 것이다.

   사회 구성원 간의 진정한 '평등'을 요구하는 오늘날의 스웨덴 사회처럼 사회적 격차를 해소하고 좋은 '국민의 집'을 건설하기 위해 사회적 돌봄 정책(사회복지 정책)과 경제적 균등 정책이 필요하다. 또한 기업 경영에서(노동의 가치가 인정되는) 정당한 지분이 지급되어야 한다. 민주주의는 (정치적 수단에서뿐만 아니라) 모든 사회적·경제적 측면에서도 이루어져야 한다.

2. 의식적인 차원으로는 **경제적·사회적 상류층에게 노블레스 오블리주(Nobless Oblige)의 의식교육**을 강화하는 것이 필요하다. 이는 높은 사회적 신분에 상응하는 도덕적 의무를 뜻하는 말로, 프랑스어로 '명예(noblesse)만큼 의무(oblige)를 다해야 한다'는 뜻이며 사회지도층의 도덕적 의무를 말하는 것이다. 이는 초기 로마 시대에 왕과 귀족들이 보여 준 투철한 도덕의식과 솔선수범하는 공공정신에서 비롯되었는데, 유럽에서 귀족이 전장에 나가 목숨을 바쳐 공동체의 안전을 지키고 그에 대한 대가로 농노에게 세금과 복종을 요구한 데서 유래되었다. 초기 로마 사회에서는 사회 고위층의 공공봉사와 기부·헌납 등의 전통이 강하였고, 이러한 행위는 의무인 동시에 명예로 인식되면서 자발적이고 경쟁적으로 이루어졌다. 특히 귀족 등의 고위층이 전쟁에 참여하는 전통은 더욱 확고했는데, 로마 건국 이후 500년 동안 원로원에서 귀족이 차지하는 비중이 15분의 1로 급격히 줄어든 것도 계

속되는 전투에서 귀족이 많이 희생되었기 때문인 것으로 알려져 있다. 이러한 귀족층의 솔선수범과 희생에 힘입어 로마는 고대 세계의 맹주로 자리할 수 있었으나, 제정(帝政) 이후 권력이 개인에게 집중되고 도덕적으로 해이해지면서 발전의 역동성이 급속히 쇠퇴한 것으로 역사학자들은 평가하고 있다.

근대와 현대에 이르러서도 이러한 도덕의식은 계층 간 대립을 해결할 수 있는 최고의 수단으로 간주되어 왔다. 특히 전쟁과 같은 총체적 국난을 맞이하여 국민을 통합하고 역량을 극대화하기 위해서는 무엇보다 기득권층의 솔선하는 자세가 필요하다. 실제로 제1차 세계대전과 제2차 세계대전에서는 영국의 고위층 자제가 다니던 이튼 칼리지 출신 중 2,000여 명이 전사했고, 포클랜드전쟁 때는 영국 여왕의 둘째 아들 앤드루가 전투헬기 조종사로 참전하였다. 한국전쟁 때에도 미군 장성의 아들이 142명이나 참전해 35명이 목숨을 잃거나 부상을 입었다. 당시 미8군 사령관 밴플리트의 아들은 야간 폭격 임무 수행 중 전사했으며, 대통령 드와이트 아이젠하워의 아들도 육군 소령으로 참전했다. 중국의 지도자였던 마오쩌둥이 한국전쟁에 참전한 아들의 전사 소식을 듣고 시신 수습을 포기하도록 지시했다는 일화도 유명하다. 상층 집단은 사회적 약자를 배려하는 정신을 가져야 하고 자본주의 사회에서 발생하는 경쟁과 대립보다는 서로를 존중하는 태도를 취하는 것이 필요함을 알아야 한다.

3) 다문화 문제

현재 대한민국 거주 다문화 가족 수는 75만 명, 다문화 가족 아동 수는 19만 명을 넘어섰다. 이는 한국 사회 또한 다문화 사회로 접어들었음을 뜻한다. 이에 따라 다문화 사회를 미리 준비하고, 서로 다름에 대해 인정하는 다문화 인식 개선이 중요한 사회적 과제로 떠오르고 있다.

학술적으로 볼 때, 민족(ethnicity)과 인종(race)은 구분되는 개념이다. 민족은 언어, 전통 등 특정 집단이 공유하는 문화적 특징에 따른 구분이라면, 인종은 피부색과 같이 생물학적인 부분과 관련이 깊다. 물론 인종이 전적으로 생물학적으로 결정되는 것은 아니다. 오히려 개인적·사회적으로 중요하다고 지각되는 외양적인 차이에 따라 인종 정체성이 달라진다고 보는 것이 더 타당하다.

　민족과 인종의 구분과 이에 따른 처우는 사회 구조적 문제와 깊은 관련을 맺는다. 사회적 · 경제적 위치에서 하층에 처한 민족 · 인종은 사회 · 경제적으로 더 나은 위치에 있는 민족 · 인종에 비해 낮은 대우를 받는 것이 그 대표적인 예다. 물론 사회적 · 경제적 배경만이 인종 및 민족에 대한 차별에 영향을 끼치는 것은 아니다. 여기에는 특정 인종 및 민족에 대해 우리가 가지고 있는 선입견과 편견 또한 영향을 끼친다.

　고정관념은 소수민족이 자신의 능력을 온전히 발휘하는 데에도 악영향을 끼칠 수 있다. 고정관념 위협(stereotype threat)이라고 알려진 현상이 대표적인 예다. 아프리카계 미국인을 대상으로 시험을 실시할 때, 이들에게 아프리카계 미국인이 지능이 낮다는 고정관념을 상기시킬 경우 이들의 수행은 평소보다 낮아지는 경우가 발생했다. 또한 이와 같은 고정관념을 소수민족 아동이 내면화할 경우, 학업을 경시하거나 위축되는 등의 문제를 겪으며 이는 심리적 부적응 및 자퇴 등으로 이어질 수 있다. 따라서 다문화 가정 아동에 대한 선입견 및 편견 등을 줄이려는 노력이 필요하다.

■ 다문화 아이들의 꿈을 위해

광주 새날학교 이천영 교장은 다문화 가정 아동의 학교 적응 문제를 돕는 데 평생을 바쳐 온 교육자다. 이천영 교장이 가장 안타까워한 것은 다문화 가정 아동을 위한 교육 시설이 부족하다는 점이었다. 그는 이 점에 착안해 광주에 다문화 가정 아동을 위한 대안학교인 새날학교를 만들었다. 처음에는 시설, 재정, 학력 인정 문제 등으로 큰 곤란을 겪었지만, 여러 노력 끝에 최근 학력 인정을 받을 수 있게 되었고, 고등학교 과정 또한 개설되었다. 이제 새날학교에는 15개 국가, 60명의 학생이 다니고 있으며, 한국어를 비롯한 한국 사회 적응을 위한 도움을 제공하고 있다.

출처: https://www.youtube.com/watch?v=4G2-EBDKkTU

Question. **다문화 문제 해결을 위해 필요한 것은 무엇인가?**

Answer.

1. **다름을 인정하고 존중한다.** 2014년 출입국사무소 통계에 따르면, 한국에 거주하는 외국인은 145만 1,257명으로 우리나라 인구(5,131만 4,643명)의 2.82%에 달해 우리나라도 다민족·다문화 사회에 접어들었다고 볼 수 있다. 이에 따라 이민자에게 무조건 한국인처럼 되라고 하는 게 아니라 서로에 대한 이해를 돕는 교육이 필요하다. 즉, 나와 다른 것을 인정하고 이해하게 하는 교육이 필요한데, 다른 문화에 대해 개방적이고 이해하는 마음으로 그 문화를 함께 나눌 수 있도록 하는 교육을 다문화 교육이라고 한다. 다문화 교육 운동은 1960년대 미국에서의 사회적 불평등에 대한 시민권 운동의 결과로 나타났다. 다문화 교육을 통해 다양한 문화, 민족, 성 그리고 사회계층과 학생들이 동등하게 교육 기회를 얻고, 긍정적으로 문화를 교류하려는 태도를 지닐 수 있도록 해야 한다.

2. **전통적으로 내재해 있는 편견을 버려야 한다.** 얼마 전 우리나라 대학의 연구교수로 체류 중인 젊은 인도인 학자가 버스를 함께 타고 있던 한국인에게 '더럽다'는 등의 말로 모욕을 당했다며 고소한 사건이 있었다. 우리나라 사람들은 인도는 우리보다 가난한 나라이고 인도인은 한국에 돈을 벌기 위해 온 노동자라고 생각해 무의식중에 무시하는 경향이 있는 편이다. 미국이나 유럽의 백인에게는 상당히 우호적인 반면, 동남아시아인이나 흑인은 멸시하는 이중적 잣대를 가지고 있는 편인데, 이러한 이중적 잣대가 만연한 우리 사회 분위기를 바꾸어야 한다.

3. **제도적 차원에서 차별 금지법을 제정한다.** 우리나라에는 아직 인종·문화에 따른 차별을 금지하는 법률이 따로 없다. 인식 변화의 과도기 단계에서는 개개인의 인식 변화가 전체로 번지기까지 많은 시간이 소요되므로 제도나 법의 힘을 빌려 사회 및 국가 전체의 분위기를 변화시킬 필요가 있다. UN 인종차별철폐위원회도 지난 2007년 8월 우리나라에 대해 "단일민족을 강조하는 것은 인종 차별적 행위에 해당할 수 있으므로, 정부가 차별 근절에 앞장서야 한다."라고 권고한 적이 있다. 이제 다문화 사회로 들어선 만큼 관련 법안들이 만들어질 필요가 있다.

3. 사회 문제를 통한 학교폭력 해결 방안

1) 권력 구조 인식하기

국가 내에서 사회적 · 경제적 격차에 기인하여 가시적이거나 비가시적인 계층이 형성되는 것처럼 학교 현장에서도 학생들의 권력, 힘 등의 격차로 인해 계층이 형성된다. 우선 학교에서 형성되는 계층 · 계급의 존재를 인식하여야 학교폭력의 발생 원인을 찾고 이에 대한 해결책을 마련할 수 있다. 권력 구조를 인식하고 학생들이 학교폭력 현장에서 자신이 어떤 역할을 할 가능성이 높은지 생각해 본 후, 그러한 맥락에서 적절히 대처할 수 있도록 유도해야 한다. 이를 위해서는 교육 자료의 활용 전후에 학교 내 학생들 간의 권력 관계를 토대로 한 학교폭력 현장 내의 역할 유형을 설명한다면 그 활용성이 더 높아질 것이다.

• 해결 방안의 예

역할 유형(쟁취형, 추수형, 묵인형, 순응형)별 교육 내용을 차별화한다.

첫째, 쟁취형에게는 학생들과의 관계에서 권력(힘)을 가지는 것이 부정적인 폭력 행사 방식만이 아닌 긍정적인 방식으로도 기능할 수 있음을 알려 주고, 신체 활동 등을 통해 에너지를 발산하도록 유도한다.

둘째, 추수형에게는 권력(힘)이 있는 학생들 근처에 있음으로써 학교폭력을 행사할 수도 있지만, 반대로 학교폭력을 당하는 입장에 처할 수 있음에 대해 알려 주고 공감 능력을 활성화하도록 한다.

셋째, 묵인형에게는 학교폭력의 발생이 피해학생의 잘못이 아니라 학교 내 학생들 간의 서열과 권력 관계에 의한 것임을 일깨워 주고, 그들이 학교폭력 발생 시 신고자로서 가장 큰 역할을 할 수 있음을 알려 준다.

넷째, 순응형에게는 학교폭력 문제를 해결하기 위해서는 주위에 알리는 것이 가장 중요함을 강조해서 인식시키고, 그들이 편하게 표현할 수 있는 신고 체계 등을 알려 준다.

2) 배려, 존중 및 평등 인식 가지기

앞서 살펴본 제도적인 측면과 의식적인 측면에서의 계층 차별에 대한 해결 방안은 학교폭력에도 적용이 가능하다. 우선 제도적인 측면에서는 국가가 상대적으로 소외된 사회약자층·낮은 계층에 대해 적극적인 조치를 취하여 사회 구성원으로서 생활할 수 있도록 하는 것처럼 교사도 학급 내에서 상대적으로 소외되어 학급생활에 소극적으로 참여하는 학생들에게 어느 정도 기회를 제공할 필요가 있다. 또한 의식적인 측면에서는 서로 경쟁을 통해 힘을 얻고자 하는 것이 아니라 서로를 배려하고 존중하며 평등하다는 인식을 지니게 하는 것이 필요하다. 학교 교실 내 구성원들끼리 서로 '다름'을 인정하고 서로의 '차이'를 존중하는 문화가 형성되어야 한다. 학교폭력 가해아동이 공격적이며 지배적인 경향이 강하고 피해자에 대한 동정심이 거의 없어 공감 능력과 타인에 대한 배려가 낮다는 점에서 서로에 대한 상대적 평등의식을 심어 줄 방안이 필요하다. 최근 학생들 사이에서 신체적 힘, 돈, 성적, 교우관계 등에 따라 계급을 나누고 노예 계약을 맺는 경우가 발생하였는데, 이러한 학생들의 경우 친구 간에도 권력 관계가 존재하고, 특히 교사가 성적이 낮은 학생들을 공개적으로 무시하거나 성적 순으로 자리를 배치하는 등의 경험을 통해서 학생들 사이에도 계층이 있음을 당연시하게 되었다고 한다. 따라서 교사부터 학생들을 평등하게 대하고 서로 경쟁과 대립 관계가 아님을 인식하게 하여 학급 내에 잘못된 권력 구조가 형성되지 않게 해야 학교폭력 문제도 해결할 수 있을 것이다.

• 해결 방안의 예

성 인지와 자기인식 교육을 통해 성별 감수성과 여성·남성에 대한 자아의식에 관한 활동을 실시하는 the Oxfam Gender Training Manual(1994)에 비추어, 학교폭력 예방을 위한 상대적 평등의식 교육 역시 학생 개개인이 가지고 있는 상대적 평등의식의 감수성과 상대적 평등 관점에서의 자아의식에 대해 서로 이야기하는 시간을 가지는 것부터 시작할 수 있다. 성 역할과 편견, 양성평등, 사회적 대책 등을 다루면서 상대적 평등의 개념과 학교 내 상대적 평등이 위반되는 경험·사례들을 공유하도록 한다. 이를 통해 상호 존중하는 학교 및 학급 문화 건설 방안에 대해 논의하는 등의 과정을 거쳐 학생들 스스로 배려, 존중, 평등의 진정한 의미를 탐색해 볼 수 있다.

결론적으로, '자기집단중심적 사고 버리기'와 '사회 문화 변화'를 도모해야 한다. 앞서 살펴본 세 가지 사회 문제 모두 자기집단중심적으로 생각하고 그것이 사회 전반에 걸쳐 하나의 뿌리 깊은 문화로 정착해 있다는 것이 공통된 문제의 원인이라고 할 수 있다. 성차별은 특정한 성이 다른 성보다 우월하다고 가정하는 것에서부터 생겨난다. 계층 차별·인종 차별 또한 자신의 계층과 인종을 중심에 두고 다른 계층과 인종을 무시한다는 점에서 유사하다. 이 문제들을 해결하기 위해서 필요한 것은 나와 다른 사람들을 너그럽게 관용하는 태도다. 관용은 차이를 인정하고 받아들이는 태도다. 인종 차별의 문제를 예로 들면, 피부색, 눈 색이 다름을 차별의 근거로 삼는 것이 아니라 그저 피부색, 눈 색이 다르다는 것으로 받아들이는 것이 곧 관용의 태도다.

학교폭력 문제에서도 관용의 태도는 중요하다. 학교폭력 또한 타인의 차이에 대한 존중의 부족에서 생겨나는 경우가 많다. 실제로 집단의 동질성이 높아질수록 이질적인 존재에 대한 공격성은 증가한다. 즉, 집단 내에 이질적인 존재를 받아들이려는 특별한 노력이 없다면 폭력의 가능성이 증가하게 된다는 것이다. 관용이 없는 곳에서 학교폭력은 더 심각한 문제가 될 수 있다.

그렇다면 관용을 기르기 위해서는 어떤 교육적 노력이 필요할까? 연구자들은 관용을 기르기 위해서는 관용의 중요성을 이해하고, 관용 장면에서 발생하는 부정적 인지 도식을 교정하고 타인의 입장에서 생각해 보는 것이 중요하다고 강조한다. 즉, 단순히 구호로 관용의 중요성을 외치기만 할 것이 아니라, 학생들이 관용이 필요한 상황에서 어떤 인지적·정서적 어려움을 겪는지를 살펴보고, 관용을 실천하도록 하는 구체적인 전략을 마련하는 것이 중요하다. 다음은 관용성 증진 프로그램의 예시다(김성현, 김성회, 2013). 프로그램에는 관용의 중요성을 강조하는 내용 외에도, 관용을 방해하는 비합리적인 생각을 탐색하고 교정하기, 다른 사람의 관점에서 생각해 보기 등의 활동 또한 포함되어 있다. 프로그램을 통해 증진된 관용의 태도는 학교폭력 문제를 해결하는 데에도 큰 도움을 줄 것이다.

〈표 13-1〉 중학생용 관용성 증진 프로그램의 개요

회기	회기 제목	회기 목표	주요 활동
1	만남의 장	• 자기소개를 통하여 집단원들의 응집성을 높이기 • 관용성 증진 프로그램의 방향을 제시하여 프로그램을 이해하기	• 자기소개하기 • 프로그램 안내 • 우리의 약속 다짐하기
2	관용의 이해 및 자기탐색	• 관용성이란 무엇인지 바르게 이해하기 • 관용과 불관용을 구별하고 자신의 관용성 실천 정도를 탐색하기	• 관용성에 대한 교육 • 자기탐색(관용성 실천 정도)
3	타인 존중 장면에서 비합리적 생각 탐색	• 타인 존중의 의미와 중요성에 대한 이해 높이기 • 상황 장면을 통하여 자기탐색을 하도록 유도하기 • 자신의 타인 존중 장면에서의 비합리적 생각을 탐색해 보기	• 타인 존중에 대한 교육 • 자신의 모습 점검 • 타인 존중 상황에서의 비합리적 생각 탐색하기
4	타인 존중 증진 훈련	• 타인 존중 장면에서 비합리적 생각을 합리적 생각으로 바꾸기 • 타인 존중 증진 훈련 실천하기	• 합리적 생각으로 전환 • 타인 존중 훈련 실천(타인의 입장 되어 보기, 공감, 인정 훈련)

5	개방성 장면에서 비합리적 생각 탐색	• 개방성의 의미와 중요성에 대한 이해를 높이기 • 상황 장면을 통해 자기탐색을 하도록 유도하기 • 자신의 개방성 장면에서의 비합리적 생각을 탐색해 보기	• 개방성에 대한 교육 • 자신의 모습 점검 • 개방성 상황에서의 비합리적 생각 탐색하기
6	개방성 증진 훈련	• 개방성 장면에서 비합리적 생각을 합리적 생각으로 바꾸기 • 개방성 증진 훈련 실천하기	• 합리적 생각으로 전환 • 개방성 증진 훈련 실천(공통의 나와 다름의 나, 개방성 훈련, 역할 연기)
7	자기조절 장면에서 비합리적 생각 탐색	• 자기조절의 의미와 중요성에 대한 이해를 높이기 • 상황 장면을 통해 자기탐색을 하도록 유도하기 • 자신의 자기조절 장면에서의 비합리적 생각을 탐색해 보기	• 자기조절에 대한 교육 • 자신의 모습 점검 • 자기조절 상황에서의 비합리적 생각 탐색하기
8	자기조절 증진 훈련	• 자기조절 장면에서 비합리적 생각을 합리적 생각으로 바꾸기 • 자기조절 증진 훈련 실천하기	• 합리적 생각으로 전환 • 자기조절 증진 훈련 실천(자기진술 및 자기지시 훈련, 자기조절 훈련)
9	관용성 실천 훈련	• 관용성 실천 훈련의 중요성 이해하기 • 관용성 실천 연습하기 • 관용성 실천 적용하기	• 관용성 실천 연습하기 • 관용성 실천 적용하기
10	마무리	• 관용성 실천 다짐하기 • 중학생용 관용성 증진 프로그램 평가하기 • 활동 소감 및 피드백 주고받기	• 관용성 실천 다짐하기 • 프로그램 평가 • 프로그램 마무리

4. 활동하기

　다음 그림은 학교폭력의 권력 구조를 보여 준다. 학교폭력을 이러한 사회 구조적 관점에서 어떻게 바라볼 수 있을지, 왜 이러한 구조가 발생하며 어떻게 변화시킬 수 있을지에 대해 생각해 보자.

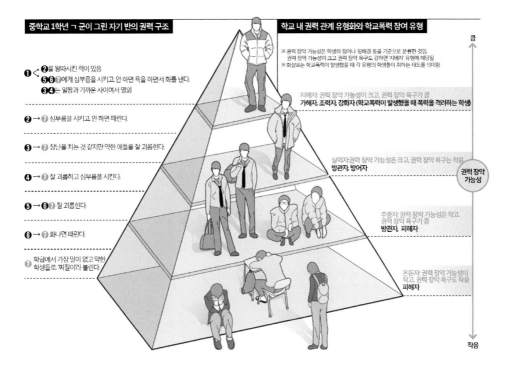

▲ [그림 13-1] 학교 내 청소년들의 권력 관계 유형 및 학교폭력 참여 유형

출처: 엄명용, 송민경(2011)

권력 구조 형성 원인	
해결 방안	1. 2. 3.

사회적 이슈

다음은 학교폭력과 관련하여 사회적으로 주목받고 있는 이슈를 다룬 사례다. 다음의 사례를 읽고 이에 대해 동료와 토론을 한 뒤 의견을 정리해 보자.

미국 오바마 행정부와 민주당이 학교폭력을 막기 위해 인권 침해 논란이 일 수 있는 강력한 처벌법의 제정을 추진한다. 민주당 소속 프레데리카 윌슨 하원의원은 일명 「국가왕따방지법」을 의회에 제출키로 하고 연방 법무부 측과 협의 중이라고 최근 「마이애미헤럴드」에 밝혔다.

법안은 동료에게 신체적 상해를 입힌 가해학생을 중범죄자로 다스리는 한편, 폭력행위를 목격하고도 말리지 않거나 신고하지 않은 사람도 처벌할 수 있도록 하는 내용을 담고 있다. 괴롭힘을 당한 피해자 역시 불고지죄 적용 대상에 포함시키는 방안도 검토하고 있는데 이는 가해학생의 보복이 두려워 침묵하는 일이 없도록 하겠다는 뜻에서다. 이와 관련해 윌슨 의원은 "괴롭힘 현장에 같이 있었다면 때린 자나 단순 참여자나 죄가 같다."라고 말했다.

오바마 행정부가 왕따 근절에 팔을 걷어붙이고 나선 것은 지난 2011년 플로리다농공대학교 마칭밴드부에서 드러머로 활동하던 로버트 챔피언이 선배들로부터 왕따와 구타에 시달리다 목숨을 잃은 사건이 계기가 됐다. 경찰은 버스 안에서 호흡곤란 증세로 숨진 챔피언의 사인을 집단 구타로 규정했으나 현장에 있던 학생들 모두 "아무 일도 없었다."라며 혐의를 부인하면서 검찰이 기소를 사실상 포기한 상태다. 이런 가운데 윌슨 의원의 「왕따방지법」 추진에 맞춰 피해자인 챔피언의 부모 역시 아들이 동성애자라서 따돌림을 당했다고 주장, 가해자를 엄하게 다스려야 한다는 여론이 확산될 것으로 보인다. 학교폭력 추방 활동을 활발하게 해 온 윌슨 의원은 "가해학생은 자신에게는 적이 없다고 생각하기 때문에 그들에게 공포심을 심어 주지 않으면 문

제가 해결되지 않는다."라고 주장했다.

학교폭력 방관자도 처벌받는 것이 옳은가?

출처: www.yonhapnews.w.kr/blletin/
2012/01/11/0200000000AKR20120111107300092.HTML

Week ⑭

대중매체와 학교폭력

학습 목표

1. 대중매체가 학교폭력에 미치는 영향을 안다.
2. 대중매체를 통해 학교폭력을 예방할 수 있음을 안다.

지난 주 사회적 이슈

학교폭력과 관련해 생각해 볼 만한 사회적 이슈는 다음과 같다. 이에 대해 동료의 의견을 듣고 관련 기사를 보며 나의 생각을 정리해 보자.

학교폭력 방관자도 처벌받는 것이 옳은가?

▨ 학교폭력 방관자, 처벌은

학교폭력을 옆에서 가만히 지켜보기만 한 사람의 행동은 당연히 도덕적으로 문제가 되는 일이다. 하지만 법적인 차원에서 이를 처벌한다는 점에서 본다면 곰곰이 생각해 볼 문제다. 자리 양보를 하지 않은 사람을 우리가 손가락질할 수는 있지만 법적으로 처벌할 수는 없는 것처럼, 옳지 않은 일이 행해지는 것을 그냥 지켜본 것도 죄가 된다면 모든 비도덕적 행위를 한 사람을 처벌해야 하며 폭력 상황을 '방관'했다는 기준 또한 명확해야만 하므로, 실질적으로 법적 처벌을 하는 것은 비현실적일 뿐더러 폭력을 감소시키는 데 효율적인 방안도 아닐 것이다.

하지만 폭력을 가하는 사람을 가해자라 상정하고 가해자는 응당 처벌을 해야
한다는 데 뜻을 같이한다면, 방관자도 폭력을 방관함으로써 폭력을 더욱 심화
시키고 지속시키는 요인이 되므로 이 역시 처벌을 해야 하는 일이라 생각할 수
있다. 피해자의 입장에서 생각해 볼 때는 직접 자신을 괴롭히는 가해자나 자
신이 맞는 것을 보고도 못 본 척하는 방관자나 다를 것이 없다.

출처: http://www.toronsil.com/technote7/
board.php?board=subjectdebate&category=3&command=body&no=1967

1. 대중매체가 폭력에 미치는 영향

대중매체가 청소년의 범죄에 영향을 미친다는 것은 여러 가지 현상에서
확인할 수 있다. 첫째, 증대되고 있는 현대사회 청소년 비행의 특성, 원인, 정도
에 관하여 대부분의 정보가 대중매체를 통해 유포되고 있고, 그 같은 비행을 뉴
스로 다룸으로써 비행에 관한 수용자의 주의력, 공포감 혹은 기대감을 조장할 수
있다는 점이다. 따라서 비행 문제가 하나의 도덕적 · 윤리적 문제로서가 아
니라 게임을 즐기듯 단순한 흥밋거리로 보이게 하고, 또 비행에 대한 빈번
한 노출이 비행에 관한 무감각 현상을 야기할 것이란 점이다.

둘째, 이러한 문제는 비행과 관련된 대중매체의 제반 가능성, 즉 감각을 둔화
하고 가치 기준을 저하시키며, 비행행위 현실을 왜곡하고, 대형 범죄를 보도함으
로써 범죄행위 혹은 일탈행위에 대한 합법성을 제시하고, 폭력이나 악에 대한 자
의적 수용 태도를 증대하여 범죄 기술을 전파하고, 청소년 비행이나 특정 형태의
일탈행위를 묘사함으로써 비행행위의 직접적 동기가 될 수 있다는 가능성이다.

셋째, 대중매체 중에서도 특히 텔레비전은 교육 수준과 무관하게 전 연령층
에서 쉽게 수용될 수 있다는 특성과 프로그램 내용의 많은 부분이 비행과 관련된
폭력이나 그와 유사한 내용을 공유하고 있다는 사실에서 그 이유를 찾을 수 있
다. 십여 년 전 뉴스에서 크게 기사화된 〈친구〉〈신라의 달밤〉〈조폭 마누
라〉 등 조직폭력배를 소재로 한 영화가 잇따라 흥행에 큰 성공을 거두면서

사회 전반에 이를 모방하는 행위가 유행하는 등 '조폭 신드롬'이 무분별하게 확산돼 위험 수위를 넘었다. 특히 청소년 사이에서 조직폭력배를 우상으로 여기는 현상이 사회적 우려 수준을 넘고 있는 가운데, 부산에서 학원 폭력에 시달리던 한 고교생이 교실에서 같은 반 친구를 칼로 찔러 숨지게 한 충격적인 사건이 발생했다. 폭력적인 영상물이 청소년에게 얼마나 해로운지를 보여 주는 단적인 사건으로, 전국 어디서나 우발적으로 일어날 수 있다는 점에서 더욱 사회를 불안하게 만들고 있다. 이처럼 대중매체가 청소년에게 미치는 영향은 크다. 다음 영상에서 이를 확인해 볼 수 있다.

■ 잔인한 게임, 난폭해진 아이들

컴퓨터 게임의 폭력성이 초등학생들에게 무분별하게 노출되고 있다. 학생들 사이에서 일명 묻지마 살인식 게임이 유행하고 있는데 이러한 폭력 게임은 현실에서 학생들의 폭력성을 높여 심각한 상황을 초래하고 있다.

출처: http://www.youtube.com/watch?v=jrXoycdarYg

■ 아이에게 끼치는 매체의 영향

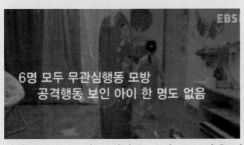

유치원생을 대상으로 한 보보 인형 실험 영상이다. 첫 번째 집단에는 인형을 때리는 영상, 두 번째 집단에는 인형을 친절하게 대하는 영상, 세 번째 집단에는 인형에 대해 무관심한 모습을 보이는 영상을 보여 주고 향후 어떻게 행동을 하는지 관찰하

였다. 그 결과, 아이들은 자신이 매체를 통해 본 그대로 인형을 대함을 알 수
있어 매체의 영향이 아이들에게 미치는 영향이 크다는 것을 보여 준다.

출처: http://www.youtube.com/watch?v=vA72zNDH6gs

 생각해 보기

폭력적인 미디어에 과도하게 노출된 아이들이
10대 청소년기에 폭력적인 행동을 할 위험이 높다

다음은 학교폭력을 유발하는 대중매체에 대한 기사다.
다음을 읽고 대중매체가 학교폭력에 미치는 심각성에 대해 생각해 보자.

연구를 주도한 미국 뉴저지주 럿거스 대학 연구진은 "이번 발견은 폭력적
장면이 난무한 텔레비전 프로그램이나 영화, 비디오게임이 아이들의 행
동에 영향을 끼친다는 증거가 될 것."이라며 "심지어 폭력을 이끌 수 있는
다른 요인들을 고려한다고 해도, 미디어의 폭력성이 폭력적 행동에 영향
을 끼친다는 것은 부정할 수 없는 사실."이라고 전했다. 연구진은 남녀 비
율을 동일하게 한 820명의 10대 청소년과 이들의 부모와 교사들을 대상
으로 가장 좋아하는 텔레비전 프로그램, 영화, 비디오게임은 어떤 것인지
질문했고 폭력적 장면에 노출된 정도에 따라 점수를 매겼다. 그 결과, 폭
력적 장면에 노출된 정도가 높을수록 폭력적 행동 빈도 역시 높은 것으로
나타났다.
연구진은 학문적인 어려움이나 정신병력, 실생활에서의 폭력 노출 등 청
소년의 폭력적이고 공격적인 행동을 이끌 수 있는 다른 요인들도 고려했지
만, 미디어의 폭력성이 폭력적 행동을 이끈다는 것은 의심할 여지가 없는
사실이라는 것을 발견했다. 심지어 전반적으로 폭력적인 성향이 적은 청
소년까지도 미디어의 폭력성에 영향을 받기 쉬운 것으로 나타났다.
현재 연구진은 미디어의 폭력성이 미취학 아동의 행동에 어떻게 영향을 미
치는지 연구 중이다. 아이들은 자신이 본 것이 실제인지, 환상인지 혹은 옳
고 그른지를 구분하지 못한 채 무조건적으로 모방하려는 경향이 있어, 폭
력적 장면에 노출될 시 이를 모방할 우려가 있다. 연구진은 또 아이들의 발
달에 영향을 미치는 기제를 이해함으로써 아이들의 잠재적 공격성이나 반
사회적 행동이 어떤 방식으로 나타나고, 아주 어린 나이에는 그 영향력이
어떻게 변화하는지를 알 수 있을 것이라고 전했다.

출처: http://news.naver.com/main/
read.nhn?mode=LSD&mid=sec&sid1=104&oid=003&aid=0002401079

2. 청소년의 대중매체 이용 실태

1) 청소년이 주말 및 휴일에 하는 활동

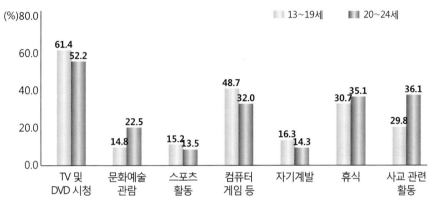

▲ [그림 14-1] 청소년이 주말 및 휴일에 하는 활동

출처: 통계청, 여성가족부(2014).

2) 청소년의 매체 이용 실태 조사

(1) 휴대전화

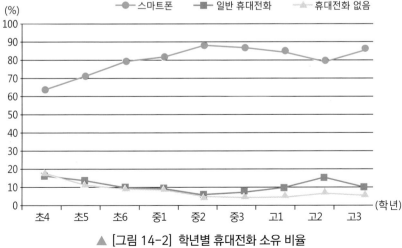

▲ [그림 14-2] 학년별 휴대전화 소유 비율

출처: 여성가족부(2013).

청소년 10명 가운데 9명은 휴대전화를 소유하고 있고, 대부분 초등학교 6학년 이후에 소유하는 것으로 나타나 초등학생들의 휴대전화 보급률이 해를 거듭할수록 가파르게 상승하고 있음을 알 수 있다. 휴대전화를 주로 '친구와의 문자 메시지'(95.1%), '가족과의 통화'(93.0%), '친구와의 통화'(91.7%), '음악 듣기'(86.2%), '가족과의 문자 메시지'(79.8%), '게임 및 오락'(74.5%) 용도로 활용하고 있었다. 성별로 나누어 살펴보면, 남학생은 주로 전화 통화와 게임 용도로, 여학생은 전화 통화 이외에 채팅, 음악 듣기, SNS 등 다양한 기능을 활용하고 있었다. 전체 응답자 가운데 6.2%는 휴대전화가 울린다는 착각을 자주 하는 편이며, 17.3%는 휴대전화가 없으면 불안하다고 응답하였다. 전화가 오지 않았는데도 지속적으로 전화를 확인한다는 응답은 21.9%에 달했고, 15%가량이 휴대전화에 대한 집착이 강한 것으로 나타났으며 휴대전화 집착 정도가 심한 것으로 간주되는 응답자의 비율은 여학생이 남학생보다 현격하게(18.7% vs. 10.8%) 높았다.

(2) SNS(Social Networking Service)

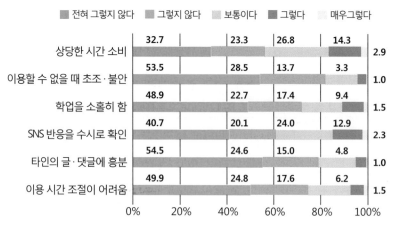

▲ [그림 14-3] SNS 집착 정도(문항별)

출처: 여성가족부(2013).

　청소년 10명 가운데 7명은 SNS 계정을 소유하고 있고 그 가운데 53.2% 는 100명 이상의 친구(팔로워)를 가지고 있는 것으로 나타났다. 이용자의 17.2%는 SNS 사용에 상당한 시간을 소비하는 것으로 조사되었다. 이용자 가운데 절반 가까이는 하루에 한 번 이상 SNS를 이용한다고 응답했고, SNS 이용 시간 조절에 어려움이 있다는 응답은 7.7%로 나타났다. SNS는 남학생보다 여학생이 더 많이 이용하고 있었으며, 이용자의 45.5%는 하루 에 적어도 한 번 이상은 SNS를 이용한다고 응답하였다. SNS 이용자 중 17.2%는 SNS를 이용하는 데 상당한 시간을 소비하는 것으로 나타났으며, 4.3%는 SNS를 이용할 수 없을 때 초조하고 불안하다고 답했다. SNS 때문 에 학업을 소홀히 한 적이 있다는 응답은 11%였으며, SNS 반응을 수시로 확인한다는 응답은 15%였다.

(3) 온라인 게임

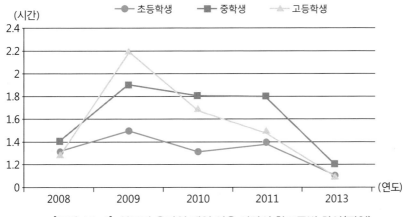

▲ **[그림 14-4] 연도별 온라인 게임 이용 시간의 학교급별 차이(평일)**

출처: 여성가족부(2013).

　남학생의 81.2%, 여학생의 39.1%가 온라인 게임을 이용한 경험이 있다 고 응답했다. 평균 게임 이용 시간은 평일 1시간 12분, 주말 2시간 18분으 로, 2011년 조사와 비교했을 때 온라인 게임 이용 시간이 남녀 모두 줄어든 것으로 나타났다. 온라인 게임을 가장 많이 하는 시간대는 평일 저녁 5시에서 9시, 주말 오후 1시에서 4시였고, 심야 시간(밤 12시~새벽 6시)에 주로 게임을 한다는 응답자는 평일과 주말에 각각 2.5%, 1.3%였다. 만 16세 미만의 학생 중 최근 한 달 동안 심야 시간에 PC 온라인 게임을 한 비율은 12%였는데, 학년이 높아질수록 심야 시간에 게임을 하는 비율이 높았다. 이들이 심야 시간에 온라인 게임 접속을 하는 방법 중 부모의 동의하에 부모의 아이디로 접속한 경우가 절반 이상(55.7%)을 차지하였다.

청소년이 가장 선호하는 게임의 유형은 시뮬레이션(27.8%), 롤 플레잉(15.9%), 슈팅 게임(12%) 순이었고, 남학생과 중·고등학생은 시뮬레이션 게임을, 여학생과 초등학생은 레이싱 게임을 가장 즐기는 것으로 나타났다. 남학생 3명 중 1명은 게임이 친구관계에 도움이 된다고 응답하였다.

(4) 텔레비전

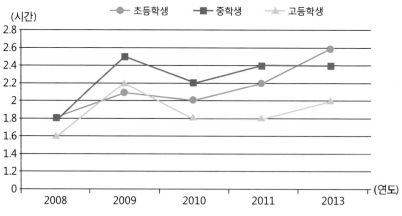

▲ [그림 14-5] 연도별 텔레비전 시청 시간의 학교급별 차이(평일)

출처: 여성가족부(2013).

청소년 10명 중 9명은 텔레비전을 시청하며, 평균 시청 시간은 평일 2시간 18분, 주말 4시간 18분이고 평일에 텔레비전 시청을 가장 많이 하는 연령층은 초등학생, 주말에는 중학생인 것으로 나타났다. 가정의 생활수준과 학업 성적이 높은 집단은 그렇지 않은 집단보다 텔레비전 시청 시간이 적게는 10분, 많게는 40분 정도 짧았고, 부모의 학력 및 부모와 자녀의 친밀도가 높을수록 텔레비전 시청 시간이 더 짧았으며, 학업 성적이 좋고 자존감이 높은 학생일수록 텔레비전 시청 시간이 짧았다.

　텔레비전을 가장 많이 시청하는 시간대는 평일 저녁 8시부터 밤 12시 사이, 주말 오후 6시부터 9시 사이로 나타났다. 텔레비전을 통해 폭력적인 장면을 본 비율은 20.6%였고, 선정적인 장면을 접해 본 비율은 14.2%였으며, 텔레비전이 욕설이나 속어 등을 배우는 통로가 된다는 답변도 12%에 달했다.

(5) P2P/온라인 채팅 및 카페/인터넷

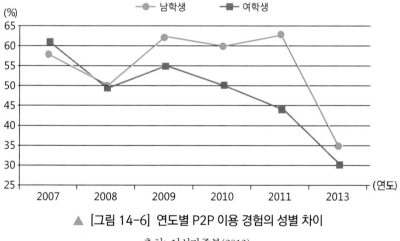

▲ [그림 14-6] 연도별 P2P 이용 경험의 성별 차이

출처: 여성가족부(2013).

　P2P 사용 비율은 32.6%, 온라인 채팅을 하는 비율은 37.6%, 온라인 카페에 가입해 본 비율은 47.4%로 나타났다. 이 중 P2P를 통해 자료를 한 번 이상 다운로드해 본 비율은 32.6%였고, 업로드해 본 비율은 5.8%였으며, 불법적인 업로드 경험자 가운데 7.7%는 월평균 1만 원 이상의 수입을 올리는 것으로 나타났다. P2P를 통해 자료를 공유해 본 비율은 감소하는 추세인

데, 이는 합법적인 과정을 통해 자료를 공유해야 한다는 인터넷 이용 문화가 확산되고 있다는 사실을 반영한다.

온라인 채팅을 해 본 비율은 37.6%였으며, 남학생보다는 여학생의 비율이 높았다. 학교급별로는 초등학생(46%)이 가장 높게 나타났다. 온라인 채팅 경험 비율은 점차 감소하고 있으나, 경험자의 빈도는 점점 증가하고 있다. 불건전한 채팅을 해 본 비율은 6.4% 정도였으며, 이 가운데 채팅을 계기로 오프라인에서 낯선 사람을 직접 만나 본 사례는 49%였다. 온라인 카페(동아리)에 가입해 본 비율은 47.4%였으며, 남학생은 게임 관련, 여학생은 팬클럽 관련 동호회 참여율이 높게 나타났다.

전체 응답자의 35.6%는 인터넷이 생활이나 학습에 도움을 주는 정보를 제공한다고 생각하였다. 인터넷 사용에 대해 남녀 차이는 크게 나타나지 않았지만, 학년이 올라가면서 긍정적 태도를 가지는 비율은 증가하는 경향을 보였다. 인터넷을 통해 폭력적인 내용을 접해 본 비율은 25.5%였고, 선정적인 내용을 접하거나 욕설·비속어 등을 배웠다는 비율도 각각 23%, 26.1% 정도인 것으로 나타났다. 이 중 10명 가운데 2명은 인터넷 사용에 대한 잘못된 인식을 가지고 있었는데, 특히 욕설이나 비방에 가까운 인터넷 댓글 혹은 타인의 정보 도용에 대한 문제의 심각성을 인식하지 못하는 응답자가 적지 않았다. 인터넷 사용에 대한 인식은 중학교에 진학하면서 급격하게 악화되는 양상을 보였다.

앞 내용을 정리하면 청소년 다수가 휴대전화, 텔레비전, SNS 등 다양한 매체를 이용하는 것으로 나타났으며, 온라인 게임, 텔레비전 시청 시간만 합쳐도 평일 3시간 30분, 주말 6시간 36분을 차지할 정도다. 여기에 SNS, 인터넷 검색, 휴대전화 사용 시간까지 합치면 시간은 훨씬 늘어나 청소년의 삶에서 매체 이용이 차지하는 비중은 매우 높은 편임을 알 수 있다.

3. 대중매체가 청소년에게 미치는 영향

대중매체는 청소년의 일상생활과 가치관에 미치는 위력이 매우 크다. 우리보다 먼저 대중매체를 경험한 미국의 한 조사 연구에 따르면, 청소년 가치관의 변화에 영향을 미치는 요인이 1960년에는 부모, 교사, 친구, 성직자, 청소년 지도자, 대중스타, 친척, 대중매체 등의 순이었으나, 1980년에는 친구가 부모와 교사를 추월하여 가장 영향력을 미치는 요인이 되고, 부모 다음으로 텔레비전, 라디오, 영화 등 대중매체가 3위를 차지하였다. 즉, 청소년의 가치관과 행동에 영향을 미치는 요인으로 대중매체는 20년 동안에 다섯 단계를 뛰어넘은 것이다. 마찬가지로 우리나라 청소년에게도 대중매체는 학교 및 가정과 함께 중요한 사회화 도구이며, 이에 따른 대중매체의 영향력은 매우 클 것이다.

1) 긍정적 영향

(1) 인지 능력 개발

대중매체의 인지 능력 개발에 대한 긍정적인 효과 중 하나는 적절한 내용을 전달하는 텔레비전을 시청하는 것이 학생들의 읽기 능력을 증진하거나 읽기 동기를 강화하는 데 도움이 될 수 있다는 것이다. 또한 흥미 유발설의 주장은 텔레비전이 '세상으로 향한 창'으로서 이를 시청하는 학습자에게 정보를 다양하게 제공하고 흥미를 불러일으키거나 동기를 증진해 학습 효과를 높일 수 있다는 것이다. 텔레비전의 오락적인 동기가 학업 성적에 긍정적인 역할을 할 수 있음이 확인되었는데, 이는 텔레비전을 보면서 얻게 되는 휴식 경험이 다시 학업에 임할 때 도움이 될 수 있음을 보여 주는 것이다. 또한 신문이나 기사를 접하는 것은 학습자의 언어 지능 및 논리 지능, 학업 성적과 긍정적 상관을 보인다고 밝혀졌다.

(2) 캠페인 효과

공익적 메시지를 전달하는 캠페인에 대중매체는 긍정적인 역할을 한다. 대중매체마다 보이는 다양한 특성을 잘 활용하면 캠페인 효과를 극대화할 수 있다. 대중매체 중에서도 텔레비전은 비교적 단순하고 간단한 정보를 제공하는 데 효과적이며, 이를 통한 즉각적인 행동적 효과를 도출해 내는 장점이 있다. 반면, 인쇄 매체는 조금 더 심도 있고 복잡한 형태의 정보를 전달하기에 적절하다. 따라서 여러 형태의 대중매체를 잘 활용한다면 캠페인에 대해 사람들의 이목을 끌 수 있으며 행동에 대한 동기를 부여하고 이를 위한 상세한 정보를 제공할 수 있다. 이를 통해 결과적으로 실제 행동으로 유도할 수 있다는 장점이 있다.

(3) 관찰 및 모방 학습

Bandura(1977)의 사회학습 이론에 따르면, 인간의 행동은 행동을 하는 주체자에게 제공되는 자극을 실제로 경험하는 것에서 유도되는 것뿐만 아니라, 다른 사람의 행동을 '관찰'하는 것만으로도 그 행동이 학습될 수 있다. 대중매체 역시 시청자로 하여금 행동을 관찰하고 모방(modeling)하도록 하는 역할을 할 수 있다. 대중매체에서 보이는 행동이 바람직하게 보상받는 것으로 표현되어 시청자에게 전달되면 그 행동에 대한 긍정적인 인식을 유발하여 호의적인 인지 활동을 촉진하고, 이에 따라 행동을 위한 동기 또한 높아진다.

(4) 공격성 해소

대중매체의 긍정적인 역할을 주장하는 정화 이론은 대중매체가 개인의 공격성을 정화하는 역할을 한다고 강조한다. 우리가 일상생활을 하면서 분노와 증오심이 개인 내에 자연스럽게 쌓이고 이로 인한 스트레스가 증가한다. 따라서 이를 분출할 수단이 필요한데, 대중매체에서 보이는 폭력행동을 관찰하는 것은 개인 내에 쌓인 공격성을 해소하는 데 도움을 주며 이후의 공격행동을 감소시키는 정화 효과를 가진다는 것이다.

2) 부정적 영향

(1) 공격행동 모방

Bandura(1971)는 공격적 자극에 반복적으로 노출된 개인에게 자신이 관찰한 상황과 똑같은 상황이 제시될 경우 개인은 전에 관찰한 행동을 그대로 모방하여 똑같은 공격행동을 보인다는 관찰학습 이론을 주장하였다. 사회적 모델의 관찰은 공격적 행동을 학습하고 유지하게 하는 관련 변인이다. 이는 관찰자가 모델의 행동을 관찰하는 것만으로도 그 행동에 대한 학습이 이루어질 수 있음을 의미하며, 개인이 미디어를 통해 공격 장면을 시청함으로써 공격행동에 대한 모방행동이 이루어질 가능성이 있음을 시사한다. 미국과 벨기에의 소년원 원생을 대상으로 폭력적인 영화의 효과를 알아보고자 한 실험에서 한 건물에 살고 있는 소년범들에게는 폭력적인 영화를, 다른 건물에 살고 있는 소년범들에게는 비폭력적인 영화를 일주일간 보여 주었다. 그 결과, 폭력적인 영화를 본 집단은 영화를 본 일주일 동안과 그 후에도 비폭력적인 영화를 본 집단과 비교하여 다른 소년범들에 대해 신체적 · 언어적 공격을 더 많이 행하였다. 이러한 모방 효과는 한 편의 영화를 보아도 일어날 수 있으며, 원래 공격성 수준이 높던 소년들보다 공격성 수준이 낮던 소년들에게서 공격행동이 현저히 증가하는 것으로 나타났다. 따라서 사회학습 이론의 관점에서는 학교폭력 문제가 청소년이 대중매체에서 관찰한 폭력행동을 학교에서 실제로 행동하는 모방효과로 발생한 것으로 바라본다. 실제로 미국 가정에 텔레비전이 보급된 이후로 폭력 범죄가 현저하게 증가하였다. 아동이 텔레비전에서 본 폭력행동을 그대로 모방하는 것이다.

(2) 공격행동의 합리화

대중매체의 스폰서 효과(sponsor effect)는 사회학습, 상황적 순응의 효과라고도 하는데, 시청자들이 미디어라는 조력자에 의해 폭력적인 표현 방식이 용인된다고 믿는 것을 의미한다. 시청자들은 미디어에서 보내는 메시지가 사회적으로 용인되면 그것을 내면화하려는 경향성을 보인다. 미디어가 전달하는 메시지가 어떤 것이든 사회적으로 용납될 수 있으며, 주변인에게 받아들여진다고 인식하면 스폰서 효과는 더욱 증가한다.

(3) 폭력에의 둔감화

텔레비전에서 전달하는 폭력행동을 자주 시청하는 것은 시청자로 하여금 폭력에 대해 민감하게 반응하고 걱정하는 행위를 감소시키는 둔감화(desensitization) 효과로 이어질 수 있다. 폭력에 둔감해지면 그만큼 폭력행동에 가담할 가능성이 높아질 수 있다. 실제로 텔레비전에서 폭력 행위를 과다 시청한 사람은 상대적으로 폭력에 대해 감정적으로 덜 반응하는 경향을 보였다.

(4) 공격성 관련 인지구조 형성

대중매체의 폭력행동에 대한 영향을 설명하는 또 하나의 이론은 사회인지이론이다. 개인은 다양한 행동을 해석하고 안내하는 데 도움을 주는 인지적 지식 틀(cognitive script)을 가지고 있는데, 이러한 개인의 인지적 지식 틀에 영향을 미치는 요인 중 하나가 미디어 노출이다. 개인이 지속적으로 대중매체의 폭력성에 노출된 경우 공격성과 관련된 인지적 지식이 활성화되고 강화되며, 이는 공격적인 행동을 유발한다. 일반적인 공격 성향 모델(General Aggression Model: GAM)에서는 폭력적인 미디어에의 노출이 폭력적인 생각과 감정을 유발할 수 있고 폭력적인 행동에도 영향을 미친다고 주장한다. GAM에서는 사회인지 이론과 같은 맥락에서 심리 · 정서적으로 발달하는 시기에 폭력적 미디어를 반복해서 시청하는 것은 공격성 관련 인지구조를 과잉학습하고 재강화한다고 주장한다. 이렇게 형성된 공격성 관련 인지구조는 공격행동의 실행으로 이어진다.

　이처럼 개인의 일상생활에서 지속적으로 노출되는 대중매체는 정화 효과 및 관찰학습에 의한 모방행동을 유발하며 개인의 인지적 지식 틀 형성에도 영향을 미친다. 이는 대중매체가 개인의 공격적 행동을 강화하는 요인인 동시에 대중매체의 내용을 어떻게 구성하느냐에 따라 학생들의 행동에 긍정적인 영향을 미치는 요인으로 작용할 수 있음을 시사한다. 즉, 대중매체가 모방행동을 유도하고 개인의 인지적 지식 틀 형성에 영향을 미친다는 것을 고려하여 그 내용을 학교폭력을 예방하는 방향으로 구성한다면, 폭력행동이 아닌 바람직한 행동에 대한 모방학습 및 인지적 지식 틀이 형성될 수 있으며 이후의 공격적 행동 증가를 방지하는 역할을 할 것이다. 따라서 청소년이 가장 쉽게 접할 수 있고 여가 시간 중 가장 오랜 시간을 할애하는 텔레비전 및 대중매체를 학교폭력 예방을 위한 긍정적인 수단으로 활용하려는 노력이 필요하다.

4. 대중매체를 활용한 교육

대중매체를 활용하여 학교폭력을 예방하는 교육 프로그램이 있다. 프랑스는 학생들이 즐겨 보는 만화영화를 통해서 학교폭력을 이해하고 그 심각성을 알리는 교육을 하고 있다. 학생들이 즐겨 보는 만화영화 속에서 폭력적인 행동을 찾는 활동을 통해 괴롭힘이 무엇

인지, 서로 밀고 싸우는 것이나 별명을 부르는 것이 심각한 문제가 될 수 있음을 깨닫는 효과가 있다. 학생들이 만화영화를 본 후 학교에서의 괴롭힘이라는 주제로 스스로 학교폭력에 대해 생각할 기회를 제공함으로써 학교폭력을 예방하는 효과를 지닌다.

출처: https://www.youtube.com/watch?v=LjSl3pZQ8BM

대중매체를 학교폭력 문제 해결에 활용할 수 있도록 한국교육개발원에서 학교폭력 예방 프로그램의 하나로 애니메이션과 영상을 통한 학교폭력 예방 프로그램을 개발하였다(2007). 직접적으로 학교폭력에 대해 교육하는 것이 아니라 영상을 통해 간접적으로 접근하여 학생들이 학교폭력이 발생하는 원인 그리고 친구 간에 발생하는 문제를 폭력적이고 공격적인 방식이 아니라 수용적이고 긍정적인 방식으로 해결하는 방안에 대해 생각할 기회를 제공한다. 또한 학생뿐 아니라 학교 측도 학교폭력 예방에 도움이 되는 학교 환경 개선 방법 등을 영상을 통해서 학습하도록 구성되어 있다.

창의력 신장을 위한 광고 활용 교육(Advertising in Education: AIE)도 하나의 방법이다. 광고는 학습자의 관심을 불러일으키고 흥미를 유지시키는 데 효과적인 자원이다. 따라서 광고 활용 교육은 광고를 활용하여 학습자의 흥미를 불러일으켜 과목에 대한 학습자의 부담을 줄이고, 수업 참여를 위한 발표 준비 과정에서 광고를 직접 제작해 봄으로써 자신의 사고 능력과 표현력을 기를 수 있게 한다. 또한 광고는 일상생활에서 쉽게 접할 수 있기 때문에 교육을 함에 있어 폭넓게 활용이 가능한 매체이며 오늘날 창의성 교육에 광고의 특성이 매우 부합한다. 광고는 짧은 시간에 시청자에게 메시지를 전달해야 하기 때문에 주의를 끌 수 있는 창의적인 아이디어가 필수적이다. 따라서 광고의 이러한 특성이 학생들에게 창의성 교육의 효과를 극대화할 좋은 자원이 될 수 있다. 광고를 활용한 교수—학습 모형은 'about' 'through' 'from' 단계로 구성되어 있다. 먼저 'about' 단계에서는 기존의 강의식 교수 방법을 진행한다. 'through' 단계에서는 광고물을 학습 자료로 적극 활용하여 학습자의 이해를 높이는 사례중심 학습이 이루어지며, 'about' 단계의 교사 주도적인 일방적인 설명식 수업에서 벗어나 학습자 스스로 사례를 통해 적극적으로 탐구하도록 한다. 마지막으로 'from' 단계에서는 학습자가 직접 참여하는 학습을 강조하며 모둠 구성원끼리 협동하여 실제로 광고를 제작한다.

음악교과교육의 사례: 광고에 나온 음악 찾아보기

광고를 활용하여 음악교과교육을 할 수도 있다. 상품 광고의 배경음악은 음악 감상 교육에서 효과적인 자원이 될 수 있다. 광고에 쓰이는 음악은 가요, 팝송과 같은 대중음악뿐만 아니라 고전음악까지 그 폭이 다양하기 때문에 이러한 특성을 살려 음악 감상 교육에서 광고를 활용할 수 있다. 예를 들어, 음악교사가 어느 광고가 어떤 음악을 배경으로 사용했는지 알아 오라는 것을 과제로 부여할 수도 있고, 혹은 구체적인 제목이나 작곡자는 모르지만 광고음악이 고전음악인 경우 어느 시대의 음악인지 추측하여 보는 활동을 진행할 수 있다. 또한 교사가 특정한 광고의 배경음악이 무엇인지 알아 오는 과제를 제시하면 학생들은 일상생활에서 별로 주의 깊게 듣지 않던 광고음악에 귀를 기울이게 되고 그 음악을 인식하는 기회를 가질 수 있다.

---

5. 활동하기

조별로 제작한 학교폭력 예방물을 발표해 보자. 다음의 평가지 내용을 참고하여 다른 모둠이 제작한 UCC의 장점과 부족한 점을 정리해 보자.

평가 항목		평가 기준
내용의 적절성	내용 타당성	• 주제를 제대로 반영하고 학교폭력 예방 목적과 취지에 부합하는가?
	주제 적합성	• 학교폭력에 대한 흥미와 관심을 불러일으키는 주제인가?

구성의 적절성	독창성	• 학교폭력 예방의 중요성을 기발하고 특색 있는 창의 적 방법으로 잘 담아냈는가?
	표현 및 구성	• 다양한 표현과 구성을 사용하는가? • 주어진 시간 내에 뜻하는 바를 효과적으로 전달하 는가?
	작품 완성도	• UCC 완성을 위해 얼마나 노력했는가?
	감동/공감	• 누구나 UCC의 내용에 공감이 가는가? • UCC의 내용이 보는 이의 마음을 움직이는가?
	흥미/재미	• 주제를 잘 담아내면서도 흥미(재미)를 느낄 수 있는가?
활용의 적절성	활용 가능성	• 실제로 교육 및 홍보용으로 활용 가능한가?
	홍보성	• 학교폭력 예방의 메시지가 효과적으로 전달되는가?

참고문헌

2012 교육과학기술부 또래조정시범사업(2013. 7. 23.). 또래조정프로그램홍보영
　　상. http://www.youtube.com/watch?v=bVGjRRXMYRo201303142240305&
　　code=940401

경인방송(2012. 2. 18.). 학교폭력 대책 강화… 교사들, 학생지도 업무 기피.
　　http://www.youtube.com/watch?v=Mi0DPtI6Q28

경향신문(2013. 3. 14.). 학교폭력, 대책 없나. '고민' 말할 수 있는 분위기 만드는
　　게 우선. http://news.khan.co.kr/kh_news/khan_art_view.html?artid=

곽금주 외(2013). 먼저 손 내밀어요. 교육부, 서울대학교 발달심리 연구실.

관계부처합동(2012). 학교폭력근절 종합대책. 2012. 2. 6일자 보도자료.

관계부처합동(2013). 2013년 1차 학교폭력 실태 조사 결과.

교실이야기(2014. 11. 27.). 프랑스 학교폭력 미디어 교육. https://www.youtube.
　　com/watch?v=LjSl3pZQ8BM

교육부(2012). 학교폭력 사안 처리 및 초기 대응 절차.

교육부(2012). 학교폭력근절 종합대책. 2012. 2. 6일자 보도자료.

교육부(2013). 학교 문화 개선 연구 선도학교 워크숍 자료집. 2013. 4. 30일자 보

도자료.

교육부(2014). 학교폭력 사안처리 가이드북.

교육부, 경찰청(2013). 117센터 1주년 운영성과. 2013. 6. 18일자 보도자료.

교육부, 한국교육개발원(2013). 2013년 2차 학교폭력 실태 조사 결과.

교육부, 한국교육개발원(2014). 2014년 1차 학교폭력 실태 조사 결과. 2014. 7. 11
    일자 보도자료.

국립국어연구원(2017). 표준국어대사전.

국립특수교육원(2014. 2. 25.). 장애학생 대상 학교폭력 예방교육 영상2(방관자).
    http://www.youtube.com/watch?v=AJaUQ9fapAw

금강일보(2014. 7. 3.). 아산 신리초, 1학년 대상 학부모 참여 인성교육. http://
    www.ggilbo.com/news/articleView.html?idxno=185305

김성현, 김성회(2013). 중학생용 관용성 증진 프로그램 개발. 상담학연구, 14(1),
    731-751.

김원곤, 오세규, 이재홍, 김종영, 배학진(2016). 2016 마을과 함께하는 행복한 학
    교. 서울특별시북부교육지원청.

김윤주(2013. 6. 9.). 제2회 팝여성사 UCC '최초의 여성참정권'. http://www.
    youtube.com/watch?v=YFxoXvg0sZc

김재춘, 강충열, 소경희, 손민호, 진동섭, 이상수(2012). 실천적 인성교육이 반영
    된 교육과정 개발 방향 연구. 교육과학기술부.

김종백, 김태은(2008). 학교행복 검사도구 개발 및 타당화. 교육심리연구, 22(1),
    259-279.

김지우(2013. 5. 22.) 학교폭력 ucc 살인자들. http://www.youtube.com/watch?v
    =mrFj5i3ntA4

내일신문 뉴스(2014. 5. 16.). 우리 선생님-파주교하중학교 조미랑 교사, "못나고
    삐뚤어져도 제 눈에는 다 예뻐요.". http://www.naeil.com/news_view/?id_art

=107500

뉴스1코리아(2016. 4. 30.). 헌재, 학교폭력 가해학생 조치 내용 생활기록부 기재
는 합헌. http://news1.kr/articles/?2650062

뉴스와이어(2013. 2. 4.). 교원, 학교폭력근절 대책 추진 가장 큰 장애로 '학생개별
지도 어려움' 꼽아. http://www.newswire.co.kr/newsRead.php?no=677939

뉴시스(2008. 11. 27.). 미디어 속 폭력적 장면 청소년의 폭력적 행동에 영향 끼쳐.
http://news.naver.com/main/read.nhn?mode=LSD&mid=sec&sid1=104&o
id=003&aid=0002401079

데일리모닝(2016. 6. 19.). 전남교육청, 학교폭력 예방교육 '뒷전'… 학교폭력 25%
증가. http://www.dmorning.kr/news/articleView.html?idxno=26069

독서신문 책과 삶(2014. 5. 1.). 서혜정의 교육공감-"휴대폰 통제 이렇게 엄격한
가요". http://www.bookandlife.co.kr/news/articleView.html?idxno=729

따돌림사회연구모임, 박종철(2013). 교실평화 프로젝트-담임교사를 위한 학교폭력
예방 길잡이. 서울: 양철북.

매일경제 MBN(2012. 2. 14.). 대치동 고교생 학업 스트레스에 투신… A급 학군서
잇단 자살 왜?. http://news.mk.co.kr/newsRead.php?year=2012&no=100161

문화일보(2014. 2. 20.). "아침마다 한명한명 프리허그… 학교폭력 사라졌어요.".
http://www.munhwa.com/news/view.html?no=2014022001072927158002

미디어경청(2017. 12. 18.). 다보이스 한민고편-학교 폭력에 대한 청소년의 생각
은?. https://www.youtube.com/watch?v=t6f5LpoVV88

미디어워치(2014. 7. 19.). 목포 모 고교… "폭력에 둔감한 학교에 우리아이 보낼
수 없다". http://www.mediawatch.kr/news/article.html?no=246394

박성호, 김창환, 임후남, 길혜지, 황정원, 박종효, 박환보, 채재은(2016). 한국의 교
육지표·지수 개발 연구(V): 교육의 질 지수 개발 연구. 한국교육개발원.

박효정(2003). 한국 중등학생의 생활 및 문화 실태 분석 연구 1. 한국교육개발원

연구보고서(RR 2003-5).

박효정, 이희현, 서정연, 이혜선(2013). 어울림 프로그램. 한국교육개발원 학교폭력예방연구지원특임센터.

박효정, 정미경, 박종효(2007). 학교폭력 예방 프로그램 개발 연구. 한국교육개발원.

방송통신위원회, 한국인터넷진흥원(2013). 사이버 폭력 실태 조사 요약보고서. 방송통신위원회.

법무부 교정본부(2016). 수형자 죄명별 인원. http://www.corrections.go.kr/HP/TCOR/cor_04/cor_0404/cor_404010.jsp

법무부(2012. 10. 23.). 학교폭력 예방 캠페인 송. http://www.youtube.com/watch?v=4Ri45CQe-3g

법사랑서포터즈 4기(2012. 1. 23.). 학교폭력 예방 페이퍼모션 UCC. http://www.youtube.com/watch?v=ySX_PiBSZI4

보건복지부(2014). 2013년 한국 아동종합 실태 조사. 2014. 11. 4일자 보도자료.

서울경제(2013. 6. 3.). 학교폭력 근절 또래상담제 있으나마나. http://news.naver.com/main/read.nhn?mode=LSD&mid=sec&sid1=102&oid=011&aid=0002341912

서울시교육청(2014). 2013 하반기 서울학생 행복지수 측정 결과 및 변동 추이. 2014. 2. 2일자 보도자료.

서울시교육청(2014). 2013 하반기 서울학생 행복지수 측정 결과 및 변동 추이. 2014. 2. 2일자 보도자료.

서울특별시교육청(2013. 11. 10.). 학교폭력예방 UCC 행손프로젝트 공모전 우수작. http://www.youtube.com/watch?v=V9_M4aZGyds

신성철(2014). 초등학생의 스마트폰 중독이 학교생활적응과 공격성에 미치는 영향에 대한 적응유연성의 조절효과. 아동교육, 23(1), 199-214.

아시아경제(2014. 2. 1.) [인성교육 우수 사례] 서울잠동초, 학교-가정-지역사회 연계한 공감교육 실시. http://www.asiae.co.kr/news/view.htm?idxno= 2014020115075249279

엄명용, 송민경(2011). 학교 내 청소년들의 권력관계 유형과 학교폭력 참여 역할 유형. 한국사회복지학, 63(1), 241-266.

여성가족부(2011). 청소년 언어사용 실태 및 건전화 방안. 2011. 1. 4일자 보도자료.

여성가족부(2013). 2013 청소년 매체 이용 실태 조사 연구보고서.

연합뉴스(2012. 1. 11.). 美, 초강력 '국가왕따방지법' 추진. http://www.yonhapnews.co.kr/bulletin/2012/01/11/0200000000AKR20120111107300092.HTML

연합뉴스(2012. 1. 15.). 부교육감 만남 중학생들 "강제전학 보복 두려워". http://www.yonhapnews.co.kr/society/2012/01/05/0706000000AKR20120105183800004.HTML

연합뉴스(2012. 2. 12.). '학교폭력 방관' 교사 입건에 교육계 촉각. http://www.yonhapnews.co.kr/bulletin/2012/02/07/0200000000AKR201202071729000 04.HTML

연합뉴스(2012. 2. 16.). '대물림 학교폭력' 어쩌다 이 지경까지…. http://www.yonhapnews.co.kr/bulletin/2012/02/16/0200000000AKR201202160907000 53.HTML

연합뉴스(2017. 9. 10.) '보고도 모른 척' 방관자들… "학교폭력 예방의 키맨". http://www.yonhapnewstv.co.kr/MYH20170910013300038/?did=1825m

염유식, 김경미, 이은주, 이승원(2015). 2015년도 한국 어린이 · 청소년 행복 지수-국제비교연구 조사결과 보고서. 한국방정환재단, 연세대학교 사회발전연구소.

염유식, 김경미, 이은주, 이승원(2016). 어린이 · 청소년 행복 지수 국제비교연구. 한국방정환 재단, 연세대학교 사회발전연구소.

오마이뉴스(2012. 7. 7.). "스웨덴에는 왜 학교폭력이 없을까요?". http://www. ohmynews.com/NWS_Web/View/at_pg.aspx?CNTN_CD=A0001753632

오아름(2017). 청소년 자살 예방 사업의 추진 실적과 향후 과제. 한국건강증진개 발원.

유종수(2013. 5. 9.). 돌아와요-2013 학교폭력 예방 UCC 공모전 교육부장관 수상 작. http://www.youtube.com/watch?v=IhNHwawrzY8

윤앤리퍼블리싱마름돌 출판사(2014. 1. 24.). 스탠포드 대학 감옥 실험. http:// www.youtube.com/watch?v=sSmdmabvz-8

이명준, 진의남, 서민철, 김정우, 김병준, 박혜정, 이주연(2011). 교과교육과 창의 적 체험 활동을 통한 인성교육 활성화 방안. 한국교육과정평가원.

이은구(1997). 힌두교의 이해. 서울: 세창출판사.

이창호, 신나민, 하은빈(2014). 청소년 사이버 불링 실태 및 대응 방안 연구. 한국 청소년정책연구원 연구보고서, 1-268.

임소현, 김홍주, 한은정, 황은희(2016). 한국교육개발원 교육여론조사(KEDI POLL 2016). 한국교육개발원.

일본문부과학성(2010. 12. 22.). '아동학생의 문제행동 등 학생지도상의 제문제에 관한 조사'의 확정치 공표에 대하여 참조.

일요서울(2017. 9. 22.). 끊이지 않는 학교폭력… '불법 심부름센터' 찾는다. http://www.ilyoseoul.co.kr/news/articleView.html?idxno=203583

전애영, 고민지, 노희정, 박혜숙, 주동기, 박현진, 서준영, 조재혁, 정봉수, 김도영 (2014). 학교폭력예방 매뉴얼 및 지도안-중등용. 전라남도교육청.

조선닷컴(2013. 10. 17.). 12세 소녀 자살 부른 SNS 욕설… 美 사이버 왕따 충격. http://news.chosun.com/site/data/html_dir/2013/10/17/2013101700198.ht ml?Dep0=twitter&d=2013101700198

중앙일보(2013. 9. 25.). 교사 절반 "학생들 인성, 나아지지 않을 것 같아 걱정".

http://news.joins.com/article/12676227

중앙일보(2013. 11. 26.). 2010~2013년 초 · 중 · 고교 내 학생 성 관련 사건 발생 및 징계 현황.

중앙일보(2013. 11. 26.). 인성교육, 내년부터 초 · 중 · 고 의무수업. http://article. joins.com/news/article/article.asp?total_id=13231771&ctg=1201

지은림, 도승이, 이윤선, 박소연, 주언희, 김해경(2013). 인성 지수 개발 연구. 교육부.

질병관리본부(2016). 2016년 청소년건강행태온라인조사.

청소년폭력예방재단(2014). 2013년 전국 학교폭력 실태 조사 결과 발표. 2014. 5. 20. 보도자료.

충청투데이(2013. 8. 7.). 학교 · 가정 · 지역 하나로… 여성 위한 꿈의 전당. http://www.cctoday.co.kr/news/articleView.html?idxno=785725

쿠키뉴스(2016. 9. 23.). 포북서, '학교폭력예방 영상 홍보 효과 톡톡'. http:// www.kukinews.com/news/article.html?no=396516

토론실(2012. 12. 22.). 학교폭력 방관자에게 책임을 물어야 하는가. http://www. toronsil.com/technote7/board.php?board=subjectdebate&category=3&command=body&no=1967

통계청, 여성가족부(2014). 2014 청소년 통계. 2014. 7. 10. 일자 보도자료.

통계청, 여성가족부(2017). 2017 청소년 통계. 2017. 4. 18. 일자 보도자료.

프레시안(2014. 3. 22.). 학교폭력 예방 효과 속 병영 체험 강행. http://www. pressian.com/news/article.html?no=115656

한국학교폭력상담협회(2015). 학교폭력상담 이론과 실제. 서울: 양서원.

한국문예신문(2015. 8. 31.). 또 하나의 채점표, 인성교육진흥법. https://blog. naver.com/lk_paper/220467279133

한국방정환재단, 연세대학교 사회발전연구소(2016). 삶의 만족도에 따른 청소년 행복도의 국가비교.

한국청소년상담복지개발원(2014. 8. 3.). 고민상담은 1388로!!. http://www.youtube.com/watch?v=qMrwlCGnktA

한국청소년상담복지개발원(2015. 3. 13.). 청소년상담지원활동 또래상담 홍보영상. https://www.youtube.com/watch?v=V2A-VTVj7Yk

헤럴드경제(2013. 4. 23.). 무서운 초등여학생… 친구 머리 감겨 준다며 락스 뿌리고 머리 밟고… 8시간 동안 폭행. http://news.heraldcorp.com/view.php?ud=20130423000299&md=20130426005140_BL

헤럴드경제(2014. 1. 6.). 〈왕따보다 무서운 사이버 학교폭력〉 스마트폰 뺏을 수도 없고… 답답한 학교. http://news.heraldcorp.com/view.php?ud=20140106000090&md=20140109004629_BL

헤럴드경제(2015. 11. 15.). OECD 최고 자살률… 자살예방대책 컨트롤타워 필요. http://jj.heraldcorp.com/view.php?ud=20151113001047

홍명숙(2017). 청소년 자살 생각의 영향 요인에 관한 연구. 정책개발연구, 17, 63-98.

American Psychological Association(2004). APA Resolution on Bullying Among Children and Youth.

Bandura, A. (1971). Social learning theory. New York: General Learning Press.

Bandura, A. (1977). Social learning theory. Englewood Cliffs, NJ: Prentice-Hall.

Chapple, S., & Richardson, D. (2009). *Doing better for children* (Vol. 168). OECD.

Choi, H. S., Lee, H. K., & Ha, J. C. (2012). The influence of smartphone addiction on mental health, campus life and personal relations—Focusing on K university students. *Journal of the Korean Data and Information Science Society, 23*(5), 1005-1015.

CNB뉴스(2014. 6. 4.). 수원화서초교, 학교폭력예방 감성터치 교육 실시. http://www.cnbnews.com/news/article.html?no=254203

DeVoe, J. F., Peter, K., Kaufman, P., Miller, A., Noonan, M., Snyder, T. D., & Baum, K. (2004). Indicators of School Crime and Safety, 2004. NCES 2005-002. National Center For Education Statistics.

EBS Culture(2013. 2. 27.). 세계의 교육현장-Global Education Issue_독일, 학교폭력 예방 프로그램_#001. http://www.youtube.com/watch?v=D6hy7WoyjGw

EBS Culture(2013. 2. 27.). 세계의 교육현장-Global Education Issue_독일, 학교폭력 예방 프로그램_#002. https://www.youtube.com/watch?v=tUT3_Kefdxg

EBS Culture(2014. 7. 25.). EBS NEWS-학교폭력 예방교육도 '체험형'으로. http://www.youtube.com/watch?v=HqgjJKANJ-M

EBS(2014. 02. 27.). 세계의 교육현장: 카스트제도를 넘어서-비하르 여성, 학교에 가다. http://tvcast.naver.com/v/128208

EPOCH TIMES(2012. 11. 28.). 英학교, 휴대폰 전면 금지했더니… 집중력 향상, 교내 폭력 줄어. http://www.epochtimes.co.kr/news/articleView.html?idxno=127624

JTBC(2013. 1. 10.). 우리는 형사다 5회 명장면-범죄 연관성과 관계 높은 가정환경. http://www.youtube.com/watch?v=lEweDAXCAI4

KNN뉴스(2013. 12. 12.). 초등학생 집단 폭행, 교육청 진상조사. http://www.youtube.com/watch?v=HhdYVsVPHXk

MBC NEWS(2013. 9. 23.). 美 갓난아기가 왕따 예방? '공감 능력' 키워 학교폭력 감소. http://www.youtube.com/watch?v=wVn9Ft8VXJA

MBC NEWS(2014. 9. 13.). 법원 "학교폭력 처벌 사유 부모에 안 알리면 위법".

http://www.youtube.com/watch?v=wztu6zn5-mE

nippon.com(2012. 12. 24.). 「日本型」いじめの構造を考える. https://www.nippon.com/ja/currents/d00054/

Rigby, K. (1996). *Bullying in schools: What to do about it.* Australian Council for Education Research Limited: Melbourne.

SBS Culture(2013. 11. 10.). 선생님이 해야 할 일@SBS스페셜 131110. http://www.youtube.com/watch?v=_LloU0tR3J0

Seligman, M., Ernst, R., & Gillham, K., &Linkins, M. (2009). Positive Education:positive psychology and classroom interventions. *Oxford Review of Education, 35*(3), 293-311.

tbs TV(2013. 8. 21.). 신종 학교폭력 '카따'. http://www.youtube.com/watch?v=JUNZo9IItL4

tvN(2014. 8. 30.). 대학토론배틀 시즌 5, EP 04: 허지웅, 남궁연! 인성교육 법제화에 대한 그들의 생각은?. http://www.youtube.com/watch?v=gQ_8Wj8KVQk

vimeo(2012). 학교폭력 예방 해외 사례-핀란드 편. http://vimeo.com/43445694

WHO(2004). The world health report 2004-changing history.

Williams, S., Seed, J., & Mwau, A. (1994). The Oxfam gender training manual. Oxfam GB.

YTN(2012. 4. 5.). 학교숲… 학교폭력 예방 효과!. http://www.ytn.co.kr/_ln/0115_201204050713092866

YTN(2012. 8. 28.). 학교폭력 처리 놓고 학부모와 교사 갈등이 폭행 불러. http://www.ytn.co.kr/_ln/0115_201208280207232714

YTN(2012. 9. 12.). 교사 인성교육 역량 강화로 학교폭력 해결. http://news.naver.com/main/read.nhn?mode=LPOD&mid=tvh&oid=052&aid=0000423744

YTN(2012. 10. 14.). 학교에서 행복을 배워요, 독일 행복 수업. http://www.ytn.
　　co.kr/_ln/0103_201210140508045467

YTN NEWS(2016. 5. 14.). 다문화 아이들의 꿈을 위해… 새날 학교 이천영 교장.
　　https://www.youtube.com/watch?v=4G2-EBDKkTU

저자 소개

신종호(申宗昊, SHIN, JongHo)

서울대학교 사범대학 교육학과에서 학사, 석사를 마치고, 미국 미네소타대학교 교육심리학과에서 박사학위를 받았다. 청소년의 삶의 목표, 공동체 의식 등에 대해 연구를 해오고 있으며, 「Current trends in Korean adolescents' social purpose」, 「Effects of intrinsic motivation and informative feedback in service-learning on the development of college students' life purpose」등 다수의 논문을 출판했다.

윤 영(尹煐, YOON, Young)

서울대학교 사범대학 가정교육과에서 박사과정을 수료하고 부모교육, 인성교육, 학교폭력 등을 주제로 초·중등학교 및 대학에서 강의를 하며, 서울대학교 행복연구센터에서 연구원으로 재직 중이다. 아동·청소년 및 부모의 심리와 행복에 관심이 있고 구체적으로 친사회성, 학교폭력, 또래관계, 학급 및 학교풍토 등을 연구하고 있다. 「초등학생의 지각된 인기가 친사회적 행동에 미치는 영향」, 「Role of friendship network structure on prosocial behavior: A multi-level analysis」, 「Study on the effect and agreement of recognition of the character education by teachers and parents」등의 논문을 출판했다.

김명섭(金明燮, KIM, Myung-Seop)

서울대학교 사범대학 교육학과에서 박사과정을 수료하고 교육심리, 학교폭력 등을 주제로 대학에서 강의를 하고 있다. 아동·청소년의 사회성 발달과 친사회적 행동 증진에 관심이 있고, 구체적으로 괴롭힘, 또래 갈등, 협동학습, 삶의 목적 등을 연구하고 있다. 「3차원 가상세계를 활용한 학교폭력 문제 해결 활동의 효과와 개선점」, 「Effects of intrinsic motivation and informative feedback in service-learning on the development of college students' life purpose」등의 논문을 출판했다.

폭력 없는 행복학교 만들기
Happy School without Violence

2018년 7월 20일 1판 1쇄 인쇄
2018년 7월 25일 1판 1쇄 발행

지은이 • 신종호 · 윤 영 · 김명섭
펴낸이 • 김진환
펴낸곳 • (주) **학지사**

04031 서울특별시 마포구 양화로 15길 20 마인드월드빌딩
대표전화 • 02)330-5114   팩스 • 02)324-2345
등록번호 • 제313-2006-000265호

홈페이지 • http://www.hakjisa.co.kr
페이스북 • https://www.facebook.com/hakjisa

ISBN 978-89-997-1585-3   93370

정가 20,000원

이 도서의 국립중앙도서관 출판시도서목록(CIP)은 서지정보유통지원
시스템 홈페이지(http://seoji.nl.go.kr)와 국가자료공동목록시스템
(http://www.nl.go.kr/kolisnet)에서 이용하실 수 있습니다.
(CIP 제어번호: CIP2018020923)

교육문화출판미디어그룹 **학지사**

심리검사연구소 **인싸이트** www.inpsyt.co.kr
원격교육연수원 **카운피아** www.counpia.com
학술논문서비스 **뉴논문** www.newnonmun.com
간호보건의학출판 **학지사메디컬** www.hakjisamd.co.kr